Einführung in die Didaktik des Sachunterrichts

von

Astrid Kaiser

5. vollständig überarbeitete Auflage

Schneider Verlag Hohengehren GmbH

Umschlaggestaltung:
Wolfgang H. Ariwald, BDG, 59519 Möhnesee

Gedruckt auf umweltfreundlichem Papier (chlor- und säurefrei hergestellt).

Redaktionelle Überarbeitung:
Meike Kuhr

Die Deutsche Bibliothek – CIP-Einheitsaufnahme

Kaiser, Astrid:
Einführung in die Didaktik des Sachunterrichts / von Astrid Kaiser. –
5., vollst. überarb. Aufl. –
Baltmannsweiler : Schneider-Verl. Hohengehren, 1999
ISBN 3-89676-140-4

Printed in Germany – Druck: Wilhelm Jungmann Göppingen

Inhaltsverzeichnis

Für meinen Doktorvater Wolfgang Klafki,
der stets demokratische, zukunftsorientierte Bildungsvorstellungen
für den Sachunterricht vertreten hat

1. Allgemeine Probleme der Sachunterrichtsdidaktik

1.1 Sachunterricht und Didaktik – eine erste Annäherung

Seit Anfang der 70er Jahre ist der Begriff Sachunterricht in der Bundesrepublik Deutschland geläufig. In vielen Grundschulen wurde seitdem Sachunterricht erteilt. In einigen Ländern gibt es aber anderslautende Fachbezeichnungen, z. B. Heimatkunde oder Heimat- und Sachunterricht. In der Alltagssprache vieler Lehrerinnen und Lehrer heißt dieses Fach dagegen Sachkunde.

Wenn wir Kinder im Grundschulalter fragen, was sie unter Sachunterricht verstehen, dann erhalten wir etwa folgende Antworten:

a) Definitionen primär über Handlungsmöglichkeiten

„Unterricht mit Sachen, wo man auch Experimente macht (Samen einpflanzen)" (Mädchen, 7 Jahre).

„Über bestimmte Sachen reden, Bäume und so! Und viel tuschen und basteln" (Mädchen, 8 Jahre).

„Im Sachunterricht spielen wir oft. Das eine Mal haben wir mit verschlossenen Augen Gegenstände angefaßt und mußten diese erraten. Das war gar nicht so einfach" (Mädchen, 8 Jahre).

b) Definitionen über den schulorganisatorischen Status:

„Ja, das haben wir dienstags in der Schule. Im Moment sprechen wir dort über das Wetter" (Junge, 8 Jahre).

c) Definitionen primär über Inhalte:

„Da lernt man was über die Schule vor 100 Jahren, Blumen, Rathaus, über die Feuerwehr. Da schreibt man nicht so viel und man geht da meistens hin" (Mädchen, 9 Jahre).

„Da lernen wir etwas über Tiere, Bäume, den Magneten und so. Manchmal machen wir da auch Verkehrsunterricht. Im letzten Jahr haben wir Sonnenblumenkerne eingepflanzt, das war toll!" (Mädchen, 10 Jahre).

„Sachunterricht ist so mit Wetter, Temperatur und Magneten" (Junge, 8 Jahre).

d) Definitionen über Lernziele:

„Im Sachunterricht lernt man, was in der Umgebung ist und Sachen verstehen und wie man sich zurechtfindet in der Welt" (Junge, 10 Jahre).

e) Definitionen durch Fachbezeichnung:

„Das ist Land- und Heimatkunde" (Mädchen, 9 Jahre).

f) Definitionen aus den subjektiven Erlebnissen:

„Sachunterricht ist toll. Unsere Lehrerin bringt immer tolle Sachen mit in den Unterricht. Wir sind auch schon mal raus in den Wald gegangen. Dort hat sie was über Bäume erzählt" (Junge, 8 Jahre).

g) Nur Vorschulkinder haben oft keine Vorstellungen von Sachunterricht.

„Sachunterricht? Weiß ich nicht" (Mädchen, 5 Jahre).

Erwachsene, die zufällig auf der Straße gefragt werden, geben Antworten, die deutlich zeigen, wie wenig Sachunterricht selbst in Niedersachsen, einem Bundesland, in dem schon seit den Richtlinien der frühen 60er Jahre von Sachunterricht die Rede ist, im Alltagsbewußtsein bekannt ist.

a) Definitionen über Bezugsfächer

„ Oh, Sachunterricht? Das ist gar nicht so einfach. Irgendwas mit Umwelt, Alltag und Bio. Genau weiß ich es aber nicht, denn ich hatte wohl keinen Sachunterricht in der Schule" (Lehramtsstudent, 21 J.).

„Sachunterricht ist die Zusammenfassung von Biologie, Geographie, Geschichte, Physik und Chemie an der Grundschule" (Hausfrau, 54 Jahre).

„Eine Mischung aus Wald-, Feld- und Wiesenbiologie, Erdkunde und Geschichte – hauptsächlich der betreffenden Heimatgeschichte – für die Primarstufe" (Hausfrau, 30 Jahre).

„Schulfach. Sowas, was später spezielle Fächer werden wie Biologie, Geschichte, Erdkunde, Physik und Chemie auch ein bißchen" (Studentin, 20 Jahre).

„Heimat-, Erd- und Naturkunde" (Feinmechaniker, 51 Jahre)

„... alles, was nicht in Deutsch und Mathematik unterrichtet wird, z. B. Verkehrserziehung, Geographie ... alles, was gerade aktuell ist." (Mann, 34 Jahre)

b) fehlende Vorstellungen

„Sachunterricht? Das weiß ich nicht. Da müssen Sie meine Frau fragen, die hat sich um Kinder und Schule gekümmert" (Mann, 55 Jahre).

„Sachunterricht? Habe ich noch nie was von gehört" (Rentnerin, 82 Jahre).

„Was war das noch? Ich weiß es nicht, ist zu lange her" (Mann, 30 Jahre).

c) Definition durch einzelne Themen

„Ein Unterrichtsfach, in dem Themen wie Temperaturen, Pflanzen und Tiere und so behandelt werden." (Mann, 26 Jahre).

„Unterricht von und mit Sachen aller Art" (Rentnerin, 85 Jahre).

Die Vorstellungen über Inhalte / Themen bei Erwachsenen sind außerordentlich unkonkret. Wenn Erwachsene Sachunterricht definieren, greifen sie mehrheitlich auf fachliche Schemata zurück.

Wenn wir gar nach dem Begriff Sachunterrichtsdidaktik auf der Straße fragen, handeln wir uns mit ziemlicher Sicherheit verständnislose Blicke unserer Mitbürgerinnen und Mitbürger ein. Selbst Studierende in Lehramtsfächern wissen lange Zeit nichts mit dem Begriff „Didaktik" anzufangen. Bis zum Abitur war dies jedenfalls ein selten gehörtes Fremdwort.

Aber schon allein das Stichwort „Sachunterricht" reicht aus, um Verwirrung und Unsicherheit zu stiften, was denn nun gemeint sei. Einige denken, bei Sachunterricht geht es nur um konkrete Sachthemen wie Fahrrad, Mühle oder Buchproduktion. Sie schließen Sozial- und Gefühlsthemen wie Freundschaft, Glück oder Angst aus. Andere wiederum denken bei Sachunterricht an alte Heimatkundethemen wie „Kartoffelernte“, „unser Dorfteich“ oder „unsere Dorfkirche“.

Trotz oder gerade wegen der diffusen Vorstellungen über Sachunterricht ist es unerläßlich, daß sich angehende Sachunterrichtslehrerinnen und -lehrer darüber klar werden, welches ihr eigenes Ausbildungsziel ist. Ohne Kenntnis des eigenen Zieles ist es schwer, den eigenen Weg zu finden. Als Kompaß bei dieser Zielbestimmung soll nun diese Einführung in die Sachunterrichtsdidaktik dienen.

1.2 Warum ist Sachunterricht ein so kompliziertes Gebilde?

Eine Einführung in die Didaktik des Sachunterrichts geben zu wollen, erweckt zunächst den Eindruck, als handele es sich dabei um eine simple Hafeneinfahrt, bei der das Ufer immer klarer auftaucht, je näher wir uns dem Ziel der Reise nähern. Die Hoffnung, sich auf den Weg zu begeben und schrittweise immer mehr über das Thema zu erfahren, trügt aber, wenn wir ein so kompliziertes Gefährt wie den Sachunterricht auswählen, weil das Bild von der schnell ins Ziel gleitenden Jolle für den Sachunterricht überhaupt nicht zutrifft.

Denn gegenwärtiger Sachunterricht hat bislang keinen fest umrissenen Unterboden. Er ist aus vielen älteren und neueren Bauteilen zusammengesetzt. In ihm stekken noch Ansätze vom Anschauungsunterricht des 19. Jahrhunderts, als Unterricht noch gut galt, wenn der Lehrer – damals waren sie tatsächlich nur männlich – ein Bild – beispielsweise der Kuh – als Krönung seines Vortrages vor der Tafel aufhängte und die Kinder möglichst viele Körperteile der Kuh, die der Lehrer mit dem Zeigestock nacheinander antippte, auswendig aufzusagen lernen sollten. Wir finden dieses Relikt heutzutage in vielen Arbeitsheften und Arbeitsblättern für den Sachunterricht, bei denen die Kinder etwa alle Berggipfel Hessens, die Nebenflüsse der Donau oder die verschiedenen Haltestellen der Straßenbahnlinien Dresdens mit Namen nacheinander auswendig eintragen bzw. hersagen sollen, ohne dabei etwas von Gesteinen, dem Wasser oder von Verkehrsproblemen verstanden haben zu müssen. Derartige sinnlose Wissensübungen für eine gesamte Grundschulklasse haben zwar keinen Bildungswert, erfreuen sich aber doch noch großer Beliebtheit, weil Lehrkräften wie Kindern die Illusion vermittelt wird, es handele sich hierbei um Sachunterricht. Man glaubt allseits, es sei ein Lernfortschritt sichtbar und deshalb habe auch Denken stattgefunden. Tatsächlich wird lediglich das Gedächtnis überprüft, aber gerade keine Denkleistung der Kinder angeregt.

Neben diesen alten Planken können wir aber auch zuweilen etwas neuere Bauteile finden. Da gibt es den zur Zeit der Reformpädagogik nach der Jahrhundertwende von vielen gelobten Unterrichtsgang zu interessanten Orten – sei es eine Baustelle, ein Tümpel – sofern heutzutage noch für Schulkinder erreichbar vorhanden – oder die nächste Ampelkreuzung. Eine weitere Hinterlassenschaft der Reformpädagogikepoche, die spannende Lehrererzählung, führt mittlerweile ein Kümmerdasein und wird nur noch von wenigen Unentwegten vor dem endgültigen Verfall gerettet. In vielen Sachunterrichtsbooten (vgl. Abb. 1, S. 9) klafft eine große Lücke auf der Seite der Geschichten und Erzählungen, der Gefühle und Stimmungen, die von vielen Lehrkräften mit papierenen Arbeitsblättern (vgl. Lassert 1992) zum Ausfüllen für die Kinder zu stopfen versucht wird. Aber Papier reicht nicht aus, Lücken im Bootskörper gegen anstürmende Wellen und bei beweglichen Kindern im Inneren sicher zu reparieren.

Auch die frühen 70er Jahre dieses Jahrhunderts haben allerhand Baumaterialien für das Sachunterrichtsboot in den Schulen aufgestapelt hinterlassen. Oft ruhen diese Schätze in roten Plastikkoffern und fordern dazu auf, exakt geplante Stundenverläufe zu naturwissenschaftlichen Themen mit den teuren und sorgfältig ausgesuchten Inhaltsstücken durchzuziehen. Vom Thermometer bis zur Akustik, vom Spiegel bis zum Wetter, gespickt mit 20 kleinen präparierten Bienen samt Lupen, ist ein von einem geschäftstüchtigen Verlag festgelegtes Spektrum von Inhalten aus Chemie, Physik und Biologie zum Planungselixier für arbeitsbelastete Lehrkräfte über das Jahr 2000 hinaus konserviert worden. Mit den gut stapelbaren, glatten Plastikkoffern lassen sich wasserdichte Bootswände bauen, die aber durch ihre festgelegte Form im Bootsinneren kaum noch Bewegungsraum lassen.

Dieser ist vielmehr – je nach Lage des Bootes, je nach Ziel und Ladung – jeweils neu einzupassen und zu vermessen. Aber an die Besatzung des Bootes, die Kinder, wird bei diesen Kofferwänden zuallerletzt gedacht. Die Koffer sind standardisiert gepackt, die Fragen und Antworten sind schon vorgefertigt. Es wird als selbstverständlich erwartet, daß die Kinder, etwa am Schluß der vorpräparierten Erwärmungsversuche, in ihr Arbeitsheft schreiben: „Die Flüssigkeit dehnt sich aus." Es ist nicht berücksichtigt, daß einige Kinder mit Deutsch als Fremdsprache gar nicht so umgehen können, daß sie solche Sätze formulieren können. Es ist auch nicht vorgesehen, daß Kinder spielerisch mit dem Teelicht und dem gefärbten Wasser eigene Versuche machen. Der Stundenverlauf ist vielmehr minutiös geplant vorgegeben, als wäre tagtäglich 2. Staatsexamen für die Lehrkräfte mit perfekten Stundenabläufen. Verschiedene Kinder und Verschiedenheiten der Kinder sind bei diesen didaktischen Relikten der 70er Jahre nicht vorgesehen.

Sachunterricht besteht zudem aus sehr verschiedenen Materialien, die sich nicht einfach mit einer Methode zusammenschweißen lassen. Einige Boote werden aus Miniatur-Fach-Material zusammengeschweißt. So versuchen viele aus Geographie, Physik, Ökonomie, Chemie, Geschichte, Biologie und Sozialwissenschaften ein seetüchtiges Fahrzeug zurechtzuzimmern. Dabei kommt es in der Regel praktisch zu gefährlichen Schieflagen, weil oft unter dem Etikett der Fächerpluralität das eigene Lieblingsfach einen besonders guten Platz erhält. Aber auch die Fächer selbst haben in ihren Methoden und Fragestellungen im Laufe ihrer Geschichte eine ganz eigenständige Form angenommen. Die experimentellen Methoden der Naturwissenschaften sind z. B. mit den Textdeutungsmethoden der Geschichtswissenschaft nicht in Einklang zu bringen. Wenn wir nur reduzierte Fachinhalte aneinanderschweißen wollen, erzeugen wir gefährliche Lücken. Denn tradierte Fächer sind nicht nahtlos zusammenzufügen, sondern sind innerlich sehr disparat.

Andere bemühen sich, bewährte Unterrichtsinhalte miteinander zu koppeln, weil sie wissen, daß die universitären Fächer keine haltbare Grundlage bieten. D.h. es wird versucht, seetüchtige Einzelplanken zusammenzufügen. So entstehen dann Unterrichtsthemen wie Schulweg und Fabrik, Bohne und Wasserkreislauf, Tümpel und Rad, Magnet und Verkehrsregeln. Diese bunten Teile einer Bausteinsammlung sind aber nur scheinbar in der harten Praxis seetüchtig. Sie sind zwar einzeln von Kindern im Wasser erprobt, aber es fehlt noch der geeignete Klebstoff, d.h. die verbindende didaktische Theorie. Häufig sind die vielen verschiedenen Inhaltsbausteine derart schwer, daß die Tragfähigkeit für viele lebendige Kinder deutlich gefährdet ist.

Letztlich sind es viele Kinder, die vor allem mit ihren Armen und in ihren Köpfen dieses ihnen von den Erwachsenen präsentierte Boot zusammenhalten. Manchmal reichen die Kräfte zu dieser schweren Aufgabe aus, manchmal nur zeitweise, manchmal überhaupt nicht. Gerade diese Kinder, die über Bord fallen, weil das Sachunterrichtsboot, in das sie von ihren Lehrkräften gesetzt wurden, nicht tragfähig genug ist, sind die zentrale Ausgangsbedingung, weshalb ich Sie hier veranlassen will, sich eigenständig didaktische Gedanken zu machen, was der Sachunterricht denn leisten soll und kann. Dabei sind mehrere didaktische Fragen gleichzeitig zu beachten:

1) Es ist die Frage nach dem Kurs des Bootes, also nach der Welt, aus der und für die Sachunterricht entwickelt wird.
2) Es ist die Frage nach den Materialien und den Baumethoden, also der begründeten Auswahl von Inhalten und Methoden.
3) Es ist die Frage nach der Reihung dieser ausgewählten Inhalte.
4) Und nicht zuletzt gibt es die Frage nach den Kindern und ihrem Verhältnis zu den Inhalten, nämlich ob dieses so gebaute Boot gerade für diese Kinder tragfähig ist. Was wollen sie lernen, was können sie lernen, was sollten sie lernen?

Damit wären wir beim Kern der didaktischen Fragen angelangt. Denn Didaktik beschäftigt sich mit der Auswahl von Inhalten und Zielen von Unterricht, aber auch mit dem Wie und Wann. Oft wird dabei auch die Frage nach dem Wie des Lernens, mit der Frage des Was verwechselt. Gerade die Frage nach dem WAS ist insbesondere für den Sachunterricht nicht leicht zu beantworten, weil die möglichen Inhalte weltumspannend sind. Sie reichen vom Atomkern bis in den Sternenhimmel, von den Dinosauriern bis zu den Zahnbakterien, von der Leistungsangst bis hin zu Ausländerfeindlichkeit, vom Federmäppchen bis zur Fabrik, vom Feuerbohrer der Urzeit bis hin zum Glascontainer, von der Geburt bis zum Tod, von der Scheidung bis zum Zusammenleben in anderen Kulturen, vom Taschengeld bis zu den Verkehrszeichen, vom Weben bis zur Heizung, von der Seifenkiste zum Hochhaus, vom Zirkus zur Meditation, vom Gewitter zur Tulpenzwiebel, vom Kirchturm zur Revolution, vom Knopf zur Unendlichkeit, von der Magnetschwebebahn zu den Handlinien, von der Zeitmaschine bis zum Klassenbriefkasten, vom Rathaus bis zu den Urwaldindianern, von der Geruchsdose zum Ozonloch, vom Kressesamen bis zum Tauschhandel, von der Fahrradkette bis zum Glück ... Schon allein diese Beispiele zeigen, daß es nicht leicht ist, aus der schier unendlichen Themenfülle die geeigneten Inhalte für den Sachunterricht auszuwählen und sie auch noch für die jeweilige Lerngruppe geeignet zu vermitteln.

Auch in der Wissenschaft und Bildungspolitik sind Inhaltsfragen des Sachunterrichts sehr umstritten. So ist sogar die Fachbezeichnung Sachunterricht keinesfalls Konsens. So plädiert der Schulpädagoge Wolfgang Klafki für die Fachbezeichnung „Sach- und Sozialunterricht“ (Klafki 1992a). Ich selbst halte die Formel aus den Richtlinien der Niederlande „Sociale Wereldoriëntatie“ (Soziale Weltorientierung) für die erstrebenswerte Fachbezeichnung (vgl. Kap. 7). Andere schlagen „Welterkundung“ (Faust-Siehl u. a. 1996) vor.

1.3 Warum ist die Beschäftigung mit Didaktik wichtig?

Didaktik war und ist in autoritären Gesellschaften überflüssig. Die herrschenden Mächte entscheiden und die Lehrkräfte haben das Soll auszuführen. Auch in traditionalen Kulturen ist didaktisches Denken nicht erforderlich. Die Stammestradition schreibt dort eindeutig vor, wie etwa ein Einbaum auszuhöhlen ist und mit welchen Pfeilspitzen die Fische zu erlegen sind.

In einer Demokratie sollen dagegen die Kinder zu aktiven Demokratinnen und Demokraten erzogen werden, die eigene Meinungen äußern, die Kritik üben und die eigenständig denken können. Dies geht nur, wenn ihre Lehrkräfte derartige Tugenden auch praktizieren. Kinder spüren genau, welche Schwachstellen Erwachsene haben.

Didaktisches Denken ist ein zentrales Heilmittel gegen Unsicherheit von Lehrkräften. Erst wenn sie wissen, was sie wollen, warum sie etwas wollen und wie sie etwas wollen, können sie als selbstbewußte Lehrkräfte eine lebendige Beziehung mit den Kindern eingehen.

Diese didaktischen Grundfragen zu stellen, bedarf sehr intensiver gedanklicher Anstrengungen. Deshalb soll in dieser Einführung in die Sachunterrichtsdidaktik schrittweise auf die verschiedenen Bedingungen didaktischen Denkens im Sachunterricht eingegangen werden.

Bei der Suche nach didaktischen Begründungen stellen sich für den Sachunterricht etwa die folgenden konkreteren Fragen:

Sollen Kinder mit den harten Realitäten der heutigen Zeit wie Krieg oder Umweltkatastrophen belastet werden oder sollten wir nicht versuchen, ihnen ein wenig harmonische Kindheit zu gönnen?

Können Kinder Inhalte verstehen, die sie nur vom Hörensagen kennen?

Müssen wir Kinder nicht rechtzeitig auf die harten Anforderungen der Oberstufe vorbereiten und ihnen verständlich die Grundbegriffe der späteren Schulfächer beibringen?

Ist Kindern mehr als der erfahrene Nahraum überhaupt begreiflich zu machen?

Warum sollte es überhaupt Sachunterricht in der Grundschule geben, wenn Kinder noch so viele Probleme beim Lesenlernen, Rechtschreiben und Rechnen haben?

Jede dieser Fragen wirft einen Berg von Problemen auf. Wer begründeten Sachunterricht vor den Kindern, vor der Welt und vor sich selbst verantworten will, muß notwendigerweise durch diese und andere Fragen zu eigenen Antworten hindurchdringen. Dies ist in der Tat mühselig.

Es gibt aber auch einen ungleich bequemeren Weg, der zur heutigen Konsumgesellschaft paßt, nämlich der rezeptive Weg, sich vom Markt die fertig dargebotenen vorfabrizierten Häppchen zu nehmen und den Kindern weiterzureichen. Dieser Weg ist in der Praxis fast täglich zu beobachten.

Wenn wir eine Grundschule morgens früh – bevor die Kinder hineindürfen – betreten, werden wir die aktuelle Antwort auf den jahrhundertelangen Streit um die didaktischen Prinzipien des Heimat- und Sachunterrichts sehen und hören. Am schuleigenen Kopierer stehen viele Lehrkräfte und versuchen, klassensatzweise Arbeitsblätter, meist in einer Kombination aus Bild, Text und auszufüllenden Lücken, herzustellen. Insbesondere das Fach Sachunterricht genießt den Ruf, daß dort – selbst bei materiell stark eingeschränktem schuleigenen Etat – ein großes Quantum an Kopien für guten Unterricht erforderlich sei. Die quantitativen Daten über den Arbeitsblatteinsatz an Schulen sprechen eine beredte Sprache (Schümer 1991). In vielen Schulen werden jährlich weit über 100000 Arbeitsblätter verbraucht.

Diese Abstimmung mit der Kopiertaste setzt einen vorläufigen Schlußstrich unter lange didaktische Auseinandersetzungen um Heimatkunde und Sachunterricht. Es drängt sich der Eindruck auf, als habe sich nun eine neue Variante der Anschauungspädagogik, kombiniert mit einer zeitgemäßen Variante der Arbeitsschulpädagogik, nämlich dem tätigen Ausfüllen von Formularen, herausgebildet.

Auch im Osten des Landes beginnt die Adaption westlicher Unterrichtsstandards über das Kopieren von Kopien. Nicht Lupen oder Bücher für die Kinder, Materialien für kreatives Gestalten, Ausstellungskästen für Kinderprodukte oder Zuschüsse für Fahrten, sondern Kopiergeräte stehen auf der Hitliste der Anschaffungswünsche von Schulen auf Platz eins.

Unabhängig davon, daß dieser Trend auch aus ökologischen Motiven außerordentlich kritisch zu betrachten ist, möchte ich hier pädagogische Fragen an diesen didaktischen "Konsumismus" stellen.

1) Die erste Frage ist die nach den gesellschaftlichen Zielvorstellungen und der Sozialisationswirkung von Pädagogik. Denn es ist unstrittig, daß das Verhalten der Erwachsenen sich auch auf die Kinder auswirkt. Lernen durch Modelle bzw. Imitation oder Identifikation sind dabei häufig genannte Mechanismen. Wenn in einer Welt der Reizüberflutung mit Konsumgütern nun auch die Lehrkräfte ihren Kindern eine Ex- und Hopp-Pädagogik vorexerzieren, dann brauchen wir uns nicht zu wundern, daß Kinder neben den sonstigen gesellschaftlichen Er-

fahrungen zusätzlich auch noch durch die Schule in der Konsummentalität verstärkt werden. Und hier setzt die erste didaktische Entscheidung ein: Wir können zwar nicht die Welt auf pädagogischem Wege verändern. Gleichzeitig ist die Welt aber auch nicht widerspruchsfrei in ihrer Entwicklung, es gibt immer wieder die Möglichkeit, die Entwicklung in die eine oder in die andere Richtung zu unterstützen. Wir können also einerseits die Welt unhinterfragt so hinnehmen, wie sie sich entwickelt und damit ihre wesentlichen Trends verstärken. Es gab und gibt aber auch immer wieder pädagogische Handlungsspielräume, die es möglich machen, den Kindern pädagogisch Alternativen anzubieten. Wenn wir mit der Entwicklung einer warenexpandierenden Kultur einverstanden sind, haben wir es pädagogisch einfach, wir lassen uns von den Schulbuch- und Schulmedienverlagen die Materialien liefern und reichen die didaktischen Marktprodukte in Klassensätzen vervielfältigt an die Kinder weiter. Dies entspricht dem Bild einer Sachunterrichtslehrerin als Verlagsvertreterin oder auch als Käuferin von Fährtickets, die an die Kinder weitergereicht werden. Die Schiffahrt auf der Fähre ist dann keine gemeinsame von Lehrerin und Kindern, sondern ist eine Art des Mitgenommenwerdens, bei dem Fahrtroute und -ziel sowie das Schiff von einer außenstehenden Instanz vorweg festgelegt worden ist. Fähren fahren nur feste Schiffahrtslinien entlang, von einem ausgebaggertem Hafenbecken zum nächsten. Die Vielfalt der Ufer, das gemeinsame Erleben eines Seeabenteuers, die aktive Gestaltung der Bootsfahrt, die Passung von Boot und Passagieren und viele andere Möglichkeiten sind von vornherein ausgeschlossen. Diese Rolle enthebt uns vieler weiterer Überlegungen und wir könnten uns eigentlich die meisten didaktischen Entscheidungen ersparen. Viele der folgenden Kapitel wären nicht mehr bedeutsam für den späteren Beruf, sondern nur für die Prüfung. Wobei sich der Kreislauf der inhaltsabgelösten Konsummentalität schlösse.

Wer dagegen statt Verlagsvertreterin verantwortungsbewußte Lehrerin werden will, muß für sich Stellung zur gesellschaftlichen Entwicklung beziehen und dazu eigenverantwortlich pädagogische Konsequenzen ziehen. Die Frage nach der Gesellschaft und ihrer zukünftigen Entwicklung, also die Frage nach der Bedeutung der Lebenswelt der Kinder für schulisches Lernen, ist die erste didaktische Frage, die es zu beantworten gilt. Die möglichen Antworten sind die Grundlage für begründete inhaltliche Schwerpunkte des Sachunterrichts. Dieser ersten didaktischen Frage wird im 4. Abschnitt dieser Schrift noch genauer nachgegangen. Erst danach können wir uns der Frage widmen, wie dieser zukünftige Sachunterricht methodisch gestaltet werden kann. Denn auch in die methodischen Überlegungen müssen die Zielvorstellungen des „Für-welche-Gesellschaft“ einfließen.

Aber die didaktische Frage nach den gesellschaftlichen Bedingungen heißt für unser Sachunterrichtsboot nicht nur die Frage nach dem Kurs, sondern auch nach den Wetterbedingungen, regionalen Winden, den Wasserverhältnissen und den Anlegemöglichkeiten am Ufer. Wir müssen bei Sturm und felsigen Gewässern ein

Das
Sachunterrichts-
boot
Umgebung
Sache
Umgebung
gesellschaftliche
Einflüsse
Bedingungen
Magdalena Sommer

Abb. 1

anderes Boot zimmern als für einen kleinen sonnigen Badesee. Das heißt auch, daß das Sachunterrichtsboot niemals ein Standardmodell sein kann, das über Jahrzehnte immer gleichermaßen funktionstüchtig bleibt. Je nachdem, wie schnell sich beispielsweise Sand am Grund anlagert, wie die Großwetterlage sich ändert und welche Anlegemöglichkeiten gebaut worden sind, muß ein einmal schon funktionstüchtiges Boot wieder umgezimmert werden. Wir können aber in Erwartung vieler Veränderungen nicht präventiv aufgeben, auf die äußeren Bedingungen zu achten und keine Modernisierungen durchzuführen. Eine derartige Fahrt mit prinzipiell veralteten Booten würde die Besatzung gefährden und das Untertauchen in den Strom der Zeit nahelegen.

2) Die zweite didaktische Grundfrage stellt sich nicht unabhängig von der ersten. Sie zielt aber mehr auf die Seite der Subjekte des Unterrichts, auf die Mädchen und Jungen der jeweiligen Schulklasse. Ehe wir gesellschaftliche Veränderungen oder Zustände didaktisch bewerten, müssen wir schauen, inwieweit Kinder schon jetzt davon betroffen sind. Die Lebenswelt der Kinder ist der zweite zentrale didaktische Orientierungspol. Er hängt eng mit dem ersten zusammen. Denn die Kinder leben nicht unabhängig von ihren gesellschaftlichen Lebensumständen. Ein Kind in Sarajewo, ein Straßenkind in Rio, ein Yanomamikind im venezolanischen Regenwald, ein peruanisches Prominentenkind in Miramar, ein Navajokind im Reservat, ein Slumkind in Harlem, ein Aussiedlerkind in Dortmund, ein Berberkind in Lybien, ein Bauernkind im anatolischen Hochland, ein Arbeiterkind in München, ein Staatsanwaltskind in Karlsruhe ... Sie alle sind durch verschiedene Lebenswelten (vgl. Lippitz 1980) und Erfahrungen in besonderer Weise geprägt. Wenn wir die Interessen, Fragen und Verhaltensgewohnheiten der Kinder nicht genug einzuschätzen in der Lage sind, werden wir notgedrungen in schematischen Unterricht geraten. Gleichzeitig muß uns bewußt sein, daß die Lernvoraussetzungen der Kinder nicht statisch sind, sondern sich durch die jeweiligen Erfahrungen und Lernprozesse ständig verändern. Wenn beispielsweise einige Kinder einer ersten Klasse bislang noch kein Streichholz anzünden konnten, dann kann schon allein die Einführung des Rituals, daß das Geburtstagskind an seinem Geburtstag die Kerze in der Mitte des Sitzkreises in der Klasse allein anzünden darf, dazu führen, daß viele aufmerksamer beim ersten Anzünden zuschauen und es dann am eigenen Geburtstag selbst etwas besser können, weil sie es können wollen. Viele fehlenden Lernvoraussetzungen sind bereits in dem Augenblick, in dem sie als solche erkannt werden, fast überwunden.

Hinzu kommt, daß Kinder einer Schulklasse auch in sich sehr heterogen sind. Da kommt das eine aus der Selbstversorgungslandwirtschaft in den kurdischen Bergen und hat bislang verantwortlich für die Ziegenherde der Großmutter gesorgt, da kommt das nächste Kind aus einer Heimschule für körperbehinderte Kinder und hat tagaus tagein motorisches Training erlebt und gehofft, bald so bewegungsfähig zu sein, daß es in eine Regelschule gehen darf. Da kommt ein drittes Kind aus Deutschland, kennt aber mehr das Wohnzimmer von innen und die Welt über den Filter der Fernsehprogramme, das vierte Kind wiederum wird außerschulisch durch Klavierunterricht, Kunstkurse, Reitunterricht und kindgerechte Bildungsreisen in vielen Fähigkeiten gefördert, aber vielleicht auch vor allem im Einhalten von Terminen gedrillt ... Alle diese verschiedenen Biographien bedeuten unterschiedliche kulturelle Erfahrungen, die Kinder in die Lerngruppe einbringen können. Auf diese Verschiedenheiten und die Besonderheiten der kindlichen Entwicklung zu achten, ist die zentrale Aufgabe didaktischen Denkens. Ohne den Blick auf die jeweiligen Kinder kann Unterricht nicht lebendig werden. Gleichzeitig verlangt dieser Blick, daß sehr differenzierte Kenntnisse über Kindheit und Kinder, über europäische und außereuropäische Kulturen, über Jungen und Mädchen und über verschiedene Sozialerfahrungen von Kindern erforderlich sind, wenn wir den Kindern bei unseren didaktischen Entscheidungen gerecht werden wollen. Dazu werden wir im 5. Abschnitt über „Veränderte Kindheit“ und über „Lernvoraussetzungen“ mehr erfahren.

Um es auf die Metapher vom Sachunterrichtsboot zu beziehen, heißt dies, daß wir ein Boot zimmern müssen für eine sich ständig verändernde Besatzung; wir haben außerdem verschiedene Menschen geladen, die nicht wie Galeerensklaven alle denselben Ruderschlag machen können und wollen.

3) Neben den Polen „Gesellschaft“ und „Kind“ gibt es noch eine dritte zentrale didaktische Dimension, die „Sache“. Es ist unstrittig, daß jeder Unterricht eine Sache braucht, insbesondere natürlich der Sachunterricht. Umso schwieriger ist dagegen die Frage zu klären, woher diese Sache genommen werden kann und wie sie ausgewählt wird. Auch dieser Frage wird ein eigener Abschnitt in dieser Schrift gewidmet. Denn nur wenn eine Lehrkraft autonom mit diesem Feld der Sache umzugehen vermag, läßt sie sich nicht von der Allmacht der Fach-Sachen erschlagen. Nur so kann sie auch den Kindern die erforderlichen Orientierungen für das gegenwärtige und zukünftige Leben aus den Inhalten vermitteln.

Für den Bootsbau ist es wichtig zu wissen, welche Materialien leicht sind, welche sich für Kielboote oder welche sich für rund geformte Jollen eignen. Es muß überhaupt Vertrautheit mit den Eigenschaften und Möglichkeiten verschiedener Materialien geschaffen werden. Letztlich besteht dann zwar ein Boot aus bestimmtem Kunststoff oder Eschenholz, aber der Baumstamm einer Fichte allein sagt ebensowenig wie eine dem Sachunterricht zugeordnete Fachwissenschaft, wie ein Boot zu bauen sei, aus.

Die eigentlichen didaktischen Schlußfolgerungen für den Sachunterricht können aus keiner dieser drei Dimensionen, Gesellschaft, Kind und Sache, allein gezogen werden, sondern immer wieder in wechselseitigem Bezug zueinander. Diese Gedanken des wechselseitigen Verknüpfens oder Verbindens, um dem Sachunterrichtsboot stabilen Halt zu geben, sollen im 7. Kapitel entwickelt werden.

Ziel dieser Einführung ist es, über diese drei Dimensionen des didaktischen Feldes näher nachzudenken und für die zukünftige Alltagsdidaktik erste Orientierungen herauszubilden, die später zusammen mit dem nur in der Praxis zu erwerbendem Erfahrungswissen von Lehrkräften produktive Handlungsfähigkeit ermöglichen. Es sollen hier auch nicht die Techniken für gute Showstunden in der 2. Phase der Lehramtsausbildung vermittelt werden. Im Gegenteil: hier soll das Sachunterrichtsboot beweglich gemacht werden, aber nicht perfekte Manövermodelle zum Vorführen gezimmert werden, die bei verändertem Seegang oder anderer Besatzung schon nicht mehr geeignet sind.

Es sollen auch nicht Standardbaupläne vermittelt werden, von denen alle zukünftigen Sachunterrichtslehrerinnen und -lehrer ihre Boote nachbauen können – unabhängig davon ob sie selbst mehr schauspielerische oder mehr zeichnerische Interessen haben, ob sie in ihrer Klasse körperbehinderte oder geistigbehinderte Kinder haben.

Ziel einer Einführung in die Didaktik des Sachunterrichts soll es vielmehr sein, allen zukünftigen Lehrerinnen und Lehrern des Sachunterrichts erste Fähigkeiten zu vermitteln, selbst Bootsmodelle zu bauen. D. h. nicht nur eine Lehre von den Materialien und den Insassen eines Bootes, Techniken des Zusammenfügens der Materialien, Funktionsweisen verschiedener Antriebsmöglichkeiten vom Elektromotor bis zum Paddel, Wissen über das Revier, die Wind- und Wetterverhältnisse, aber auch über das Wasser, die Felsen und vor allem das Ufer, sondern auch die Selbst-Erkenntnis, mit welchem Bootstypus ich selbst am besten umgehen kann und will.

Die Kunst des Bootsbaus ist selbstverständlich nicht voraussetzungslos. Es hilft, alte fehlerhafte Konstruktionen zu analysieren, den Ursachen vergangener Schiffshavarien nachzuspüren, aber auch die wundersamen Leistungen der Hansekogge oder anderer historischer Hochleistungen des Schiffbaus näher zu verstehen. Auch in der Sachunterrichtsdidaktik ist es wichtig, einen geschichtlichen Rückblick zu leisten, um auf einem fortgeschrittenen Stand anzusetzen und nicht alte Fehler zu wiederholen. Deshalb soll hier im 2. Kapitel zunächst ein Überblick über die Geschichte des Sachunterrichts gegeben werden.

Aber nicht nur der allgemeine Blick in die Vergangenheit kann fruchtbar sein, sondern auch der Blick in schon fertige Konstruktionspläne. Deshalb sollen im dritten Kapitel mehrere Konzeptionen des Sachunterrichts aus den letzten 25 Jahren vorgestellt werden.

2. Zur Geschichte des Sachunterrichts

2.1. Sachunterricht und Schulgeschichte

Aus heutiger Sicht erscheint uns Sachunterricht selbstverständlich. In allen Schulen gilt Sachunterricht als ein allgemein anerkanntes Hauptfach. Da fällt es schwer, sich vorzustellen, daß dieses Fach eines der jüngsten Schulfächer überhaupt ist. Erst seit den 70er Jahren gibt es Sachunterricht überhaupt offiziell anerkannt unter dieser Bezeichnung, vorher gab es das Fach Heimatkunde. Dieses Fach Heimatkunde wiederum ist erst in den 20er Jahren mit der Weimarer Grundschulreform zu einer anerkannten Fachbezeichnung im Lehrplan geworden. Im vorigen Jahrhundert war statt Heimatkunde der Anschauungsunterricht der geforderte moderne Unterricht, und Ende des 18. Jahrhunderts gab es überhaupt die ersten Auseinandersetzungen um die Einführung von Realien, d.h. Fächer wie Naturkunde oder Geschichte oder Geographie im allgemeinbildenden Schulwesen.

Gerade weil der Sachunterricht ein so neues Fach ist und vielfach in den Bundesländern heute noch nicht in der Ausbildung von zukünftigen Lehrerinnen und Lehrern an den Grundschulen berücksichtigt wird, ist es wichtig, seine historische Entwicklung auf die Ursprünge und Anfänge zurückzuverfolgen. Da auch viele historische Relikte noch im heutigen Sachunterricht auffindbar sind, ist es notwendig, sie als solche identifizieren zu können, ehe man zu einer eigenen didaktischen Meinung gelangen kann.

Wenn wir die Geschichte des Sachunterrichts aber als Vergleichsraster heranziehen, müssen wir zunächst einmal eine didaktische Vorentscheidung vorwegnehmen, nämlich die Antwort auf die Frage „Was ist Sachunterricht?". Selbst diese simple Frage ist noch nicht einvernehmlich geklärt. Und je nachdem wie eng oder wie weit wir heute Sachunterricht sehen, so eng oder so weit gefaßt müssen die geschichtlichen Vorgänge betrachtet werden. Wenn wir z. B. Sachunterricht als Unterricht über fachliche Grundlagen von Geschichte, Politik und Biologie begreifen, werden wir auch nur in diesen Fachbereichen nach historischen Vorläufern suchen. Wenn wir Sachunterricht – wie es in den Richtlinien süddeutscher Bundesländer anklingt – immer noch in enger Verbindung zur Heimatkunde sehen, werden uns Vorläufer wie eine Weltkunde, z. B. bei Diesterweg (1851) und Harnisch (1839) aus dem 19ten Jahrhundert, unwichtig erscheinen, weil wir dann nach den nahräumlichen Inhalten suchen. Denn der Nahraum, die äußere räumliche Gliederung, ist das zentrale Kennzeichen der traditionellen Heimatkunde. Wenn wir – wie gerade bei den unmittelbaren Vorläufern von Sachunterricht, den Sachkundekonzepten – Sachunterricht eng auf Sachen, wie Fahrrad, Schuhmacherei oder Post beziehen, dann fehlen uns aber die emotionalen Inhalte des Miteinander bei der Suche nach historischen Vorläufern. Wenn wir, wie zuerst Jeziorsky (1948), den Sachunterricht als „allgemeinbildenden Unterricht" auffassen, dann ist wiederum die Fülle an allen möglichen inhaltlichen Vorläufern außerordentlich groß, denn letztlich gehören außer den Kulturtechniken Lesen und Schreiben, den musischen Inhalten oder Sport, sämtliche

Inhaltsbereiche, die für eine Lebensbewältigung wichtig sind, zum Sachunterricht. Die Vielzahl an Bezeichnungen für dieses Fach und seine Vorläufer, nämlich Realienunterricht, Anschauungsunterricht, Heimatkunde, Heimatkundlicher Anschauungsunterricht, Kernunterricht des Gesamtunterrichts, Sachkunde, Deutschheimatkunde, ungefächerter Sachunterricht, Sach- und Heimatkunde, zeigt bereits, daß wir vor einem schillernden, historischen Vorläuferspektrum stehen. Ich selbst vertrete – ebenfalls wie Jeziorsky (1948) – ein weites Verständnis von Sachunterricht und würde ihn präziser als Sach- und Sozialunterricht (Klafki 1992a) oder „Beziehungsunterricht" (Hopf 1993a, 88) bezeichnen, um deutlich zu machen, daß keine engen gegenständlichen Inhalte beim Sachunterricht gemeint sind, sondern Menschenbildung.

Gleichwohl spreche ich weiterhin von Sachunterricht, weil dies ein eingebürgerter Begriff ist, versuche aber, ihn inhaltlich weiter zu fassen im Sinne von sozialer Weltorientierung oder von Sach- und Sozialunterricht. Ich grenze mich dabei deutlich ab von der Sachbezeichnung Sachkunde, die umgangssprachlich immer noch von vielen Lehrkräften verwendet wird, weil der Begriff „Kunde" suggeriert, daß von oben herab bestimmte Sachen den Kindern belehrend beigebracht werden. Dagegen halte ich die neuerdings im Kanton Zürich verwendete Begriffsumwandlung von Sachunterricht in *Mensch und Umwelt* oder die neue japanische Fachbezeichnung *Lebenskunde* meinen Intentionen zur humanorientierten Gestaltung von Sachunterricht für eher entsprechend. D. h. ich gehe bei der Suche nach historischen Vorläufern von Sachunterricht von einem breiten Inhaltsspektrum aus, in dem die humanen und sozialen Dimensionen einen wichtigen Stellenwert haben. Mit diesem Vorgriff auf die noch später zu leistenden didaktischen Entscheidungen wende ich mich nun den geschichtlichen Vorläufern des Heimat- und Sachunterrichts zu. Diese sind jedoch nicht ohne die Geschichte der Schule zu verstehen. Deshalb sollen dazu vorweg einige Grundlinien skizziert werden (s. Abb. 2).

Sachunterricht ist – wie gesagt – ein historisch sehr junges Fach. Es ist um Jahrhunderte später als die ersten Schulen – verstanden als Lehreinrichtungen, in denen mehrere Kinder/Heranwachsende von Lehrenden in bestimmten Inhalten unterwiesen wurden – erst im 20. Jahrhundert entstanden. Antike Formen der Erziehung und Belehrung eines Knaben durch einen kundigen Lehrer (pädagogos = Knabenführer) oder die frühmittelalterliche Erziehung adliger Jungen in Reit-, Kampfkunst und höfischem Anstand durch einen „Zuchtmeister" entsprechen noch nicht der Form der Schule (vgl. zur Schulgeschichte Günther u. a. 1966). Diese hat sich zuerst als Dom-, Kloster- oder Stiftsschulen herausgebildet, in denen neben dem eigenen Ordensnachwuchs auch jüngere Söhne aus Adelshäusern ausgebildet wurden – in Frauenklöstern auch Töchter. In der frühen mittelalterlichen Schule kamen die Sachfächer überhaupt nicht vor. Vielmehr ging es vor allem darum, die Grundlagen für theologische Bildung in den aus der Antike überlieferten „sieben Künsten" (Trivium und Quadrivium) zu legen. Die zumeist auswendig zu lernenden Inhalte des Triviums waren lateinische Grammatik, Rhetorik und Dialektik, das Quadrivium bestand aus Arithmetik, Geometrie, Astronomie und Musiktheorie. In diesen

In der folgenden tabellarischen Übersicht soll die Geschichte des Sachunterrichts überblickshaft dargestellt werden:

Geschichte des Sachunterrichts

Zeit	Schulentwicklung	Entwicklung der Sachunterrichtsdidaktik
ab 2000 ???	integrierte Schulen	integrierte Didaktik und Pädagogik der Vielfalt
1980–2000	Versuche von „Behindertenintegration“	erste Ansätze sinnennahen, ästhetischen Lernens, Projektwochen, Freie Arbeit meist als Materialdifferenzierung, Dominanz der Arbeitsblätter, „Kindorientierung“ wichtige Kategorie
1970–1980	erste Gesamtschulen	Sachunterricht als gesellschaftskritisches, wissenschaftsorientiertes Konzept, Dominanz kognitiven Lernens, starke Repräsentanz einzelfachlicher Orientierungen, Anspruch: Lernen des Lernens
1960–1970	Bildungsreformdebatte beginnt	Sachkunde, beginnende inhaltliche Erweiterung der Heimatkunde, Jeziorsky, Lichtenstein-Rother bringen neue Fachbezeichnungen: „Allgemeinbildender Unterricht“, „Sachunterricht“
1945–1960	kaum Veränderung	Heimatkunde als Teil der volkstümlichen Bildung (Stöcker)
1930–1945	kaum Veränderung	Heimatkunde bleibt, wird ergänzt durch bestimmte Stoffe, stärkere Betonung der irrationalen Elemente („Bodenverbundenheit“)
1900–1930	Ab 1920: erste Hilfsschulen, Grundschule als Schule für alle	Phase der Heimatkunde und der Beeinflussung durch die reformpädagogische Bewegung; Arbeitsschule, Erlebnispädagogik, „vom Kinde aus“, „zurück zur Natur“ als Schlagworte (Lietz, Wyneken, Gaudig, Otto, Petersen, Gansberg, Montessori, Östreich, Karsen, Kerschensteiner)
19. Jahrhundert	Realschulen	Anschauungspädagogik gewinnt an Gewicht, auch restaurative Tendenzen (Stiehl'sche Regulative); Dörpfeld: „Sachunterricht“ vorgeschlagen, religiöse Inhalte verlieren an Gewicht; Herbartianer: Formalstufen; Diesterweg: demokratischer Anschauungsunterricht
Ende 18. Jahrhundert	Erste Schulpflichtgesetze Fabrikschulen	Herausbildung der Anschauungspädagogik, Pestalozzi: Lernen mit Kopf-Herz-Hand Realienfächer bekommen Bedeutung
17. Jahrhundert	Ausbreitung der Dorfschulen	Comenius: „orbis pictus“, erstes allgemeinbildend verstandenes Sachbuch
16. Jahrhundert (Renaissance)	Dorfschulen	Luther: durch Reformation Aufbau von Dorfschulen zum Lesen, Schreiben, Bibelkunde
Mittelalter	Kloster / Domschulen, später: Stadtschulen Klipp- / Winkelschule	Septem Artes: lateinische Grammatik, Rhetorik, Dialektik, Arithmetik, Geometrie, Astronomie und Musiktheorie

Abb. 2

Schulen, den Dom- und Klosterschulen, gab es nur einen geringen Anteil an Kindern aus der breiten Bevölkerung. In derartigen Schulen waren in der Praxis die hochwertig angesehenen lateinsprachlichen Inhalte wie Rhetorik oder Grammatik vorgesehen.

Die jungen Menschen lernten nicht für die Bewältigung des Alltags – wenn wir einmal von den in den Frauenklöstern gelehrten textilen Künsten sowie dem Schreiben und Lesen absehen -, sondern zusätzliches Bildungswissen wie Latein oder die Grundlagen der Theologie. Erst allmählich setzte sich mit dem erstarkenden Bürgertum in den Städten in den von der wohlhabenden Kaufmannschaft gegründeten Ratsschulen oder Lateinschulen auch Handelsrechnen, Münz- und Maßkunde, Recht, allmählich auch die deutsche Sprache und moderne Fremdsprachen als Lerninhalt durch. Für breitere städtische Schichten wurden deutsche „Schreib- und Leseschulen gegründet, die – wie der Name sagt – wesentlich für die Vermittlung der Kulturtechniken gedacht waren. Sachlernen erfolgte im Mittelalter weitgehend in der Lebenspraxis und wurde nicht einmal als möglicher schulischer Inhalt theoretisch gedacht – wenn wir einmal von den für den europaweiten Handel erforderlichen geographischen Grundkenntnissen absehen.

Wie Aries in seiner Geschichte der Kindheit (1978) sehr plastisch darstellt, fand das Lernen der Kinder im Mittelalter wesentlich durch das Leben in verschiedenen Lebensräumen statt, d. h. durch das Leben des Kindes im handwerklichen Betrieb und die Erfahrung der Produktion z. B. eines Tisches, durch die Beobachtung und Mithilfe bei der Speisenzubereitung, die Mithilfe von Kindern bei der harten und schweren Landarbeit. All diese Lebensbedingungen hatten im Mittelalter auch sehr viel Bildungsqualität, so daß eine formal abgehobene Sachunterrichtsdidaktik gar nicht vonnöten war.

Eine quantitative Ausdehnung von Schulen in den zum späteren Deutschland gezählten Fürstentümern erfolgte mit Beginn der Frühen Neuzeit. Der Reformator Luther setzte sich insbesondere für die Förderung der Lesefähigkeit auch armer Bevölkerungsschichten ein. In den „Trivialschulen", den nach der Reformation gegründeten ersten Lateinschulen, die für mehr Kinder als nur ausgelesene städtische Schichten gedacht waren, gab es aber nur einen sehr engen Kanon an Lerninhalten, nämlich in drei Stufen:

1) Lesen, Schreiben, Anfangsgründe der lateinischen Grammatik
2) Musik, Grammatik, Religion
3) Latein, Dialektik, Rhetorik

Wir können also verkürzt sagen, daß die nach der Reformation gegründete erste allgemeine Schule in Deutschland zunächst nur die Fächer Deutsch, Latein, Musik und Religion als wichtig angesehen hat. Auch Mathematik mußte sich erst allmählich als Bildungsinhalt für alle behaupten. In der Zeit der Reformation jedenfalls hatte Mathematik erst als Inhalt der Oberschule ihren Platz.

Die Realien, d. h. vor allem Geschichte, Geographie und Naturkunde, waren im 17. Jahrhundert erstmals theoretisch – aber immer noch insgesamt wenig – diskutierte Unterrichtsinhalte.

Lediglich in einigen wenigen fortschrittlichen Regionen gab es schon sichtbare Ausweitungen der Schulen. So gab es in Gotha bereits 1672 eine durch Verordnung eingeführte Schulpflicht für Jungen und Mädchen vom 5. bis 12. Lebensjahr bei sechsstündigem täglichen Unterricht in den Fächern Lesen, Schreiben, Rechnen und Religion (Günther u. a. 1966). Daneben wurde auch Kirchgesang, Tier- und Pflanzenkunde, Zeitrechnung, Meßkunst, Münzwesen und Landesverwaltung (z. B. Gerichtswesen) gelehrt. Wir können diese Verordnung auch als den ersten staatlichen Lehrplan für Sachunterricht verstehen, weil damit die damals bedeutsamen Sachinhalte, die zum Überschreiten der dörflichen Grenzen erforderlich waren, erstmals offiziell als wichtig angesehen und deklariert wurden. Denn die Kenntnis der von Fürstentum zu Fürstentum verschiedenen Ellenmaße und Münzen waren erst dann notwendig, wenn den Menschen zugetraut wurde, ihr angestammtes Gebiet zu verlassen bzw. nach außen in Kommunikation zu treten. Derartige Vorhaben der Schulreform kamen aber nur vereinzelt in besonders aufgeklärten und wohlhabenden Fürstentümern vor (Günther u. a. 1966).

Im großen Land Preußen dagegen gab es erst 1717 eine allgemeine Schulpflicht mit täglichem Unterricht im Winter. Als oberstes Ziel wurde dabei die Heranbildung frommer Christen und nützlicher Untertanen gesehen. Insgesamt blieb also noch das Gothaer Modell eine Ausnahme. Wenn überhaupt Schule für breitere Bevölkerungskreise stattfand, war sie weitgehend Schulung von Untertanen und Sprachbildungsschule. Das unmittelbar erforderliche Sachwissen erwarben die Menschen immer noch hauptsächlich im täglichen Umgang. Dabei erfuhr man, daß z. B. die Sahneschicht sich oben auf der Milch absetzte, wenn man sie länger stehen ließ und daß das Heu schnell eingefahren werden muß, wenn sich dunkle Wolken am westlichen Horizont bilden. Hausarbeit und Berufsarbeit waren damals noch eine Einheit, an der auch die Kinder als Mithelfende tätig teilhatten. Wenn überhaupt Sachunterricht damals sinnvoll war, dann um aus der Erfahrungsenge der eigenen dörflichen Umgebung herauszukommen. Dies war aber nicht im Sinne der damals in den deutschen Ländern Herrschenden (Günther u. a. 1966).

2.2 Frühgeschichte des Sachunterrichts – Zur Auseinandersetzung um Realien und Anschauungsunterricht

Nach diesem Rundblick über die Geschichte der Schule bis hin zur Zeit der ersten sach-pädagogischen Konzepte wende ich mich nun zur Pädagogikgeschichte des Sachunterrichts.

Dabei unterscheide ich mehrere Epochen:

- Erstens die Epoche des Realienunterrichtes, der von Comenius (1592 – 1670) eingeleitet worden ist.

In der praktischen Durchführung stand Realienunterricht im Mittelpunkt von bildungspolitischen und didaktischen Auseinandersetzungen im 17. Jahrhundert. Aus der damals eingeleiteten didaktischen Diskussion entwickelten sich Positionen wie Ratkes und Pestalozzis, die auf einen Anschauungsunterricht pädagogisch hinarbeiteten.

- Zweitens die Epoche des Anschauungsunterrichts, die auf das 19. Jahrhundert bezogen werden kann.
- Die dritte Epoche in der Geschichte des Sachunterrichts ist die Epoche der Heimatkunde, die mit Beginn des 20. Jahrhunderts einsetzte und z. T. von der zu der Zeit sich herausbildenden reformpädagogischen Bewegung mitbeeinflußt wurde, aber nicht in allen Varianten als reformpädagogische Konzeption bezeichnet werden kann.
- Über die Zwischenetappe der Sachkunde in den 60er Jahren wurde die Heimatkunde von der vierten Epoche, nämlich der Sachunterrichtsepoche Anfang der 70er Jahre, allmählich überformt. Auslösendes Moment war damals die Diskussion um wissenschaftsorientierten Sachunterricht, wie sie in Deutschland verstärkt seit dem Frankfurter Grundschulkongreß 1969 geführt wurde.
- Die fünfte Epoche, die Epoche des zukünftigen Sachunterrichts oder die Epoche der sozialen Weltorientierung, ist noch nicht angebrochen, aber bereits jetzt gibt es theoretische Ansätze, die über einen gegenständlich begrenzten Sachunterricht und einen nur auf kognitives Lernen orientierten Sachunterricht hinausreichen. Gerade wegen der zunehmenden Vernetzung der Probleme und Beziehungen auf der Erde, wird unter der Zielperspektive „Lernen für die eine Welt“ (Schernikau 1994, 35) zunehmend Harnischs Begriff der „Weltkunde“ (s. o.) wieder neu interpretiert.

Betrachten wir aber zunächst die Frühgeschichte des Sachunterrichts und zwar die allererste Epoche, die Epoche des Realienunterrichtes. Wenn wir hier von einer Epoche reden, heißt dies nicht, daß tatsächlich in allen Schulen, in allen Unterrichtsformen und -bedingungen der Realienunterricht einen wichtigen Stellenwert hatte, sondern nur daß der Realienunterricht im 17. Jahrhundert im Mittelpunkt didaktischer Auseinandersetzungen stand. In seinem Gefolge sind schließlich Realschulen und Realgymnasien, d. h. Schulen die auch Sachfächer wie Geschichte, Naturkunde, Geographie und andere zu lehren hatten, neben den tradierten sprachorientierten Lateinschulen entstanden. Aber sowohl die Realschulen wie auch die Realien waren nicht die empirisch dominierenden Formen, sondern die theoretisch in der Zeit prägenden Auseinandersetzungspunkte – so wie heute die Frage der Ganztagsschule und Gesamtschule.

Ehe Realien tatsächlich Einzug in Schulen feierten, wurden sie aber von pädagogischen Philosophen gefordert. Das erste umfassende theoretische Konzept zur allumfassenden Bildung hat der böhmische Aufklärer Comenius in den 30er Jahren des 17. Jahrhunderts vertreten. Er verfaßte ein mit Zeichnungen illustriertes Buch „Orbis sensualium pictus“ (1658). Der Anspruch war, daß damit das gesamte Wissen der

Welt vermittelt werden sollte. Pro Seite gab es ein Bild und darunter in vier (bzw. zwei) Sprachen (Latein, deutsch, tschechisch, ungarisch) kurze Erläuterungen. Die Inhalte seines universalen Wissensbuches umfaßten Naturdinge, Szenen aus dem menschlichen Arbeitsleben und biblische Geschichten. Er hatte also neben der vorher reinen religiösen Orientierung bei den Unterrichtsinhalten nun auch soziale Inhalte wie auch Naturinhalte als wichtig erachtet. Comenius hatte das Ziel, die Menschen durch „wahres Wissen" zu Weisheit zu bringen. Damit verband er gerade humane und aufklärerische Ziele. Nicht Sachbeherrschung – wie bei den damals neu herausgebildeten Naturwissenschaften -, sondern Menschenbildung war sein Ziel.

In dieser Zeit des aufgeklärten Absolutismus, als viele weltliche Fürstentümer sich von der Übermacht der Kirche als gesellschaftlicher Macht trennten, war es möglich, daß auch vereinzelt Denker – wie Comenius und Ratke – sich aus der starren religiösen Bindung von Bildung lösen konnten. Im Mittelalter und auch zur Zeit der Inquisition war von der Perspektive der Kirche jeglicher Sachunterricht eine Gefahr, weil durch naturwissenschaftliche oder sozialwissenschaftliche Erkenntnisse die Vorherrschaft des kirchlichen Weltbildes gefährdet wurde. Deshalb tauchen erst mit der allmählichen Trennung von Staat und Kirche und der Stärkung weltlicher Macht auch Gedanken zur Sachbildung der Menschen auf.

Besonders deutlich wird die Epoche der Realien am Beispiel des ersten profilierten Vertreters von Sachlernen, nämlich des großen tschechisch-deutschen Pädagogen Jan Amos Comenius. Er lebte zur frühen Aufklärungszeit und hat 1658 das erste systematische Sachbuch vorgelegt.

In diesem ältesten Sachbuch unseres Kulturkreises wird zu jedem der Themen auf der linken Seite ein leicht phantastisches Bild mit vielen realistischen Details, etwa beim Thema Luft (s. Abb. 3) ein pustender Kopf auf der Spitze eines Wirbelwindes, von Sturm gebeugte Baumwipfel und Wolken am Himmel. Daneben stehen die zu diesem Thema zu lernenden Begriffe: „Die Luft wehet sanft. Der Wind bläset stark. Der Sturmwind reißet die Bäume nieder. Der Wirbelwind drehet sich im Kreis. Der Wind unter der Erden erreget Erdbeben. Das Erdbeben macht Erdfälle." Aus heutiger Sicht sind fachliche Defizite offensichtlich. Aber auch pädagogisch ist – trotz der bildhaften Veranschaulichungsversuche – hier aus heutiger Sicht ein sehr eingeschränktes Spektrum an Möglichkeiten realisiert worden.

In den theoretischen Vorbemerkungen Comenius' finden wir aber durchaus einige sehr beachtenswerte, modern anmutende Gedanken, so die Notwendigkeit des Lernens mit den Sinnen:

„Es ist aber nichts in dem Verstand, wo es nicht zuvor im Sinn gewesen ist. Wann nun die Sinnen, der Sachenunterschiedenheit wohl zu ergreifen, fleißig geübet werden, das ist soviel als zur ganzen Weisheitlehre und weißen Beredtsamkeit und zu allen klugen Lebensverrichtungen den Grund legen" (Comenius 1658, 1).

Auch Freie Arbeit ist in ihren Ursprüngen schon von Comenius im 17. Jahrhundert als Idee entwickelt worden: „Ich muß noch etwas näheres von dem nützlichen Gebrauch dieses Büchleins anführens. 1. Man gebe es dem Knaben unter die Hand,

(14)

V.

Aër.

Die Lufft.

Aura

(15)

Aura 1 spirat leniter.	Die Lufft 1 wehet sanfft.
Ventus 2 flat validè.	Der Wind 2 bläset starck.
Procella 3 sternit arbores.	Der Sturmwind 3 reisset die Bäume nieder.
Turbo 4 se agit in gyrum.	Der Wirbelwind 4 drehet sich im Kreiß.
Ventus *subterraneus* 5 excitat *Terræ-motum*; Terræ-motus, facit *Labes* (ruinas.) 6	Der Wind unter der Erden 5 erreget Erdbeben; das Erdbeben macht Erd-Fälle. 6

VI. Aqua

Abb. 3

sich damit nach eigenem Belieben zu belustigen und Beschauung der Figuren und dieselben ihm bekannt zu machen. Auch zu Hause ehe man sie zur Schule schicket“ (Comenius 1658, 7).

Bei der Zahl der tatsächlich angegebenen Sachthemen im orbis sensualium pictus, nämlich 142 Themen, wird deutlich, daß an Vertiefung des Wissens trotz aller Vorreden nicht viel zu denken ist. Das Inhaltsspektrum Comenius’ ist trotz der enormen Stoffülle aber durchaus beachtenswert. Ich nenne hier beispielhaft jedes zehnte Thema: Gott, Steine, Gesangvögel, Schlangen und Gewürme, das Geader und Gebein, die Fischerei, das Leinwerk, die Hausgemächer, der Seiler, die Schreibkunst, das Museum, die Sittenlehre, die Sippschaft, das Begräbnis, die königliche Majestät, die Vorsehung Gottes. In seinem Curriculum sind also Berufe, Materialien, Tiere, Pflanzen, Menschenkunde, Gefühle, soziale Beziehungen, menschliche Einrichtungen, Herrschaft, die vier Elemente und insgesamt relativ wenige religiöse Themen vorgesehen. Ein Inhaltsspektrum, das in diesem Aspektreichtum erst 300 Jahre später wieder im Sachunterricht auftauchte. Trotz der inhaltlichen Breite liegt im universalistisch gedachten Plan von Comenius gleichzeitig eine Stoffüberfrachtung des Lernens und eine immense Größenphantasie, weil er alle zu seiner Zeit denkbaren inhaltlichen Aspekte im Unterricht behandelt sehen wollte.

Er forderte nicht nur einen Realienunterricht, in dem – aus damaliger Sicht – alles gelehrt wird, sondern auch alles allen. So heißt es in seiner „Großen Didaktik“: „Nicht bloß die Kinder der Reichen oder Vornehmen, sondern alle in gleicher Weise, Adlige und Nichtadlige, Reiche und Arme, Knaben und Mädchen müssen in allen Städten und Flecken, Dörfern und Landhäusern zur Schule herangezogen werden ... Zunächst sind alle, die als Mensch geboren, zu dem Hauptzweck geboren, Mensch zu sein, d.h. vernünftiges Geschöpf, Herr der Geschöpfe, Ebenbild des eigenen Schöpfers“ (Comenius 1904 [1632], S. 62).

Aber nicht nur bei der Breite der Inhalte, sondern auch im methodischen Denken war Comenius durchaus schon weit in seinen pädagogischen Gedanken gediehen. So forderte er, daß der Stoff für die Lernenden motivierend präsentiert werden muß: „Der Stoff wird für die Form, die er erhalten soll, empfänglich gemacht“ (Comenius 1904, S. 116). Auch die Lernbegierde hielt er für wichtig, wenn er sagte: „Daher muß man den Wissens- und Lerneifer auf alle nur mögliche Weise bei den Knaben entflammen“ (Comenius 1904 [1632], S. 117). Auch der Wert einer gut gestalteten Lernumgebung war Comenius nicht fremd: „Die Schule selbst soll eine liebliche Stätte sein, von innen und außen den Augen einen angenehmen Anblick bieten. Drinnen sei ein helles, reinliches, überall mit Gemälden geziertes Zimmer“ (Comenius 1904, S. 118).

Auch in der Vermittlungsmethode plädierte Comenius für Originalbegegnungen statt Bücherwissen: „Die Menschen müssen in der Weisheit soviel als möglich nicht aus Büchern unterwiesen werden, sondern aus dem Himmel, der Erde, den Eichen und Buchen, d. h. die Dinge selbst kennenlernen und durchforschen, nicht nur fremde Beobachungen und Zeugnisse über die Dinge“ (Comenius 1904 [1632], S. 134). Auch für die sinnvolle kommunikative Anwendung des Gelernten war er sehr aufgeschlossen: „Möge alles, was aufgefaßt worden ist, gleich wieder auf andere übertragen werden, in dem man es anderen mitteilt: Damit man nichts fruchtlos wisse.“ (Comenius 1904 [1632], S. 138)

Die interessanten pädagogischen Gedanken ließen sich noch erweitern. Hier soll Comenius lediglich als der erste Realiendidaktiker vorgestellt werden, der ein weites Inhaltsspektrum entworfen hat, das sich auch heute noch lohnt, diskutiert zu werden. In die weitere pädagogische Diskussion sind dagegen mehr die methodischen Gedanken Comenius' eingeflossen, insbesondere die, die eine anschauliche, einprägsame Vermittlung von Lerninhalten betonten.

2.3 Die Anschauungspädagogik als Vorläuferin des Sachunterrichts

In der zweiten Epoche der Geschichte des Sachunterrichts spielte die Frage der Anschauung in den pädagogischen Theorien eine zentrale Rolle. Wir können diese Epoche von der zweiten Hälfte des 18. Jahrhunderts bis zur Jahrhundertwende zum 20. Jahrhundert grob eingrenzen.

2.3.1 Pädagogische Theorien der Anschauungspädagogik

Das Konzept der Anschauungsdidaktik, das auf Comenius, Ratke, Pestalozzi und Franke zurückzuführen ist, hat im vorigen Jahrhundert als Prinzip progressiv orientierten Realien- / Sachunterrichts – nicht nur auf den Anschauungsunterricht der ersten beiden Schuljahre beschränkt – hohe Anerkennung in pädagogischen Schriften gefunden (vgl. Schernikan 1981).

Die Anschauungspädagogik wurde besonders von Pestalozzi, dem großen, 1786 geborenen Schweizer Pädagogen mitbegründet, der mit seiner Formel „Lernen mit Kopf, Herz und Hand" auch heute noch viel zitiert wird.

Dies heißt aber nicht etwa, daß zeitgemäßer Sachunterricht schon damals in den ersten Klassen stattgefunden hat. Selbst in den theoretischen Ansprüchen war Anschauungsdidaktik noch sehr reduziert.

So liegen die zentralen Merkmale der Anschauungsdidaktik in ihrer primär visuell vermittelten Denkförderung. D. h. durch Bilder sollten die Vorstellungen der Lernenden konkreter werden.

Die meisten Pädagogen des 19. Jahrhunderts, die sich im Anschluß an Pestalozzi auf die Anschauung als zentraler Kategorie des Unterrichts berufen haben, betonen vor allem, daß Anschauung das Denken fördert. So drückte W. Armstroff, ein bekannter Anschauungsdidaktiker des vorigen Jahrhunderts, das Verhältnis von Denken und Anschauung als ein wechselseitig befruchtendes aus: „Naturgemäß aber ist es, die Übungen im Denken mit denen im Anschauen zu verbinden; beides gehört zusammen, beides muß deshalb der Anschauungsunterricht pflegen" (1891 (5), 41). Zu verstehen sind derartige Aussagen aus der damaligen Tradition von Schule, nach der weitgehend auswendig gelernte Sätze den Unterricht prägten. Wir finden Relikte der alten Memorierstunde noch heute in manchem Konfirmandenunterricht, wenn die Glaubensbekenntnisse mit Erläuterungen Luthers auswendig herzusagen geübt werden. Demgegenüber war der Anschauungsunterricht tatsächlich eine enorme Veränderung. Denn es wurde das eigene Denken der Lernenden angestrebt. Der Anschauung selbst wurde formal bildende Kraft für weitere Lernprozesse zugeschrieben: „Indem wir also dem Anschauungsunterrichte die Aufgabe stellen, den Schülern zu einem Reichtume von Anschauungen zu verhelfen, wollen wir durch denselben gleichzeitig ihre Sinne üben, ihre Selbsttätigkeit erregen, sie an Aufmerksamkeit gewöhnen, kurz, wir wollen ihre Anschauungskraft, das Grundvermögen aller wahren, intellektuellen Bildung üben" (ebd., 35). D. h. dem Anspruch nach sollte Anschauung die eigene Wahrnehmungsfähigkeit der Lernenden entwickeln und sie aus der Abhängigkeit von vorgegebenen Lehrsätzen befreien.

Methodisch wurde dies häufig durch eine Vielzahl bildlicher Veranschaulichungsmittel zu erreichen versucht (vgl. Armstroff 1891 (5), 67). Hierzu standen einige wenige Lernmedien wie Sandkasten, die geographische Inhalte strukturell gefördert haben, wohl des öfteren an Schulen zur Verfügung. Nicht von ungefähr kam es, daß vor allem geographische oder auch naturkundliche Inhalte, die durch äußere, auf die bildliche Oberfläche orientierte Wahrnehmungsprozesse erkennbar sind, im Mittelpunkt des Anschauungs- und Realienunterrichts blieben.

Die pädagogische Norm der Anschauung verstärkte die Tendenz, daß die Lehrpläne und Unterrichtskonzepte fast ausschließlich nach räumlich-oberflächlichen Maßstäben durchstrukturiert wurden. Der Aufbau der Unterrichtsinhalte wurde nach einer klaren räumlichen Gliederung vollzogen, nämlich im Sinne von „konzentrischen Kreisen“ (Harder 1874 (c), XXIX). D. h. im ersten Schuljahr galt die Schulstube als anschaulich erfahrbarer Inhaltsbereich, später durften die Kinder auch etwas über das Dorf (Heimatkundlicher Anschauungsunterricht), noch später über das Land lernen. Dies wurde allerdings erst für die Volksschuloberstufe als angemessen betrachtet. Kinder unter 10 Jahren hatten sich mit dem unmittelbaren Raum ihrer Umgebung zu befassen. „Die Leichtigkeit des Verstehens der engeren Umgebung durch das Kind“ (Weniger 1926) wurde dabei ebenso überschätzt wie der Wert der unmittelbaren Anschauung (ebd.). Die visuell-räumliche Anschauungsideologie ging sogar so weit zu fordern, selbst das elterliche Haus als zu wenig anschaulich zu ersetzen durch die Besprechung von Stoffen / Objekten im Schulraum wie Fenster oder Tür (Harder 1874, XXI), die so zu leblosen „Lern“details wurden. Diese weit verbreitete Interpretation von Anschauungsunterricht steht in direktem Widerspruch zu den bei Pestalozzi ursprünglich geforderten Prinzipien lebendiger Erfahrung.

In den didaktischen Schriften des 19. Jahrhunderts genoß die Frage der Realien und des Anschauungsunterrichts eine hohe Stellung. Hier wurden bereits praktische Handlungsanleitungen für den Unterricht formuliert, aus denen zu entschlüsseln ist, wie damals die Praxis des Anschauungsunterrichts ausgesehen hat, so er überhaupt stattgefunden hat.

Das bahnbrechende Wort Pestalozzis, die Anschauung sei das Fundament der Erkenntnis (vgl. Armstroff 1891 (5), 11), war aber keineswegs durchgängig das Motto pädagogischer Praxis zu Beginn des vorigen Jahrhunderts. Selbst der Anschauungsunterricht gerann zu schematischem Lernen im Frage-Antwort-Schema. Einige überlieferte Beispiele belegen das (Scherer 1910):

„Da sehe ich aber viele Knaben und Mädchen! Ihr wollt nun alle die Schule besuchen und bei mir lesen, rechnen und schreiben lernen. Das ist recht. Es freut mich, daß ihr so vergnügte Gesichtchen macht, ihr seid gewiß froh, daß ihr in die Schule gehen dürft. Steht einmal alle auf! – Setzt euch nieder! – Legt die Hände auf den Tisch! – Legt sie auf den Kopf! – Auf die Brust! Legt die Hände ineinander! – Faltet sie! – Macht sie wieder frei! – Klatscht mit beiden Händen!“ (Scherer 1910, 208).

Aber selbst diese Form von Anschauungsunterricht konnte sich nur schwer gegenüber der alten Auswendiglernschule durchsetzen.

In der Mitte des 19. Jahrhunderts erfuhr die Anschauungspädagogik eine Weiterentwicklung. Seit den 30er Jahren waren vor allem die demokratischen Pädagogen Diesterweg und Harnisch profilierte Vertreter des Anschauungsunterrichts.

Gerade die um die Jahrhundertmitte wirkenden umstrittenen Anschauungsdidaktiker Diesterweg und Harnisch hatten auch pädagogisch mit dem Anschauungskonzept eine offene, wenn auch noch sehr elementenhafte Weltkunde verbunden (Harnisch 1893, 423). 1816 erschien der erste „Leitfaden beim Unterricht in der Weltkunde“ von Harnisch. Dies war die eigentliche Geburtsstunde des heutigen Sachunterrichts als integriertem Fach. Denn erstmalig wurden die Realien zusammengefaßt unter der Bezeichnung „Weltkunde“. Neben bekannten anschauungsdidaktischen Grundsätzen, z.B. viele einzelne Gegenstände von der Welt kennenzulernen, ein Ausgehen von der Heimat, also der konkreten Lebenswelt des Kindes, wurde jetzt auch ein kosmopolitisches Ziel angestrebt, nämlich auch der Vergleich mit anderen Ländern und Staaten für wichtig erachtet. Für die Anfangsklassen haben Harnisch und Diesterweg ebenfalls die typischen Inhaltsstufen von der Betrachtung des Klassenzimmers mit der Tür, was wir schon kennen, bis hin zur Schulstube, Schulhaus, Straße, Dorf oder Stadt vorgesehen. Aber für die höheren Klassen war ihr Spektrum der Realinhalte entsprechend ihrem weltkundlichen Verständnis – ähnlich wie das Themenspektrum von Comenius – außerordentlich weit: Wolken, Wind, Wetter, Feuer, Wasser, Sonne, Mond und Sterne zählten zu ihren Inhalten (Diesterweg [1855], 153). Diesterweg wollte sogar durch den Realienunterricht eine Vermittlung demokratischer Vorstellungen und Verhaltensmuster erreichen. Für dieses Ziel erschien ihm die Selbsttätigkeit der Jugend als besonders wichtig (Diesterweg [1851], 7). Insofern ging er methodisch über den Horizont anderer Anschauungsdidaktiker weit hinaus.

Er wendete sich ideologisch auch explizit gegen die von ihm so genannte „Schule der Kirchenlehre“, der er die „Schule der Pädagogik“ gegenüberstellte.

Diese beiden Formen unterscheiden sich nach Diesterwegs Auffassung in den folgenden Merkmalen:

Diesterwegs Auffassung:

statt:	will Diesterweg:
Auswendiglernen	Anschauen
Worte hersagen	Sich über eigene Wahrnehmung äußern
Glauben	Nachdenken
Gegebene Wahrheit	Selbstgefundene Wahrheit
Autorität	Selbständigkeit
Passivität	Selbständigkeit

(Diesterweg [1855] 1974 (2))

Die Durchsetzung eines „demokratischen Realienunterrichts“ (vgl. Hänsel 1980, 14), wie er genannt wurde, wurde aber von der Mitte des 19. Jahrhunderts erstarkten Restaurationsbewegung massiv zu verhindern versucht (ebd.). Diesterweg wurde wegen des Vorwurfs „sozialistisch-kommunistischer Tendenzen“ 1847 aus dem Amt als Seminardirektor in Berlin entlassen und konnte somit keine zukünftigen Volksschullehrer mehr ausbilden. Harnisch wurde von Breslau in die Provinz zwangsversetzt.

Die verbale Repetier- und Paukschule mit restriktiven Erziehungsvorstellungen schwarzer Pädagogik scheint aber – weit länger als die didaktische Literatur vermuten läßt – die dominierende Form institutionalisierten Lernens geblieben zu sein. Anstelle des offiziell geforderten Anschauungsunterrichts schien der Gesinnungsunterricht in Form von Leseunterricht selbst im naturkundlichen Bereich zu überwiegen (Grupe 1947, 42). D.h. anstelle des eigentlichen Sachunterrichts wurde Deutschunterricht gesetzt. So heißt es noch in einem nach dem 1. Weltkrieg verfaßten Anleitungsbuch für Lehrkräfte: „Immer noch vorkommende Mißbräuche machen den Hinweis nötig, daß das Lesebuch bei der Erarbeitung des Stoffes nicht verwendet werden darf. (Die Lesestücke) können auch nicht mehr zur Wiederholung benutzt werden“ (Ullmann / Fischer 1918, 106). Diese häufigen Appelle, die Lesestücke auszulassen, zeigen, wie schwer es war, das eigene Denken der Kinder über konkrete Sachen in der Schule einzuführen.

Im schulischen Alltag sah der so hoch gepriesene und heftig umstrittene Anschauungsunterricht oft so aus, daß Kinder dünne Holzstäbchen auf ihren Tischen liegen hatten und mit diesen den jeweils im Unterricht „durchgenommenen“ Gegenstand wie z.B. Buch, Griffelkasten oder Leiter legen sollten. So konterkarierte das von vielen Pädagogen, insbesondere von den Nachfolgern des bekannten Schulpädagogen Herbart, den Herbartianern, empfohlene Stäbchenlegen als schematische Abbildung der Form von Dingen wie Tafel, Kirschbaum, Lattenzaun, Wiese, Waschpfahl, Wäscheklammer... (Scherer 1910, 222) den selbst formulierten Anspruch der Anschaulichkeit und Lebendigkeit (ebd.). Denn schon die äußerliche Form eines Kirschbaums konnte mit den länglichen Stäbchen auch nicht annäherungsweise anschaulich gelegt werden. Es drängt sich aus heutiger Sicht der Verdacht auf, daß die Stäbchen – ähnlich wie heute die Kopien – leicht verfügbare Arbeitsmittel waren, die allen Kindern gleichzeitig Beschäftigung vermitteln konnten, so daß die Lehrkräfte sich vor der geballten Lebendigkeit der Kinder abschirmen und gleichzeitig einen hohen pädagogischen Wert in die Kinderbeschäftigung des Stäbchenlegens hineindeuten konnten. Diente dies doch – wie damals große Pädagogen sagten – der Anschauungserweiterung und der Denkentwicklung.

Auch andere damals beliebte Methoden wie die des Chorsprechens als nach damaliger Sicht „für die Elementarklasse ganz vortreffliches Bildungsmittel von erzieherischem und methodischem Wert“ (Scherer 1910, 220) zeigen, wie weit entfernt die „Anschauungspraxis“ um die Jahrhundertwende vom eigenen Anspruch geblieben ist. Wenn es gar um die „nationalen Aufgaben“ ging, wurde der Anschauungsanspruch – nicht nur in diesem Einzelfall – aufgegeben und den Kindern die verschiedenen Waffengattungen als Unterrichtsstoff zur Unterscheidung angeboten (Harder 1874 (6), 44f).

Selbst dieser Anschauungsunterricht mit seiner Begrenzung auf das Sinnesorgan Auge, nämlich durch bildliche Veranschaulichung als Methode und durch die didaktische Auswahl von Inhalten nach räumlichen Gesichtspunkten, stieß im vorigen Jahrhundert als zu progressiv auf heftigen Widerstand. Besonders massiv wurde nach dem Niederschlagen der bürgerlichen Revolution in Deutschland in der zweiten Hälfte des vorigen Jahrhunderts auch an diesen geringen Keimen einer lebendigen Didaktik gestutzt. Die Restauration ging sogar so weit, daß die preußische Administration unter Stiehl im Jahre 1854 in sog. Schulregulativen Sachunterricht gänzlich verboten hat. Danach ist Realien- und Sachunterricht fast völlig zum Erliegen gekommen (vgl. Armstroff 1891 (5), 17). Anstelle von Anschauung und Realien waren nun Religion und Gehorsam in Schulen angesagt. Erst nach jahrelangen politischen Auseinandersetzungen wurde Anschauungsunterricht über die Allgemeinen Bestimmungen von 1872 in Preußen wieder erlaubt. Die offizielle Festschreibung von Heimatkundeunterricht erfolgte in Preußen erst 1921 in den neuen preußischen Grundschulrichtlinien für die ersten beiden Schuljahre mit anschließender Weiterführung durch Heimatkundeunterricht (Fiege 1972(3) [1971(1)], 19f). Noch um die Jahrhundertwende sah die Stundentafel der Volksschule in Preußen noch keine Realien für die ersten 3 Schuljahre vor; sie legte erst für das 4. Schuljahr 4 Stunden Realienunterricht fest, davon 1,5 Stunden Geschichte, 1,5 Stunden Erdkunde und 1 Stunde Naturkunde (vgl. Ullmann / Fischer 1918, 19).

Aber auch im Bereich der theoretischen Diskussion ist der Anschauungsunterricht im vergangenen Jahrhundert keinesfalls auf Konsens gestoßen. Er galt damals als besondere progressive Richtung der Schulpädagogik, der aber von vielen Pädagogen mehr oder weniger offen abgelehnt wurde. So wurde gegen den Anschauungsunterricht vor allem eingewandt, er biete dem Schulkind nichts Neues, wenn nur das tägliche Leben den Gegenstand des Unterrichts bilde; die außerschulische Alltagsanlehnung sei „nicht das thatsächlichste Objekt seiner (des Schülers) Wißbegierde und .. folglich nicht das Mittel zur Weckung seiner Geisteskraft“(Völter, in: Armstroff 1891 (5), 17). Die Berufung auf die Schülerinteressen klingt plausibel, und die Kritik traf sicherlich für viele Fälle banaler Praxis des Anschauungsunterrichts zu. Schauen wir uns jedoch die damaligen Alternativen zum Anschauungsunterricht an, wie sie nach dem Preußischen Schulregulativ vom 3. 10. 1854 verstärkt empfohlen wurden, dann wird deutlich, daß die Stoßrichtung der Kritik an der Anschauungsdidaktik nicht auf die mögliche Banalität oder die fehlende Relevanz von Alltagsinhalten für die Schule zielte. Denn in den Regulativen wird letztlich Anschauungsunterricht und Heimatkunde zugunsten religiöser und auf Untertanengeist bezogener Gesinnungsbildung abgeschafft.

Die tatsächliche Entwicklung an preußischen Schulen zeigte, daß in Wirklichkeit die progressiven Intentionen der Anschauungsdidaktik, welche die Erfahrungen der

Kinder ernst zu nehmen begann und daran pädagogisch anzuknüpfen versuchte, mit der Kritik gemeint waren. Es sollten gerade die demokratischen Zielsetzungen der fortschrittlich-bürgerlichen Bewegung zugunsten abhängig-klerikalem Denken behindert werden.

Auch lange nach Aufhebung der Regulative wurden restaurative didaktische Vorschläge weiter verbreitet. So enthielt ein Lehrgang von 1904 für das 2. Schuljahr anstelle von Anschauungsthemen ausschließlich biblische Geschichten und daran anschließende Sprach-, Gesangs- und Rechenübungen. In anderen Schuljahren sollte ein „Sachthema" nur als Kurzeinstieg für Texte des Sprachunterrichts angeschnitten werden (Seidel 1904 (5)). Demgegenüber war der Anschauungsunterricht trotz seiner Mängel ein außerordentlicher Fortschritt. Dennoch muß gesehen werden, wie stark begrenzt in seinen pädagogischen Möglichkeiten der damalige Anschauungsunterricht noch war.

Nun ist aber Anschauungsunterricht nicht nur als Gesamtkonzept sehr kontrovers behandelt, sondern auch von seinen Befürwortern keineswegs einheitlich verstanden worden. Die Herbartianer um T. Ziller hatten beispielsweise ein recht formalisiertes Konzept von Anschauungsunterricht.

Sie knüpften einerseits an das Schulpädagogik-Konzept Herbarts an, der u. a. den Unterricht in qualitative Phasen untergliedert analysiert hatte.

Die Herbartianer um Ziller hatten beispielsweise ein recht formalisiertes Konzept vom Anschauungsunterricht. Dagegen versuchte der Herbartianer Max Troll (1907) wiederum, den Märchen, die damals das Rückgrat des Unterrichts im 1. Schuljahr als Gesinnungsstoffe stellten, den Stellenwert von Anschauungsstoffen zu geben.

Aus späterer Sicht können drei Varianten des Anschauungsunterrichts für das 1. und 2. Schuljahr aus der 2. Hälfte des 19. Jahrhunderts unterschieden werden (Fiege (1972(3), 17)):

1) Anschauungsunterricht zur Vorbereitung der Märchendarbietung im Sinne der klassischen Herbartianer.

2) Anschauungsunterricht wurde auf ein Standardrepertoire an farbigen Wandbildern zu Fabeln reduziert, da gab es Bilder, z. B. Fuchs, Löwe und Rabe, die zur Grundlage des Anschaungsunterrichts wurden.

3) Anschauungsunterricht mit führender Rolle für den übrigen Unterricht. Nur diese Variante kann als Vorläufer für eigentlichen Sachunterricht verstanden werden. Hier hatte das Sachthema einen eigenständigen Stellenwert und war nicht ein Mittel, um zum „eigentlichen" Inhalt von Unterricht, den Märchen und Fabeln, zu kommen.

Der Begriff des Anschauungsunterrichts schillerte also zwischen einem bloßen Medium für andere Nicht-Sach-Inhalte und einer mit dem heutigen Sachunterricht vergleichbaren eigenständigen, inhaltlich führenden Rolle für den gesamten Unterricht.

Die Mehrheit aller didaktischen Konzepte von Anschauungsunterricht und Heimatkunde des vorigen Jahrhunderts wies eine deutliche Dominanz nahräumlich-geographischer (Finger 1844) oder nahräumlich-biologischer (Junge 1891(2) [1885(1)]) Inhalte auf. Vor allem geographische – nahräumlich-biologische sind selten vertreten worden, wie etwa bei Junges Konzept über den Dorfteich – Inhalte hatten in Theorie und Praxis des Anschauungsunterrichts mit der Schultür, dem Schulfenster, dem Schulraum usw. die Oberhand.

Die Epoche des Anschauungsunterrichts war aber nicht nur durch methodisches Denken, sondern in den letzten Jahrzehnten auch durch beginnendes didaktisches Denken gekennzeichnet.

In dieser Zeit gab es vereinzelt auch Autoren, die aus bestimmten fachlichen Präferenzen andere als geographische Inhaltsbereiche für den Anschauungs- / Realienunterricht empfohlen haben. Die wesentlichen Vertreter, die das Inhaltsspektrum von Realien / Anschauungsunterricht erweitert haben, werden hier im Überblick vorgestellt:

E. Friedrich brachte die neue Fachdisziplin Sozialgeographie in die Schulpädagogik ein (Friedrich [1908(1)] 1911(2), 2), also soziale Fragestellungen, zum Beispiel wie die Menschen im Dorf leben, wie die Menschen in Bergbauregionen oder in einer Waldbauerngegend leben. Die äußere geographische Betrachtungsweise wird in dieser didaktischen Konzeption mit Blick auf das menschliche Zusammenleben erweitert betrachtet.

Ein Versuch früher geschichtlicher Heimatkundedidaktik war Tecklenburgs Plan einer geschichtlichen Heimatkunde (aus: Eckhardt 1925 (6), 53 ff).

Ein anderer Ansatz zur Erweiterung des geographisch-naturkundlichen Inhaltsspektrums war die Kulturkunde Klemms. Er hat Stoffe für den Unterricht vorgeschlagen, die einige soziale Bezüge aufweisen können. Die von ihm vorgeschlagenen Unterrichtsthemen hießen wörtlich:

„Das Haus als Schutzstätte, Die Straße, Die Brücke, Markt und Rathaus, Schutz dem Hab und Gut, Das Geld, Die öffentliche Sicherheit, Die Eisenbahn“(Klemm [1911 (1)] 1921 (3), 18f). Weil Klemm – wie viele Herbartianer – geglaubt hat, daß Kinderentwicklung und Kulturgeschichte zu vergleichen sind, hat er deshalb besonders viel Wert auf die Urzeit als Unterrichtsgegenstand gelegt.

Der Herbartianer Dörpfeld (Dörpfeld 1889) forderte eine deutlich subjektnahe und elementare Gesellschaftskunde (ebd., 104) für die „Sachkunde“, zu der er Naturkunde, Menschenleben in Vergangenheit und Gegenwart sowie Religion zählt (Dörpfeld 1873, 79). Dörpfeld hat übrigens als erster das Wort Sachunterricht als Gesamtbezeichnung seiner Unterrichtsvorstellungen verwendet.

Trotz dieser in der Theorie geforderten inhaltlichen Varianten bleibt für die Anschauungsdidaktik insgesamt kennzeichnend, daß immer wieder bildliche Veranschaulichung der besprochenen Inhalte angestrebt wurde und daß die Inhalte in konzentrischen Kreisen vom räumlich Nahen beginnend angeordnet wurden.

Die Themen des Anschauungsunterrichts des 19. Jahrhunderts waren trotz der tatsächlichen Industrialisierung eng auf den ländlichen Lebensraum bezogen. Pflug, Kornfeld, Wald, Storch oder Fuchs waren klassische Themen, die zumeist in einem reglementierenden Frage-Antwort-Schema unterrichtet wurden. Insbesondere für Stadtkinder müssen derartige Inhalte lebensfremd gewirkt haben.

An den Anschauungsunterricht wurde zwar von seinen progressiven Befürwortern der Anspruch gestellt, das ideale methodische Instrumentarium zur Erkenntnisbildung zu sein. Gleichwohl konnten sie ihren hohen Ansprüchen nicht in der Praxis nachkommen, weil ihr Anschauungskonzept sich meist auf rein visuelle Veranschaulichungshilfen beschränkte.

Trotz dieser Defizite wurden im Kontext der Anschauungsdidaktik wichtige didaktische Prinzipien und Ziele vertreten: Mit Anschauungsunterricht wurde nicht nur die Erwartung verknüpft, die äußeren Dinge der Welt methodisch besser zu vermitteln oder eine allgemeine Denkschulung zu betreiben. Einzelne Didaktiker sahen darin auch weitergehende didaktische Ziele, wie das Begreifen von inneren Beziehungen, verwirklicht (Engel 1899, 26).

Erst allmählich entwickelte sich aus der Anschauungspädagogik ein erweitertes Konzept, bei dem es nicht nur um bildliche Anschauung ging.

Nach der Jahrhundertwende – also aus der Übergangszeit zur Reformpädagogik – wurde zwar der Begriff des Anschauungsunterrichts weiter verwendet, aber auch betont, daß nicht nur die visuellen Seiten beim Lernen von Bedeutung sind: Ein Zitat des bekannten Anschauungsdidaktikers Max Troll belegt dies deutlich: „Anschauungsunterricht nennt man heute noch allgemein diesen ersten Sachunterricht. Als ob die Augen allein die Tore wären, durch die Vorstellungen in unser Bewußtsein einziehen! Haben wir nicht fünf Sinne?" (Troll [1907 (1)] 1922 (10), 51). Die sinnlichen Erfahrungen als Anschauungsmedium – z. B. bei Unterrichtsgängen („Hinaus! Hinaus! Das muß für unsern heimatkundlichen Anschauungsunterricht die Losung sein" [Wohlrab 1920 (2), 82]) – wurden nun in einigen pädagogischen Schriften für wichtig gehalten, aber oft angesichts der schulischen Wirklichkeit als schwer realisierbar zugunsten verbalen Lernens zurückgenommen: „Da wir selbst mit unsern Kindern verhältnismäßig wenig hinaus können zur direkten Beobachtung der Natur, so werden wir ihr Interesse für deren Erscheinungen auf andere Weise lebhaft anzuregen suchen. Wir werden uns im Unterricht oft erzählen lassen, was dieser und jener Schüler daheim und draußen selbst beobachtet und erlebt hat" (Fritz 1903, 24). Neben dem Erzählen wurde das Zeichnen als „schaffende Tat" zur Gewinnung von „größter Lebendigkeit" (ebd., 24) empfohlen. Hier sind also schon zu Beginn des 20. Jahrhunderts, mit Auslaufen der Anschauungspädagogik, deutliche reformpädagogische Akzentsetzungen des klassischen Anschauungsunterrichts erfolgt, die seine Ablösung durch die Heimatkunde allmählich eingeleitet haben.

2.3.2 Schulentwicklung während der Anschauungsepoche

Die immer wieder in der theoretischen Literatur wiederholten Appelle, anschaulich zu unterrichten, zeigen bereits, daß die Praxis insgesamt andere Wege eingeschlagen hat. Die Geschichte der Schule im 19. Jahrhundert zeigt, daß die Realität an den Schulen weithin auf Kulturtechniken und Erziehung zu Untertanengeist begrenzt blieb. Auch nach 1800, als im Zuge der Befreiung von napoleonischer Herrschaft die sog. „Deutsche Bewegung" um Fichte, Humboldt, Schleiermacher und andere entstand, änderte sich an den Lehrplänen für Volksschulen wenig. Diese Theoretiker forderten zwar große Ziele wie humanistische Inhalte, sie legten die Grundlagen für die Gründung humanistischer Gymnasien und setzten in Preußen als vormilitärische Schulung die Körpererziehung – jedenfalls bis 1819 – in der Schule durch. Die Realien hatten aber nur einen zweitrangigen Stellenwert. Naturkunde, Geschichte und Erdkunde kam nur soweit in den Volksschulen vor, als in den Lesestücken des Lesebuches derartige Inhalte angeschnitten wurden.

In den Gymnasien war aber seit Beginn des 19. Jahrhunderts neben den bisherigen Fächern Latein und Griechisch, die auch weiterhin den Vorrang hatten, auch Mathematik, Naturwissenschaften, Geschichte, Geographie und Deutsch zugelassen. Den stärksten Impuls für die Entstehung der Realien als Schulfächer ging aber von den Realschulen aus. Diese wurden schon vereinzelt aufgrund von Privatinitiativen im 18. Jahrhundert gegründet, um mit wachsender Manufaktur und zunehmendem Handel die zukünftigen Handwerker und Kaufleute besser auf ihr neues Gewerbe vorzubereiten. Berufsvorbereitende Kenntnisse und Fertigkeiten waren dabei gefragt. Im 19. Jahrhundert entwickelten sich die einzelnen Realschulen allmählich zu allgemeinbildenden Schulen, in denen auch Naturwissenschaften als wichtige Inhalte anerkannt waren (vgl. Günther u. a. 1966).

Die Volksschulen erfuhren aber eher noch Rückschritte. Zum einen brachte die sich ausbreitende Industrialisierung zunehmend Kinderarbeit mit sich, so daß die Schulen von vielen Kindern kaum noch besucht werden konnten. Neben den Hauptinhalten der Volksschule wie Lesen, Schreiben, Rechnen und Religion gab es zu Beginn des 19. Jahrhunderts auch etwas Naturkunde und Geographie. Aber auch diese spärlichen Realieninhalte wurden ab 1854 verboten.

Mit den Stiehlschen Regulativen von 1854 in Preußen nach der gescheiterten Revolution von 1848 waren auch die wenigen Realinhalte des Anschauungsunterrichts gestrichen. Pfarrer hatten die Ausbildung der Lehrer in Seminaren zu leisten. Der Lehrplan der Volksschule sah 6 Stunden Religion, 12 Stunden Lesen und Schreiben, 5 Stunden Rechnen und 3 Stunden Kirchenliedergesang vor. Realunterricht wurde nur marginal erlaubt und wurde zur „Vaterlandskunde". Die Klassenfrequenzen wurden aber von hundert auf achtzig Schüler pro Klasse herabgesetzt.

Der Gebrauch von Lehrbüchern anstelle von religiösen Fibeln wurde ebenfalls untersagt. D. h. an den Gymnasien wurde anhand von Lesebüchern, in den Volksschulen anhand von religiösen Fibeln sogenannter Realunterricht betrieben.

Gleichzeitig wuchs aber die Zahl der Realschulen. Einige Realschulformen erhielten die Anerkennung als Realgymnasium. Damit erhielten auf der Ebene mittlerer und höherer Bildung die Realien trotz aller restaurativen Versuche eine stärkere Stellung.

Die Geschichte des Sachunterrichts im 19. Jahrhundert kann trotz der vielen widersprüchlichen Seiten in ihren Ursprüngen als Versuch gewertet werden, von der Erziehung zu Untertanengesinnung zu tatsächlichem Realitätsverständnis durchzudringen. Dies konnte aber in der damaligen Zeit nur wenig gelingen, da auch viele Anschauungsdidaktiker eine gehörige Portion obrigkeitshörigen Denkens mit sich trugen, obgleich sie zwar zur Zeit großer sozialer Umwälzungen arbeiteten, aber persönlich davon recht unbeeinflußt blieben. Trotz aller Widersprüche zwischen Konzept und Praxis kann aber doch festgehalten werden, daß Anschauungsunterricht in seinen Anfängen eine progressive und zugleich realistische Wende bedeutete.

Für die gegenwärtige Zeit, die durch bildliche Medien und äußere Anschauungen geradezu überflutetet ist, hat sich das im Laufe der Jahrzehnte rezipierte Ziel, einen Reichtum an äußeren Anschauungen zu entwickeln, historisch überholt. Jetzt ist es ungleich wichtiger, angesichts der vielen nicht sichtbaren Risiken und Gefahren und der in den Vordergrund getretenen sozialen Konflikte, ein produktives Begreifen der Innenseite persönlicher und gesellschaftlicher Verhältnisse zu ermöglichen und diese in ihrer gesellschaftlichen Vermittlung zu begreifen, um humane Veränderungen aktiv voranzubringen.

In der Geschichte des Sachunterrichts folgte allmählich – wie an den Positionen Trolls bereits angedeutet – aus der Anschauungsdidaktik die reformpädagogische Epoche, die im nächsten Abschnitt näher erläutert werden soll.

2.4 Von der Anschauungsdidaktik zur Heimatkunde

Als dritte Epoche in der Geschichte des Sachunterrichts wird hier die Epoche der Heimatkunde mit Beginn des 20. Jahrhunderts unterschieden.

Die Entwicklung der Heimatkunde aus dem Anschauungsunterricht war kein spektakulärer Prozeß. Die inhaltlichen Prinzipien waren vergleichbar. Auch in der Heimatkunde spielten die konzentrischen Kreise der Inhalte vom räumlich Nahen zum Fernen die entscheidende Rolle. Selbst von Kritikern des Heimatprinzips wurde zugestanden, das Heimatprinzip sei per se anschaulich (Jeziorsky 1948, 21). Heimatkunde hat sich als Begriff besonders verbreitet, weil so in der Grundschule, die 1920 erstmals als allgemeine Schule für alle in der Weimarer Republik politisch durchgesetzt wurde, das Realienfach benannt wurde.

Vorangegangen waren die großen Debatten der Reichsschulkonferenz, in denen verschiedene Positionen zu Wort kamen.

Schließlich ist der Begriff „Heimatkunde“ beschlossen worden und damit überhaupt offiziell die Pflicht eröffnet worden, dieses Fach zu unterrichten.

Die Heimatkunde war ein zentrales Merkmal in der 1920 mit der Bildung der Weimarer Republik erstmals geschaffenen allgemeinen Grundschule für alle. In den Richtlinien von 1921 (Richtlinien 1921) waren für den heimatkundlichen Anschauungsunterricht vor allem „Stoffe der näheren Erfahrungswelt des Kindes“ vorgesehen . Viele erinnern sehr deutlich an die von den Anschauungsdidaktikern bevorzugten Themen: Haus, Hof und Garten, Schulhaus und Schulhof, Straße und Hain, Feld, Wiese und Wald, das häusliche und das Schulleben. Darüber hinausgehend wurden aber auch typisch heimatkundliche Themen vorgesehen, die weniger zum Kanon des Anschauungsunterrichts zählten, wie die Arbeit im Hause, in Handwerk, Gewerbe, Landwirtschaft, Gartenbau.

Heimatkunde entstand zwar zur Blütezeit der Reformpädagogik, die sich seit der Jahrhundertwende anfing durchzusetzen, als an einigen Orten allmählich Reformschulen gegründet wurden und viele Bücher zur Schulreform häufig aufgelegt und viel gelesen wurden. Gleichzeitig kann Heimatkunde nicht inhaltlich als Produkt der Reformpädagogik angesehen werden. Sie wurde nur zum Teil von reformpädagogischen Gedanken geprägt, während die als Reformpädagogik bezeichnete Bewegung sehr viel radikaler die Methoden der bisherigen Schule in Frage stellte.

So war der Ausgangspunkt der reformpädagogischen Bewegung die Kritik einzelner Pädagogen, die sich zuerst öffentlichkeitswirksam auf den Kunsterziehertagen 1901 / 1903 / 1905 artikulierten, an Starrheit und Formalisierung vor allem der Herbartianischen Unterrichtsmethode, der trotz langer Propagierung von Anschauungsprinzipien real immer noch weit verbreiteten Pauk- und Repetierschule. Die Heimatkundedidaktik rankte sich weniger um Abgrenzung vom Bisherigen, sondern mehr um Anknüpfung an Traditionen. Traditionale Orientierungen sind auf der Seite der Inhalte sogar ein wesentliches Kennzeichen der Heimatkundedidaktik. Diese sind vor allem im ersten Merkmal der Heimatkunde, der Land- und Bodenorientierung, zu erkennen.

1) Wenn wir uns etwa den Klassiker der Heimatkunde, den 1923 von Eduard Spranger in Berlin gehaltenen Vortrag „Der Bildungswert der Heimatkunde“ genauer ansehen, werden wir auf besonders viele konservative Philosophien mit hochtrabenden gefühlsträchtigen Aussagen stoßen. So definiert er: „Heimat ist erlebbare und erlebte Totalverbundenheit mit dem Boden. Und noch mehr: Heimat ist geistiges Wurzelgefühl“ (Spranger [1923] 1952 (12), 12)

   Gefühlsschwangere Aussagen einer romantischen Mystifizierung der Welt und auf die Vergangenheit orientierte bodenverbundene Heimatideologie sind die zentralen Merkmale seiner Heimatkunde und haben sehr viel Einfluß in der Praxis der Heimatkunde gewonnen. Eine emotionale Idealisierung der eigenen Scholle, eine ländliche Orientierung der Inhalte und viel emotionale Heimattümelei waren charakteristisch für die von Spranger beeinflußte Heimatkunde.

   Hartmut Mitzlaff kritisierte an der ländlichen Orientierung der Heimatkunde nicht nur die gegenständliche Einengung, sondern auch die ideologischen Fehleinschätzungen: „Die Heimatkundedidaktik ... hielt bis in die 60er Jahre hinein an dem Dogma vom Stadt-Land-Gegensatz und der prinzipiellen Differenz zwischen Stadt- und Landkind fest. Gestützt auf eine simple Schwarz-Weiß-Malerei und Agrarromantik, erschien das Landkind dabei regelmäßig als das glücklichere, gesündere, höherwertigere von beiden“ (Mitzlaff 1985.2, 505). Die generelle Orientierung am Landleben und Landbesitz ging sogar so weit, daß eine zu der Zeit weit verbreitete pädagogische Zeitschrift sogar den Titel „Scholle“ hatte.

Auch nach 1945 wurden Begriffe wie „Wurzelboden der Heimat“ immer noch in Richtlinien – wie z. B. denen für die Volksschule in Nordrhein-Westfalen von 1955 – zur Heimatkunde verwendet.

2) Eng mit dieser emotional-inhaltlichen Ausrichtung am Gestern ist ein zweites Kennzeichen des klassischen Heimatkundeunterrichts verknüpft, nämlich seine ideologische Gewichtung und seine herrschaftsstabilisierende und obrigkeitshörige Tendenz. Ähnlich wie bei der Anschauungsdidaktik trifft man auch in der Reformpädagogik auf den Tatbestand, daß gleiche oder ähnliche Programmformeln im Sinne unterschiedlicher Intentionen ausgelegt werden. So wurde z. B. auch die konservativ-ideologische Variante der Heimatkunde, die große Verbreitung gefunden hatte, unter Berufung auf das Prinzip der Kindgemäßheit begründet. Familienidylle, kleinbürgerlich-bäuerliche Welt, Bodenverbundenheit, hierarchische Ordnungsnormen sind einige Charakteristika dieses Gedankenkreises. Diese harmonistischen Anpassungskonzepte wurden damit gerechtfertigt, weitgehend anschauliches Lernen zu ermöglichen und Kinder nicht zu überfordern (Fiege [1958 (1)] 1964 (2), 42). Diese Thesen wurden auch noch 1964 vertreten, als die ländlichen Arbeitsplätze in der Bundesrepublik schon unter 10 % gesunken waren. Faktisch führte das dazu, daß der klassische Heimatkundeunterricht in seiner ideologischen Gewichtung sehr stark durch eine herrschaftsstabilisierende Tendenz und eine emotionale Orientierung am Gestern gekennzeichnet war.

Diese restaurative Gewichtung hatte zur Folge, daß Stadtkinder gerade nicht ihre Umgebung im Heimatkundeunterricht kennenlernen durften, sondern davon ausgeschlossen waren und eine ihnen persönlich oft fremde Welt im Unterricht vorgeführt bekamen. Nur wenige Heimatkundedidaktiker des 20. Jahrhunderts haben dies erkannt. Fritz Gansberg (1905), der eine Großstadtheimatkunde Anfang dieses Jahrhunderts für die Stadt Bremen entwickelte, war einer der wenigen, die dieses Defizit aufzuheben versuchten.

Nach 1945 war die Verstärkung eines bodenverbundenen Heimatgefühls besonders obsolet, da beispielsweise Tausende von Flüchtlingskindern aus dem Osten ganz andere Empfindungen und Erfahrungen hatten. Aber auch damals galt immer noch der Sprangersche Geist, und das Sprangersche Werk vom Bildungswert der Heimatkunde wurde zu Zehntausenden von Exemplaren gekauft, gelesen und rezipiert.

3) Während der restaurative Gesinnungsunterricht mehr den zu der Zeit immer noch geltenden herrschenden pädagogischen Auffassungen entsprach, ent-

stammte ein Merkmal der Heimatkunde deutlich der Reformpädagogik, nämlich das Ganzheitsprinzip im Gesamtunterricht. Zwar gab es sehr verschiedene Vorstellungen, was jeweils unter Gesamtunterricht verstanden wurde, gemeinsam war aber allen, daß das Nichtfachliche im Vordergrund stand. Die Kehrseite der Medaille war, daß manchmal sehr dogmatisch Gesamtunterricht verstanden wurde und nur oberflächlich zusammenhängende Inhalte miteinander verknüpft wurden.

Da wurden etwa in einem Anleitungsbuch z. B. zum Thema „Der Kirschbaum" folgende Inhalte vorgeschlagen:

eine Kirsche am Stiel aus Ton formen,

das Rätsel „Weiß wie Schnee" kennenlernen

das Gedicht „Maikäfer, flieg"

„Dornröschen" singen (Scherer 1910).

Die Auswahl der zu dem Gesamtthema passenden Inhalte wirkt oberflächlich zusammengestückelt und nicht inhaltlich begründet.

Das Konzept des „Gesamtunterrichts" blieb trotz der Betonung, daß alle Fächer unter dem Dach eines gemeinsamen heimatkundlichen Oberthemas zusammenfinden, in sich recht ungleichgewichtig verteilt. Es blieb weiterhin unter dem Primat sprachlichen Lernens, und auch im heimatkundlichen Inhaltsbereich behielten geographische Themen den Vorzug gegenüber Naturkunde und Geschichte.

4) Ein weiteres Problem der Reformpädagogik bestand darin, daß es kaum didaktisch begründete Konzepte für neue Inhalte gab. So wurden auch für die Heimatkunde die tradierten Inhalte fortgesetzt.

Vom Anspruch her sollte in einigen reformpädagogischen Konzepten die Inhaltsauswahl dem „freien Unterrichtsgespräch" mit den Schülern als Auswahlinstanz überlassen werden (Scharrelmann 1912, 179), um so die kindgemäßen Inhalte zu finden. Wenn wir uns eines der wenigen erhaltenen Protokolle eines derartigen von den Kinderfragen bestimmten Unterrichts genauer anschauen, nämlich die von B. Otto vor Beginn des ersten Weltkrieges (1907) aufgeschriebenen Gesprächsinhalte des Gesamtunterrichts, werden wir feststellen, daß ein Gros der Fragen und Antworten um Militaria rankte. D. h. die herrschenden Inhalte der deutschen Monarchie waren in den Fragen der Kinder wie auch in den inhaltlichen Orientierungen des Lehrers voll repräsentiert. Nur bei wenigen Pädagogen (Gansberg, Gaudig) wurden schließlich wesentlich andere Inhalte als im traditionellen Curriculum auch tatsächlich zugelassen bzw. vorgeschlagen. Letztlich wurden zwar auch in Kindgemäßheitskonzepten didaktische Entscheidungen getroffen, sie waren aber meist kein Gegenstand offengelegter didaktischer Reflexionen, sondern erfolgten als ungefragte Weiterführung tradierter Inhalte.

Begründete Entscheidungen bei der Inhaltsauswahl sind tatsächlich in der reformpädagogischen Literatur selten zu finden, so daß sich tradierte Curricula zur Zeit der Reformpädagogik in praxisnahen Anleitungen häufig unter der Hand durchsetzten.

So wurden zum Beispiel bei M.Troll aus fast allen Märchen, den „Gesinnungsstoffen", Inhalte aus Tierkunde und Pflanzenkunde herausdestilliert (Troll [1907 (1)] 1922 (10), 81ff); auf das Märchen „Der Reiche und der Arme" wird dann nicht das naheliegende soziale Problem der Verteilung von Gütern, sondern das heimatkundliche Thema „Das Pferd unser Diener" (ebd., 237) gestülpt. Trotz der deutlichen Ablehnung Trolls von biblischen Geschichten und religiösen Inhalten für Schulanfänger aus Gründen der Verständlichkeit verwendete auch er religiöse Stoffe, z.B. geistliche Lieder als Ausgangsinhalte für das Sachlernen.

5) In der Reformpädagogik war der Anspruch, im Lernen ein persönliches Erlebnis zu schaffen und an subjektive Erfahrungen und Erlebnisse anzuknüpfen, weit verbreitet. Begriffe wie Selbsterleben (Brinkmann 1913 / 1955(4), 8), Wirklichkeit (ebd.) und Umweltorientierung (Schulze [1931 (1)] 1933 (3), 11) hatten einen hohen Stellenwert. Didaktisch wurde das Prinzip „Pädagogik vom Kinde aus" jedoch häufig sehr formal verstanden. Methodisch wurde demzufolge die Seite der Kindererlebnisse vor allem durch die Erlebniserzählung des Lehrers im Unterricht zu repräsentieren versucht. F. Gansberg (1912b) entwickelte die Methode der Lehrererzählung und des freien Unterrichtsgesprächs, um die nach seiner Einschätzung prinzipiell wißbegierigen Kinder in das Unterrichtsgeschehen einzubeziehen.

Vielfach ist das Konzept der Kindorientierung also nicht als Kriterium didaktischer Entscheidungen verstanden worden (s.o.). D.h. es wurden nicht neue Inhalte für die Heimatkunde ausgewählt, die den Fragen und Erfahrungen der Kinder näher kommen könnten, sondern die bisherigen weitgehend unangetastet übernommen. „Vom Kinde aus" ist in der Zeit der Reformpädagogik weitgehend nur als unmittelbare methodische Handlungsanweisung zur Verlebendigung vorgegebener Inhalte mißverstanden worden. Kindertümelei mit gekünstelten Personifizierungen und unrealistische Betrachtungsweisen waren oft die Folge. So wurden technische Geräte von einem „Heer von Koböldchen, Kobolden und Oberkobolden" angetrieben oder über die Funktionsweise eines Elektromotors wurde behauptet „die Kraft, die ihn treibt, kommt ins Haus geflogen. Freilich nicht auf Flügeln, sondern still und ohne daß man's merkt durch den Leitungsdraht. Sobald er in die Maschine gelassen wird , fängt er darin an zu rauschen und zu brummen" (zit. in: Beck / Claussen 1979, 48); oder vom „bösen Wind", der sich an der Stubenwand „den Kopf einrennen (kann)", Troll [1907 (1)] 1922 (10), 81). Mit einer derartigen Verniedlichung von Sachverhalten aus dem Erfahrungsbereich der Kinder wurde aber nicht erst in der Reformpädagogik begonnen. Vielmehr hat ein derart mißgedeutetes Verständnis von Kindgemäßheit schon längere pädagogische Traditionen. Kindertümelei bedeutet inhaltlich, daß die Kinder dabei keine Chancen erhalten haben, eine realistische Weltsicht zu erwerben, sondern in falschen Vorstellungen festgehalten wurden.

Trotz aller konservativer Grundorientierungen bieten die reformpädagogischen Konzepte aber auch einige methodisch interessante Anregungen für einen zeitgemäßen Sachunterricht. Deshalb sollen hier einige zentrale heimatkundliche Konzepte der Reformpädagogik gesondert vorgestellt werden.

Vorweg soll dazu ein grober Überblick über die verschiedenen Tendenzen und Richtungen der als Reformpädagogik bezeichneten pädagogischen Konzepte gegeben werden, die sich auch auf die Entwicklung der Heimatkunde niedergeschlagen haben.

Die später als Reformpädagogik oder Bewegung „vom Kinde aus“ bezeichneten pädagogischen Ansätze sind in sich sehr heterogen und auf verschiedene theoretische Wurzeln zurückzuführen (vgl. Abb. 4).

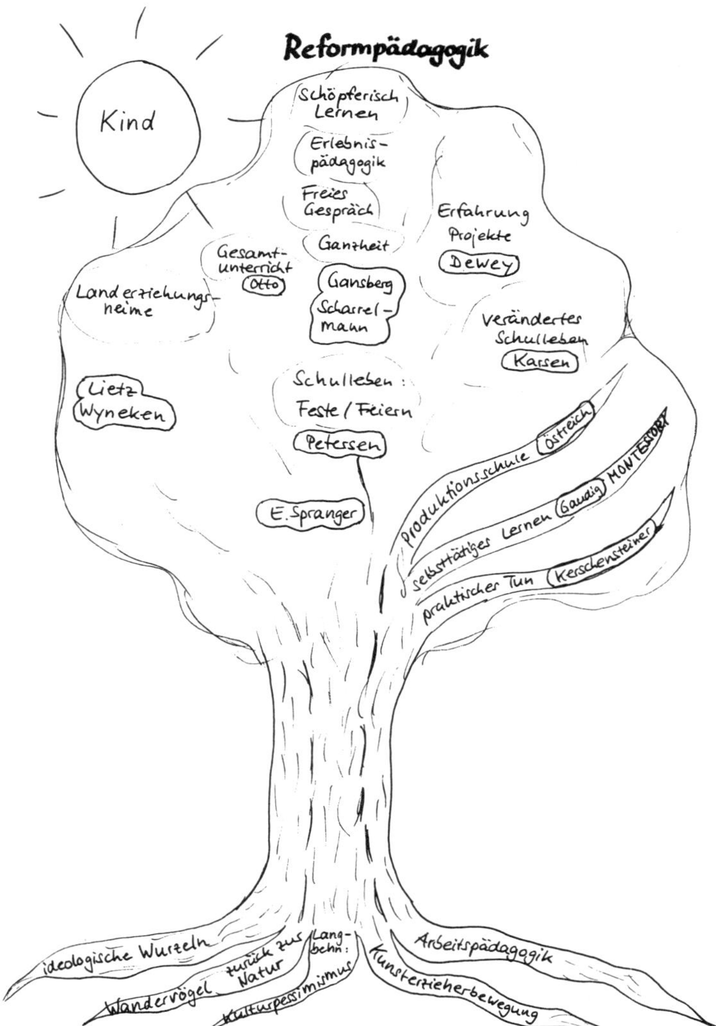

Abb. 4

Gesellschaftlich waren verschiedene Bewegungen und Denkrichtungen vorweggegangen: die Wandervogelbewegung mit ihrer Tendenz, die Natur zu entdecken und zu genießen, philosophisch kulturpessimistische und nostalgische Ansätze (Lagarde, Nietzsche) als Gegenpol zur schon weit fortgeschrittenen Industrialisierung und Verstädterung in Deutschland, eine erstarkende sozialdemokratische / sozialistische Bewegung, welche die Befreiung der Menschen in der Entfaltung der Produktivkräfte erwartete, eine beginnende demokratische Bewegung, die den monarchistischen Obrigkeitsstaat überwinden wollte und die Mitbestimmung und Entfaltung jedes einzelnen für wichtig hielt, sowie die Kunsterzieherbewegung, welche die künstlerisch-kreativen Seiten jedes Kindes betonte. Jede dieser fünf geistigen Wurzeln, die Naturorientierung, der Kulturpessimismus, die Arbeitsorientierung, die Demokratieorientierung und die Erlebnisorientierung ist nicht unabhängig von anderen, alle sind in die verschiedenen pädagogischen Konzepte mehr oder weniger stark eingeflossen. In manchen Konzepten haben sich mehrere Wurzeln vereinigt, andere sind nur auf einen Ursprung zurückzuführen. Idealtypisch betrachtet sind aus diesen fünf verschiedenen historisch-kulturellen Quellen fünf pädagogische Grundtypen hervorgegangen, nämlich die Landerziehungsbewegung (Lietz, Wyneken), eine in der Landidylle verhaftete Didaktik (Spranger), die Arbeitspädagogik (Östreich, Kerschensteiner), die Konzepte der Schulgemeinde und der Freien Arbeit (Dewey, Karsen, Gaudig) und die subjektiv orientierte Erlebnispädagogik (Otto, Gansberg).

Einen symbolischen Auftakt erhielten alle diese unabhängig voneinander entstandenen Ansätze durch das 1900 erschienene Buch der schwedischen Publizistin Ellen Key: „Das Jahrhundert des Kindes“ (1907 (2)).

Hier kann nun nicht die Geschichte der Reformpädagogik dargestellt werden. Vielmehr sollen nur einige für die Sachunterrichtsgeschichte besonders bedeutsame Konzepte vorgestellt werden:

a) Die erlebnisbetonte Pädagogik Gansbergs und Scharrelmanns

Der Bremer Reformpädagoge Heinrich Scharrelmann löste sich besonders stark von tradierten Unterrichtskonzepten. Nicht ein Kanon auswendig zu lernender Stoffe, nicht anschaulich dargebotene Unterrichtsgegenstände waren sein didaktischer Ausgangspunkt. Er erklärte das „Leben“ generell zum Zentrum didaktischer Überlegungen: „Das Leben ist der beste Lehrplan, ganz ohne Frage“ (Scharrelmann 1912, 183). Er blieb aber letztlich bei der Forderung nach Gelegenheitsunterricht stehen. Damit ist ein Unterricht gemeint, der sich unmittelbar an auftretende Kinderfragen anschließt.

Die Vertreter des „freien Unterrichtsgesprächs“ (z.B. Otto 1912 (2); Gansberg [1905] 1907 (2); Scharrelmann 1912) hielten diese Form für besonders lernwirksam, weil sie den „natürlichen“ Lernprozessen am häuslichen Mittagstisch entsprechen: „Aller erster Unterricht, den das Kind vor der Schulzeit erhält, ist Gelegenheitsunterricht. Was Vater und Mutter erzählen, was das Kind auf der Straße hört und sieht, was das Leben überhaupt jedem bietet, ist immer Gelegenheitsunterricht“ (Scharrelmann 1912, 180). Aus der häuslichen Genese des Gelegenheitsunterrichts schloß er aber nicht auf die Bedeutung bestimmter Inhalte, sondern er begründete daraus lediglich sein formales Verständnis „natürlichen“ Lernens. Der Begriff „natürliches Lernen“ war die Metapher, mit der in der Reformpädagogik besonders häufig operiert wurde. „Er (der Gelegenheitsunterricht) setzt im rechten Augenblicke ein, er fußt auf dem Interesse des Kindes, er bietet das Wissen dann dar, wenn das Kind selbst danach verlangt, er wahrt den Zusammenhang zwischen Leben und Schule, er erst gestattet das wirkliche *Erleben* des Stoffes, er weckt in stärkerem Maße die Assoziationskraft und knüpft ständig an die schon vorhandenen Anschauungen des Kindes an, er ist für das Kind natürlicher“ (ebd., 179).

Die intuitive, an der Gegenwart orientierte, wenig systematisch durchstrukturierte Unterrichtsführung war auch bei Scharrelmann vielfach mit wirklichkeitsfernen Kindertümeleien und Entstellungen verknüpft. Er überschätzte zudem die pädagogische Wirkung der bloßen Realsituation und die Durchschaubarkeit von Objekten, wenn er etwa behauptete, „die rationellsten physikalischen Kenntnisse können nur auf der Straße und in der Fabrik gewonnen werden“ (Scharrelmann 1912, 232).

Seinem Bremer Lehrerkollegen Fritz Gansberg dagegen ist es in besonderem Maße gelungen, eine Verbindung zwischen Interessen der Kinder und einer realistischen kindgemäßen Wirklichkeitssicht zu schaffen. Bei ihm wird die Forderung, „Wirklichkeit statt Schein, Dinge statt Wörter, Schaffen statt Lernen, das sind die Forderungen des modernen Heimatkundeunterrichts“ (Gansberg [1905] 1907 (2), 159) am ehesten noch in konkrete Unterrichtsinhalte umgesetzt (vgl. 1907, 161ff).

Der Ausgangspunkt von Gansbergs Überlegungen war primär didaktischer Natur, wenn er an den bisherigen Bildungsinhalten bemängelte, sie würden durch Betonung ländlicher Idylle den Erfahrungen und Interessen der damals – zur Zeit zunehmender industrieller Monopolisierung – lebenden Kinder nicht gerecht. Er kritisierte die bisherige Heimatkunde als inhalts- und ziellos (Gansberg 1923, 38). Insbesondere die starke geographisch-karthographische Ausrichtung (Gansberg 1925, 6) nach nur räumlich verstandenen konzentrischen Kreisen hielt er für nicht kindgerecht und forderte dagegen, im Unterricht soziale Probleme und die Kinder tatsächlich bewegende Erlebnisse zu behandeln: „Man führe sie (die Kleinen) auf einen Berg, auf einen Aussichtspunkt: ein Wohlgefallen an der Landschaft ist nicht vorhanden, ein winziger Zwischenfall in der Umgebung, etwa ein davonspringender Frosch, bringt die schönste Lektion zum Scheitern. Nicht einmal Vierzehnjährige sind für landschaftliche Eindrücke empfänglich“ (Gansberg 1923, 39). In ähnlicher Weise hielt er auch die Natur für zu abstrakt für die Unterstufe und forderte stattdessen, „das Leben, ... in anregenden farbenfrohen, echten Szenen dar(zu)stellen“ (Gansberg 1907 (2), 3).

Einige Jahre früher wählte er noch sehr vorsichtige Begründungen für seine sozial ausgerichteten didaktischen Vorstellungen (1907 (2)): „Für unsere Stadtkinder ... ist die Menschenkunde mit ihren sozialen, sittlichen, rechtlichen, wirtschaftlichen und technischen Fragen viel wichtiger, vertrauter, aufregender, geheimnisvoller und lebensvoller“ (Gansberg 1907 (2). In den Sammelbänden von Heimatkundeerzählungen „Streifzügen durch die Welt der Großstadtkinder“ (Gansberg 1907 (2) und „Plauderstunden“ (1912b) zeigt er, daß er über ein differenziertes intuitives Wissen über Lernvoraussetzungen der Kinder, über ihre Fragen, ihr Augenmerk in bestimmten Situationen und ihre Wertungen von Ereignissen verfügt.

In seinen „Streifzügen“ entwickelte er dementsprechend eine schon recht komplexe Kultur-, Sozial- und Lebenskunde, die im alltäglichen Leben der Kinder wurzeln sollte und demzufolge den Unterricht anregend gestalten könne. Mehr oder weniger ausgeprägt verknüpfte er die geforderten sozialen Inhalte immer auch mit emotionalem Lernen, wie der Begriff „Seele des Kindes“ (Gansberg 1925, 6), der in seiner Pädagogik einen wichtigen Stellenwert hat, deutlich macht.

Gansberg verallgemeinerte seine Forderung nach sozialen Lerninhalten bildungstheoretisch: „Wir treiben mithin echteste Menschenbildung und Geisteserziehung, wenn wir .. Tag für Tag vor den Augen der Kinder bunte, reichbelebte, rein persönliche Bilder aus der Menschenwelt entwerfen, und wenn wir .. so langsam, so Stück für Stück und Strich für Strich an diesen Bildern arbeiten, daß die Klasse ganz von selbst mit gleichartigen Beiträgen in unsere Arbeit sich einfügt“ (Gansberg 1907 (2), 7). In derartigen allgemeinen bildungstheoretischen Aussagen wird deutlich, daß Gansberg keineswegs „nur“ die Interessen der Kinder im Blick hatte, sondern gleichzeitig die wesentlichen gesellschaftlichen Inhalte vermitteln wollte: „Wir wollen also in unseren Lebensbildern auf die allgemeinen und wesentlichen Grundlagen unserer Kultur verweisen, während der alte Unterricht oft genug in tausend Einzelheiten und Zufälligkeiten stecken blieb, deren Bedeutung von den Kindern gar nicht erkannt wurde“ (Gansberg 1923, 7). Als Folge dieser Theorie wurden viele subjektnahe und gleichzeitig auf wichtige gesellschaftliche Probleme bezogene Erzählungen für den Unterricht empfohlen: z. B. zu den folgenden Themen aus der Großstadtheimatkunde: Straßenbahn, Arbeitslos, Bahnhof, Fahrrad, Zoll, Feuerwehr, Obdachlos, Gericht, Windmühle im Sturm, Dampfschiff, Plätteisen, Reise in den Himmel ... (ebd., 230f).

Fritz Gansbergs konsequente einfühlsame Kindorientierung machte es nicht nur möglich, genauer hinzuschauen, was die Kinder tatsächlich denken und wissen wollen, sondern führte auch dazu, daß er die harmonistischen Tendenzen der zeitgenössischen Didaktik überwinden konnte. Er forderte, daß den Kindern auch die Schattenseiten der Wirklichkeit nicht vorenthalten werden dürften. So heißt es bei Gansberg: „Und müssen die Kinder nicht so früh wie möglich in diese Räume riesigen Denkens, Schaffens und Gewinnens eingeführt werden? Aber dann müssen wir sie auch einmal die Kehrseite anschauen lassen und auf die Gefahren hinweisen, die ihren Vätern oft täglich, mitunter stündlich dort drohen. Wenn wir das kindliche Gemüt auch nicht mit Schreckensbildern verdüstern dürfen, an den Anblick der Wirklichkeit müssen wir sie doch gewöhnen. – Der Betrunkene. Der Diebstahl. Ein armes Kind. Ein Brand. Der Tod. Der arme, wandernde Geselle. Die alte Waschfrau ...“ und viele andere Themen waren in sein in Ansätzen schon konfliktdidaktisches Konzept der Kindorientierung einbezogen (Gansberg 1923). Mehr Gewicht hat in Gansbergs Großstadtheimatkunde jedoch eine grundlegend positive Sicht der Realität, die bis hin zu unkritischer Großstadteuphorie (Gansberg 1907 (2), 227f) und Begeisterung für die Moderne reicht und sich so in der Negation doch der räumlich definierten heimatkundlichen Landidylle als Kontrastprogramm wieder annähert.

Es versteht sich von selbst, daß seine relativ komplexe Sicht von Lerninhalten nicht an fachliche Grenzen gebunden war. Er wandte sich deutlich dagegen, aus den späteren Fächern und nicht aus der gegenwärtigen Wirklichkeit die Legitimation von Lerninhalten zu entnehmen (Gansberg 1923, 39). Damit hat er einen heute noch sehr wichtigen Gedanken entwickelt, nämlich aus der Wirklichkeit die didaktischen Ziele zu gewinnen und nicht aus den Fächern, die für die Kinder noch gar nicht existieren.

Trotz aller interessanten inhaltlichen Aspekte bleibt die Pädagogik von Gansberg und Scharrelmann auf die methodischen Formen der Lehrererzählung und des Klassengesprächs beschränkt, auch wenn sachunterrichtliche Inhalte – wie vor allem bei Gansberg – eine große Rolle spielen. Deren pädagogische Bedeutung wurde mit der Begründung, eine „seelische Einheit“ (ein Begriff Gansbergs) herzustellen und das Leben in seiner Ganzheit zu erfassen, zweifellos überhöht. Die literarischen Verfremdungen mögen zwar fesselnde Anknüpfungspunkte fürs Lernen sein, bergen aber in sich die Gefahr einer nicht sachangemessenen Wirklichkeitssicht trotz der hohen realitätsorientierten didaktischen Ansprüche. Die Form der Erzählung wurde von F. Gansberg in seinen späteren Schriften sogar gegenüber Methoden der Begegnung mit der Wirklichkeit grundsätzlich bevorzugt. In seinen früheren Schriften hat er Wirklichkeitserkundung durch Gänge immer wieder positiv dargestellt, erst später finden wir das reine durch Erzählungen gefilterte Sachunterrichtskonzept: „Wenn wir das Leben in seinen Zusammenhängen erfassen wollen, dann dürfen wir uns nicht in das Gewoge des Marktplatzes und der Verkehrsstraßen begeben, dazu bedarf es eines gewissen Abstandes von der Wirklichkeit und der Sammlung der Geister, wie sie nur in der Abgeschlossenheit des Schulraumes erfolgen kann – wir müssen die Lebensvorgänge aus unseren Erinnerungen konstruieren, das ist die sicherste Methode. ... Die größte Vereinheitlichung aber schaffen wir durch die Erzählung“ (Gansberg 1923, 7). Auch wenn der Gedanke, durch didaktisch-methodische Distanz gegenüber der unmittelbaren Wirklichkeit die Dinge besser zu durchdringen, sehr wichtig ist, so bedeutet die gänzliche Ablehnung von Lernen in und an der Realität einen methodischen Dogmatismus, der zu den sonst recht flexibel und situativ argumentierenden Autoren in offenem Widerspruch steht. Das Dogma der Lehrererzählung wirkt zudem didaktisch selektiv, denn die Methode bewirkt eine bestimmte didaktische Auswahl, da es die für Erzählungen besonders geeigneten sozialen Inhalte bevorzugt. Gleichzeitig werden gegenständlich-naturwissenschaftliche Inhalte reduziert. Die Erzählung ist zwar sehr motivierend für den Einstieg in eine Thematik, sie birgt aber als Dauerform große Probleme, weil die literarische Form durchaus sachunangemessene Phantasien enthält und die spezifisch fröhlich-zukunftsoptimistische Denkweise der Autoren alternativlos weitergibt. Gerade diese literarisch festgefügte Wirklichkeitsinterpretation – vom Lehrer dargeboten! – zeigt die Grenzen dieser Didaktik für eine zeitgemäße Sachunterrichtskonzeption auf, weil sie gerade widersprüchliche Sichtweisen eines Problems nicht berücksichtigt. Die so wichtige realistische Erweiterung des Gegenstandshorizonts von „Sachunterricht“ (Gansberg 1907 (2)), die Gansberg forderte, wird durch den künstlerisch-ästhetischen Entwurf von Unterricht in Form von Erzählungen wieder ein großes Stück eingeengt, weil nicht verschiedene ästhetische Bedeutungsschichten aufgedeckt werden, sondern nur die des Lehrers präsentiert wird. Gleichwohl bleibt die Erzählung auch heute noch eine wichtige Methode, um Inhalte in einem emotionalen Kontext zu präsentieren und auch die weiteren emotionalen Bedeutungsschichten von Unterrichtsinhalten zu entschlüsseln. In dieser Hinsicht sind die Ansätze der erlebnisorientierten reformpädagogischen Diskussion ein wichtiger Erkenntnisgewinn für die Sachunterrichtsdidaktik. Der Ertrag der arbeitspädagogischen reformpädagogischen Variante soll im nächsten Abschnitt am Beispiel der Didaktik Kerschensteiners untersucht werden.

b) Zum Konzept der Arbeitspädagogik Kerschensteiners

Im Rahmen der reformpädagogischen Entwicklung spielte der Arbeitsunterricht eine zentrale Rolle. Auch unter den Etiketten Arbeitsschule oder Arbeitspädagogik firmierte diese Richtung pädagogischen Denkens. Das Hauptaugenmerk des Arbeitsunterrichts lag im meist manuell verstandenen Handeln der Kinder. Die Tätigkeit des Kindes wurde als das entscheidende Mittel des Lernens angesehen. Einige sahen im Arbeiten auch einen Inhaltsbereich und / oder ein Ziel von Schule.

Der Arbeitsunterricht wurde vor allem aus der Begrenztheit des bisherigen Anschauungsunterrichts begründet: „Hieraus ergibt sich, daß dem Eindruck der Ausdruck, dem Beobachten das Darstellen folgen muß, da beide Akte des Lernprozesses sich gegenseitig unterstützen und vervollkommnen. Es ist also eine Erziehung zur Tätigkeit nötig. Der passiv aufnehmende Unterricht muß durch den beobachtend-darstellenden, die Lernschule durch die Arbeitsschule ersetzt werden“ (Troll [19097 (1)] 1922 (10), 48).

Dem Arbeitsunterricht – oft als spezielles Fach gefordert – wurde oft die Funktion eines inhaltlich zentralen Bereichs, vergleichbar mit einem Thema im Projektunterricht heutzutage, zugeordnet: „Der Arbeitsunterricht darf nicht ein den übrigen Fächern angeklebtes Unterrichtsfach sein. Von ihm müssen die Stoffe des Gesinnungsunterrichts, der Heimatkunde und des Rechenunterrichts in gleicher Weise durchdrungen werden“ (Troll [1907 (1)] 1922 (10), 3f). Schaffen, Handeln und praktisches Lernen wurden dabei als zentrale Kategorien verwendet. Die Konzepte von Arbeitsunterricht bezogen sich häufig nicht auf konkrete gesellschaftliche Arbeit als Inhalt, sondern auf tätige Methoden des Lernens: „Selbsterleben und Selbsterarbeiten, das sind die beiden Angelpunkte des modernen Unterrichtsverfahrens, das man als Arbeitsunterricht zu bezeichnen pflegt" (Brinkmann 1913 / 1955(4), 8). Hier wird also Arbeitsunterrichts methodisch aufgefaßt im Sinne handelnden Lernens.

Andere Konzepte des Arbeitsunterrichts bezogen sich auch auf Arbeit als konkreten Lerninhalt. Besonders Kerschensteiner ist es gelungen, das Lernen von Arbeit durch Arbeit zu vermitteln und die wechselseitige Beziehung von Lerninhalt und -methode zu begreifen. Deshalb wird hier Kerschensteiner stellvertretend für die vielen anderen Arbeitspädagogen der Reformpädagogik näher vorgestellt.

Georg Kerschensteiner wird nicht ohne Grund als der zentrale Vertreter der Arbeitsschulpädagogik rezipiert, obgleich durchaus einige inhaltlich anders ausgerichtete Konzepte zu der Zeit entstanden sind (vgl. Östreich 1975). Hier soll das Konzept Kerschensteiners deshalb näher untersucht werden, weil es ein besonders differenziert für das Grundschulalter ausgearbeitetes ist. Kerschensteiner sah sehr deutlich Differenzen zwischen Arbeit und der gesellschaftlichen Wirklichkeit und pädagogischer Arbeit. Damit stand er im Gegensatz zu manchen radikalen Vertretern der Arbeitsschule – wie z. B. Paul Östreich vom Bund entschiedener Schulreformer –, die keine Grenzen mehr zwischen produktivem Leben und Lernen sehen wollten und „auch das Erwachsenenleben möglichst unverkürzt im Raum der Erziehung zur Geltung kommen lassen woll(t)en" (Klafki [1957 (1)] 1964 (4), 213f). Kerschensteiner unterschied dagegen Arbeit im körperlichen Sinne, Arbeit im geistigen Sinne, deren „Zweck in der Gestaltung von Bewußtseinsinhalten (liegt)" und Arbeit im pädagogischen Sinne „die ihren Zweck in der Herbeiführung und Durchführung einer immer vollendeteren sachlichen, d. h. objektiven seelischen Einstellung hat, sei es in der Gestaltung der Bewußtseinsinhalte an sich, sei es in der Verwirklichung des gestalteten Bewußtseins in der Außenwelt" (Kerschensteiner [1901 (2)], 1925 (6), 76). Konkret heißt dies: Arbeit im körperlichen Sinne (man arbeitet auf dem Acker und gräbt), Arbeit im geistigen Sinne (man liest, überlegt und löst ein Problem), Arbeit im pädagogischen Sinne (man arbeitet an einem Werk, um Ordnung, Disziplin, Kooperation oder sonstige allgemeine Züge dabei zu lernen). Für ihn war pädagogische Arbeit immer auch verbunden mit geistiger Planung und Reflexion, Arbeit allein wurde nicht schon als bildend angesehen: „Eine manuelle Betätigung mag mit noch so viel Interesse, Eifer, Anstrengung, Übung verbunden sein, Arbeit im pädagogischen Sinn kann sie erst werden, wenn sie Ausfluß einer geistigen Vorarbeit ist, die schon in dieser Vorarbeit zu einem bündigen Abschluß kommt" (ebd., 43).

Seine Definition pädagogischer Arbeit bleibt aber deutlich auf materielle Arbeit beschränkt, wenn er den pädagogischen Wert als „um so größer (einschätzt) je mehr das Ergebnis der Arbeit es ermöglicht, daß der Arbeitende am Arbeitsprodukt selbst erkennt, wie weit er bei seiner Herstellung sachlich eingestellt war" (ebd., 73). Dementsprechend forderte er also den Arbeitsunterricht als gesondertes Fach (ebd., 30). Als Lernorte für dieses besondere Fach schlug er Schullaboratorien, Schulwerkstätten, Schulküchen und Schulgärten (ebd., 69) vor. Derartige Lernorte wurden auch in der sonstigen damaligen Arbeitspädagogik diskutiert.

Kerschensteiner begründete seine Hochschätzung materieller Arbeit lerntheoretisch damit, daß im praktischen Tun der Ursprung allen Denkenwollens liege. Er stellte es so dar:

„Je inniger die Entwicklung der geistigen Fertigkeiten mit der Entwicklung der manuellen Fertigkeiten im Fachunterricht verbunden werden kann, ... desto ungezwungener und sicherer entwickeln sich auch die geistigen Fähigkeiten“ (ebd., 37).

Er sah aber im Arbeitsunterricht nicht primär ein Mittel zur Denkförderung, sondern vor allem einen neuen Ansatz erziehenden Unterrichts, bei dem die realen Erfahrungen der Lernenden die entscheidenden Momente des Lernens sind und in vielfältiger Weise die Sozialerziehung der Kinder vorantreiben. Dementsprechend erwartete er, daß die Kinder „gemeinsamen Erfolg und Mißerfolg (erfahren), lernen gemeinsame Schaffensfreude und gemeinsame Enttäuschungen (zu) empfinden. ... Hier tritt die Leistung des einzelnen nicht hervor aus der Gesamtleistung; hier entwickelt sich am besten das Gefühl der Verantwortlichkeit für das eigene Tun. ...Hier lernt der einzelne sich unterordnen unter andere, hier lernt er schwächere und weniger begabte Mitschüler unterstützen, hier lernt er zum ersten Male verstehen, daß die eigenen, wohlverstandenen Interessen in den Interessen der Gesamtheit aufgehen können und sollen“ (ebd., 70). Neben der sozialerzieherischen Seite, daß schwächere Kinder durch gemeinsames Handeln stärker gestützt werden, fallen aber bei Kerschensteiner deutlich ideologische Momente auf. Denn er sah als weitere Erziehungsresultate des Arbeitsunterrichts in seiner Phantasie Hingabe und Selbstbeherrschung, Sorgfalt, Gewissenhaftigkeit, Fleiß und Ausdauer (ebd., 70), „berufliche Tüchtigkeit und Arbeitsfreudigkeit“ (ebd., 17). Er wurde auch nicht zu Unrecht von den Pädagogen aus dem Bund entschiedener Schulreformer kritisiert, daß er die Kinder nur an das kapitalistische System anpassen wolle. Neuerdings ist auch die mädchendiskriminierende Seite Kerschensteiners nachgewiesen worden (Mayer 1992). Gleichwohl sind die pädagogischen Vorstellungen – unter Beachtung dieser einschränkenden theoretischen Sichtweisen – durchaus in vielen Punkten auch für heutige Sachunterrichtsdidaktik bedenkenswert.

Ein besonders bekanntes Unterrichtsbeispiel Kerschensteiners ist, einen Starenkasten zu bauen. 50 Jahre Lehrerinnen- und Lehrerausbildung wurde immer wieder dieser Starenkasten als das Starmodell des Arbeitsunterrichts vorgeführt. Dabei stand das werkende Tun im Mittelpunkt und strukturierte die Anforderungen an die Kinder. In dieser schweren Planungsaufgabe, die viel Miteinander verlangt, sah er die eigentlich politisch bildenden Momente.

Denn Kerschensteiner sah den zentralen Schulzweck darin, daß die zukünftigen Staatsbürger herangebildet werden. Diese deutliche Zukunftsorientierung steht konträr zu der bei Gansberg (1923) so deutlich artikulierten Gegenwartsorientierung. Beide grenzten sich von der kopfbetonten Pauk- und Buchschule ab, aber beide gingen konträre Alternativen. Während Kerschensteiner mehr die Seite des tätigen Handelns beim Unterricht hervorhob und daran dachte, daß die Kinder für die Zukunft vorbereitet werden sollen, kam es Gansberg vor allem auf die emotionale erlebnisbetonte Zugangsweise zu den Unterrichtsinhalten an.

Neben diesen beiden hier ausführlicher vorgestellten reformpädagogischen Heimatkundekonzepten gab es viele andere Impulse zur Zeit der Reformpädagogik. Ich nenne einige hier nur stichwortartig:

a) Der amerikanische Reformpädagoge John Dewey, der übrigens schon vor 1900 eine reformpädagogische Schule, die Laboratory-School, in Chicago gegründet hatte, hat sich im Gegensatz zu den deutschen Reformpädagogen, die bestehende gesellschaftliche Verhältnisse vielfach unterstützt haben, wie etwa auch Kerschensteiner, der Aufgabe gestellt, die Schule so umzugestalten, daß sie ein Sozialgebilde der Erziehung zur Demokratie werde. Dazu wollte er zuerst die Hierarchie zwischen Lehrenden und Lernenden abschaffen und Lehrende mehr zu Beratenden bei der Wissensvermittlung über Bibliothek, Werkstätten, Materialien, Schulgärten, Exkursionen oder in der Schulgemeinschaft einsetzen. Sein zentraler pädagogischer Begriff ist das Erfahrungslernen. Er hat sehr ausführlich Projekte zur Erkundung des Umfeldes der Schule beschrieben und wird deshalb vielfach – fälschlicherweise – als Begründer der Projektmethode bezeichnet. Wichtig war in seinem Konzept nicht nur die aktiv-erkundende Seite der Kinder, sondern auch eine ausgebaute Schulgemeinde mit vielen Ebenen der Mitsprache und Mitbestimmung. Lernen und Schulleben waren für ihn eine sich ergänzende Einheit.

b) Die Vertreter der Landerziehungsheime (Lietz, Wyneken) betonten noch stärker die Bedeutung des Schullebens. Sie hatten an verschiedenen Orten Landschulinternate geschaffen, in denen die Schülerinnen und Schüler zusammen mit ihren Lehrkräften eine neue Lebensweise fern der Großstadt kennenlernen sollten. Erziehung sollte in die Natur verlegt werden, d. h., das Landleben wurde nicht wie früher den Großstadtkindern verbal erzählt, sondern die Kinder wurden persönlich aufs Land versetzt. Zu den bekanntesten Vertretern dieser Richtung zählen Hermann Lietz und Gustav Wyneken. Das Sachlernen war hier nicht wie bei Dewey [1930 (1)] (1965 (3)) als Erkundung nach draußen geplant, sondern als Hineinnahme einer bestimmten naturnahen Außenwelt in das Schulleben. Insofern gibt es hier gewisse Parallelen zu Paul Östreich, der sagte, das Arbeitsleben müsse in die Schule hineingenommen werden. Diese Vertreter der Landerziehungsheime hatten die Natur – jedenfalls soweit sie damals noch nach Jahrhunderten menschlicher Naturumgestaltung vorhanden war – und das Landleben unmittelbar in die Schule hineingenommen und somit Landleben zu einer praktischen Erfahrung gemacht.

c) Zu den besonderen reformpädagogischen Heimatkundekonzepten gehört auch das Konzept von Fritz Karsen. Fritz Karsen war eines der führenden Mitglieder im Bund entschiedener Schulreformer, der sich durch eine antimonarchistische und antimilitaristische Gesinnung deutlich von anderen deutschen Reformpädagogen unterschied. Als Leiter einer Berliner Reformschule (Karl-Marx-Schule in Neukölln), eines Realgymnasiums, forderte er eine Lebensgemeinschaftsschule, in der die Jugend eine dogmen- und bekenntnisfreie Lebensstätte findet, in der produktive, körperliche und geistige Arbeit stattfindet. Der Lehrstoff sollte aus dem Leben gefunden werden und nicht festgelegt aus den Stoffverteilungsplänen entstammen. Sein Ziel war eine Gemeinschafts-, Erlebnis- und Einheitsschule, bei der die gesellschaftspolitischen Ziele der Gleichheit gemeinsam angegangen werden, aber gleichzeitig die Individualität aller Schüler besonders beachtet und gefördert wird. Eine weitgehende Mitbestimmung des Schullebens durch die Schüler war für ihn ein zentrales Reformmoment. Er hat zudem ausführliche Vorstellungen über die Öffnung der Schule und ihrer Einrichtungen für die Bewohner des umliegenden Wohnviertels entwickelt.

d) Paul Östreich, Sprecher des Bundes entschiedener Schulreformer, ging in seinen Vorstellungen über das Verhältnis von Schule und Leben noch weiter als Karsen, der mehr oder weniger das Leben in die Schule hineinnehmen wollte bzw. das Leben in der Schule abbilden und gleichzeitig von der Schule nach außen wirken wollte. Östreich stellte sich dagegen die Schule als Lebensschule vor, in der tatsächliches gesellschaftliches Handeln stattfindet. Dabei setzte er sich vor allem kritisch mit dem Erlebnisbegriff seiner reformpädagogischen Zeitgenossen auseinander, die von den subjektiven Erlebnissen der Kinder in den Unterrichtsgesprächen ausgehen wollten, wie etwa Gansberg, um daraus in den Gesprächen wichtige Erkenntnisse zu entwickeln. Er setzte dagegen:

„Ich glaube nicht, daß das Erlebnis als Methode sich systematisieren ließe; ich glaube auch, daß das Wort ‘Erlebnisschule’, ‘Erlebnismethode’ vielleicht nicht ganz zutrifft, ich würde dafür das Wort ‘Lebensschule’ nehmen“ (Östreich 1975 (2), 51). Er glaubte, „daß die ehrliche Einheitsschule nur durch die Schule als soziale Anstalt, als Lebensschule, in enger Verbindung mit dem produktiven Geschehen der Wirklichkeit erstehen ... kann“ (ebd., 57). Paul Östreich stellte hohe Ansprüche mit der Integration von sozialen Gruppierungen, produktiver Arbeit und Wirklichkeitsbezug auf; d.h, in Paul Östreichs Vorstellungen sollte tatsächlich in einer Schule produziert werden wie in der Wirklichkeit und dieses nicht nur als einzelne Projektform, sondern als durchgängige Organisationsform. Wir finden diese Form der Produktionsschule auch heute noch im kubanischen Schulwesen in den Basissekundarschulen auf dem Lande (ESBEC: escuela secundaria basica en el campo), die Tomatenplantagen oder Zitrusfruchtplantagen tatsächlich als Schulaufgabe betreiben, dort produzieren und auch im Unterricht diese Pflanzen auf die Probleme der Produktion beziehen.

Paul Östreich gehörte mit Anna Siemsen und Fritz Karsen dem Bund entschiedener Schulreformer an, die sich neben Einheitsschulforderungen vor allem hinsichtlich ihrer Ablehnung konservativer Gesellschaftsvorstellungen und militaristischen Denkens in der deutschen Pädagogik einig waren. Ihre Vorstellungen haben sich über einzelne Theorien oder Schulversuche nicht weiter ausgebreitet. Die Mehrzahl der reformpädagogischen Konzepte waren dagegen deutlich systemstabilisierend – oft sogar noch antidemokratisch von der vergangenen Monarchie schwärmend. Gleichwohl sind einzelne didaktisch-methodische Gedanken dieser Konzepte durchaus beachtenswert und auch für demokratischen Sachunterricht produktiv zu nutzen.

Trotz der wichtigen methodischen Neuerungen, wie dem Zugang durch spannende Erzählungen über die Realität, die Erlebnisbetonung des Unterrichtsgesprächs oder durch Herstellen konkreter Produkte, bleiben die klassischen Heimatkundekonzepte in mehrfacher Hinsicht problematisch. Die wesentlichen Kritikpunkte (vgl. Hänsel 1980, 10f), die fast alle diese Konzepte treffen, sind:

1) Die *emotionale Überfrachtung und Irrationalität* von Heimatkunde (vgl. Müller 1971) ist nicht sachlich überprüfbar. Es gibt gefühlsschwangere Aussagen etwa vom Wurzelboden der Heimat, die weder mit der Wirklichkeit noch mit den Kindererfahrungen in Einklang zu bringen sind. Die Qualität der emotionalen Sinngebung von Inhalten wird festgelegt und nicht den Deutungen der Kinder überlassen. Emotionsdogmen untergraben aber letztlich lebendiges emotionales Lernen.

2) Bei festgefügten emotionalen Zielen des Heimatbegriffs entstand zwangsläufig eine *Vernachlässigung der kognitiven Komponente* des Unterrichts. Denn Kinder hatten nach vielen Konzepten nicht die Entscheidungsmöglichkeit zwischen verschiedenen Sichtweisen. Vielmehr galt das Dogma in der Heimatkunde: „Wir lieben unsere Heimat, sie ist schön und gut und von Gott gewollt". Dabei wurde den Kindern zu wenig ermöglicht, über Inhalte nachzudenken und Sachen zu durchschauen oder zu fragen „warum dieses oder jenes so oder anders sein soll".

3) Die *Inhalte* vieler Heimatkundekonzepte sind *antiquiert* und nicht auf Menschen des 20. Jahrhunderts bezogen, die in einer durch Wissenschaft und Technik bestimmten Welt leben. So ist beispielsweise in der Pädagogik Rudolf Steiners, des Begründers der Waldorf-Schulen (vgl. zur Kritik Knauf 1990), das Thema „Auto" nicht vorgesehen, während die Antike einen großen Raum in der Heimatkunde des 4. Schuljahres einnimmt. Die meisten Inhalte der reformpädagogischen Heimatkunde beziehen sich auf eine *ländliche Idylle*.

4) Es ist eine *mangelnde Orientierung an den realen Strukturen der Sachen* festzustellen. Dies hängt eng mit dem vorigen Punkt zusammen. Es wird oft keine realistische Gegenwartssicht in der klassischen Heimatkunde dargeboten, sondern erkenntnishemmende Kindertümelei.

5) Der Heimatkunde *fehlt eine wissenschaftliche Orientierung*. Damit meine ich nicht, daß wissenschaftliche Strukturen und Inhalte unmittelbar den Kindern präsentiert werden, sondern daß es zur Wissenschaft gehört, Fragestellungen zu entwickeln und zu überprüfen und gemeinsam zu diskutieren. Diese Offenheit des Erkenntnisweges ist nicht gegeben, wenn die Liebe zur Heimat schon vorweg als Dogma gesetzt wird. Gerade die kritische Komponente der Wissenschaftsorientierung, nämlich Dinge zu überprüfen, ob sie wahr sind, Dinge in Frage zu stellen, ist außerordentlich produktiv für die Denkentwicklung des einzelnen Kindes wie auch für die Entwicklung einer Demokratie.

6) Die Heimatkunde ist *ideologisch vorbelastet* durch Begriffe wie Heimatstolz und Volk. In der in den 50er Jahren weit verbreiteten volkstümlichen Bildung nach Stöcker ([1954 (1)] 1960 (5)) wurden dementsprechend sehr diffuse positiv wirkende Begriffe zu didaktischen Leitbildern, nämlich ganzheitlich-total, lebenswirklich-real, Gemeinschaftsbildung und subjektnah-bedeutungsvoll.

7) Die *naturalistischen Reifungstheorien* sind inadäquat. Naturalistische Reifungstheorien, die in der Reformpädagogik bis in die 60er Jahre hinein vertreten wurden, bedeuten, man glaubte an feste Entwicklungsstufen, die an das jeweilige biologische Alter gebunden sind. Derartige Stufentheorien haben etwa die Kinder nach dem Märchen-Alter oder dem Robinson-Alter unterschieden. Es gab in diesen Theorien klare, feste Altersstufen von Interessen, von Denkmöglichkeiten, auf denen die Kinder von Stufe zu Stufe heraufsteigen.

   Die heutigen entwicklungspsychlogischen Konzeptionen gehen davon aus, daß es keine festlegbaren Stufen gibt, d.h., daß Kinder in einzelnen Bereichen sehr viel weiter sein können als in anderen. Sie können beispielsweise im kognitiven Bereich durchschauen, daß eine Partei eine bestimmte Ausssage nur gemacht hat, um die Wahl zu gewinnen, während sie gleichzeitig im emotionalen Bereich nicht einmal dem Nachbar die Hand zur Versöhnung nach einem Streit reichen können. D.h., daß es je nach Inhalt verschiedene Stufen gibt, daß Kinder im Grundschulalter sich in manchen Bereichen wie ein Säugling verhalten und gleichzeitig kognitiv differenziert wie Oberstufenschülerinnen und -schüler argumentieren können.

8) Die *Prinzipien „vom Nahen zum Fernen" und das diffuse Ganzheitsprinzip* sind fragwürdig. Insbesondere lege ich Wert auf die Kritik am Prinzip „vom Nahen zum Fernen", weil das immer räumlich gesehen wurde. Räumliche Beziehungen sind aber außerordentlich anspruchsvolle. So ist es nicht selten, daß Kindern im Grundschulalter die Orientierung in unbekannten Stadtvierteln oder gar mit Karten sehr schwer fällt. Meine These im Anschluß an Ilse Lichtenstein-Rother (1969 (7) [1955 (1)]) ist, daß die psychische Nähe ein entscheidendes Kriterium der Inhaltsauswahl sein muß. Und das psychisch Nahe kann auch das Spielhandeln eines Kindes in Südamerika sein, in das sich die Kinder durch Geschichten und Erzählungen emotional hineingefunden haben. Das Prinzip der psychischen Nähe ist m.E. tragfähiger als das der „sozialen Nähe" (Schernikau 1994), weil gerade in einer demokratischen Gesellschaft auch soziale Unterschiede thematisiert werden sollen. Psychische Nähe können dagegen Kinder auch zu Kindern aus sozial fremden Situationen entwickeln und durch emotionale Identifikation Nähe herstellen, die es weder räumlich noch sozial gibt.

Wenn wir die heimatgebundenen ideologischen Tendenzen näher betrachten, ist es nicht verwunderlich, daß in der Zeit nach 1933 keine grundlegende Veränderung des Faches erfolgte. Es wurden zwar deutlich mehr Inhalte, die eindeutig dem nationalsozialistischen Herrschaftssystem entsprachen, für den Unterricht ausgearbeitet wie „Heldengedenktag", „Adolf Hitler" oder „Sonnenwendfeier". Gleichzeitig blieben aber auch die meisten traditionellen Heimatkundethemen wie „Apfelernte“, „Unser Bergwald“ oder „Kartenlesen“. Wenn wir nach veränderten pädagogischen Akzenten bei diesen allgemeinen Heimatkundeinhalten suchen, dann werden wir zwei spezifische Merkmale feststellen:

1) Eine deutliche Betonung einer Gemeinschaft, in der es keinen Konflikt und keine Verschiedenheit gibt. Alle Kinder sollen danach eine harmonische Einheit bei der Heimatliebe bilden.
2) Immer wieder ein Bezug auf die Naturbedingtheit und Ausklammerung von Gesellschaftsbedingtheit von Phänomenen.

Diese Tendenzen waren bereits in vielen Schriften der vorangegangenen Jahrzehnte repräsentiert, wurden aber jetzt systematisch und widerspruchslos betont. Die Kritik an vielen restaurativen Ansätzen der Heimatkunde trifft auch auf die Zeit zwischen 1933 und 1945, so daß eine gesonderte Behandlung dieser Zeit in diesem Kontext keinen weiterführenden Erkenntniswert hat.

Die hier skizzierten kritischen Punkte der reformpädagogischen Heimatkunde wurden aber erst Mitte der 60er Jahre deutlicher in der didaktischen Diskussion hervorgehoben – bis sich schließlich aus der Kritik an der Heimatkunde allmählich die Forderung nach Sachunterricht verdichtete.

2.5 Von der Heimatkunde zum Sachunterricht

Die Entwicklung von der Heimatkunde zum Sachunterricht ist ein recht widersprüchlicher jahrzehntelanger und – schauen wir uns einige neuere Tendenzen der Richtlinien und Unterrichtsvorschläge an – letztlich noch nicht abgeschlossener Prozeß. Die ersten Vorläufer sind bereits in der Großstadtheimatkunde von Gansberg (s. o.) zu finden. Damals plädierte Gansberg – aber auch andere – für eine deutliche Abkehr von der ländlich-handwerklichen Enge der Heimatkunde. Aber die Inhalte aus der Erfahrungswelt der Großstadtkinder wurden einige Jahrzehnte nach der Industrialisierung und Urbanisierung in Deutschland weitgehend noch nicht für wichtig gehalten.

In den 60er Jahren wiesen immer mehr didaktische Konzepte spezifische Merkmale des späteren Sachunterrichts auf, selbst die Bezeichnung Heimatkunde stand häufiger in Frage, stattdessen wurden Begriffe wie „Allgemeinbildender Unterricht“ (Jeziorsky 1948), elementare Weltkunde (Lichtenstein-Rother 1977, 64) oder Sachkunde (Karnick [1943 (1)] 1964 (10)) verwendet. Besonders das Handbuch zur Unterrichtsvorbereitung von Karnick wurde in den 60er Jahren viel genutzt. Dort waren ausführliche Unterrichtsplanungen zu sachkundlichen Themen wie Post, Feuerwehr und Verwaltung nachzulesen.

Dies war keineswegs nur ein Etikettenwandel. Mit diesen Begriffen wurden vielmehr bestimmte Abkehrprozesse von der alten Heimatkunde mit ihrer gegenständlichen Eingrenzung signalisiert: „Schlechthin alle Phänomene dinglicher und auch nichtdinglicher Art, die der menschliche Geist als konstituierende Bestandteile der

Welt entdeckt oder gestaltend selber hervorgebracht hat, sind Gegenstände des Unterrichts. Wegen dieser Universalität des Bildungsauftrages habe ich seinerzeit den Namen 'allgemeinbildender Unterricht' vorgeschlagen und zur Diskussion gestellt. ... Ilse Lichtenstein-Rother spricht von 'elementarer Weltkunde' und trifft mit diesem Kennwort sicherlich den umfassenden Inhalt dieses Unterrichts" (Jeziorsky 1972, 118). Bei der hier angesprochenen begrifflichen Abkehr von der traditionellen Heimatkunde spielten vor allem die folgenden Aspekte eine wichtige Rolle:

a) die Abkehr vom Primat der konzentrischen Kreise, also der Inhaltsabfolge vom Nahen zum Fernen

b) die Erweiterung des gegenständlichen Spektrums, vor allem in Richtung auf öffentliche Erfahrungsfelder, Verkehr und (noch primär handwerkliche) Berufsarbeit (vgl. Karnick [1943 (1)] 1964 (10), Bd. I. und II)

c) eine beginnende Orientierung an Fächern anstelle der bisherigen ganzheitlichen Heimatkunde; damit eröffnete sich aber auch gleichzeitig eine Problemseite des neuen Sachunterrichts, die sich z. T. in deutlicher fachlicher Gliederung niedergeschlagen (Fiege [1971 (1)] 1972 (3), (4)) und schließlich völlig verfachlichte Konzepte für den neuen Sachunterricht entwickelt hat, so daß Biologie, Physik, Chemie, Geographie, Geschichte usw. in den späteren Richtlinien Anfang der 70er Jahre zu fachlichen Strukturelementen von Sachunterricht wurden

d) eine beginnende Abkehr von der ländlichen Orientierung der Heimatkunde

e) eine beginnende Absage an Kindertümelei und extrem restaurative ideologische Tendenzen

Gleichwohl gab es bei der Überwindung der ideologisch restaurativ gefärbten Heimatkunde aber auch radikale Kehrtwendungen. Dies gilt vor allem für die Wende von den schwammigen ganzheitlichen Denkstrukturen der Heimatkundedidaktik zu Tendenzen der perfekten kognitiven Steuerung des Sachunterrichts, wie sie Anfang der 70er Jahre begonnen wurden (s.u.). Eine produktive Aufhebung der alten Heimatkundekonzepte ist also außerordentlich schwierig.

Insbesondere in den Konzepten zur Sachkunde wurde letztlich eine Neuauflage der alten Auswendiglernschule betrieben. Die Kinder sollten möglichst viele Stoffe beherrschen, d. h. z. B. für die Praxis konkret, möglichst viele Arten von Vögeln mit der Bezeichnung benennen, die Nahrungsmittel des Igels, die vom Lehrer genannt werden, der Reihe nach aufschreiben können, die verschiedenen Zeichen für die Windstärke definieren können etc. .. D. h. in der Variante der Sachkunde wurde besonders extrem dem Fetisch nachgegangen, den Kindern die Beherrschbarkeit der Welt durch möglichst viele differenzierte Benennungen und Informationen zu suggerieren. „Im Vordergrund .. (standen) Institutionenkunde und Verhaltenslehre" (Beck / Claussen 1979, 208). Insofern war dies auch ein Rückschritt gegenüber der emotional gefärbten Heimatkunde -auch wenn deren restaurative Tendenzen jetzt zum Schwinden kamen.

Gleichwohl ist unverkennbar, daß die späte Heimatkunde oder frühe Sachkunde mit mehr Erfahrungsfeldern (Verkehrsmittel, Öffentlichkeit) (vgl. Karnick) stärker nach außen geöffnet war als die räumlich restringierte des dörflichen Bauernhofs. Gerade das viel gelesene Handbuch von Karnick bot mehr Themen für den Heimatkundeunterricht, als je vorher praktiziert wurden. Aber selbst wenn nicht so eng räumlich-institutionelle Themen wie Post oder Feuerwehr ausgewählt wurden, dominierte dennoch die Tendenz zur äußerlich-gegenständlichen Erweiterung, so daß klassisch gefühlshaltige Ziele der Heimatkunde allmählich in den 60er Jahren aus dem Sachunterricht verschwanden, also etwa eine Blume zu lieben. Dieses emotionale Lernen wurde in der sachorientierten Sachkunde abgespalten. Selbst nicht geographische Themen, die sich auch auf menschliches Handeln beziehen, wurden in der ausgehenden Heimatkunde äußerlich formalisiert behandelt. So wirkte sich die Tendenz zur Formalisierung und Problemerstarrung dahingehend aus, daß selbst bei einem Sachunterrichtsdidaktiker, der konkrete inhaltliche Vorschläge zum Arbeit-Lernen unterbreitet hat, einerseits Arbeit sehr häufig vorkommt, aber die arbeitenden Menschen ausgeklammert wurden, während die Institutionen im Vordergrund standen. So heißt es in diesem zum Arbeit-Lernen gegenständlich titulierten Buch zur Sachkunde: „Auf der Sparkasse. Wo sie Geld entgegennimmt. Wie sie das Geld verwahrt und verwertet. Wie sie Geld auszahlt“ (Reichart 1950, 64). Die Personen kamen nicht vor und wurden in dieser gegenständlichen Sachkunde auch weitgehend ausgeklammert und entsprechend auch die subjektiven Bezüge zwischen Menschen und die sozialen Bezüge. Derartige verobjektivierte Ansätze von Arbeit sind geradezu kontraproduktiv, um die stark auch von Personen und Auseinandersetzungen geprägte Arbeitswelt wirklich zu verstehen. Dieser Autor ging über die zeitgenössische Position der Objektivierung noch hinaus, indem er explizit Unterrichtsthemen wie „Wie wir für ... unsere Kleidung sorgen. Wie Menschen und Waren befördert werden“ als „subjektnahe Didaktik“ (ebd., 31) wegen der nach seiner Auffassung fehlenden Begründung ablehnte.

Trotz vieler Unterrichtsanregungen von Karnick und anderer sachkundlicher Schriften blieb die geographische Dominanz der alten Heimatkunde auch gegen Ende der 60er Jahre faktisch unangefochten in der Praxis bestehen.

Bis zu 80% aller Themen der Heimatkunde im 3.und 4. Schuljahr, es hieß ja noch offiziell Heimatkunde in den Schulen, auch wenn in den Schriften schon von Sachkunde oder Sachunterricht die Rede war, waren immer noch zu 80 % geographisch ausgerichtet (Höcker 1968). In der Theorie wurde aber immer deutlicher auf eine Ausdehnung des Fachhorizontes der Sachkunde hingewiesen.

Mit der Ausdehnung des Fächerspektrums – letztlich eine implizite Kritik an der eher monofachlich-geographischen aber ganzheitlich etikettierten, traditionellen Heimatkunde – wurde versucht, die gegenständliche Erweiterung von Heimatkunde einzufordern. So wünschte sich J. Haug wegen der „erweiterten Heimat der Kinder“ anstelle der bisherigen „Traditionsgüter“ aus erdkundlicher, geschichtlicher und naturkundlicher Richtung eine Erweiterung um soziale, volkskundliche, technische, wirtschaftliche und andere Aspekte (Haug 1969, 165). Faktisch schafften es die damals schon vorhandenen Sekundarschulfächer, in den Rang der wichtigen Inhalte für den Sachunterricht aufgenommen zu werden. Volkskunde blieb ausgeschlossen, Technik / Wirtschaft führte eine Randexistenz im neuen Sachunterricht. Dafür bekamen Physik, Chemie, Biologie, Geschichte und Sozialkunde bald einen anerkannten Platz neben der Geographie. Diese Wende zu Beginn der 70er Jahre hat die vierte Epoche in der Geschichte des Sachunterrichts eingeleitet. Sie ist nicht primär dadurch entstanden, daß die neuen Inhalte von den Kindern gedacht und didaktisch begründet wurden. Vielmehr ist die inhaltliche Erweiterung bezogen auf die universitären bzw. schulischen Fächer der Sekundarstufe erfolgt. Dies hatte zur Folge, daß damit natürlich auch eine Stoffüberfrachtung in die Grundschule hineintransportiert wurde, weil wiederum die einzelnen Fachdidaktiker dann verschiedene Ideen für die inhaltliche Gestaltung von Sachunterricht entwickelten und in Lehrplan- oder Schulbuchentwürfe hineinbrachten. Die Frage, was bildungswirksam und bildungssinnvoll für die kleinen Menschen ist, wurde so weitgehend ausgeklammert.

Gleichzeitig hatte die Ausdehnung des Fächerspektrums die faktische Konsequenz, daß vielfach nur fachpropädeutische Minifächer unterrichtet wurden. D.h., daß Physik in der Grundschule oder Politik in der Grundschule unterrichtet wurde, aber kein eigenständiger Sachunterricht (vgl. Süssmuth 1980). In dieser einzelfachlichen Geburtsstunde des Sachunterrichts lag aber auch gleichzeitig eine Todesursache verborgen. Denn einerseits wurde versucht, die Welt weiter zu sehen als über den bloßen Dorfhorizont hinaus. Andererseits wurde die Welt in Bereiche zerstückelt, obgleich das Weltverstehen in ihrer Ganzheit und ihrem Zusammenwirken angestrebt wurde.

Die Welt ist aber kein Puzzlespiel. Es ist schlechthin unmöglich, von auseinandergerissenen Teilen gleichzeitig das Zusammenwirken erfahrbar zu machen. Somit mußte der einzelfachlich orientierte Sachunterricht über kurz oder lang an seine eigenen Grenzen stoßen. Deshalb breiteten sich später die Formeln von der Vernetzung oder Ganzheit und ähnliche Begriffe verstärkt in der Sachunterrichtsdidaktik aus. Sie drücken aus, „daß wir als Lehrende die Zerteilung der Welt überwinden bzw. rückgängig machen möchten“ (Meiers 1993, 90).

Die Ansprüche der ausgehenden Heimatkunde bzw. des frühen Sachunterrichts waren -vermittelt durch die gegenständliche Öffnung – oft sehr hochgesteckt: „Das Hauptthema der Heimatkunde ist und bleibt der Mensch in der Auseinandersetzung mit seiner Um- und Mitwelt“ (Fiege, 1972 (3), 31) oder „die Umwelt und konkrete Welt“ zu durchschauen und wirklich produktive Inhalte zu finden (Hansen 1968). Die Realität der damaligen Unterrichtskonzepte zeigte in der Regel aber noch starke Gemeinsamkeiten mit der traditionellen Heimatkunde, die zu kennzeichnen sind als:

1) Kindertümelei

Die beginnende expansive Sachorientierung am Ausgang der Heimatkundeepoche wurde gleichzeitig konterkariert durch sachverzerrende Kindertümelei (s.o.) und eine entsprechende Fehldarstellung der Wirklichkeit, bei der formale, abfragbare Details wichtiger galten als die tatsächlichen sozialen Probleme. So wurde in einem typischen Beispiel für diese Zeit von H. Mareis einerseits das alltägliche Brotbacken und -schneiden thematisiert („Mutter bäckt manchmal Laibchen“ 1951, 94), andererseits wurde die Sache als „Das liebe Brot“ (95) kindertümelnd verniedlicht und auf Formen der Brotstücke und Bezeichnungen reduziert, während die konkreten Arbeitsschritte, Situationen und Mühen (der Mutter) beim Backen und Schneiden des Brotes nicht als didaktisch wichtig hervorgehoben wurden (Mareis 1951 / 1977, 95).

2) Präsentation sachunangemessener, anthropomorpher (vermenschlichender) Vorstellungen

Die wenigen Unterrichtsvorschläge der ausgehenden Heimatkunde, in denen technisch-naturwissenschaftliche Inhalte vermittelt werden sollten, zeichnen sich durch eine nicht sachgerechte Sichtweise aus. Den Kindern werden vermenschlichte Modelle von Technik und Naturwissenschaft präsentiert, die gerade den Weg zur Sacherkenntnis versperren. Dazu hier ein Beispiel:
„Die Kraft, die ihn (den Elektromotor) treibt, kommt ins Haus geflogen. Freilich nicht auf Flügeln, sondern still und ohne daß man's merkt durch den Leitungsdraht. Sobald er in die Maschine gelassen wird, fängt er darin an zu rauschen und zu brummen an. Dabei dreht er einen eisernen dicken Kern, den Anker, man erkennt ihn an seinem Gewand...“ (zit. in: Beck / Claussen 1979, 48) .

3) Vorurteilsverstärkender und stereotypisierender Sachunterricht

In der praktischen Umsetzung sah der neue Sachunterricht noch wenig überzeugend aus. In den „Darstellungseinheiten“ z.B. nach Rabenstein / Haas ([1971 (1)]) wurde zwar viel szenisches Bearbeiten von sozialen Konflikten gefordert, aber in der Konsequenz blieben kindertümelnde, stereotypisierende, moralisch belehrende Unterrichtsszenen übrig, wie, „Hans Schlamper, Schmutzfink wäscht sich“ (Rabenstein / Haas 1971 (1), 28), die zudem auf Kosten anderer Figuren, die lächerlich gemacht wurden, eine unechte Form von Selbstbewußtsein erzeugten oder einen untergründig Konkurrenz schürenden und stereotypisierenden Appellcharakter aufwiesen, wie es am Beispiel des Inhalts „Mittagstisch decken“ mit dem Ziele „Pflege guter Sitten“ (ebd., 89) drastisch deutlich wird. Als Lernanlaß wurde dabei der Satz empfohlen: „Ich kenne ein Mädchen, das schon ganz allein den Mittagstisch decken kann. Es heißt Helga.“ (ebd., 90).

Neben derartigen rückwärtsgewandten Relikten gab es aber auch in der Diskussion um die Ablösung von der Heimatkunde gewichtige neue Impulse.

In der Zeit der ausgehenden Heimatkunde wurden auch einzelne Konzeptionen entwickelt, die über die vorurteilsverstärkenden, kindertümelnden Tendenzen hinwegführten und recht differenzierte Unterrichtsanregungen und theoretische Reflexionen anboten. Die beiden führenden Konzepte sollen hier kurz vorgestellt werden. Es handelt sich a) um den Ansatz des Sachunterrichts von Ilse Lichtenstein-Rother, den sie im viel gelesenen Buch mit dem Titel „Schulanfang“ (1954 (1); 1969 (7)) einem breiten Lesepublikum zugänglich gemacht hat, und b) um die Konzeption von Walter Jeziorsky, die bereits 1948 in erster Auflage zum Thema „allgemeinbildender Unterricht" veröffentlicht wurde.

a) Die Grundschulpädagogik von Ilse Lichtenstein-Rother zeichnet sich ebenso wie die von Walter Jeziorsky dadurch aus, daß sie mehr noch als andere zeitgenössischen Schriften eine soziale Sicht von Sachunterricht mit praxisnahen Bezügen aufweist. Dies hängt eng mit der deutlichen Abkehr beider vom Primat des Räumlichen zusammen. Ilse Lichtenstein-Rother ging dabei insgesamt vom zentralen didaktischen Kriterium der „psychischen Nähe" aus, auch wenn sie sich zuweilen im Widerspruch dazu auch räumlicher Kriterien bediente (Lichtenstein-Rother 1969 (7), 156).

Ihre Forderung war, anstelle der wirklichkeitsfernen abgehobenen Heimatkunde eine „elementare Weltkunde ... als Erkundung der Lebenswirklichkeit didaktisch neu zu konzipieren" (ebd., 65).

Sie versuchte, diese Lebenswelt nicht im Sinne historisch rückwärtsgewandter Idylle eingeengt zu interpretieren, sondern achtete auch darauf , daß der „Tatsache, daß die Kinder in einer technisierten Welt aufwachsen, entsprochen wird" (ebd., 156).

In einer gedanklich an I. Lichtenstein-Rothers Ansatz orientierten Schrift wurde deutlich, daß das dialektische Verhältnis zwischen Subjektnähe und Öffnung der Lerninhalte nach außen eine didaktische Kernfrage war: „Der Volksschulunterricht darf nicht einseitig objektivieren, er muß immer gleichzeitig subjektivieren, d.h. 'nahebringen'. ... In diesem Sinne sprechen wir von 'lebendigem Unterricht', wir versuchen, die Schüler durch Unterricht geistig lebendig zu machen „ (Dumke / Schaar 1964, 81).

Für das erste Schuljahr schlug Lichtenstein-Rother (1969 (7)) in ihrem vielfach wiederaufgelegten Band zur Praxisanleitung eine Vielzahl von Gegenständen vor, die im folgenden auszugsweise zusammengestellt werden:

„-Aufstehen (Wecken, Waschen, Kämmen, Anziehen, Strümpfe, Kleidung , Kaffeetrinken, Kaffeegeschirr)....

Wohnung ...

Schuster, Gärtner, Hausbauhandwerker (Maurer, Zimmermann), Bäcker, Bauer (Dreschen, Ernten, Mahlen), Mühle" (Lichtenstein-Rother (1969 (7), 206).

Sie forderte einen Unterricht, der diese „komplexen Dinge elementar durchschaubar machen" (ebd.) kann.

Ihre Ausführungsvorschläge waren dann jedoch noch sehr auf die äußere Anschauung und weniger auf die sozialen Beziehungen orientiert. So wird im Anschluß an den Schusterbesuch als Hausaufgabe vorgeschlagen: „Mutter putzt die Schuhe", um daran schon aus der Anschauungsdidaktik bekannte sprachliche Übungen zu knüpfen, wie „die Herrenschuhe, die Kinderschuhe ..." (ebd., 206).

Dieser Gefahr, eine bloße „flüchtige Kenntnisnahme" (ebd., 202) zu erreichen, wollte sie aber durch altersgemäße Betätigungen in der Schule begegnen (ebd., 162): „Die anschaulich-tätige Form der Auseinandersetzung verlangt und ermöglicht ein geistiges Vergegenwärtigen und gedankliches Durchdringen“ (ebd., 155). Mit diesen pädagogisch so hoch gewerteten handelnden Prinzipien sind u. a. Tätigkeiten gemeint, wie eine Puppenstube zu basteln oder eine Tischdecke auszuschneiden (ebd. 175–186).

Trotz vielfältiger Inhalte blieben die unterrichtlichen Vorschläge im Konzept Lichtenstein-Rothers aus der Zeit vor 1970 – wenn sie nicht ganz auf der Oberfläche der Dinge erstarren – auf der Ebene nachvollziehenden Begreifens. Die Tätigkeiten der Kinder sind weitgehend auf spielerisches Nachgestalten, Basteln, Sammeln, Beobachten und Ausschneiden reduziert. Veränderndes Handeln oder eigenaktives schulisches Handeln waren dabei nicht vorgesehen.

b) Bei Jeziorsky (1948) erfährt die Orientierung am Kind eine andere Wendung als bei Lichtenstein-Rother. Er betrachtete vor allem die Produktivität von Lerninhalten in einer Entwicklungsstufe und zog daraus didaktische Konsequenzen. Für ihn war es wichtig, auch die innere Gegenstandsstrukturierung in die didaktischen Entscheidungen mit einzubeziehen. Jeziorsky machte besonders deutlich, daß er viele Unterrichtsinhalte für zu schwierig für das Grundschulalter hielt. Er lehnte wie Hansen Lehrinhalte ab, „deren Bewältigung die Fähigkeiten dieses Alters übersteigen, und dazu gehört das Erarbeiten begrifflicher Fächer, die späteren Schuljahren zugeordnet sind“ (Hansen 1968, 48f). Er hielt insbesondere soziale Inhalte als solche für problematisch, wenn sie nur oberflächlich-begrifflich wahrgenommen werden können. So kritisierte er das klassische Thema „Wochenmarkt“ fürs erste Schuljahr als „vordergründig informatorisch“, weil verläßliche Preisvergleiche, bei denen auch die Qualitäten der Warenklassen zu berücksichtigen sind,.. die Schüler noch nicht durchführen (können)“ (Jeziorsky [1978] 1982, 195) oder das Thema Schule, bei dem im 1. Schuljahr nicht mehr begriffen werden könne als daß „die Kinder erfahren sollen, daß das Schulpersonal aus den Putzfrauen, dem Hausmeister, den Lehrern und dem Rektor besteht, die alle eine bestimmte Aufgabe haben“ (ebd., 195). Ganz ähnlich kritisierte er auch das Thema Familie, bei dem ein beliebter praktischer Ansatzpunkt der Aspekt ist, wenn die Mutter krank ist (ebd., 195f). Nach seiner Einschätzung wurde das Thema Familie im 1. Schuljahr oft nur deskriptiv in Form einer „Belehrung über die Zusammensetzung von Familienformen“, die er als „völlig bildungssteril“ bezeichnete, behandelt (ebd.). Nach seiner Einschätzung besteht „für die Kinder dieses Alters .. keine Möglichkeit zu der eben angedeuteten nachdenklichen Behandlung einer soziologischen Problematik. Hintergründiges können die Schüler sich nicht erschließen. ... Und wenn dann im freien Gespräch die Fragen behandelt werden, wie man die Aufgaben verteilen kann, wenn Vater nicht da ist, was man tun kann, wenn Mutter krank ist, dann haben die dabei zustande kommenden vernünftelnden Aktionshypothesen doch keinen praktisch-sozialerzieherischen Wert; und von soziologischer Denkschulung kann bei diesem Vorhaben-Verbalismus auch nicht die Rede sein“ (ebd, 195).

Er zog aus seiner Kritik der Verfrühung die Konsequenz: „Jeder Themenvorschlag muß darauf geprüft werden, ob die Schüler schon imstande sein werden, in einem analytischen Denken Ursachen, Bedingtheiten, Voraussetzungen, Begründungen der Gegebenheiten zu erkennen, Wirkungen, Folgen und Folgerungen zu erklären ... und aus diesen Einsichten in einem urteilenden Denken verständige Bewertungen zu entwickeln" (ebd., 196). Auch wenn in der Praxis in Form offener Vorgespräche über ein – verfrühtes – soziales Thema gesprochen wurde, sah er keinen pädagogischen Gewinn: „Oft erschöpft sich der sachkundliche Unterricht im Zusammentragenlassen und Ordnen einschlägiger Erlebnisse und Kenntnisse, verschafft den Kindern also keinen Zuwachs an Wissen und Einsichten" (ebd., 123). Denn er maß Lernprozesse daran, ob die Kinder „auf denkende Verarbeitung hintergründiger Problematik" und „Betätigung im selbständigen Denken geschult" (ebd., 123) werden.

Jeziorsky deklarierte schließlich die folgenden Inhaltsbereiche des Sachunterricht als wichtig:

Lebenskunde
Handwerkskunde
Technologie
Geschichte
Kartographie
Arbeitskunde
Warenkunde
Verkehrskunde
Landschaftskunde
Völker- Menschenkunde (mit der Einschränkung der Gefahr der Verfrühung)
Städtische Einrichtungen
Wetterkunde (dabei hält er langfristige Beobachtungen für zu schwierig)
Naturlehre (mit der Einschränkung der Gefahr der Verfrühung, Jeziorsky hält hier nur die Themen: Wasserkreislauf, Thermometer, „flüssig" für möglich)

Das Thema „Kinderspiele" hielt er zwar für einen wichtigen Erfahrungsbereich der Kinder, aber nicht als „abständig betrachtbar" (Jeziorsky [1948] 1968 (2), 37ff). Es wird deutlich, daß er noch stark an der sachkundlichen Fächereinteilung orientiert ist, diese aber durch Völker-, Waren- oder Lebenskunde zu erweitern versucht hat. Für soziales Lernen ist in seinem Konzept jedoch noch kein Platz. Seine methodische Konzeption geht vom „Wissen-Wollen aus (dem) Wirken-Wollen" (ebd., 41) aus. So legte er Wert auf praktisch veränderndes Lernen, das er am Beispiel „Wir wollen einen Wald pflanzen!" für möglich hielt, aber im Bereich des sozialen Lernens sah er für mögliches Wirken-Wollen noch keine Möglichkeit. Dies hängt eng mit seiner Forderung nach Realbegegnung im Unterricht zusammen, die er sich beim damaligen sachunterrichtsdidaktischen Entwicklungsstand für soziale Fragen wohl noch nicht vorstellen konnte.

Diese sehr pointierten kritischen Ausführungen Jeziorskys machen darauf neugierig, welche Inhalte er konkret für bildsam hielt. Am Beispiel eines – klar umrissenen – Beispiels aus der Hausarbeitsthematik führte er aus, welche „Möglichkeiten solcher Fragestellungen nach dem ‘Sinn der Sache'" (ebd., 123) er darin sah.

Sein gewähltes Thema war der Geschirrabwasch im 1. Schuljahr mit realem Abwaschgeschirr, denn er hielt „es nicht für richtig, den Unterricht mit Puppenstubengeschirr als ‘Kleinabwasch’ durchzuführen, denn dabei werden wesentliche Probleme (Einweichen verkrusteter Töpfe in Warmwasser ...) des Arbeitsprozesses nicht aktuell“ (ebd., 120).

Jeziorsky stellte dabei die technischen Probleme dieser Hausarbeitsaufgabe insgesamt sehr produktiv in den Erfahrungs- und Problemhorizont der Kinder. Ein Zitat aus dem vorgeschlagenen Unterrichtsbeginn läßt jedoch aufmerken: „L. Und Mutti kann nicht abwaschen. Sagt sie zu der Elisabeth: Elisabeth, ob du wohl heute das Abwaschen für mich machen kannst? – Jaha, sagt Elisabeth, das will ich schon tun, Mutti! Und ihr sollt jetzt der Elisabeth helfen“ (ebd., 121). Denn in der Tat ist auch hier wieder unreflektiert durch die Auswahl eines Mädchens für die Lernausgangssituation eine Zuweisung von Hausarbeit ans weibliche Geschlecht weitertransportiert worden. Auch die konfliktfreie soziale Situation einer mütterlichen Anweisung und darauffolgender kindlicher Bereitschaft, bei der nur die technischen Fragen ein Problem darstellen und nicht die sozialen Fragen der Arbeitsteilung Mutter-Vater-Mädchen-Jungen, deutet darauf hin, daß für Jeziorsky die Frage geschlechtlicher Arbeitsteilung kein didaktisches Problem darstellt.

Diese Kritik kann jedoch die entscheidenden Verdienste Jeziorskys in Richtung konsequenter didaktischer Durchdringung von Lerninhalten nicht schmälern.

Das Beispiel vom Abwasch zeigt nämlich auch, daß hausarbeitsnahe Themen, intensive und fruchtbare generelle Lernschritte eröffnen und nicht im gesellschaftlich abgewerteten Hausarbeitsbereich stehenbleiben, sondern fruchtbare allgemeine Erkenntnisse und praktische Fähigkeiten entwickeln lassen. Die sich grundschuldidaktisch immer deutlicher herausschälende Relevanz handelnden Lernens läßt sich an hausarbeitsnahen Inhalten sinnvoll entfalten. Es müssen nicht bloß veranschaulichende Tätigkeiten – z. B. das Ausschneiden von Bildern (Lichtenstein-Rother s. o.) – als methodische Schritte in den Unterricht eingebracht werden. Hausarbeit hat durch seine materielle Seite immer auch eine reale Handlungsdimension mit Ernstcharakter. Insofern kann das Konzept von Jeziorsky als beachtenswertes Beispiel aus der Geschichte des Sachunterrichts auch heute noch mit Gewinn betrachtet werden.

2.6 Probleme und Möglichkeiten im frühen Sachunterricht

Die Schriften von Walter Jeziorsky und von Ilse Lichtenstein-Rother wurden aber mit der Wende zum Sachunterricht ab 1970 wenig beachtet.

Dies ist erstaunlich, obwohl gerade Ilse Lichtenstein-Rother es war, die als eine der ersten den Begriff „Sachunterricht“ verwendet hat und es sogar geschafft hat, in den niedersächsischen Richtlinien für die Volksschule aus den 60er Jahren diesen Begriff erstmalig in einem offiziellen Dokument festzulegen (vgl. Dumke / Schaar 1964).

In den frühen 70er Jahren hat die Didaktik von Heimatkunde und Sachunterricht den wohl größten Umbruch in ihrer Geschichte erfahren. Nicht nur die Zahl der Publikationen zu neuen didaktischen Theorien und Konzepten stieg sprunghaft, sondern auch die Zahl an z. T. mit hohem Finanzaufwand subventionierten Forschungs- und Entwicklungsprojekten. Manche Autoren haben binnen weniger Jahre eine bedeutsame Wandlung ihrer eigenen Ansichten vollzogen. So sagte F. Kopp noch 1964: „Die Grundlage aller Erziehung liegt in dem vorgegebenen Zusammenleben der heimatlichen Menschen" (1964, 45) und folgerte daraus eine sehr konservative staatsbürgerliche Heimatkunde. Diesen „kindertümlichen", „herkömmlichen Sozialunterricht" unterzog er zehn Jahre später einer heftigen Kritik wegen seiner „bevorzugten Darstellung patriarchalischer Ordnungsformen" (ders. 1977 (2)). Er empfahl drei Jahrzehnte vorher Unterrichtsthemen neben „die Tulpe" wie „unsere Wehr", „Heldengedenktag", „Hitler", oder „Sonnwendfeier" (Stanglmaier / Schnitzler, Kopp 1942)und definierte nun: „Sachunterricht erscheint uns gekennzeichnet als ein situationsgemäßes, lernzielorientiertes und damit fachspezifisches Lehren und Lernen, und dies auf der Grundlage anschaulich-konkreter Unterrichtsthemen" (ders. 1977 (2)), 15). Eine ähnliche Metamorphose im formulierten didaktischen Denken läßt sich auch bei anderen Autoren [Fiege ([1958] 1964 (2); 1967; 1972 [1971] (3))] nachzeichnen. Hier geht es nicht um die Diskriminierung einzelner Autoren als Opportunisten, sondern um die Tatsache, daß Anfang der 70er Jahre offensichtlich in der Theorie des Sachunterrichts – aber damit keinesfalls notwendig auch in der Praxis – ein deutlicher historischer Fadenriß stattgefunden hat. Die schulische Unterrichtspraxis selbst scheint durch diesen Trendwechsel weniger beeinflußt worden zu sein, klassische Unterrichtsinhalte der alten Heimatkunde waren weiterhin auf der Tagesordnung (Schreier 1979). Dies ist keineswegs verwunderlich, wenn wir bedenken, wie langsam neue theoretische Gedanken auch in Schulen Eingang finden.

Gefördert wurde diese Tendenz zum versuchten Neuanfang ohne geschichtliche Wurzeln durch verschiedenartige Forschungs- und Entwicklungsförderungsprojekte. Es war Konsens, daß die bisherigen Lehrpläne überholt waren. Die Träger dieser Veränderung kamen aber von oben und nicht aus der Schulpraxis. So wurde vom Deutschen Bildungsrat in seinem viel zitierten Strukturplan für das Bildungswesen von 1970 Leitlinien für die Veränderung der Curricula formuliert, nach denen das Lernen des Lernens und nicht primär Stoffe gelernt werden solle, anregende Situationen für eine dauerhafte Lernmotivierung gefunden werden sollen sowie eine Einführung in grundlegende naturwissenschaftliche Denk- und Untersuchungsweisen, um den veränderten außerschulischen Erfahrungen der Kinder besser gerecht werden zu können. Von durchschlagender Wirkung blieb lediglich der drittgenannte Punkt, nämlich eine Ausweitung des Inhaltsspektrums vom Sachunterricht durch naturwissenschaftliche Inhalte. Gedanken des Bildungsrates, die Fächergrenzen zu überwinden, fanden dagegen weniger Gefallen, sondern mehr die Umsetzung der Fächer in die Grundschule. Hierzu wurde dann in den frühen 70er Jahren eine Vielzahl an Konzeptionen der Sachunterrichtsdidaktik entwickelt. Häufig wurden auch amerikanische Curriculumkonzepte, die im Gefolge des Sputnikschocks auch dort gefördert wurden, um den naturwissenschaftlich-technischen Vorsprung gegenüber der Sowjetunion auf der Bildungsseite auszubauen, übertragen. Die Konzeptionen unterschieden sich danach, ob sie fachliche Verfahren oder fachliche Strukturen oder klassische Fachinhalte als Gliederungskriterium für den Sachunterricht wählten. Gestritten wurde, welcher dieser Ansätze nun der beste sei. Die Frage, ob für die Kinder eine so genau und systematisch ausgedachte Konzeption einen bedeutsamen Zugang, die heutige Welt zu begreifen, bietet, blieb dabei außen vor.

Gerade wegen ihrer hohen abstrakten Ansprüche aber – seien sie kognitiv-gesellschaftskritischer, verfahrensorientiert-naturwissenschaftlicher oder fachlich-fördernder Art – hatten die in den 70er Jahren entwickelten Konzepte wenig Korrespondenz zu heimatkundedidaktischen Prinzipien.

Insgesamt war trotz aller Unterschiede der Konzeptionen und Ansätze eine deutliche Gefahr kognitiv-kritischer Vereinseitigung und ein Verlust der emotionalen Seite des Grundschullernens ein wesentliches Moment dieser Phase.

Im Anschluß an Bruners Idee ([1970 (1)] 1976 (4)) eines Spiralcurriculums wurde an Grundschulkinder die Erwartung gestellt, auch an den bislang älteren Lernenden vorbehaltenen Inhalten zu partizipieren. Insbesondere naturwissenschaftliche Inhalte wurden in dieser Zeit mit Rekurs auf die prinzipielle Lernfähigkeit von Kindern in allen Altersstufen in großem Umfang als relevante Unterrichtsinhalte für den Sachunterricht in der Grundschule begründet (vgl. Spreckelsen 1971). Eine Stoffüberfüllung der Schule mit Nebenwirkungen auf den Leistungsdruck, die Oberflächlichkeit und vor allem den Verlust an subjektiver Bedeutung des Lernens wurde damit hervorgerufen.

Aber auch im sozialwissenschaftlichen Bereich wurden explizit didaktisch expansive Argumente gegen ein eigenständiges Kindheitsverständnis entwickelt wie im mehrperspektivischen Sachunterrichtskonzept: „Es geht uns darum zu verhindern, daß Kinder von der Partizipation an der Wirklichkeit der Erwachsenen ausgeschlossen und in eigens geschaffene Reservate abgeschoben werden“ (Giel / Hiller 1974, 47).

Die damaligen Tendenzen der Curriculumentwicklung für den Sachunterricht liefen von den USA bis Westdeutschland darauf hinaus, dem Glauben an die perfekte Planbarkeit von Unterricht oder von der prognostischen Definition zukünftiger gesellschaftlicher Situationen und entsprechender Qualifikationen zu huldigen (Robinsohn 1969 (2)). Gleichzeitig darf die Zeit der ersten großen Sachunterrichtsreform nicht pauschal als rigide und fachorientiert abqualifiziert werden. Dies sind nur einige Merkmale und Entwicklungslinien der wissenschaftsorientierten Wende von der Heimatkunde zum Sachunterricht. Gleichzeitig waren auch Tendenzen zur kritischen Analyse der Welt und zur demokratischen Öffnung gegenüber dem vorherigen statischen Verständnis traditioneller Lerninhalte von Schule zu verzeichnen.

So wurde in der Sachunterrichtsdidaktik Anfang der 70er Jahre in mehrfacher Weise dem Partizipationsgedanken – analog zu den gesellschaftlichen Demokratisierungsprozessen – Gewicht gegeben:

1) Es wurde gefordert, den Unterricht so zu gestalten, daß möglichst alle Kinder alles lernen und die sozial bedingten Begabungsunterschiede kompensiert werden (vgl. Roth 1969).
2) Die gesellschaftliche Entwicklung zu mehr Demokratisierung und Mitbestimmung auf allen Ebenen führte auch im gesellschaftswissenschaftlichen Sachunterricht zu Innovationen, die in der Praxis auf kognitive Erweiterung der Problemsicht auf gesellschaftliche Mitbestimmungsbereiche hinausliefen. Vor allem in den social studies der USA aber auch im gesellschaftsorientierten Sachunterricht vieler Bundesländer hatten die generellen gesellschaftlichen Mitbestimmungsintentionen ihren Niederschlag gefunden.
3) In der Allgemeindidaktik, die eng mit der Sachunterrichtsdidaktik zusammenhängt, wurden die Begriffe Selbstbestimmung und Mitbestimmung als oberste Normen verwendet (Klafki 1972).
4) Es wurde insbesondere von Gertrud Beck der in der damaligen Curriculumdiskussion verbreitete Emanzipationsbegriff zu einer Leitidee auch für den Sachunterricht gewählt. Damit wurden Abbau von Herrschaft und Gesellschaftskritik erstmalig in der Geschichte des Sachunterrichts zu legitimen und wichtigen Zielen erklärt und in ersten Unterrichtsmodellen sowie in einem Lehrbuch zur „Politischen Bildung in der Grundschule" (Beck u. a. 1973) mit den damaligen methodischen Möglichkeiten konkretisiert.

Es bedurfte aber noch einiger Zeit, bis schließlich der Warnruf Ilse Lichtenstein-Rothers zu diesen Verwissenschaftlichungstendenzen auf dem Grundschulkongreß von 1969 „Wo bleibt das Kind?" in einer bislang noch wesentlich auf die Grundschuldidaktik beschränkten reformpädagogischen Renaissance allmählich die Schreibtische von ErziehungswissenschaftlerInnen verließ und in Sofaekken, Spielecken oder Tierecken in Grundschulklassen augenfällige Wirklichkeit entfaltete.

Die Weiterentwicklung der Sachunterrichtsdidaktik löste sich allmählich von wenig kindgemäßen abstrakten Prinzipien hin zu differenzierteren Konzepten. Besonders die vom Arbeitskreis Grundschule herausgegebenen Sammelbände versuchten, auf einen differenzierten, anregungsreichen, lebendigen Schulalltag zu orientieren. Begriffe wie u. a. erfahrungsoffener Unterricht (Garlichs / Groddeck 1978), entdeckender Unterricht (Klewitz 1977), handlungsorientierter Unterricht (Bolscho / Haarmann 1978), schülerorientierter Sachunterricht (Ziechmann 1979), offener Unterricht (Benner / Ramseger 1981), Schulleben (Dietrich 1980) oder Projektunterricht (Hänsel 1986) treten in neueren grundschuldidaktischen Theorien immer häufiger in den Vordergrund. Ich bezeichne diese Phase als die 2. Phase des neueren Sachunterrichts, die gekennzeichnet ist durch eine Wiederentdeckung der didaktischen Kategorie „Kind" bei gleichzeitigem Beibehalten einer realistischen Orientierung des Sachunterrichts und Aufrechterhalten eines weiten inhaltlichen Spektrums. Insbesondere in der Tendenz, sich vor allem in der Strukturierung der Inhalte weg von fachspezifischen Einteilungskriterien abzuheben, unterscheidet sich diese 2. Phase deutlich von der ersten Phase.

Es entstanden hierzu mittlerweile auf theoretischer und praxisnaher Ebene eine Fülle an didaktisch-methodischen Anregungen.

Gleichzeitig ist nicht nur auf der Inhaltsebene, sondern vor allem auch auf der Ebene didaktischer Prinzipien eine uneinheitliche Entwicklung erfolgt. Es wurde dabei nicht eine eigenständige Konzeption neueren Sachunterrichts herausgebildet, sondern nur einige nicht immer miteinander zu vereinbarende Tendenzen.

So liegen für diese 2. Phase zwar einzelne theoretische Entwürfe vor (Schreier 1982, Soostmeyer 1988), die aber selbst unterschiedliche didaktische Konzeptionen verfolgen. So ist Schreiers Konzept eher der erfahrungsorientierten Didaktik in Anlehnung an Deweys Reformpädagogik ([1930 (1)] 1965 (3)) einzuordnen, während Soostmeyer stärker von der lerntheoretischen Seite den entdeckenden, problemorientierten Sachunterricht als Zielperspektive der didaktischen Entwicklung skizziert. Sachunterrichtsdidaktik hat sich aber – so meine These – nicht aus sich heraus entwickelt, sondern in systemischer Kommunikation mit der gesamten grundschulpädagogischen Entwicklung in Theorie und Praxis. So ist es konsequent, die Sachunterrichtsdidaktik als allgemeine „Gesamtdidaktik“ der Grundschulpädagogik zu verstehen (Hänsel 1980, 53). Vereinzelte theoretische Schriften zur Sachunterrichtsdidaktik können demzufolge nicht den tatsächlichen Entwicklungsstand hinreichend wiedergeben.

Auf einer Zwischenebene zwischen diesen vereinzelten explizit sachunterrichtsdidaktischen Theorien und der Entwicklung des Sachunterrichts an Schulen liegen die vielen zu der Zeit veröffentlichten fach- bzw. lernbereichsdidaktischen Unterrichtsanregungen in grundschulpädagogischen Zeitschriften. Sie reflektieren einerseits den Stand der grundschulpädagogischen Diskussion, versuchen Beispiele für die Unterrichtspraxis vorzustellen. Sie intendieren praxisnah neue pädagogische Orientierungen zu vermitteln und sind gleichzeitig von der redaktionellen Auswahl her Antizipationen möglicher Handlungsintentionen von Lehrerinnen und Lehrern in der Praxis. Denn es werden bevorzugt diejenigen Artikel in auflagenstarken Grundschulzeitschriften publiziert, von denen eine positive Rezeption durch das Lesepublikum vorausgesetzt wird. Ich habe deshalb die letzten beiden Jahrzehnte der Zeitschriften „Die Grundschule“ und „Grundschulzeitschrift“ (letzte seit Gründung) auf die in den sachunterrichtsdidaktischen Aufsätzen implizit vertretenen didaktischen Prinzipien untersucht und habe die dominierenden Trends in den folgenden Thesen zusammengefaßt:

1) Die Entwicklung des Sachunterrichts in den letzten beiden Jahrzehnten zeichnet sich durch eine breite Verarbeitung des Kindheitsbegriffs als didaktischer Kategorie aus.

2) In Abgrenzung zur Dominanz wissenschaftsorientierter Prinzipien wird nun verstärkt die subjektive Seite des Sachunterrichts betont. „Erfahrungsnähe" und „Erfahrungsorientierung" sind die Stichworte, die seit Mitte der 80er Jahre besonders häufig verwendet wurden.
3) Anstelle einer Dominanz kognitiver und kognitiv-kritischer Dimensionen werden nun auch handelnde Dimensionen von Unterricht betont. Das Begründungsmoment „handlungsorientiert" gewinnt insbesondere in der Zeit um 1980 ein starkes Gewicht.
4) Gegenüber der starken Fach- oder Fachbereichssubgliederung von Sachunterricht wird nun verstärkt auf inhaltlich-integrierende Momente Wert gelegt. Stichworte wie Projektlernen oder ganzheitliches Lernen tauchen immer häufiger in publizierten Unterrichtsvorschlägen zum Sachunterricht auf.

Während der Übergang von der Heimatkunde zum Sachunterricht, der zumeist auf die Wende von den 60er zu den 70er Jahren datiert wird, auf großes wissenschaftliches Interesse gestoßen ist (vgl. Schwartz Hg. 1977), bleibt die neuere Geschichte des Sachunterrichts noch weitgehend im Dunkel. Es entsteht leicht der Anschein, als habe sich nun eine einheitliche Konzeption durchgesetzt. Wenn wir die administrativen Entwicklungen des Schulwesens auf der Richtlinienebene betrachten, werden wir jedoch feststellen, daß in allen Bundesländern deutliche Trendwenden in der „didaktischen Neuzeit" erfolgt sind. Den frühen Sachunterrichtsrichtlinien, die sich noch als Abkehrkonzepte von der Heimatkunde verstanden, wurden von Schleswig-Holstein bis Baden-Württemberg neue Konzepte entgegengestellt. In manchen Bundesländern werden diese explizit als didaktische Gegenkonzepte verstanden.

Der Versuch einer „inhaltlichen Ordnung des Sachunterrichts" (Schreier 1985a, 8f) mit den drei Themenkreisen („Sachverhalte und Dinge der Welt erkunden"; „Ich-Identität aufbauen" und „Zusammenleben mit anderen lernen" [ebd., 9]) kommt dabei den hier vertretenen Positionen nahe, der Sachenwelt und Personenwelt gleich-berechtigt Geltung zu verschaffen. Sie findet sich auch in dem neuesten Richtlinienentwurf des Saarlandes (Saarland 1992) mit den drei Hauptzielen des Sachunterrichts, nämlich Entwicklung individueller, sozialer und sachgebundener Sensibilität.

Spätestens hier, seit explizit eine Anerkennung auch des Inhaltsbereiches „Ich" erfolgt ist und dem Sozialen ein hoher Stellenwert beigemessen wird, setzt meines Erachtens die neueste Phase in der Geschichte des Sachunterrichts ein, von der später noch unter dem Begriff „zukünftiger Sachunterricht" die Rede sein soll.

3. Konzeptionen zum Sachunterricht

3.1 Worin liegen die Unterschiede von Anschauungsunterricht, Heimatkunde und Sachunterricht?

In der Pädagogik gibt es eine traditionelle Unterteilung in historische und systematische Pädagogik. Nachdem im vorigen Kapitel der Sachunterricht in seiner historischen Entwicklung grob umrissen wurde, soll nun eine dazu quer liegende Darstellung von verschiedenen Konzeptionen erfolgen. Zunächst sollen die schon aus dem vertikalen historischen Überblick bekannten Konzeptionen, Anschauungsunterricht, Heimatkunde und Sachunterricht, systematisch gegenübergestellt werden (vgl. Abb. 5).

Ich stelle hier, gerade um die Unterschiede deutlicher herauszuarbeiten, besonders pointiert die Differenzen anhand einzelner Begriffe oder Prinzipien gegenüber.

Dabei ist gerade der Anschauungsunterricht, der in der Theorie außerordentlich weit gefaßt wurde, schwierig zu umreißen, so daß auf der Theorieseite die Differenzen schwer feststellbar sind. Dafür sind die praxisanleitenden Anweisungen, die mit derartigen Konzepten verbunden sind, umso aussagekräftiger. Dennoch bleiben viele Aspekte der Gegenüberstellungen noch auf der Ebene von Vermutungen, weil wir nicht auf eindeutige Theorie- und Praxisbeschreibungen zurückgreifen können.

Ich unterscheide die drei historisch auseinander entwickelten Groß-Konzepte nach den folgenden Kriterien:

a) Veranschaulichungsmethode
b) Unterrichtsstruktur
c) Inhalte
d) Lernziele
e) Unterrichtsmethoden
f) Medien
g) Ergebnissicherungsmethoden

a) Die Veranschaulichungsmethode

Auch wenn die Anschauungsdidaktik schon im Titel die Veranschaulichung von Lerninhalten fordert, bleibt sie doch weitgehend auf eine visualisierte Pädagogik reduziert. Mit Bildern wird veranschaulicht, weitere Wahrnehmungsweisen bleiben unberücksichtigt. Erst die Reformpädagoginnen und -pädagogen forderten verstärkt sinnliche Anschauung, sei es aus den lebensvollen Erzählungen des Lehrers oder sei es aus den eigenen Erfahrungen in der Natur oder im Schulumfeld. Durch die Nahraumorientierung der Heimatkunde auf räumlich-oberflächliche Aspekte blieb aber auch das Sehen die entscheidende Zugangsweise zu Inhalten. In der frühen Sachunterrichtsdidaktik wurde vor allem das Denken der Kinder anzuregen versucht, dazu wurden Graphiken, Tabellen und Experimente als neue Veranschaulichungsformen gewählt. In den neueren didaktischen Schriften wird verstärkt betont, gerade über die Fernsinne des Sehens und Hörens hinausgehend auch das

Anschauungsdidaktik: punktuell, Oberfläche, assoziativ-räumlich

Heimatkunde: räumlich, Oberfläche, emotionaler Überbau

Sachkunde: kompakte Oberflächenfakten

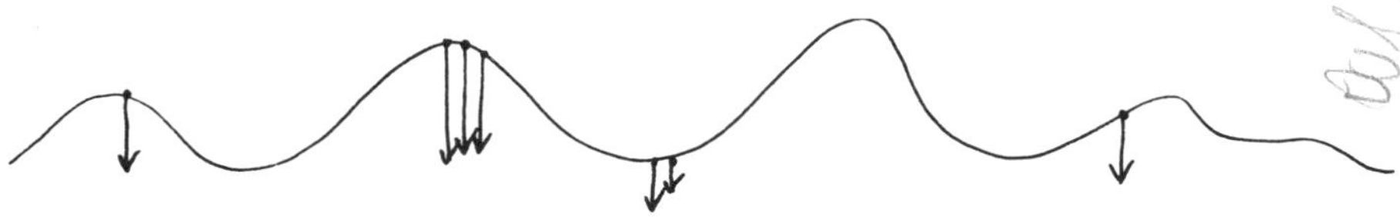

Anfang 70er: wissenschaftliche Curricula

Abb. 5a

Tasten, Riechen und Schmecken zu fördern. Dazu liegen aber bislang noch weitgehend von Inhalten losgelöste Versuche mit Fühlkisten, Fühlgängen, Riechstationen etc. vor.

b) Die Unterrichtsstruktur

Die Anschauungspädagogik blieb noch fest im Frontalunterricht als dominanter Unterrichtsform verhaftet. In der Reformpädagogik tauchten dagegen sehr viele neue Unterrichtsformen in den Vorschlägen auf: Unterrichtsgang, Gruppenarbeit, Projektgruppen, gemeinsame Aktionen oder selbständige Einzelarbeit an Büchern oder Werkstücken wurden häufig gefordert. Tatsächlich war die Heimatkunde zu weiten Teilen Buch- und Belehrungsunterricht, in dem rezeptives Lernen im Vordergrund stand. In der Sachunterrichtsdidaktik hatte die praktische Einzelarbeit einen deutlich geringeren Stellenwert. Gruppenexperimente wurden zwar gefordert, aber

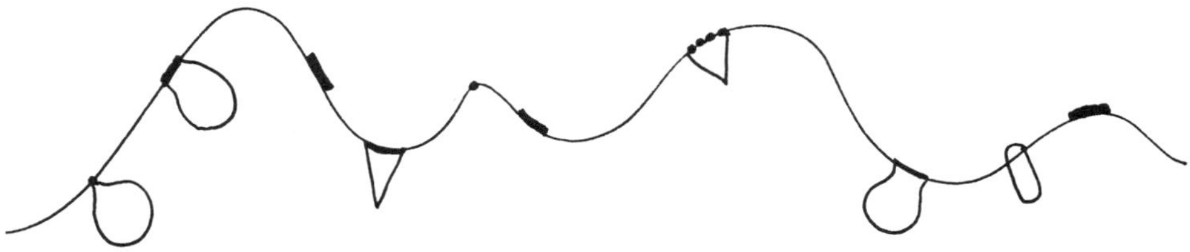

Sachunterricht 80er Jahre: ältere Formen
+ handelndes Lernen
in Anfängen
stärker kognitiv ausgerichtet

zukünftiger Sachunterricht: ausgehend von zentralen Inhalten
methodisch offen
mehrdimensional: auch emotional
und handelnd

Abb. 5b

im praktischen Handlungsdruck häufig – wenn überhaupt – als Vorführexperiment durchgeführt. Die zentrale und sich ständig weiter entwickelnde Form des Sachunterrichts ist gegenwärtig neben dem weiterhin stark verbliebenen Frontalunterricht die gleiche und gleichzeitige Einzelarbeit aller an Arbeitsblättern (vgl. Schümer 1991). In der Didaktik selbst werden dagegen zunehmend Projekte, Erkundungen, Gruppen- und Partnerarbeit sowie Vorhaben gefordert.

c) Die Inhalte

Anschauungspädagogik und Heimatkunde hatten – von einigen wenigen Ausnahmen abgesehen – hauptsächlich geographische Inhalte und für die ersten Schuljahre die geographisch nahräumlichen Inhalte zum Gegenstand. Umwelt und Gesellschaft waren dagegen aus dem Unterrichtshorizont weitgehend ausgeklammert. Es herrschte ein Pensumdenken in Form einer Erwähnungsdidaktik vor. In dieser Hinsicht war die Sachunterrichtsdidaktik außerordentlich innovativ. Das Inhaltsspektrum wurde zunächst aus den Fachinhalten von Chemie, Physik, Biologie, Politik, Soziologie, Wirtschaftslehre und Geschichte ergänzt. Von den Vertretern des Sozialen Lernens ist auch immer implizit die Psychologie als Bezugsdisziplin gefordert worden. Die Ethnologie hat fast nur im Bereich „Dritte Welt“ bzw. „Eine Welt in der Grundschule“ Anklang gefunden. Neuerdings wird eine deutliche Erweiterung der Inhalte bzw. Zugangsweisen des Sachunterrichts um ästhetische und philosophische Weisen gefordert.

d) Die Lernziele

Der Begriff der Lernziele ist erst mit der Wende zum Sachunterricht intensiv diskutiert worden. Faktisch wurden aber zur Zeit der Anschauungspädagogik sehr häufig Lernziele zur Förderung des Untertanengeistes vermittelt. Wenige Anschauungsdidaktiker (Dieserweg s. o.) vertraten damit auch erklärtermaßen demokratische Ziele. Auch die Heimatkunde hatte weitgehend systemstabilisierende und historisch rückwärtsgewandte Ziele verfolgt. Die Lernziele der Sachunterrichtsepoche sollten vom Anspruch her emotional, handlungsbezogen und kognitiv sein. Faktisch überwog die kognitive Seite – sei es in Richtung gesellschaftskritischer Erkenntnisse, sei es in Richtung wissenschaftlicher Erkenntnisse.

e) Die Unterrichtsmethoden

Die Unterrichtsmethoden (hier verstanden als Handlungsmuster im Unterricht) der Anschauungspädagogik beschränkten sich auf Lehrervortrag, Fragen und Antworten sowie Demonstration am Bild bzw. allenfalls am Sandkasten. Mit der Reformpädagogik wurde das Methodenspektrum der Heimatkunde auffällig erweitert: Besonders stark favorisiert wurde das gemeinsame Unterrichtsgespräch, das auch Freies Unterrichtsgespräch hieß und sich vom Anspruch her deutlich vom fragend-erarbeitenden Typus unterscheiden sollte. Es kamen auch die Methoden des selbständigen Erarbeitens eines Inhalts mit Hilfsmitteln wie Büchern, das handelnde Tun – meist als werkendes Tun verstanden -, das gefühlsmäßige Erfassen durch Erzählungen und die lebendige Anschauung bei Unterrichtsgängen hinzu. Die Methoden des Sachunterrichts wurden durch die fachorientierten Zugangsweisen außerordentlich vielfältig: Interview, Experiment für Schülerinnen- und Schüler, Vorführ-Experiment, Rollenspiel, szenische Darstellung, Planspiel, statistische Auszählung, Befragung von ExpertInnen, Betriebsbesichtigung, Modellbau, u.v. a.m. waren nur einige der zum gewünschten Repertoire des Sachunterrichts gezählten Methoden. Dies heißt aber nicht, daß diese vielfältigen Methoden auch in den meisten Unterricht tatsächlich eingegangen sind.

f) Die Medien

Entsprechend der visuellen Orientierung des Anschauungsunterrichts dominierten neben den zentralen Lehrbüchern auch Bilder, manchmal wurden auch in Sandkästen Modelle von Landschaften geformt. Das wichtigste Medium blieb das Wissen der Lehrkräfte und die Erfahrung der Kinder. Ohnehin waren die Schulen im vorigen Jahrhundert materiell noch sehr karg ausgestattet. In der Heimatkunde wurde von vielen Reformpädagogen die führende Rolle des Lehrbuches abgelehnt und stattdessen für die Erkundung in der Natur plädiert. Vor allem die Kindererfahrungen hatten in Konzepten des Unterrichtsgesprächs wichtige Medienfunktion. Mit der Wende zum Sachunterricht haben fachlich vorstrukturierte Medien deutlich mehr an Gewicht gewonnen. Gleichzeitig ist durch die generelle Expansion auf dem audiovisuellen Medienmarkt das Angebot deutlich gestiegen. Schulfunksendungen auf Kassette, Schulfernsehsendungen oder Filme ersetzten den Gang in die Wirklichkeit, machten mehr deutlich, als das bloße Auge hätte sehen können, aber verstellten auch eine ganzheitlich-vertiefende Sicht der Wirklichkeit. Die Schulbücher für den Sachunterricht eröffneten durch Farbfotos, farbige Skizzen und Modellentwürfe vielfältige Veranschaulichungsmöglichkeiten und wurden nun stärker als Anregungsbücher denn als als Lehrsatzsammlung konzipiert. Als Hauptmedium bildete sich aber bald aus der Vielzahl an publizierten Unterrichtseinheiten bzw. -anregungen und Arbeitsheften eine Flut an Arbeitsblättern heraus.

g) Die Ergebnissicherung

Die Ergebnissicherung erfolgte im Anschauungsunterricht unmittelbar durch das Abfragen des Wissensstandes. Von der Heimatkunde mit ihren emotionalen Zielen der Heimatliebe sind eher ganzheitliche Beurteilungen des Lernstandes von Kindern zu erwarten.

Entsprechend der Lernzielorientierung als wichtigem allgemeinen schulpädagogischen Thema zur Zeit der Herausbildung des Sachunterrichts wurde den Methoden der Ergebnissicherung viel Aufmerksamkeit gewidmet. Tests waren „in“.

Später wurden schriftliche Tests – neben in den ersten Jahren in den meisten Bundesländern noch zulässigen und viel praktizierten informellen Tests zur Lernkontrolle – allmählich durch weniger rigide Formen abgelöst. Von den Kindern selbst erstellte Mappen zu den erarbeiteten Unterrichtsthemen, Ausstellungen oder Plakate zur öffentlichen Präsentation der Lernergebnisse gehören nun zum Repertoire sinnvoller Lernkontrolle.

h) Fachbezüge

Der Anschauungsunterricht hatte enge Verbindung zur Religion, teilweise wurde biblische Geschichte zum Ausgangspunkt oder integralem Inhalt von Anschauungsunterricht erklärt, teilweise als ein Drittel des Inhaltsspektrums (Dörpfeld 1889). D. h. die Realien waren zwar aus der Abgrenzung von Religion entstanden, hatten aber bis zum Ende des 19. Jahrhunderts noch immer beträchtliche Inhaltsbestandteile religiöser Art.

Die Heimatkunde war weitgehend ein inhaltlicher „Aufhänger“ für den als zentral angesehenen Sprachunterricht. Dementsprechend hatten die sprachlichen Ziele den zentralen Stellenwert. Erst in der Sachunterrichtsepoche haben die Realien einen eigenständigen und unabhängigen Stellenwert bekommen. Ihre Ziele und Inhalte waren auch für sich als wichtig anerkannt.

1970 Bildungsrat: - Neue Curricula
- Lernen des Lernens
- Wissenschaftsorientierung

fachdidaktischer Sachunterricht	naturwissenschaftl. Sachunterricht fachübergreifender Sachunterricht Struktur (Spreckelsen) Verfahren (Tütken)	gesellschaftswissenschaftlicher Sachunterricht Gesellschaftskritik (Beck) ↙ Erfahrungsbereiche + Methoden lernen (Hessen) ↘ Soziales Lernen
- Biolog. Sachunterricht (Killermann) - Ökonom. Sachunterricht (Ochs) - Polit. Sachunterricht (Ackermann) - Geschichtl. Sachunterricht	offene Curricula in England	

1975

Mehrperspektivischer Sachunterricht (Giel/Hiller)

↓ ↓

1980 Zunahme kindgemäßer Projekte

Zunahme von Arbeitsblattvorlagen

80er Richtlinien: Erfahrung

fachübergreifend

differenziert

Abb. 6

3.2 Zur neueren Konzeptionsdiskussion um den Sachunterricht

Implizit sind in der Gegenüberstellung und bei der Darstellung der historischen Entwicklung von der Anschauungspädagogik bis hin zum neueren Sachunterricht Elemente ausgewählter sachunterrichtsdidaktischer Konzeptionen vorgestellt worden. Diese sollen nun als ganze Konzeptionen überblickshaft zusammengefaßt werden (vgl. Abb. 5). Einen großen Raum nehmen dabei die wissenschaftsorientierten Konzeptionen ein, weil die Formel von der Wissenschaftsorientierung gerade im Anschluß an die Empfehlungen des Bildungsrates die Entwicklung hin zum Sachunterricht als eine geistige Wurzel entscheidend geprägt hat. Dabei unterscheide ich zwei verschiedene Typen von Wissenschaftsorientierung. Zunächst stelle ich als Typ A den einzelfachdidaktischen Typus vor (vgl. Hänsel 1980), der von den Inhalten einer einzelnen Wissenschaft ausgeht. Demgegenüber geht der fachbereichsdidaktische Ansatz von mehreren verwandten Fächern aus und entwickelt daraus dann Inhalte für den Grundschulunterricht. Danach stelle ich die Auffassungen von Wissenschaftsorientierung vor, die vor allem die Methoden der Wissenschaften als Lern- und Entdeckungsmethoden für Grundschulkinder aufbereitet wissen wollen (Typ B). Die Diskussion bleibt dabei auf der Ebene didaktischer Theorien. Auch wenn die tatsächliche Unterrichtspraxis nachträglich nur schwer zu rekonstruieren ist, läßt sich jedoch aus Gegenwartserfahrungen vermuten, daß Lehrkräfte nur zu einem geringen Prozentsatz das aufgreifen, was in der fachdidaktischen Diskussion empfohlen wird (Hagstedt 1992). Es kann als sehr wahrscheinlich angenommen werden, daß in den siebziger Jahren die meisten Lehrkräfte die Heimatkunde oder Sachkunde ihrer eigenen Ausbildungsjahre oder die didaktisch-methodischen Muster ihrer eigenen Schulerfahrung wiederholten – unabhängig davon, was auf den von einer Minderheit besuchten Fortbildungsveranstaltungen empfohlen wurde. Hier soll jedoch auch nicht die Empirie im Vordergrund stehen, sondern die verschiedenen didaktischen Ansätze sollen auf ihre Tragfähigkeit für heutige Sachunterrichtsdidaktik überprüft werden.

Zunächst aber stelle ich – etwas an der Chronologie orientiert – zwei fachdidaktische Ansätze des ersten Typus vor:

3.2.1 Wissenschaftsorientierter Sachunterricht (Typ A): Der einzelfachdidaktische Strukturtypus

Der einzelfachdidaktische Strukturtypus hat sich relativ schnell durchsetzen können. Er ist in einigen Bundesländern bei den frühen Richtlinien zum Sachunterricht immer noch deutlich zu identifizieren. So hat das Land Nordrhein-Westfalen in den Richtlinien von 1973 eine deutliche Struktur nach Fachinhalten, auch wenn die Autorinnen und Autoren selbst auf fachübergreifende Zusammenhänge in den Vorbemerkungen verweisen (Kultusminister Nordrhein-Westfalen, Richtlinien 1973, 3).

Dort heißt es beispielsweise, daß die folgenden grundlegenden Begriffe zum jeweiligen Thema im Sachunterricht erworben werden sollen:

Thema:	Begriffe
Produktionsbetrieb: . . .	Güter, Herstellung, Beruf, Arbeitskraft Maschine, Arbeitszeit
Verteilungsbetrieb:	Güter, Gütertransport, Güterverteilung Verteilungsnetz, Transportweg, Transportmittel, Kundendienst (130)
Der Kauf:	Wunsch, Bedarf, Einkommen, Taschengeld, Sparen, Haushalten, Schulden, Ratenzahlung, Warenhaus, Supermarkt, Selbstbedienungsladen, Fachgeschäft, Ware, Güter, Verpackung, Haltbarkeit, Geld, Kaufen, Tauschen, Preis, „billig-teuer“, Umtausch, Verdienstquelle (122)
Die Nachrichtenträger: . .	Information, Nachricht, Presse, Rundfunk, Fernsehen, Pressefreiheit, Quelle, Augenzeuge, Reporter, Agentur, Propaganda, Manipulation, Interview (236)
Umweltschutz:	Umwelt, Lebensgrundlage, Verschmutzung, Verseuchung, Vergiftung, Abgase, Abwässer, Müllbeseitigung, Pflanzenschutzmittel, Filterung, Ölwehr, Umweltschutzgesetz (238)

Derartige themenbezogene Grundbegriffsforderungen werden auf über 200 Seiten der Richtlinien für die Fachaspekte Physik, Chemie, Technik, Biologie, Geschlechtererziehung, Hauswirtschaft, Arbeit / Wirtschaft, Soziale Studien, Geschichte, Geographie, Verkehrserziehung – jeweils wiederum unterteilt in verschiedene grundlegende Unterthemen – ausgebreitet.

Die Fülle an zu lernenden Begriffen ergibt sich geradezu aus der einzelfachlichen Gliederung dieser ersten Sachunterrichtsrichtliniengeneration. Vor allem der Anspruch, den späteren Fachunterricht grundzulegen (Kultusminister NRW 1973, 2), hat mit dazu beigetragen, ein enormes Begriffsspektrum schon für das Grundschulalter zu verlangen. Hoch gesteckte kognitive Lernziele und eine Vielfalt an zu lernenden Begriffen scheinen die besonderen Kennzeichen von Curricula zu sein, die aus einzelfachlichen Bezügen entwickelt wurden.

Ein besonders deutlich ausgeprägtes Konzept der Orientierung am Einzelfach vertritt der Biologiedidaktiker Killermann. Er geht von den zentralen Grundfragen der Biologie als Wissenschaft aus.

Aus diesen von ihm so formulierten Grundfragen der Wissenschaft schloß er für den Sachunterricht der Grundschule die folgenden Hauptziele:

- „Grundlegende Formenkenntnisse vermitteln und mit einzelnen Arten der näheren Umwelt vertraut machen
- die Kenntnis grundlegender Lebensvorgänge und allgemeiner Erscheinungen anbahnen

- erste Einblicke in die Beziehungen des Menschen zu seiner belebten Umwelt geben und die Gefährdung dieser Umwelt an einfachen Beispielen aufzeigen
- elementare Kenntnisse über den menschlichen Körper und seine wichtigsten Organe (einschließlich der Geschlechtsorgane) vermitteln und einfache Gesundheitsregeln geben
- in die Methoden der empirischen Erkenntnisgewinnung einführen, mit einfachen biologischen Arbeitsformen bzw. -techniken vertraut machen; zur Beobachtung, Haltung und Pflege von Tieren anregen." (Killermann 1976, 144)

Auf den ersten Blick klingt dieser Zielkatalog sehr plausibel, wir können uns vorstellen, daß Grundschulkinder etwas darüber, wie es in ihrem eigenen Körper im Inneren aussieht, wissen wollen. So kann es beispielsweise sehr spannend sein, die eigenen Knochen zu ertasten, sich vorzustellen, wie sie miteinander zusammenhängen und darüber nachzudenken, warum ein Mensch aufrecht geht und nicht kriecht wie ein Regenwurm. Wenn dieses Ziel aber als überblickhafte systematische Organkunde verstanden wird, bei der Leber, Lunge, Gebärmutter, Hoden, Gehirn, Rückenmark, Magen, Herz und Nieren als wichtigste Organe vorkommen, dann können wir bereits ahnen, daß sich mit dem Begriff „wichtigste Organe" leicht eine Stofflut in die Grundschule einschleichen kann.

Aus der Fachwissenschaft läßt sich sicherlich gut begründet nachweisen, daß es wichtig ist, die allgemeinen Lebensvorgänge – wie die Abhängigkeit der Pflanzen von Licht und Wasser – kennenzulernen. Aber ob derartige Ziele einem eigenen Inhaltsbereich zugeordnet werden sollten, bleibt zumindest fragwürdig. Ist nicht bei der Beobachtung des Keimens der Feuerbohne – ein Standardthema des Sachunterrichts, das sich über die Jahrzehnte gehalten hat und auffällig häufig auch in der Praxis tatsächlich durchgeführt wird – viel sinnvoller, Artenkenntnis mit ökologischen Fragen des Schutzes von Pflanzen mit der Erkenntnis von Lebensvorgängen zu verbinden?

Auch die Frage des Umweltschutzes durch Aufzeigen der Gefährdung der Umwelt an Beispielen aufzugreifen, wirkt zunächst als eine wichtige altersgemäße Zielvorstellung. Hier können wir uns vorstellen, daß Kinder betroffen sein können von durch Streusalz geschädigten Straßenbäumen und daß ein derartiges Problem ihr Denken und Handeln anregt. Aber auch hier stellt sich die Frage, ob sich der Umweltschutz im Sachunterricht nur auf die analytische Frage der Gefährdung und ihrer Bedingungen beschränken sollte. Sind nicht neben diesem Durchschauen von Gefahrenzusammenhängen auch Bildungsziele wichtig, die auf die Schönheit der Natur und ihrer Wertschätzung gerichtet sind?

Um die Zielbereiche für die Grundschule zu erreichen, schlägt er dann stufenübergreifend die folgenden 7 zentralen Inhaltsbereiche vor:

1. Gestalt und Struktur der Lebewesen
2. Lebensvorgänge, Funktionen
3. Formenkonstanz und Formenwandel
4. Umweltbeziehungen der Lebewesen (Ökologie)

5. Mensch und Lebewesen
6. Humanbiologie und Gesundheitserziehung
7. Sexualerziehung (Killermann 1976, 51ff)

Auch wenn diese Übersicht nun nicht nur den Bereich der Primarstufe umfaßt, lassen sich daraus doch einige Tendenzen erkennen. Alle Inhalte wirken wichtig und unerläßlich. So kommt es aber, daß dabei doch schier unendliche inhaltliche Ansprüche an die Grundschule gestellt werden. Schon allein der Inhaltsbereich Gestalt und Struktur der Lebewesen schafft hohe Ansprüche an den Inhaltsumfang des Grundschulunterrichts. Heißt es, daß in jedem Schuljahr je ein Tier und eine Pflanze zum Unterrichtsthema gewählt werden? Auch dies hieße schon, daß mindestens 4 (gerechnet mit 2 Wochen pro Thema, was bei manchmal nur 2 Unterrichtsstunden pro Woche schon sehr knapp kalkuliert ist) der 40 Unterrichtswochen eines Schuljahres verplant sind. Oder sind Katze, Hund, Wolf, Pferd, Frosch, Marienkäfer, Schmetterling und Dinosaurier, also bereits acht zoologische Themen das Minimum für die gesamte Grundschulzeit oder sind es gar mehr Pflanzen und Tiere? Wie sieht es dann aber mit den anderen Inhaltsbereichen biologischer Herkunft aus? Wieviel Stunden bleiben dann für den menschlichen Körper? Wieviele für ökologische Zusammenhänge, wieviel für die Kenntnis grundlegender Lebensvorgänge?

Der Plan Killermanns allein reicht bereits aus, den gesamten Sachunterricht der Grundschulzeit zu füllen. Ja – eigentlich reichen die wenigen Sachunterrichtsstunden schon längst nicht aus, um die Minimalanforderungen allein aus biologischer Sicht zu erfüllen.

Nun haben sich aber nicht nur Vertreter der Biologie Gedanken gemacht, wie wohl die Unterrichtsinhalte und -ziele im Sachunterricht aus ihrer Perspektive aussehen könnten. Auch die Wirtschaftswissenschaftler, Chemiker, Physiker, Politologen, Soziologen, Historiker und Geographen haben entsprechende Pläne in den 70er Jahren veröffentlicht. Neben der schier unbewältigbaren Fülle an Unterrichtsinhalten, die sich aus der Aneinanderreihung von verschiedenen Fachdidaktiken ergibt, stellt sich aber auch die Frage, worin der Bildungswert liegt, wenn den Kindern möglichst viel vom jeweiligen Fach vermittelt werden soll. Killermann hat bereits derart umfassende Inhaltsvorschläge für die Grundschule entwickelt, daß entweder nur oberflächliche Namensaneinanderreihung ohne persönlichkeitsbildenden Wert stattfindet oder der Rahmen von Sachunterricht schon aus einem einzigen Bezugsfach heraus gänzlich gesprengt wird. So schlug er zum Bereich „Formenvielfalt, Baupläne und System“ z. B. vor:

„In der Grundschule geht es zunächst darum, die Kinder mit den Namen häufiger Lebewesen aus ihrer engeren und weiteren Umwelt vertraut zu machen (vor allem Säuger, Vögel und Blütenpflanzen). In einer Vorstadtschule mit Parks, Friedhöfen oder Gärten in unmittelbarer Nähe kommen beispielsweise folgende Vogelarten in Frage: Kohlmeise, Blaumeise, Haussperling, Grünfink, Buchfink, Amsel, Star, Großer Buntspecht, Kleiber, Baumläufer, Haus- und Gartenrotschwanz. Dazu treten aus dem Tierreich die wichtigsten Haustiere und zumindest einige häufige wildlebende Tiere, z.B. Igel, Hase, Reh, Libelle, Schmetterling (Pfauenauge, Kohlweißling, Zitronenfalter) usw.

An Pflanzen lernen die Schüler kennen:

Obst- und Gemüsearten, z.B. Apfel-, Birn-, Kirschbaum, Himbeere, Johannisbeere, Stachelbeere, Kohlsorten (z.B. Kraut, Blumenkohl)" usw.

Die in Anlehnung an derartiges fachdidaktisches Denken Anfang der 70er Jahre erschienenen Unterrichtsvorschläge (vgl. Mücke 1973) belegen, daß stofforientiertes Denken noch stark verbreitet war, auch wenn in der Theorie Lernzielorientierung verbreitet war und vor jeden konkreten Unterrichtsvorschlag in der 2. Phase auch geschrieben wurde.

Derartige Stoffsammlungen für die Grundschule ließen sich noch fast beliebig fortführen. Es wird aber schon sichtbar, daß das denkende Durchdringen dann nicht mehr möglich ist, sondern nur ein oberflächliches Auswendiglernen von Bezeichnungen. In Wirklichkeit war aber mit der wissenschaftsorientierten Wende gerade dies kritisiert worden und eigenständiges kritisches Durchdringen der Unterrichtsinhalte durch die Schülerinnen und Schüler gefordert worden. Wir sehen, daß die Anforderungen durch die didaktische Orientierung an den universitären Fächern offensichtlich schwer zu erfüllen sind. Dies gilt aber keineswegs nur für die Biologiedidaktik. Auch in anderen Fachdidaktiken bestand die Gefahr der Reduktion des Sachunterrichts zu einer bloß oberflächlichen Faktenhuberei.

Noch deutlicher als diese Faktenansammlung war aber bei allen einzelfachdidaktischen Ansätzen für den Sachunterricht der frühen 70er Jahre ein kognitives Übergewicht ausgeprägt.

Hier seien nur schlaglichtartig einige Beispiele fachdidaktischer Sachunterrichtskonzepte vorgestellt:

Hans Süssmuth etwa hat noch 1980 ein Buch über „Soziale Studien in der Grundschule" herausgegeben, in dem jeweils schön säuberlich getrennt von Soziologie, Politik, Ökonomie, Geschichte und Geographie vorgestellt wurde, welche Inhalte für die Grundschule als besonders wichtig gelten sollen.

So leitete Dietmar Ochs zwar seinen Beitrag über die Ökonomie damit ein, daß er als wichtige Kriterien neben der „Bedeutung für das aktuelle oder künftige Leben" (Ochs 1980, 86) auch die „persönliche Betroffenheit" und die „Verhaltenswirkung des Lernprozesses" ansah. Anschließend hielt er sich aber an eine klassisch fachdidaktische Konzeptstruktur. Er unterteilte die Inhalte grob nach den ökonomischen Grundzusammenhängen zwischen Einkommensentstehung (also Arbeit) und Einkommensverwendung (also Konsum). Die Oberkategorien Arbeit und Konsum wiederum unterteilte er nach verschiedenen Inhaltsbereichen. Zu Konsum zählen so:

1. Kauf von Konsumgütern und Dienstleistungen
2. Gestaltung von Freizeit
3. Anlage von Spargeldern, Abschluß von Versicherungen
4. Zahlung von Steuern, Nutzung öffentlicher Güter und Leistungen

5. Stellung im Prozeß der Güterversorgung (Wachstum des Sozialprodukts, Begleiterscheinungen des Wachstums) (Ochs 1980, 85)

In den anschließenden Überlegungen stellte er fest, daß zu allen Unterpunkten von Arbeit und Konsum jeweils wichtige Inhalte auch in den Grundschulunterricht gehören. Dabei hielt er im Bereich Konsum die ersten drei Inhaltsabschnitte für verbindliche, die letzten beiden für fakultative Lerninhalte der Grundschule.

Dieser Ansatz läuft zwar nicht so die Gefahr der Stoffhuberei und Oberflächlichkeit der Begriffe, aber auch hier spielt durch die fachdidaktische Orientierung an der Ökonomie als Disziplin der kognitive Lernbereich eine führende Rolle. So sind aus dem Bereich Arbeit Inhalte wie „Stellung bei der Tarif- und Effektivlohnbildung (einschließlich Empfang von Sozialeinkommen)“ oder „Stellung in Entscheidungsprozessen von Unternehmen und Betrieb (einschließlich Stellung am Arbeitsplatz und in der Berufsausbildung)“, die Ochs zu den verbindlichen Inhalten für die Grundschule zählte, wohl kaum für Grundschulkinder die entscheidenden Probleme. Sie haben aber sehr wohl einen Zugang zur Arbeitswelt und eine Vielzahl an Fragen und Problemen. Kinder wollen wissen, wie denn Roboter in Fabriken aussehen und wie man die steuert. Kinder haben Angst vor der Arbeitslosigkeit ihrer Eltern und suchen nach Gründen, diese Angst zu zerstreuen. Diese Gefühle und Fragen verschwinden aber unter der Allgewalt eines logisch eindeutig anmutenden Rasters aus der Fachwissenschaft.

Dieses Manko ist aber keineswegs auf die Ökonomie beschränkt. Wir finden selbst in diesem Band, der zu einer Zeit – 1980 – erschienen ist, in der die fachorientierten Curricula schon viel Kritik erfahren haben, eine Fülle an einzelfachdidaktisch gewonnenen Inhalten.

Allen diesen Konzepten ist es gemeinsam, die jeweiligen Inhalte in mühsamen Denkprozessen aus den Fachstrukturen und -inhalten der eigenen Universitätsdisziplin herauskristallisiert zu haben. Dies führt aber nicht nur zu einer Stoffüberfüllung – wie am Beispiel der Biologiedidaktik gezeigt worden ist -, sondern auch zu einer auffälligen kognitiven Überlast. Die Fragestellung nach den Inhalten setzte ja auch bei den hoch abstrakt arbeitenden Wissenschaften ein. Sie muß notwendig deren Charakteristika auch nach unten in die Grundschule hineintransportieren, wenn sie bei der Fragestellung nach notwendigen Inhalten und Zielen des Sachunterrichts allein an der Ableitung von Inhalten aus den Universitätsdisziplinen festhält. Diese in der Curriculumtheorie als „structure of discipline“ charakterisierten Ansätze haben aber noch weitere problematische Seiten, denn sie transportieren eventuell Inhalte in die Schule, die für das Leben der zukünftigen Nicht-FachbiologInnen, Nicht-WirtschaftswissenschaftlerInnen oder Nicht-PolitologInnen vielleicht gar nicht so bedeutsam sind, daß sich daraus die Beschäftigung der Kinder mit anstrengendem Unterricht rechtfertigen läßt.

Eng mit der Frage der Inhaltskonservierung zusammenhängend steht das Problem der Fachkonservierung. Gerade Anfang der 70er Jahre stand auch der bisherige Fächerkanon an Schulen zur Diskussion. Es bildeten sich Fächer wie Gesellschaftslehre in manchen Bundesländern neu heraus. Eine Propädeutik in die bisherigen Schulfächer wäre also schon wegen der Veränderung der zukünftigen Fächer in den höheren Schulstufen problematisch.

Gleichwohl gab es in den 70er Jahren trotz der heftigen Kritik in der Curriculumtheorie an den „structure-of-discipline"-Konzepten viele derartige kognitiv-fachsystematisch entwickelte Konzepte. Diese wurden dann in Sammelbänden oder Richtlinien zu scheinbar stimmigen Sachunterrichtskonzepten zusammengefaßt.

3.2.2 Der wissenschaftsbereichsdidaktische Strukturtypus: strukturorientierter Naturwissenschaftlicher Sachunterricht

Gegen die aus der Fachaddition geborenen Sachunterrichtskonzepte ist früh vor allem das Argument eingewendet worden, die klaren Fachgrenzen ließen sich weder sachlich zur Wirklichkeitserkenntnis noch von den Denkstrukturen von Grundschulkindern her aufrecht erhalten. Immer wieder wurde der Appell zu fachübergreifendem Unterricht laut. An diesen wurde die Erwartung geknüpft, die Kinder nicht zu früh in ihnen vorerst nicht bekannte Fachschemata hineinzuzwingen. Fachübergreifender Unterricht wurde aber auch von der Entwicklung der Wissenschaften selbst her begründet, die sich gegenwärtig und wohl auch zukünftig zu immer mehr interdisziplinärer Zusammenarbeit hin entwickeln. Wenn Schule einigermaßen auf die Zukunft der Kinder vorzubereiten vermag, dann muß sie auch interdisziplinäre Zugangsweisen eröffnen und nicht schon heute obsolete einzelfachliche Strukturen wiederholen. Gerade am Beispiel der Ökologie läßt sich zeigen, daß Umweltprobleme weder aus wirtschaftlicher Sicht, noch aus politischer Sicht noch aus biologischer oder chemischer oder physikalischer Sicht allein gelöst werden können.

Besonders einschneidend waren derartige Gedanken im Bereich der Naturwissenschaften. Nachdem in den USA im Gefolge des Sputnik-Schocks enorme Forschungsmittel in den 60er Jahren in naturwissenschaftliche Curriculumprojekte gesteckt wurden, wurden ab Mitte der 60er Jahre verschiedene Projektergebnisse der Öffentlichkeit vorgestellt. Der deutsche Bildungsrat machte auch in seinem Strukturplan (1970) darauf aufmerksam, daß dort wichtige Erkenntnisse für die Reform des Sachunterrichts zu finden sind. Dementsprechend haben sich deutsche Forschergruppen die Aufgabe gestellt, die Ergebnisse der USA aufzugreifen, weiterzuentwickeln oder auf deutsche Verhältnisse zu übertragen. Hier werden nur die beiden besonders intensiv diskutierten naturwissenschaftlichen Sachunterrichtsentwürfe, die im Gefolge der vielfältigen US-Projekte entstanden sind, vorgestellt.

Die erste Variante dieser Umsetzung von Curriculumkonzepten aus den USA stammt von Kay Spreckelsen (1971). Er hat das SCIS-Projekt aus Kalifornien (Science Curriculum Improvement Study) weiterentwickelt und daraus konkrete Unterrichtsvorschläge und sehr detaillierte Lehreranweisungen entwickelt. Im Zentrum seines Konzeptes steht es, die zentralen Begriffe und Konzepte aus Physik und Chemie schon im Grundschulalter zu vermitteln. Wegen dieser Orientierung an inhaltlichen Konzepten werden derartige an zentralen Begriffen orientierten Curricula auch strukturorientierte Curricula genannt. Im Prinzip handelt es sich nur um eine fachübergreifende Erweiterung von Killermann, weil auch hier die zentralen Inhalte aus der Wissenschaft für die Grundschule herausgefiltert werden. Während bei Killermann aber noch konkrete Inhalte sichtbar sind, werden die fachübergreifenden naturwissenschaftlichen Grundkonzepte bei Spreckelsen aber deutlich elaborierter formuliert. Er stellt die von Physik und Chemie herausdestillierbaren zentralen Inhalte heraus, die dann kaum noch mit konkreter Anschauung verbunden sind. So gibt es nach Spreckelsen (1971) nur noch drei zentrale Inhaltsbereiche, die von der Grundschule spiralförmig aufsteigend immer wieder auf höherem Niveau gelehrt werden sollen.

Spreckelsen (1971) bestimmte in Anlehnung an das SCIS-Projekt drei zentrale Konzepte, die er weiter als die Kategorie „Begriff" in einzelfachlichen Didaktiken faßt. Diese Konzepte sollten also das strukturelle Gerüst für den gesamten physikalisch-chemischen Unterricht bilden. Er unterschied dabei drei Grundkonzepte, nämlich 1) das Teilchenstrukturkonzept, d. h. daß alle Materie aus kleineren Teilchen zusammengesetzt ist 2) das Wechselwirkungskonzept, d. h. daß bei allen physikalischen und chemischen Vorgängen Wechselwirkungen zwischen verschiedenen Komponenten stattfinden und 3) das Erhaltungskonzept, d. h. daß bei physikalischen und chemischen Prozessen immer auch Größen konstant bleiben.

Die von ihm unterschiedenen drei grundlegenden Strukturelemente sollten aufsteigend mit den Schuljahren immer wieder aufgenommen und differenziert werden. So waren fürs 1. und 2. Schuljahr: „Stoffe und ihre Eigenschaften", „Wechselwirkungen und ihre Partner" und „Veränderungen und Erhaltung" vorgesehen. Fürs 3. und 4. Schuljahr wollte er diese drei Grundkonzepte in erweiterte Fragestellungen überführen und nannte den Inhaltsbereich 1: „Vom Aufbau der Stoffe", den Inhaltsbereich 2: „Kräfte und ihre Wirkungen" und den Inhaltsbereich 3: „Die Energie und ihre Formen" (Spreckelsen 1971).

Bei diesen hochabstrakten Zielen läßt sich zunächst vermuten, daß dabei ein Unterricht geplant wird, der den Verstehenshorizont von Grundschulkindern weit übersteigt. Dies ist jedoch schon auf den ersten Blick nicht der Fall, wenn wir uns die konkreten Arbeitsanweisungen für den Unterricht ansehen. Im Schülerarbeitsheft fürs 1. Schuljahr „Stoffe und ihre Eigenschaften" sind schöne Zeichnungen und klare Arbeitsanweisungen zu finden, die Grundschulkinder sehr wohl verstehen können. Da sind auf Seite 5 oben drei Bilder, einmal fällt ein Kind auf Schlittschuhen beinahe aufs Eis, darunter steht in Schreibschrift „glatt", einmal beißt ein Nußknacker auf eine Walnuß, darunter steht in Schreibschrift „hart" und das dritte Mal ist eine Reibe abgebildet, die von einer Hand berührt wird, darunter steht das Wort „rauh" in Schreibschrift. Die Kinder wissen also, was der Autor will, die richtigen Adjektive. Bald ist die Einheit „Wir suchen Eigenschaften / Wir prüfen Gegenstände" an der Reihe, dann müssen die Kinder wissen, ob zu „glatt, schwer und blank" Holz, Plastik oder Metall die richtige Überschrift ist. Sie dürfen auch noch zwei weitere

Eigenschaftswörter durch das Hantieren mit tatsächlichem Material in ihr Heft eintragen. Wenn die drei Stoffe dieser Seite fertig sind, geht's zur nächsten. Hier müssen die Eigenschaften von Papier, Glas und Gummi aufgeschrieben werden. Unten auf der Seite gibt es als Hilfestellung auch zwei Bildchen, aus denen zu erkennen ist, daß Papier brennt und Glas zerbricht. Nun geht es am Beispiel Frühstück darum, feste und flüssige Stoffe zu unterscheiden. Ob es nun schmeckt oder gut riecht, gesund ist oder ungesund – diese Fragen sollen auch laut Lehrerhandbuch vernachlässigt werden. Nein, die Kinder sollen schnell und zügig auf die erwarteten richtigen Erkenntnisse flüssig oder fest gedrillt werden. Einmal bei Flüssigkeiten angelangt sollen nun deren Eigenschaften abgecheckt werden. Bald sind Wasser, Öl und Spiritus dran. Egal ob Kinder darin einen Zusammenhang sehen, im Konzept wird vorgegeben, diese drei voneinander zu unterscheiden. Dann geht's weiter im Programm. Zwischendurch sind aber auch nach Lehrerhandbuch Versuche „dran“. Aber auch diese sind genau festgelegt. So müssen diese drei Versuchsflüssigkeiten nacheinander durch einen Trichter in ein Glas nach vorgeschriebenem Versuchsaufbau geschüttet werden. Für die Handlungen der Kinder bleibt nicht viel Platz. Sie müssen weitgehend beobachten und sagen, daß Wasser nicht riecht, schnell durch den Trichter fließt, klar und dünnflüssig ist. Danach geht's weiter.

Wir sehen bereits, daß derartige strukturorientierte Konzepte sich dadurch auszeichnen, daß sie sich völlig von den heimatkundlichen ganzheitlichen Bezügen und nahräumlichen Erfahrungen abgewendet haben, ja als totale Alternativkonzepte verstanden werden könnten. Aber dabei geraten die Kinder in ihren Vorstellungen und persönlichen Meinungen ganz aus dem Blickfeld, sie werden Objekt eines Erkenntnispotpourries, bei dem eigene Ansichten nicht gefragt sind. Die Ergebnisse des Unterrichts sind eindeutig vorher festgelegt. Es ist auch unklar, inwieweit ein derartiger Unterricht dazu beitragen könnte, auf die Realität vorzubereiten. Kinder werden geradezu von ihren komplexen Wirklichkeitserfahrungen abgeschnitten und in eine erfahrungsleere abstrakte Sprache geführt. Denn die Wahrnehmungen der Kinder sind anders als die Struktur der naturwissenschaftlichen Disziplinen.

Gleichzeitig bedeutet ein derartiger Unterricht, daß die Kinder zwar keinesfalls überfordert werden, aber dafür auch nicht zum Denken aufgefordert werden. Sie bekommen aufs Einfachste präparierte Häppchen vorgesetzt, die ihnen keine Wahl lassen, ihre lebendigen Vorerfahrungen abtöten und keine weiteren Denkprozesse anregen. Aber auch Lehrkräfte werden bei Verwendung derartiger Unterrichtsmaterialien in ihrer Freiheit eingeschränkt und müssen sich klar am vorgeschriebenen Lehrprogramm entlangarbeiten. Derartige „Teacher-proof-Curricula“ behindern Lehrkräfte und Kinder zugleich in der freien Denkentwicklung und erzeugen letztlich nur rezeptive Haltungen, auch wenn sie dazu konstruiert wurden, den Kindern ein Durchschauen der Naturwissenschaften zu ermöglichen. Mittlerweile vertritt auch Spreckelsen selbst nicht mehr derart rigide Konzepte, sondern beschäftigt sich mehr mit dem Denken der Kinder im physikalischen Sachunterricht und stellt einige sehr kreative Versuche vor (Spreckelsen 1991, 78), die aber immer noch aus klaren

Vorschriften bestehen und nur funktionieren, wenn die Lehrkraft sich an die Anweisungen Spreckelsens hält.

3.2.3 Wissenschaftsorientierter Sachunterrricht (Typ B): Verfahrensorientierte Curricula

Einen gänzlich anderen Zugang zu naturwissenschaftlichen Inhalten hat eine Göttinger Arbeitsgruppe um Tütken herum entwickelt. Dieser Ansatz ist ebenfalls eine Adaption eines US-amerikanischen Curriculumkonzeptes, des Elementarschulcurriculums SAPA (Science a Process Approach (1971)). Dieses geht davon aus, daß es zentral wichtig ist, den Kindern Verfahrensweisen wissenschaftlicher Erkenntnisgewinnung zu vermitteln, damit sie lernen, sich selbständig Informationen einzuholen und Erkenntnisse anzueignen. Hier stehen nicht grundlegende Konzepte oder Begriffe, sondern Lernziele im Mittelpunkt. Diese sind ebenfalls in einer bestimmten Reihenfolge festgelegt, davon gelten die ersten acht als Grundfertigkeiten, die nächsten fünf als komplexere integrierte Fertigkeiten:

1) Beobachten
2) Raum-Zeit-Beziehungen gebrauchen
3) Zahlen gebrauchen
4) Messen
5) Klassifizieren
6) Kommunizieren
7) Vorhersagen
8) Schlüsse ziehen
9) Daten interpretieren
10) Hypothesen formulieren
11) Variablen kontrollieren
12) Operational definieren
13) Experimentieren

Die Autoren begründeten die Übernahme naturwissenschaftlicher Forschungsmethoden in den Grundschulunterricht damit, daß sich diese Methoden als geeignet für die Problemlösung erwiesen haben. Da sich die Wissensvermittlung angesichts der Wissensexplosion und des sich ständig schneller erneuernden Wissensbestandes mittlerweile als schulische Aufgabe als obsolet erwiesen habe, folgerten die Autoren von SAPA, daß es nun darauf ankomme, die ungleich stabileren Methoden in der Schule zu vermitteln.

Dazu seien hier nur einige Original-Anweisungen aus dem Lehrerhandbuch zur Unterrichtseinheit „Schmelzen und Erstarren“ genannt:

„Regen Sie die Kinder an, über die Ursachen des Schmelzens nachzudenken. Die Kinder werden wahrscheinlich behaupten, daß das Eis in ihrer Hand geschmolzen ist, weil diese warm ist. Möglicherweise haben sie behauptet, daß das Eis schon im Becherglas angefangen hat zu schmelzen, oder sie werden erzählen, daß das Eis auch schmilzt, wenn man es aus dem Kühlschrank herausnimmt und in der Küche oder im Zimmer liegen läßt. In diesem Fall sollte die warme Zimmerluft als Ursache für das Schmelzen benannt werden. Lassen Sie die Vermutung diskutieren, daß das Eis umso schneller schmilzt, je wärmer es in seiner Umgebung ist, und bitten Sie die Kinder, eigene Vorschläge zur Überprüfung ihrer Vermutungen zu entwickeln und / oder führen Sie ihnen den folgenden Versuch vor: Legen Sie über zwei Becher je eine Gabel mit einem Eiswürfel ... Blasen Sie mit einem Fön heiße Luft auf einen Eiswürfel, während Sie den anderen nur der Zimmerluft ausgesetzt lassen. Vor der Durchführung des Versuchs sollten die Kinder auf jeden Fall die unterschiedliche Wärmezufuhr als wesentlichstes Merkmal dieser Versuchsanordnung erfaßt und Vermutungen über deren Auswirkung auf den Schmelzvorgang angestellt haben." (SAPA, Arbeitsgruppe für Unterrichtsforschung in Göttingen 1971, 25)

Dieses Beispiel zeigt bereits, daß auch in diesem Modell der Unterricht als weitgehend von den Lehrkräften bestimmt gesehen wurde. Die Kinder wurden auf einen klaren Denkstrang verwiesen. Die jeweiligen Aufgaben waren kleinschrittig und eng begrenzt, produktive Umwege wurden nicht zugelassen. Es kam darauf an, die Kinder möglichst schnell zu bereits vorher festgelegten Erkenntniszielen zu bringen. Auch hier wurden einzelne Fertigkeiten isoliert vermittelt, ohne dabei zu bedenken, ob dies der komplexen Alltagserfahrung der Kinder entsprechen kann.

Tatsächlich erwies sich das Konzept trotz des weiten wissenschaftlichen Anspruchs als sehr starr und festgelegt. Minutiös wurde den Lehrkräften vorgeschrieben, welche Frage auf welche Antwort zu erfolgen habe.

Schreier kritisiert an diesem Konzept, daß „der Lehrplan .. zum Übungs-Plan für all diese Fertigkeiten" (Schreier 1994a, 132) wird.

Es wird wenig danach gefragt, wie Kinder denken und handeln, sondern die Kinder werden umgekehrt in ein durchdachtes System hierarchisch strukturierter Ziele gepreßt. Aber Kinder können die Unterrichtssituationen nach ihren Motiven gänzlich anders deuten als die Autoren festgefügter Curricula geplant hatten. So beschrieb Schreier (1992b, 54) eine Beobachtung von Unterrichtsversuchen mit dem Titel „Rollende Gegenstände", bei dem die Kinder auf schiefen Ebenen verschiedene Kugeln und Walzen herunterrollen und beobachten sollten, um zu physikalischen Erkenntnissen zu gelangen. „Die Kinder aber veranstalteten mit den Dingen Wettrennen. Die Idee des Wettrennens lag ihnen so nahe, daß sie Läufe mit gleichem Ergebnis eliminierten" (ebd., 54). Die Kinder hatten sich nicht auf die erwartete statistische Sicht von Daten eingelassen, sondern ein Erlebnis konstruiert. Wenn ihnen durch engmaschige Unterrichtsvorschriften dieser Freiraum der Uminterpretation genommen wird, verlieren sie Entfaltungsmöglichkeiten.

Garlichs und Groddeck (1978) kritisierten an diesem Konzept vor allem, daß den Interessen und Erfahrungen der Kinder bei einem derart vorgefertigen Modell nicht genug Rechnung getragen werden kann. Sie fürchteten, daß die Methoden oft vermittelt werden, ehe das inhaltliche Problem, zu dessen Lösung ja die Verfahrensweisen beitragen sollten, bei ihnen subjektiv aufgetaucht ist.

Auch für dieses Konzept wissenschaftsorientierter Sachunterrichtsentwicklung gilt die Kritik der Künstlichkeit und Abstraktheit, bei der es den Kindern schwer fällt, das im Unterricht Gelernte mit der Wirklichkeit in Verbindung zu setzen. Da die Probleme des Unterrichts nicht aus den Erfahrungen der Kinder und dabei entstehenden auch widersprüchlichen Erfahrungen oder ungelösten Fragestellungen genommen werden, sondern aus einer systematischen Qualifikationsfolge, die sich ursprünglich die AAAS (American Association for the Advancement of Science) ausgedacht bzw. in Auftrag gegeben hat, ist zu vermuten, daß die Motivation der Kinder nicht genügend mit derartigen Konzepten angesprochen und entwickelt werden kann.

Letztlich wird trotz der Betonung des Lernens doch wieder von Kindern verlangt, schon vorhandenes Wissen zu reproduzieren und nicht neu und schöpferisch zu denken oder wenigstens problemlösend mit Fragestellungen umzugehen.

Auch wenn in diesem Konzept die Bedeutung der Methoden des Wissenserwerbs betont werden, so haben die Autoren ein wichtiges Moment von Wissenschaft übersehen, nämlich daß WissenschaftlerInnen von einer sie persönlich berührenden Forschungsfrage ausgehen und daß das Ergebnis dabei – es sei denn es handelt sich um schon von vornherein manipulierte Auftragsforschung – offen ist. Gerade dies wird bei der künstlichen Verlagerung wissenschaftlicher Erkenntnisstufen in die Grundschule aber nicht genügend berücksichtigt.

Auch der fachübergreifende Zugang aus den Naturwissenschaften allein scheint zu eng zu sein, um dadurch wirklich produktiven Unterricht zu entwickeln. Hier hat gerade das Beharren auf einem Verfahrensschema zu einer starren Unterrichtsstruktur und gerade nicht zur Anbahnung neuer Erkenntnisse geführt.

Renner argumentiert zusammenfassend gegen derartige struktur- und verfahrensorientierte Curricula:

- „Sie setzen Konzepte und Begriffe absolut, die in den Disziplinen selbst umstritten sind.
- Der Erklärungswert der Konzepte und Begriffe kann oft nicht nachgewiesen werden ...
- Es werden wissenschaftliche Strukturen mit kindlichen Wahrnehmungs- und Denkstrukturen gleichgesetzt und damit die kindlichen Voraussetzungen ignoriert ...
- Der Werdegang des kindlichen Denkens wird als linear-kumulativer Prozeß mißverstanden ....
- Der Lehrgangscharakter dieser Curricula verhindert das Eingehen auf den kindlichen Entwicklungsstand" (Renner 1982, 201).

Trotz dieser kritischen Einwände muß jedoch festgehalten werden, daß diese Konzepte als Negationskonzepte der als problematisch erkannten Heimatkunde wichtige Voraussetzungen für die Weiterentwicklung des Sachunterrichts darstellten. Aus der vereinseitigten Betonung von Begriffen und Verfahrensweisen entwickelten sich allmählich mehrseitige Konzepte.

So gab es schon gegen Ende der 70er Jahre vereinzelt Konzepte, die methodenorientiertes Lernen mit exemplarischen Inhalten zu verbinden versuchten. Insbesondere in den Richtlinien für den Sachunterricht in Hessen ist dieser Syntheseversuch deutlich zu erkennen. Dort wurden einerseits sog. instrumentelle Ziele (Der Hessische Kultusminister 1979, 18), also wissenschaftsorientierte Verfahrensweisen als Lernziele angepeilt. Gleichzeitig sollte dies keineswegs isoliert erfolgen, sondern an wichtigen Erfahrungsbereichen. Im gesellschaftswissenschaftlichen Sachunterricht wurde zwischen fünf Erfahrungsbereichen unterschieden: Spielen, Lernen, Arbeiten, Wohnen, Konsum (Der Hessische Kultusminister 1979).

Für diese inhaltlichen Erfahrungsbereiche wurde ein umfangreicher Katalog von zu erwerbenden „Fertigkeiten, Fähigkeiten, Verhaltensweisen" (Der Hessische Kultusminister 1979, 18ff) entwickelt, der hier nur ausschnittweise wiedergegeben werden kann:

- „in Gruppen spielen und arbeiten"
- „um Hilfe, Rat, Information nachfragen, Fragen formulieren"
- „für andere sprechen können"
- „Gefühle aussprechen"
- „Aufgabenstellung verstehen, anderen Aufgaben stellen und erklären"
- „gemeinsam Pläne entwickeln"
- „Regelungen finden, vereinbaren, erproben, kontrollieren"
- „selbständig in Gruppen über einen längeren Zeitraum arbeiten"
- „kooperative Arbeit zwischen zwei Gruppen"
- „Erwachsene, Fremde zu einer Sache befragen"
- „Symbole lesen und entwickeln"
- „einfachste Tabellen herstellen"
- „Beobachtungen durchführen und festhalten"
- „Gebrauch von Orts- und Lagebezeichnungen"
- „einfachste Formen der Protokollführung"
- „einfachste Ordnungssysteme benutzen"
- „Inhaltsverzeichnis und Stichwortregister benutzen"
- „Befragungsergebnisse auswerten"
- „Gruppenergebnisse auf ... schreiben und vervielfältigen"
- „einfache Statistiken herstellen und lesen"
- „Informationen aus Zeitungen und Zeitschriften entnehmen"
- „nach Begründungen fragen, Begründungen geben"
- „Prioritätenlisten erstellen und verwirklichen"
- „erkennen von Kompromißmöglichkeiten"

In diesen Richtlinien ist erstmals sehr deutlich eine Konzeption im Sinne exemplarischen Lernens und vom Lernen des Lernens entwickelt worden. Gleichwohl blieb dies Konzept nur auf einen in sozialwissenschaftlichen, vom naturwissenschaftlichen getrennten Sachunterricht begrenzt. Die formalen Ziele sind deutlich noch auf jeweils einen fachlichen Bereich zu beziehen und nicht integriert für den Sachunterricht entwickelt. Dementsprechend geraten fachübergreifende Ziele und Inhalte aus dem Blickwinkel. Gleichwohl bleibt grundsätzlich ein derartiger Ansatz von verbindlichen Fähigkeiten, die an relevanten exemplarischen Inhalten entwickelt werden, immer noch gültiges konzeptionelles Wissen auch für gegenwärtigen Sachunterricht.

3.3 Politisch-soziales Lernen im Sachunterricht

Die bisherige Diskussion erweckt den Eindruck, als handele es sich bei den frühen Sachunterrichtskonzepten hauptsächlich um naturwissenschaftliche Konzepte. Tatsächlich ist aber die Wendezeit zum Sachunterricht nicht nur durch die vom Sputnik-Schock ausgehende Debatte um mehr und bessere Qualifizierung der Bevölkerung ausgelöst worden. Vielmehr ist diese Zeit der Bildungsreformdebatte auch mit einer Demokratisierungsdebatte gleichzeitig einhergegangen. So forderte Ende der 60er Jahre die Studentenbewegung eine Abkehr von autoritären Herrschaftsstrukturen, die Zielvorgabe „mehr Demokratie wagen“ aus Willy Brandts erster Regierungserklärung 1969 wurde immer wieder zur Legitimation von konkreten Demokratisierungsversuchen in der Gesellschaft zitiert. Dementsprechend sind auch im sozialwissenschaftlichen Bereich konflikttheoretische Ansätze und Begriffe wie Mitbestimmung und Emanzipation thematisiert worden. Diese Entwicklung hat sich auch in der sachunterrichtsdidaktischen Diskussion niedergeschlagen. Sie blieb freilich – durch die damalige Gebundenheit an Fachdisziplinen – auf den sozialwissenschaftlichen Bereich beschränkt. Solange nicht primär pädagogische, sondern fachorientierte Denkstrukturen die Didaktik beeinflussen, kann aufgrund der Verschiedenheit fachlicher Herangehensweisen und Begriffe auch nicht ein einheitliches Sachunterrichtscurriculum entstehen.

In diesem Abschnitt geht es nun um die Frage sozialwissenschaftlicher Konzepte für den Sachunterricht. Diese werden offiziell immer unterschieden in sozialwissenschaftliche Konzepte und Konzepte der politischen Bildung. Ich selber sehe da nicht so deutliche Unterschiede, denn sobald sozialwissenschaftliches Lernen auch handlungsorientiert ist, mündet es in politisches Handeln. Deshalb werde ich zumindest den sozialwissenschaftlichen Bereich des Sachunterrichts in einem Abschnitt vorstellen.

Es läßt sich an den konkreten unterrichtlichen Beispielen auch zeigen, wie stark die beiden Konzepte ineinander fließen. Häufig sind es nur andere Etiketten oder Schwerpunktverschiebungen. So hat Gertrud Beck ihr Konzept in den frühen 70er Jahren einmal „Soziales Lernen in Eingangsklassen und Vorklassen der Grundschule“ (1975), oder „Politische Bildung“ (1973) und später „politisch-soziales Lernen“ (1979) genannt.

Damals wurden verschiedene Untersuchungen zur Politischen Sozialisation (Nyssen 1970, Greenstein 1969, Greenstein 1970) häufig zitiert und diskutiert. Dabei ging es vor allem um das Problem, daß früh entstandene politische Einstellungen relativ überdauern. Schon im Vor- und frühen Grundschulalter, das belegten diese Untersuchungen, werde das zukünftige politisch-gesellschaftliche Bewußtsein, die Einstellungen und Vorurteile, wesentlich für das spätere Leben entwickelt. Dementsprechend wurde z. T. sehr massiv versucht, auf das politisch-soziale Denken der Kinder frühzeitig Einfluß zu nehmen. Diese weitreichenden Ziele waren allerdings mit wenig wirksamen kognitiv-aufklärerischen Methoden verknüpft.

Das bekannteste und schon sehr früh differenziert ausformulierte, wissenschaftsorientiert verstandene sozialwissenschaftliche Konzept für den Sachunterricht stammt von Gertrud Beck. Sie hat schon in den frühen 70er Jahren ein mehrfach aufgelegtes „Arbeitsbuch zur politischen Bildung in der Grundschule" (Beck u. a. 1973; 1974, 4. Aufl.) als erstes Sachunterrichtsbuch für sozialwissenschaftliches Lernen mitherausgegeben, an theoretischen Büchern zum sozialen Lernen mitgearbeitet, bei den Richtlinien für das Land Hessen mitgewirkt und durch Handreichungen für Lehrerinnen und Lehrer in die Praxis hineingewirkt.

Gertrud Beck verstand sich als kritisch-emanzipatorische Wissenschaftlerin und hat wissenschaftsorientierten Sachunterricht nicht in Form rezeptiven Anpassens, wie es etwa in manchen naturwissenschaftlichen Konzepten praktiziert wurde, verstanden. Sie hat sich vielmehr besonders darum bemüht, die Kinder dazu zu bringen, die Gesellschaft kritisch zu durchschauen und einen eigenen Standpunkt zu finden, wie es besonders im „Arbeitsbuch zur politischen Bildung in der Grundschule" (1973) zum Ausdruck kommt. Schon allein das Titelbild zeigt einen Kontrapunkt zur idyllischen Heimatkunde: Wir sehen eine Demonstration von Kindern mit Transparenten, „Verändert die Schule jetzt", „mehr Lehrer- weniger Kinder" „mehr Geld für die Schule jetzt" und eine engagiert wirkende Versammlung, offensichtlich in einem Schulklassenraum mit einer Tafelanschrift „Vorschläge, Streik, Demonstration, Eltern bezahlen 2. Lehrerin, Brief an...".

Diese Bilder legen schon nahe, was in diesem Buch beabsichtigt ist, nämlich das Begreifen von politischem Handeln und eine Befähigung zu politischem Handeln zu fördern. Im Buch werden aber auch die Grenzen dieses Konzeptes schnell deutlich.

Das aus dem Inhaltsverzeichnis zu entnehmende Themenspektrum zeigt, daß in diesem Band ein breites Spektrum sozialwissenschaftlich relevanter Probleme angeschnitten werden soll:

- Thema Nr. 1 in diesem Buch ist „Neuigkeiten, Nachrichten, Informationen – was sie sagen, was sie meinen". Im zweiten Kapitel wird „Werbung, Reklame, Propaganda" mit dem Untertitel „Wie man die Leute dazu bringt, sich etwas zu wünschen" thematisiert.
- Das dritte Inhaltsfeld heißt „Wünsche, Bedürfnis, Interessen oder was man braucht und was man haben möchte".

- Viertens folgt „Ordnung, Regeln und Gesetze oder was Recht ist, muß nicht Recht bleiben“.
- An fünfter Stelle im Buch stehen „Rollenvorurteile oder wie man lernt zu tun, was ‘richtig’ ist“.
- Sechstens folgt „Herstellung, Verteilung, Verbrauch. Wie aufgeteilt wird, was alle erarbeiten“.
- Im siebten Kapitel steht das Thema „Stände, Schichten, Klassen. Was man über Gleichheit und Ungleichheit lesen kann“ an. Achtens folgt: „Macht, Kontrolle, Mitbestimmung. Oder warum viele tun, was einige sagen.“ D. h. vom Themenspektrum ist dies für die damalige Zeit ein außerordentlich wichtiges und auch letztlich noch zeitgemäßes Konzept.

Wenn wir uns aber die methodische Durchführung näher anschauen, werden wir feststellen, daß noch wenig Praxiserfahrung in diese neuen Sachunterrichtsthemen eingegangen ist. An zwei Themenbeispielen soll dies nun ausführlicher vorgestellt werden:

Das Ziel von Gertrud Beck geht zwar auf kritisches politisches Handeln hinaus, tatsächlich läuft die Praxis des Sachunterrichts sehr stark auf kognitives Durchdringen von Inhalten. Die Themen sehen noch recht weit und offen aus, Neuigkeit, Nachrichten, Information, Werbung, Reklame, Propaganda, Stände, Schichten, Klassen, Macht, Kontrolle, Mitbestimmung, Tatsachen, Probleme, Konflikte, um nur einige zu nennen.

Die konkreten Unterrichtsbeispiele zeigen aber, wie stark dieses Konzept doch primär auf kritisches Durchschauen ausgerichtet ist. Für veränderndes Verhalten reicht aber das „Kopfwissen“ nicht aus, auch die Emotionen und tatsächliches Verhalten sind wichtige Bedingungen politisch verändernden Lernens. Dies sei an einem Beispiel aus dem Themenbereich „Herstellung, Verteilung, Verbrauch“ verdeutlicht. Eine Autofotographie steht zu Beginn dieses Themenabschnittes. Hier stellt sich die Frage, wie sie ihre konsumkritische Intention gerade am Beispiel eines emotional hoch besetzten Konsumgutes zu realisieren versucht. Sie schließt an das Foto die Frage „Wieviel Geld kostet ein Auto in einem Jahr?“ an. Anschaffungspreis, Versicherungen, Steuer, Reparaturen, Benzin, werden aufgeschlüsselt, die Kinder müssen die Kostenzahlen eintragen. Auch noch weitere Dimensionen sind dabei als Variablen zu berücksichtigen wie PS-Zahl und Alter des Autos, ob es sich um ein neues oder ein gebrauchtes handelt, ob Normal- oder Superbenzin verbraucht wird, also Dimensionen, wie sich der Preis verändern könnte.

Als Hilfe zum Ausfüllen der Tabelle wird dann im Buch entsprechend dem wissenschaftsorientierten Konzept empfohlen: „Informationen dazu kannst du dir beschaffen, wenn du deine Eltern befragst, dir Prospekte besorgst, in Autozeitschriften nachschlägst...“ Die Kinder sollen also selbständig das Wissen aus der „Erwachsenenwelt“ herbeiholen und zusammentragen. Wenn dies gelingt, können die Kinder erkennen, daß ein Auto sehr teuer ist.

Soweit entspricht der Unterrichtsansatz den für die Zeit typischen kognitiven Aufklärungskonzepten.

Gertrud Beck versuchte aber schon damals, über diesen Ansatz hinauszugehen und auch sozial-emotionale Dimensionen in Ansätzen in den Unterricht einzubringen.

So werden anschließend die Dialoge in einer Familie über verschiedene Konsumwünsche abgedruckt, um den Kindern verschiedene Identifikationsmöglichkeiten anzubieten. Die Kinder sollen nun im Unterricht die verschiedenen Wünsche begründen und Rangfolgen zwischen ihnen herstellen sowie verschiedene Gründe für und gegen den Autokauf benennen und vergleichen. Die emotional geprägte Familienkonfliktsituation wird also wieder auf rationaler Ebene zu lösen versucht. Es geht darum, Begründungen zu finden, ob ein neues Auto notwendig oder wünschenswert ist.

Eine eventuell vertretene Intention, daß die Kinder im Unterricht autonome Einstellungen erwerben, kann aber nicht durch dieses bloße Zahlenauflisten oder durch Argumentationengegenüberstellung und kognitive Abwägung erreicht werden.

Weil alles letztlich über den Kopf läuft, kommen die Kinder nicht in die Lage, ihre eigene Person und ihre eigenen Motive, nämlich ein Auto sehr attraktiv zu finden, in Frage zu stellen. Und darin scheint einer der Hauptmängel bisheriger gesellschaftskritisch intendierter Sachunterrichtscurricula zu liegen, daß diese Ziele durch die primär kognitive Orientierung des Unterrichts letztlich gar nicht erreicht werden können.

Nichtsdestotrotz sind diese Ziele selbst außerordentlich bedenkenswerte und wichtige Ziele. So ist es in einer Konsumgesellschaft voller untergründig wirkender Werbestrategien in der Tat wichtig, daß Menschen in der Lage sind, z. B. nicht von Manipulation abhängig zu sein. Kinder werden immer mehr und von immer raffinierteren Manipulationsmechnanismen durch Werbung, durch Medien usw. in ihrer freien Persönlichkeitsentwicklung beeinträchtigt. Aber es bleibt sehr fragwürdig, ob diese an untergründige Gefühle appellierenden Werbestrategien nun pädagogisch einfach nur über durch den Kopf gehende Erkenntnisse relativiert werden können.

Die Dominanz kognitiver Herangehensweisen in frühen sozialwissenschaftlichen Konzepten wird auch bei vielen anderen wichtigen Inhalten deutlich. Vielfach wird schon allein durch den Zuschnitt des Themas auf der begrifflichen Ebene – etwa beim Thema „soziale Schichten“ – eine rein begriffsorientierte und kognitive Lernweise nahegelegt. Es wird zwar deutlich, daß Gertrud Beck den Kindern keine deskriptive Schichtensoziologie vorlegen will, sondern daß sie Veränderungsbereitschaft der Kinder gegen die ungleiche Verteilung von Eigentum anzubahnen beabsichtigt. In der Praxis sieht die Unterrichtsdurchführung dann so aus, daß es im Buch (das erste Erscheinungsjahr war 1973) tabellarische Übersichten gibt, wie die Menschen in der Bundesrepublik nach monatlichem Einkommen verteilt sind, daß 11 % mehr als 2.000 DM verdienen, 13 % zwischen 1.500 und 2.000 DM, 29 % zwischen 1000 und 1500 DM usw. Diese absoluten ungleichen Einkommensverteilungen werden danach auch prozentual aufgelistet. Schließlich wird die soziale Schichtung nach Art der Schulbildung aufgeführt, daß 74 % nur die Volksschule, 22 % die Mittelschule (Realschule) und 6 % eine höhere Schule besucht haben (Beck u. a. 1973).

Es ist schwer vorstellbar, wie die Kinder anhand dieser sehr dicht präsentierten Daten nun zu Wertungen oder Meinungen kommen. Insbesondere wenn auch noch der klassentheoretische Ansatz anschließend durch eine Aussage vorgestellt wird:

„Manche Leute halten einen anderen Unterschied für noch wichtiger. Menschen die Geld oder Maschinen besitzen und davon leben und Gewinne haben. Menschen, die nur ihre Arbeitskraft anzubieten haben, um den Lebensunterhalt zu verdienen."

Erst in den abschließenden Fragen wird wiederum Bezug zu den vorweg vermittelten emotional sehr dichten Fabeln und Märchen zur Ungleichheit entwickelt. Hier wird der Übergang von rein begrifflich-kognitivem Lernen hin zu meinungsbildendem problemorientierten Lernen besonders augenfällig. Trotz der generellen kognitiv-begrifflichen Orientierung ist in den Konzepten Gertrud Becks – über die Trends der Zeit hinausgehend – immer wieder der Versuch feststellbar, auch emotionale Anknüpfungspunkte bei den Kindern zu finden. Bei diesem Thema ist es etwa die Äsop-Fabel von der Grille und der Ameise, in der die Grille schließlich im Winter Hunger hat, weil sie im Sommer nur musiziert hat, die Ameise ihr dann nichts mehr zu essen gibt, die Fragen der Arbeitsteilung und des sozialen Ausgleichs sehr dicht präsentiert.

Diese emotional sehr vielschichtigen Fabeln werden schließlich durch im Lehrbuch abgedruckte kritische Leitfragen abgeschlossen wie: „Warum lügen Feen und Wichtel? Wem nützen die Eigenschaften, die in einer Geschichte gelobt werden? Wem nützt es, wenn junge Menschen ihr Glück von Zauberfiguren erhoffen? Werden in einer Geschichte Unterschiede zwischen Menschen als natürlich hingestellt?" (Beck u. a. 1973, 59). Das Ziel ist also nicht, die verschiedenen Sichtweisen und Gefühle der Kinder zur Gleichheitsfrage auszuloten, sondern auch wieder außerordentlich kritisch die bestehenden gesellschaftlichen Verhältnisse zu durchschauen. Auch hier sind kognitive Denkprozesse gefragt, wobei offen bleibt, wie die Kinder in einer kurzen Unterrichtseinheit tatsächlich dem angestrebten Ziel gemäß eigenständiges kritisches Denken erwerben können und nicht nur die Sichtweise ihrer Lehrkräfte rezipieren.

Die illustrativen Details in diesem Lehrbuch für die Hand von Grundschulkindern, wie Lucy-Comics (ebd., 3), Originalbilder der Werbung (ebd., 5), veranschaulichende Fotos (ebd., 8) scheinen nicht ausreichend zu sein, um über einen insgesamt stark verbal-kognitiven Unterricht hinauszuweisen.

Aber auch hier gibt es einige spannende Details, die auch für heutigen Sachunterricht aufgreifbar sind. Z.B. wird über die Ständegesellschaft im Mittelalter eine Skizze der mittelalterlichen Kleiderordnung abgebildet, aus der deutlich wird, welcher Stand wie gekleidet und wie die Stände in der Hierarchie übereinanderstanden oder welche Schuhe welcher Stand anziehen durfte u. ä. mehr. Das sind sicherlich spannende Informationen, an denen Kinder viel erkennen können, aber aus heutiger Sicht sollten sie in einem mehr handelnden Konzept stehen und nicht in einem nicht nur informationsvermittelnden. So bleibt offen, ob die Kinder sich nicht weiterhin eher mit der strahlenden Königsfigur identifizieren als mit den Bauern, deren Befreiungskampf im Lehrbuch kurz angedeutet wird.

Letztlich kommt auch bei Gertrud Becks sozialwissenschaftlichem Sachunterrichtsentwurf – ähnlich wie in den naturwissenschaftlichen Curricula der frühen 70er Jahre – didaktisch das Konzept „structure of discipline“ zum Tragen. Dies wird besonders im ökonomischen Themenbereich am Beispiel „Angebot und Nachfrage“ (ebd., 49) deutlich. Da werden typisch wirtschaftswissenschaftliche Begrifflichkeiten wie „Auf dem Markt treffen sich Käufer und Verkäufer“ lediglich auf Kindersprache umtransponiert und in die folgenden Merksätze gefaßt: „1. Manche Preise bilden sich auf dem Markt. Ist das Angebot größer als die Nachfrage, kann der Preis niedriger werden, ist das Angebot geringer als die Nachfrage, steigt der Preis. 2. Andere Preise werden festgesetzt. Die Preise für Briefporto werden durch das Bundesministerium für Post und Fernmeldewesen in Übereinstimmung mit der Bundesregierung festgesetzt“ (ebd., 49). D. h. es werden klassische aus dem Lebenskontext heraushobene Begriffsinhalte ins Zentrum der Aufmerksamkeit für den Unterricht gerückt.

Die Gefahr, daß dadurch totes Kategorienlehren, was ist Angebot, was ist Nachfrage, im Unterricht folgt, ist nicht von der Hand zu weisen. Es ist zu vermuten, daß im Zusammenhang „gesunde Ernährung“ oder „Verkauf selbsterstellter Produkte auf dem Schulhof“ das Problem der Preisbildung, sehr viel sinnvoller und sehr viel mehr im inhaltlichen Kontext entwickelt werden könnte als bei der Vermittlung abstrakten Fachwissens.

Bereits 1975 wurden von dieser Autorin aber bereits methodische Hilfen zum sozialen Lernen für Vorklassen und Eingangsklassen der Grundschule herausgegeben (Beck u. a. 1975), in dem handelndes Lernen, die Motive der Kinder, eine Einbindung der Inhalte in Alltagssituationen schon recht fortgeschritten gelungen sind. Dieser Band ist jedoch in der Praxis wenig rezipiert worden. Stattdessen wurden stark kognitiv ausgerichtete Unterrichtseinheiten zum politischen Lernen aus einer von Paul Ackermann (1973ff) herausgegebenen Reihe weiterhin als Modelle sozialwissenschaftlichen Sachunterrichts verbreitet. Hier liegen didaktische Entwürfe in Sammelbandform und verschiedene Unterrichtsmodelle als Themenhefte vor (z. B. Geld oder Orangenmarkt).

Ich beschäftige mich mit diesem Ansatz politischen Lernens in der Grundschule nicht mehr ausführlich, denn auch dort werden immer wieder Informationen als Hauptziel und eine hohe Abstraktion der Ziele angestrebt. In diesem Konzept Akkermanns werden stärker kursartige Elemente vorgeschlagen, damit die Kinder die erforderlichen Arbeitstechniken lernen. Somit werden die Methoden aus den Inhalten herausgelöst.

Die hohe Abstraktion dieses Konzeptes soll hier an einem kurzem Beispiel dargestellt werden, nämlich der Unterrichtseinheit Jungen und Mädchen. Die folgenden Ziele soll diese Unterrichtseinheit erfüllen:

1) den Schülern Einblick in die Struktur gesellschaftlicher Zusammenhänge geben
2) ihn zu eigenen Auseinandersetzungen und zur kritischen Stellungnahme mit ihnen zu befähigen

3) durch die Auflockerung von Rollenfixierungen zur Veränderung von Verhaltensweisen des Schülers führen

Angesichts dieser hohen Ziele kommen die unterrichtlichen Praxisvorschläge banal vor. So soll in einem Tafelanschrieb festgehalten werden, wieviele Mädchen, wieviele Jungen zur Hauptschule, zur Realschule und zum Gymnasium gehen, um festzustellen, daß in der damaligen Zeit zu wenig Mädchen ins Gymnasium gingen.

Auch hier werden wieder Informationen kognitiv dargeboten und in der Erwartung ihrer aufklärerischen Wirkung präsentiert. Es folgen Tabellen, Gegenüberstellungen von Meinungen zur Gleichberechtigung und der wiederholte Appell an kritisches Abwägen.

In diesem Konzept sind nicht nur die Ziele, sondern auch die kognitiven Anforderungen außerordentlich hoch, die an die Kinder gestellt werden.

Während das Thema Werbung im Ansatz von Gertrud Beck wenigstens durch ansprechende und auffällige Illustrationen interessant für die Kinder gestaltet wird, wird hier in einem Arbeitsblatt zur Wirkung von Farben zunächst einmal definiert, was warme Farben und was kalte Farben sind. Es werden Texte dieses Abstraktionsgrades direkt an die Kinder weiterzugeben empfohlen: „Die stärksten Kontraste sind rot und blau. Es gibt unter den roten Farben wärmere und kältere. Die Farben je nach ihrer Stelle auf der kalten oder warmen Seite wirken als Symbole und zwar unmittelbar auf das Gefühl. Die kühlen Farben drücken Entrückung, Verklärung aus. Auch zurückhaltende Vornehmheit. Die wärmeren Farben drücken Annäherung, Abgeschlossenheit, Intimität aus“ (Ackermann 1973, 146).

Auch die Weiterentwicklungen politisch-sozialen Lernens (vgl. Schmitt 1976) blieben didaktisch-methodisch – trotz des hohen kritischen Zielanspruchs – auf der mechanisch-aufklärerischen Ebene stehen.

Mit der allmählichen Kritik an der Vermittlungsweise dieser Themen sind diese gesellschaftswissenschaftlichen bedeutsamen Themen wie gesellschaftliche Wertvorstellungen in verschiedenen Kulturen, geschlechtsspezifische Rollen, Fernsehen, Werbung u. a. insgesamt aus den Richtlinien und Lehrplänen für den Sachunterricht weitgehend verschwunden, obgleich es für die angestrebten Ziele genug didaktische Legitimierung gab und gibt.

3.4 Mehrperspektivischer Sachunterricht

Eines der am häufigsten und wegen seiner Differenziertheit am meisten gelobte Konzept wurde in Reutlingen Anfang der 70er Jahre entwickelt. Vor allem Giel und Hiller gelten als die Hauptautoren. Dieses Konzept ist das früheste Sachunterrichtskonzept, das versucht hat, sozialwissenschaftliche und naturwissenschaftliche Inhalte zu integrieren.

Es ist aus einer langen kooperativen Diskussion des Projektteams hervorgegangen, bei der sehr grundlegende didaktische Überlegungen im Mittelpunkt standen. Es wurde aus Mitteln der VW-Stiftung gefördert und sollte gerade nicht die Fehler einer einzelfachlichen didaktischen Orientierung wiederholen, sondern sich an Alltagssituationen orientieren. Insofern ist hier erstmals systematisch der Versuch gemacht worden, von den historisch gewachsenen Fachdisziplinen abzusehen und die gesellschaftliche Wirklichkeit als Grundlage wissenschaftlicher Curriculumentwicklung zu nehmen. Dieses Konzept wurde „Mehrperspektivischer Unterricht" genannt und wird generell auch heute noch als besonders differenziertes Konzept hervorgehoben. Lediglich in der „Didaktik des Sachunterrichts" von Dagmar Hänsel (1980) finden wir deutlich kritische Anmerkungen hinsichtlich der Praxisrelevanz dieses Ansatzes. So bezeichnet sie dieses Konzept als intellektuelles Glasperlenspiel (Hänsel 1980, 74).

Sie deutet damit bereits an, daß sie diese Konzeption als auf sehr diffizilem Niveau ohne praktische Relevanz einschätzt. Ehe ich hier einige Beispiele aus der praktischen Umsetzung näher betrachte, will ich zunächst das theoretische Konzept kurz skizzieren.

Das Konzept vom mehrperspektivischen Unterricht geht davon aus, die Zersplitterung der Inhalte in einzelne Fächer aufzuheben, um dann im Unterricht tatsächliche bedeutsame Alltagssituationen der Kinder besser durchschaubar zu machen. Dabei wollten Giel, Hiller u. a. (1974) den Kindern nicht eine diffuse Ganzheit im Sinne der alten Heimatkunde vorsetzen, sondern aus verschiedenen Perspektiven bedeutsame Inhalte erschließen. Dies kommt auch in der Bezeichnung der Bände dieser Konzeption als „Stücke zu einem mehrperspektivischen Unterricht" zum Ausdruck. Ihre pädagogische Leitidee ist es, „Kinder und Jugendliche fähig zu machen, daß sie zunehmend kritischer, weitsichtiger, gescheiter, risikobewußter, kalkulierter und humorvoller in der Wirklichkeit, in die sie verstrickt sind, handeln können" (Giel / Hiller 1974, 12). In der Zieldimenension „humorvoller" kommt bereits zum Ausdruck, daß auch emotionale Lernprozesse neben den quantitativ dominierenden gesellschaftskritischen zum Tragen kommen. Ein wesentliches Ziel ist die Herstellung von Handlungsfähigkeit, die in der Reutlinger Konzeption im Sinne der Kritischen Theorie (u. a. Habermas 1981) weniger als konkretes praktisch-veränderndes Handeln, sondern als kritisch reflektierendes Verhalten verstanden wird. Damit wird die hohe kognitive Grundlegung des gesamten Konzeptes deutlich.

Für die Inhaltsauswahl wurde ein Themenraster entwickelt (ebd., 97), das nach verschiedenen Schuljahrsstufen differenziert auf die für als fundamental angesehenen gesellschaftlichen Bereiche, sie nennen es „soziopolitische Funktionen und anthropologischen Funktionen" (ebd., 97) in einem zweidimensionalen Raster bezogen werden. Im ersten Entwurf von 1971 wurden noch 10 verschiedene gesellschaftliche Bereiche unterschieden, wie in der folgenden Tabelle sichtbar:

Themenübersicht mehrperspektivischer Unterricht

Themenbereich	1. Schuljahr	2. Schuljahr	3. Schuljahr	4. Schuljahr
Wohnen	Kinderzimmer	Hochhaus	Stadtplan	unbehaustes Wohnen / Zwangswohnen
Dienstleistung	Post	Taxizentrale	Krankenhaus	Versicherungsgesellschaft (im späteren Entwurf: Friedhof)
Erziehung	Schule-Einschulung	Lehr- und Lernmittel	Lehrer- / Schülerrollen	Sportverein / Peergroups
Produktion	Sprudelfabrik	Binnenstruktur eines Betriebes	Konzern	Landwirtschaft und EWG
Freizeit	Spielhaus	Freibad / Hallenbad	Reisebüro	Kirchen
Verkehr	Kfz.-Zulassungs-stelle TÜV	Tankstelle	Flugplatz	Verkehrssystem
Handel und Gewerbe	Supermarkt	Sommerschlußverkauf	Banken	Geldprobleme
Kommunikation	Fernsehen	Kino / Film	Rundfunk	Zeitung
Politik (in späteren Entwürfen gestrichen)	Wahlen	Gewerkschaft	Partei	Finanzamt / Öffentlicher Haushalte
Feier	Geburtstag	Weihnachten	Begräbnis	politische Feiertage

Abb. 7

An diesem Themenraster mit schließlich 32 verbindlichen Themen für das Grundschulalter wird der außerordentlich hohe auch gesellschaftskritische Anspruch der Autoren deutlich. Es sind nicht nur kindliche Erfahrungen wie Weihnachten und Geburtstag, sondern auch tabuisierte gesellschaftliche und im Alltag weniger sichtbare Probleme in dieses Curriculum aufgenommen worden wie Begräbnis oder unbehaustes Wohnen.

Auch hochabstrakte Themen wie „Versicherungsgesellschaft" waren gerade für das vierte Schuljahr vorgesehen. Aber die hohen gesellschaftskritischen Ansprüche auf seiten der Intentionen bewirken, daß auch die Themenwahl abstrakter wird. So haben die Autoren ihrem Konzept das sehr hohe Ziel vorweggestellt: „Wir wollen schon in der Vor- und Grundschule im Unterricht gesellschaftlich relevante Ausschnitte der Wirklichkeit rekonstruieren, als einen durch Menschen erzeugten Zusammenhang, als etwas, das Menschen in Organisationen, Gruppen oder als Einzelne so ausgebildet und verfaßt haben und wozu es Alternativen geben kann. Die Wirklichkeit soll als ein Gefüge durchsichtig werden, das man durch gezielte Eingriffe verändern, ja sogar destruieren und neu aufbauen kann, das man aber auch befestigen und verteidigen kann, das man aber allemal legitimieren muß" (Giel / Hiller 1975, 22).

Das Themengitter und die Intentionen zeigen aber noch nicht hinreichend die Besonderheiten dieses Konzeptes auf. Diese bestehen vor allem in der mehrperspektivischen Rekonstruktion dieser Handlungsfelder, d.h. daß die Themen in verschiedenen Zugangsweisen aufgeschlüsselt und analysiert werden. Derartige Rekonstruktionen sollen die Wirklichkeit nicht abbilden, sondern verständlich machen (ebd., 14). Nach dem Reutlinger Konzept werden dabei anfangs sieben, später vier verschiedene Rekonstruktionsperspektiven vorgesehen. Deshalb wäre der Begriff „siebenperspektivischer Sachunterricht" genauer, denn nur auf diese sieben Zugangsweisen hin sind die jeweiligen Unterrichtsthemen untersucht worden. Diese sieben Perspektiven sind (ebd. 15ff):

1) die räumliche Perspektive (z.B. Bewegungsmöglichkeiten und Raumgefühle)
2) die szenische Perspektive (hier sollen die Menschen als alltäglich Rollenspielende in den jeweiligen Handlungsfeldern betrachtet werden)
3) die institutionalisierte Perspektive (hier wird das Planspiel als Beispiel des Handelns in bestimmten Positionen für den Unterricht vorgeschlagen)
4) die wissensbezogene und technische Perspektive (hier sind ähnlich wie in der wissensakkumulierenden Sachkunde instrumentierbare Aussagen und Gefüge von Sachverhalten gefragt)
5) die kultur-anthropologische Rekonstruktion (hier werden interkulturelle Vergleiche zur gegebenen Wirklichkeit vorgeschlagen)
6) die Perspektive persönlicher Erlebnisse und Erfahrungen
7) die körpersprachliche Perspektive (Pantomime und andere nicht-verbale Kommunikationsformen werden hier zur Rekonstruktion des Inhalts eingesetzt)

So kompliziert dieses siebendimensionale Raster auch wirken mag, so sehr sollte der produktive didaktische Gewinn dieses Ansatzes nicht in Vergessenheit geraten. Hier wurden nämlich gegenüber der bislang eindeutigen kognitiven Orientierung von Lernen auch subjektive Bedeutungen zugelassen. Inhalte des Sachunterrichts wurden nicht allein als rational klärbare gesehen, sondern auch als einbezogen in zwischenmenschliche subjektive Definitionen und verschiedene gesellschaftliche Interessensauseinandersetzungen. Emotionales, menschliches Handeln und Denken waren – wenn auch letztlich ungleichgewichtig – doch gleichermaßen in der Theorie vorgesehen.

In den späteren Schriften wurde der mehrperspektivische Zugang auf lediglich vier Zugangsweisen zusammenfassend konzentriert, nämlich die scientistische (d.h. klassisch fachwissenschaftliche Inhalte), szenische (die Rekonstruktion von Wirklichkeit im darstellenden Spiel), politische (die Verdeutlichung im Kontext öffentlicher und politischer Interessenskonflikte) und subjektive Perspektive (aus den subjektiven Erfahrungen und Erlebnissen). Diese werden u. a. von Renner als zu schematisch und eng kritisiert: „Man läßt zur Aufarbeitung der Handlungsfelder nur vier Zugriffsweisen gelten. Dabei bleibt offen, ob nicht andere Zugriffsweisen den entsprechenden Sinnzusammenhang angemessener erhellen. Es bleibt auch offen, welche Funktion die spezifischen Zugriffsweisen der Kinder vor dem Hintergrund der scientischen, szenischen, politischen und subjektiven Perspektive haben" (Renner 1982, 201).

Diese Kritik an der Begrenztheit der sieben oder vier Zugangsweisen generell ist bestimmt berechtigt. Auch die schematische Deklination jedes Themas in Hinblick auf alle diese Rekonstruktionsweisen ist sicherlich problematisch. Es sind u.a. auch praktisch-handelnde, philosophische, in ästhetischen Symbolen oder in literarischen Deutungsweisen fundierte Zugangsweisen denkbar, um Inhalte von mehr Perspektiven her zu betrachten. Historisch ist jedoch das Verdienst des Reutlinger Konzeptes nicht zu unterschätzen, überhaupt auf die didaktische Legitimität subjektiver oder szenisch-kommunikativer Annäherungen an Inhalte hingewiesen zu haben und die bislang durchgängige ausschließlich fachwissenschaftliche Orientierung des neuen Sachunterrichts zurückzuschrauben.

Problematischer als die Theorie scheint mir die Umsetzung dieser Theorie in die Praxis zu sein.

Schon das einzige praktische Veranschaulichungsbeispiel aus dem Erfahrungsbereich Erziehung fürs 1. Schuljahr im 1. Theorieband zur Konzeption zeigt den sehr konstruierten und faktisch gerade an der kindlichen Erfahrungswelt vorbeiziehenden Charakter dieses Ansatzes. Dort wird vorgestellt, wie in den von den Kindern zusammengestellten Collagen die Wirklichkeit mehrdimensional rekonstruiert wird. Als Unterrichtsanregung dazu werden Umrisse von Kindern vorgegeben. Die Collagen sollen zeigen, wie das Kind in dieser Welt ist. Dazu sollen die Kinder aus Zeitschriften Bilder herausschneiden und auf der Umrißfigur zusammenkleben. Anschließend sollen diese Collagen im Gespräch gedeutet werden. Dazu werden im

Theorieband Musterinterpretationen vorgelegt. Es wird vorausgesetzt, „daß der Schüler lernt, Bildelemente aus Kontexten und Bildsyntaxen herauszureißen und ihnen eine neue, erst von ihm gewollte Bedeutung zu geben, indem er sie in einen neuen Zusammenhang ... einfügt“ (ebd., 25).

Die abgebildeten Collagenbeispiele werden so gedeutet, daß dieses eine Kind zu stark Perspektiven der Erwachsenenwelt habe und sich selbst nicht so sehr in die eigene Kindheit hineinversetzt habe; bei einem zweiten Beispiel wird kritisch analysiert, daß ein Kind, das sehr viel fertige Spielsachen ausgeschnitten hat, sich zu sehr in einer vorgefertigten Spielzeug-Welt befinde, ein drittes Mal wird gesagt, dieses Kind habe sich selber szenisch in Relation von Erwachsenenwelt und Kinderwelt befunden (ebd., 25f).

Es wird nicht die Möglichkeit einbezogen daß die Kinder oft ganz pragmatisch einkleben, was sie gerade finden. Und in den Katalogen sind auch meist nur die vermarkteten Bildsymbole zu finden, so daß es etwas gewagt ist, nun gleich daraus zu konstruieren, dieses Kind definiere sich in einer Motorradwelt oder der Polizist ist an der Stelle des Herzens des Kindes eingeklebt worden und was es heißt, daß im Zentrum des Kindes dieses oder jenes Bildchen hineingeklebt worden ist. Es scheint so zu sein, daß einer vielleicht sehr banalen Unterrichtstätigkeit sehr viel mehr theoriegemäßer Sinn beigemessen wurde, als ihr tatsächlich innewohnte.

Ich habe zur Veranschaulichung der praktischen Umsetzungsprobleme nun ein einziges Unterrichtsthema von den insgesamt vierzig vorgeschlagenen zur näheren Analyse ausgesucht, nämlich das Unterrichtsthema „Technischer Überwachungsverein“ fürs erste Schuljahr.

Zu diesem Thema liegt wie zu den anderen in der Projektlaufzeit fertiggestellten Unterrichtskonzepten ein Arbeitsheft für die Schülerinnen und Schüler sowie ein über 200seitiges Anleitungsbuch zum Thema für die Lehrkräfte vor (Nestle u. a. 1975).

Als Lehrkraft muß man nicht nur die allgemeine Konzepttheorie kennen, sondern auch die themenspezifischen Anleitungsbücher, um zu verstehen, was im Unterricht mit dem Arbeitsheft gemacht werden kann. Denn das Arbeitsheft ist nicht fast selbstinstruierend wie die Hefte des begriffsorientierten Sachunterrichts, sondern außerordentlich verschlüsselt dargestellt. Die Arbeitshefte sind ohne Anleitung für die Kinder völlig unverständlich.

Das Praxisarbeitsheft ‘Technischer Überwachungsverein’ (1. Schuljahr) wirkt schon so, als habe es viele Diskussionen über die grafische Gestaltung gegeben.

Auf der ersten Seite stehen sehr deutlich gedruckt Grundgesetzausschnitte:

„Jeder hat das Recht auf freie Entfaltung seiner Persönlichkeit. Grundgesetz Artikel 2. Jeder hat das Recht auf Leben und körperliche Unversehrtheit. Die Freiheit der Person ist unverletzlich.“ Auf derselben Seite darunter ist eine Welt voll von Friedhofskreuzen und links daneben ein Autofriedhof abgebildet. Laut Lehrerhandbuch sollen die Kinder jetzt durchschauen, wie das Grundgesetz faktisch durch die Autofahrgesellschaft mißachtet wird, daß Gesetzesanspruch und Realität auseinanderklaffen. Es soll deutlich werden, daß die freie Entfaltung der Persönlichkeit verschieden interpretiert werden kann, sowohl aus der Perspektive des Autofahrers, der nicht im Tempo begrenzt werden will und aus der Perspektive des Kindes, das das Recht auf körperliche Unversehrtheit beansprucht. Es soll also eine interessante Diskussion zwischen verschiedenen gesellschaftlichen Normansprüchen provoziert werden.

Dieser Widerspruch von Gesetzesanspruch und Gefahren durch den Verkehr wird anhand einer wenig aus der Erfahrungswelt des Kindes kommenden graphischen Gestaltung im Arbeitsheft zu initiieren versucht.

Auf einer weiteren Seite wird eine Collage abgebildet, die zeigen soll, wie der Mensch szenisch in den Verkehrsstreß eingebunden ist. Der Mensch ist schon ohne Gesicht und ohne Ausdruck gezeichnet, weil die bildlich angedeuteten Probleme ihn offensichtlich dominieren, nämlich die Zeit, der Streß, die Verkehrszeichen, die anderen Verkehrsteilnehmer. Das soll ein Kind laut Handbuch bei sehr abstrakter Bildgestaltung dabei denken bzw. im Gespräch allmählich herausarbeiten. Symbolisch soll durch eine Kilometerkurve angedeutet werden, wieviel Kilometer pro Stunde zurückgelegt werden, daß der Verkehr weitgehend von technischen Medien gesteuert ist und daß die menschlichen Zusammenhänge fehlen. Mit Farben werden Problembereiche symbolisiert, so die Phonstärke durch die Farbe blau.

In der weiteren graphischen Gestaltung wird verdeutlicht, daß es verschiedene Phonstärken in verschiedenen Situationen gibt und daß es natürlich auch verschiedene Verkehrssituationen gibt, in denen es lauter oder leiser ist, und was das für den Menschen bedeutet. Für seine physische Existenz, für sein Wohlbefinden und andere Aspekte. Auf abstrakten Zeichnungen werden die neuralgischen Punkte im Verkehr einer Stadt markiert, wo es überall Verkehrsgefahren gibt. Um auch subjektive Bedeutsamkeit herzustellen, werden diesen Zeichnungen der Gefahrenquellen auch Fotos von der Realsituation nachgestellt.

Deutlich wird auch aus dem Bild, daß die Magnetbahn als Verkehrsmittel von den Autoren als wichtiger Diskussionsinhalt und als Zukunftsutopie eingebracht werden soll. Im Handbuch sind dazu aber auch Inhalte aus dem Themenkreis Magnetismus nahegelegt, Magnetfelder von Stabmagneten, Scheibenmagneten und Hufeisenmagneten sind nur einige wenige Momente der scientistischen Wirklichkeitsrekonstruktion. Diesen und vielen anderen Unterrichtsschritten zur technischen Funktionsweise der Magnetbahn folgt dann im Arbeitsheft eine veränderte Zeichnung des Gefahrenpunkt-Stadtplanes – nun mit Magnetbahn.

Und hier wird sozusagen der Wirklichkeit die Zukunftsutopie aufgesetzt, indem zeichnerisch die Magnetbahn dort installiert wird, wo bisher Verkehrsgefahren waren. Die roten Gefahrenpunkte fehlen nun an den Häuserzeilen, es ist alles in einen Gefahrenpunkt untertunnelt, in die Magnetbahn. Die Menschen haben wieder Bewegungsfreiheit – jedenfalls in der Lehre der Lehrbuchautoren.

Tatsächlich wird nur äußerlich-abstrakt auf kindliche Bedürfnisse, etwa gefahrenfrei zu spielen, eingegangen. Um die Lehre der Aussage auch deutlich zu machen, wird nun nach „Installierung“ der Magnetbahn ein anderer Mensch abgebildet – der Mensch ist jetzt keine gestreßte Figur wie vorher der Autofahrer, sondern ein glücklich lesender im Sessel. Der Mensch entfaltet sich, seit es dieses Verkehrssystem gibt und es sind nur noch glückliche Phantasien in der Collage enthalten. Und die Kinder können jetzt Utopien des sozialen Zusammenlebens in der Zukunft mit Magnetschnellbahn unter der Erde kennenlernen.

Aber das schöne Zukunftsmärchen ist nicht das unterrichtliche Endziel. Die Kinder müssen noch viele Aspekte analysieren:

Der TÜV mit uns. Der TÜV mit dem Auto. Der TÜV mit dem Fahrrad. Der TÜV mit der Autoindustrie. Der TÜV mit der Politik. Und der Fragesatz: „Was hat der TÜV mit der Sicherheit zu tun? Der TÜV mit der Umwelt, der TÜV mit der Straße, der TÜV mit der Bahn, der TÜV mit dem Verkehr, der TÜV mit der Schule.“

Wir sehen an den Praxisbeispielen, daß trotz der mehrperspektivischen Intentionen in der Praxis noch weitgehend kognitives, lehrerzentriertes Lernen auch in diesem Konzept angesagt ist.

Es bleibt ungeklärt, wie die vielen gesellschaftskritischen Intentionen und Ziele verwirklicht werden können, z. B. tatsächlich für die Kinder einsehbar zu klären wie heute die Autoindustrie mit den Parteien in den Parlamenten verflochten ist und dies nicht nur als graphisch gestaltete Setzung im Buch abzudrucken.

Das Konzept des mehrperspektivischen Sachunterrichts kann als totaler Kontrapunkt zur Kindertümelei der Heimatkunde verstanden werden. Hier werden Kinder völlig als erwachsene Partner behandelt, die in gleicher Weise mit den Problemen der Erwachsenenrealität konfrontiert werden wie diese auch. Dies wird auch ganz bewußt in dem Konzept so vertreten: „Wir setzen uns ab von einem Konzept, welches das Kind lediglich zu einer Ausdifferenzierung seiner kindlichen Erlebnis- und Erfahrungswelt anleiten will, wie die überkommenen Heimatkunde- oder Gesamtunterrichtskonzepte mit letztlich völkischer Zielsetzung beabsichtigen. Wir wollen den Vor- und Grundschüler nicht festhalten auf dem Erkenntnisniveau des gesunden Menschenverstandes, worunter man in der Regel die Verständigkeit des braven Bürgers versteht. Eine solchermaßen durch Vor- und Grundschule inszenierte Kindlichkeit des Kindes bliebe ein Surrogat, leicht identifizierbar als ein parteiliches Produkt: Die herrschende Kindlichkeit bliebe weiterhin die Kindlichkeit der Herrschenden“ (Giel / Hiller 1974, 20). Diese bewußte Gegenüberstellung von kritischer Handlungsfähigkeit und anthropologischer Sichtweise des Kindes zeigt, daß in diesem Konzept auch theoretisch keine Vermittlungsmöglichkeit mit der hier vertretenen Position einer kindgerechten Sachunterrichtsdidaktik gibt. Wenn das Bild vom Kinde als zu gleichberechtigtem politischen Handeln prinzipiell befähigtem Menschen in diesem Konzept vertreten wird, dann kann es danach auch keine besonderen pädagogischen Zugangsweisen für Kinder geben. Die bisher kritisierten Mängel in der praktischen Durchführung sind gemäß den Ansprüchen der Autoren keine relevanten. Historisch hat jedoch die fast fehlende praktische Rezeption des mehrperspektivischen Sachunterrichts gezeigt, daß die Mehrzahl der Lehrkräfte andere Vorstellungen von Kindheit und Lernen haben.

Dagmar Hänsel resümiert die Praxisrelevanz des mehrperspektivischen Sachunterrichts außerordentlich kritisch. Nach ihrer Einschätzung „erweisen sich die entwikkelten Unterrichtsmaterialien für den Unterrichtsalltag als problematisch. Sie setzen zu ihrem Verständnis ein spezielles Studium des Lehrers (und ein dickes Fremdwörterbuch) voraus, sind für den normalen Schuletat unerschwinglich, trotz ihrer Machart als 'Halbfertigfabrikate' wenig veränderbar und überfordern mit ihren intellektuellen Glasperlenspielen ... gerade die unterprivilegierten Schüler" (Hänsel 1980, 74).

Trotz aller berechtigter Kritik an der damaligen sehr künstlichen Praxisumsetzung bleibt festzuhalten, daß die Reutlinger mehrperspektivische Sachunterrichtskonzeption weit ihrer Zeit voraus schon als produktive Leistung einen Blick für ästhetische Zugangsweisen im Sachunterricht hatte, als andere noch explizit in kognitiven Kategorien gebunden waren.

Für alle diese Varianten geschlossener Curricula – seien es mehrperspektivische, verfahrensorientierte, strukturorientierte, fachorientierte oder kritisch-sozialwissenschaftliche – gilt allerdings, daß sie trotz der in ihnen angelegten konzeptionellen Veränderungen in der Praxis nicht sehr viel Umsetzung erfahren haben, dies gilt auch für die USA und die dort entwickelten Curricula (vgl. Kaiser Hg. 1997, 181). Denn die Person der Lehrkraft mit ihren subjektiven Motiven, Wahrnehmungsweisen und Einstellungen (vgl. Rosenthal / Jacobson 1974 (2)) ist deutlich wichtiger für die Entwicklung von Schule und Unterricht als noch so differenziert begründete Konzepte.

3.5 Offene Sachunterrichtscurricula in England

Während sich in den USA und in der Bundesrepublik verschiedene geschlossene Curricula gegenüberstanden, hat sich in England zeitgleich anfangs ohne internationale Beachtung eine gänzlich andere Entwicklung vollzogen.

Die Strukturbedingungen des englischen Schulsystems, insbesondere seine dezentrale Verwaltung durch die örtlichen School Councils, daß die Ganztagsschule Regelform wurde und eine Einschulung der Fünfjährigen bestand, trugen mit zur spezifischen Entwicklung in England bei. Hier waren nicht objektive Erkenntnisse oder gesellschaftskritisches Handeln an erster Stelle gefragt, sondern eine aus einer anthropologischen Sicht gewonnene Einstellung, die Lernmotivation der Kinder zu fördern. Besonders weite Verbreitung hat das Curriculum-Projekt „Science 5 / 13" gefunden, das u. a. von der Nuffield Foundation getragen wurde. Dort standen als Förderziele an erster Stelle Wißbegierde, lustbetontes Lernen, Entdecken und Sammeln, Individualisierung und das Vertrauen auf die Fähigkeiten der Kinder. Nicht ein fester Kanon an Stoffen war vorgesehen, sondern die Art und Weise des Lernens ohne Arbeitsblätter als entdeckendes Lernen mit einer umfangreichen Klassenbibliothek, bei dem nicht gekaufte Materialien im Vordergrund standen. Die Lehrkräfte hatten die Aufgabe, Arbeitsvorhaben der Kinder anzuregen und nicht, sie zu einem bestimmten Erkenntnis- oder Handlungsziel hinzubewegen. Nicht Lehrgänge, sondern thematische Unterrichtseinheiten sind in diesem Konzept die Strukturierungsformen von Unterricht. Die lernpsychologischen Grundgedanken Piagets (1974) spielen in diesem Ansatz eine große Rolle. Es wurde vorausgesetzt, das Lernen sei dann am ergiebigsten, wenn es an die natürlichen Veränderungen angepaßt sei (Schwedes 1976, 22). Diese verlaufen bei der Denkentwicklung von Kindern nach Piaget (1974) nach verschiedenen Stadien, der prä-operationalen Stufe folgt die vor allem im Grundschulalter dominierende Phase der konkreten Operationen, die erst gegen Ende der Grundschulzeit in die nächsthöhere Stufe, die formal-operationale, nach dem Konzept Piagets übergehe (Schwedes 1976, 19).

Im Mittelpunkt dieses Ansatzes stehen problemhaltige Inhalte wie Schatten, Hören, Wind. Man wählt dabei „Probleme aus der unmittelbaren Umwelt der Kinder und läßt sie weitgehend anhand von praktischen Untersuchungen bearbeiten" (Schwedes 1976, 16). Die Kinder werden „intensiv bei der Auswahl der Probleme, die sie in Angriff nehmen sollen, beteiligt" (ebd., 23). Ziel ist es, nicht die naturwissenschaftlichen Vorstellungen der Lehrkräfte den Kindern aufzustülpen, sondern ein „Erweitern des kindlichen Erfahrungsbereichs" (ebd., 24) zu initiieren. Insbesondere auf das entdeckende Lernen (ebd., 38) wird das Augenmerk gerichtet. Damit löst sich die klassische Unterrichtssituation auf, denn entdeckendes Lernen kann in allen Fächern praktiziert werden. „Das hat zur Folge, daß Aktivitäten, die als 'naturwissenschaftliche' Aktivitäten zu bezeichnen sind, bei den verschiedenen Gelegenheiten durchgeführt werden" (ebd., 38). Nicht nur die Fächergrenzen lösen sich auf. Auch innerhalb des Unterrichts verlangt entdeckendes Lernen nach Auflösung der starren Klassenorganisation. „Wirkliche 'Entdeckungsarbeit' setzt voraus, daß die Kinder die Möglichkeit bekommen, einzeln oder in Kleingruppen und nicht im Klassenverband zu arbeiten" (ebd., 38). Auch die räumliche Gestaltung des Klassenraums muß anregungsreich sein, um entdeckendes Lernen zu fördern. Materialecken, Leseecken, Experimentierecken, Informationsmappen und andere Einrichtungen sind notwendig, um „die Bereitschaft der Kinder (zu) fördern, Verantwortung für ihre Arbeit zu übernehmen" (ebd., 39). Dieses englische Konzept hat gegenüber den strukturierten lehrgangsmäßigen Konzepten erstmalig auch Freie Arbeit im Sachunterricht propagiert und gefördert.

Auch in diesem Konzept wurden – abgeleitet vom Hauptziel, „Entwickeln einer Fragehaltung und eines wissenschaftsorientierten Problemlöseverhaltens" (ebd., 49) – verschiedene Methodenziele angestrebt, die den verfahrensorientierten Konzepten z. T. ähneln, nämlich:

- „Beobachten und explorieren, Beobachtungen ordnen
- Entwickeln von Grundkonzepten und logischem Denken
- Fragen stellen und experimentieren, um die Fragen zu beantworten
- Wissen erwerben und Fertigkeiten erlernen

- Kommunikation
- Beziehungen und Strukturen erkennen
- Ergebnisse kritisch interpretieren
- Entwickeln von Interessen, Einstellungen und ästhetischer Sensibilität" (ebd., 49)

Am Beispiel des Teilbandes „Erste Erfahrungen", der für die 5–7jährigen Kinder konkrete Handlungsanregungen bieten soll, soll nun die Praxisrelevanz dieses offenen Ansatzes näher überprüft werden. Ich wähle dabei das Beispiel „Licht und Schatten" aus. Andere Themen dieses Curriculums sind u. a. Wind, Klänge / Hören, Basteln und Bauen, Elektrisches Licht, Säen und Pflanzen, Kochen, Pflegen und Erhalten. Neuere Anregungen der englischen Curricula sind mittlerweile übersetzt (Griffith 1993).

Die Unterrichtsanregungen haben die Form von bildlich unterstützten Handlungsanregungen, von denen nur einige hier zum ausgewählten Schwerpunkt dargestellt werden (ebd., 59ff):

- Sonnenstandsverlauf im Laufe des Schulvormittags verfolgen und die Farben der Umgebung genau beobachten
- Sonnenstand durch Klebestreifen am Fenster markieren und den Schatten der Markierung an der Wand verfolgen
- Schattenspiele mit Taschenlampe unter mit Packpapier zugehängtem Tisch erzeugen
- einen Schatten eines Kindes auf Papier werfen und ausschneiden
- Zirkuskunststücke (z. B. Pyramiden) als Schatten simulieren
- den Schatten einer Flasche im Freien zu verschiedenen Tageszeiten verfolgen, die Schatten verschiedener Gegenstände an die Wand werfen
- Spiel „Schattentreten", den Schatten eines anderen Kindes zu treten versuchen
- Fangspiel mit Schatten
- Schattenspiele mit Figuren, Gegenständen, Fingern
- Können sich die Schatten von zwei Menschen die Hand geben, ohne daß sich deren Hände dabei berühren?
- einen Schatten mit sechs Armen werfen
- Könnt ihr auf euren Schatten springen?

Diese und die anderen Handlungsanregungen dieses Bandes unterscheiden sich in ihrer Lernform deutlich von den bisher vorgestellten Konzepten. Es werden nicht fest umrissene Ziele und Ergebnisse angesteuert, sondern geradezu umgekehrt wird von konkret umrissenen Lernausgangssituationen der Lernweg und die Intensität der Erkenntnisse relativ offen gelassen.

Diese Ansätze offenen entdeckenden Sachunterrichts haben allmählich Eingang in den bundesdeutschen Sachunterricht gefunden. Die englischen Experimentalbücher liegen mittlerweile in deutscher Übersetzung vor, viele der Anregungen aus den englischen Curricula sind in deutschen Lehrbüchern abgedruckt oder in publizierten Unterrichtseinheiten für die weitere Praxis empfohlen worden. Auch die gestalteten

Ecken in Klassenräumen und die Ausstellungstische beginnen immer mehr Alltag auch in deutschen Schulen zu werden. Gleichwohl sind dies nur Zeichen einer ansetzenden Öffnung von Sachunterricht. Häufig werden nur vereinzelte Elemente übernommen, während der übrige Unterricht weitgehend lehrerzentriert gesteuert abläuft. Gleichwohl ist eine generell zunehmende Wertschätzung entdeckenden Lernens nicht zu übersehen, so daß zu vermuten bleibt, daß sich diese Ansätze auch weiterhin fortsetzen werden.

3.6 Die real existierenden Sachunterrichtskonzepte der 80er Jahre

Immer wenn Konzeptionen miteinander verglichen werden, besteht die Gefahr, daß Besonderheiten überzeichnet werden, während die anderen auch mitgedachten Aspekte ins Hintertreffen geraten. Dies gilt auch für die Curriculumkonzepte der 70er Jahre. So wird ihnen aus heutiger Sicht vorgeworfen, das Kind nicht genug gesehen zu haben. Gleichwohl finden wir in diesen Konzepten immer wieder Hinweise auf die Wichtigkeit, diese oder jene Frage auch in Hinblick auf die Kinder zu lösen. Es sind immer Verallgemeinerungen und Pauschalisierungen, die Darstellungen von Konzepten begleiten. Gleichwohl bedeutet es auch sehr viel für die praktische Rezeption, welche Gesichtspunkte bei einer Konzeption besonders in den Vordergrund geraten sind.

Die mehr der Wissenschaftsorientierung verschriebenen Konzepte der 70er Jahre hatten trotz der Beachtung der Kinder im Detail deren Perspektive zugunsten der Fachinhalte eher aus dem Auge verloren. Dies wurde gerade im Zuge ihrer praktischen Erprobung immer deutlicher als Kritik hervorgehoben. Dennoch haben die meisten Autorinnen und Autoren selbst diese Dimension keineswegs völlig aus dem Blickwinkel verloren. Sie wurden aber in der folgenden Debatte gerade in grundschuldidaktischen Zeitschriften und auf Fortbildungen immer deutlicher thematisiert.

So lösten sich allmählich systematisch entwickelte Sachunterrichtskonzeptionen auf. An ihre Stelle traten einzelne themengebundene Vorschläge für die Praxis, in denen immer stärker bestimmte pädagogische Prinzipien auftraten. So wurden einzelne Begriffe wie Erfahrungsorientierung, Problemorientierung, kindgerecht, Projektorientierung zu Leitbegriffen der Begründung von konkretem Sachunterricht. Die Inhalte wurden stärker eklektizistisch ausgewählt. Trotzdem entstand allmählich bundesweit ein Themenkatalog für den Sachunterricht, der sich ansatzweise von den fachlichen Ordnungsprinzipien der frühen 70er Jahre löste. Derartige neue Standardthemen wurden wohl insbesondere durch weit verbreitete Sachunterrichtsbücher transportiert, der trotz unterschiedlicher Richtlinienvorgaben der Bundesländer vergleichbar war – oder zumindest Gemeinsamkeiten aufwies.

Hier seien zur Verdeutlichung die Themen des 3. Schuljahres von drei Sachunterrichtsbüchern gegenübergestellt:

a) Den Sachen auf der Spur. Offenburg 1981 (2):

- Schule
- Pflanzen
- Umwelt
- Wasser
- Wetter
- Verkehr
- Massenmedien
- Elektrischer Strom
- Familie
- Bauen
- Konsum
- Tiere
- Wohnen
- Mensch
- Wählen und Entscheiden

b) Meier, Richard: Sachunterricht. Ausgabe Niedersachsen / Bremen. Braunschweig 1979

- Schulweg
- Wanderung
- Karten
- Tauschen, Bezahlen
- Warentransport
- Wochenmarkt
- Einkaufsstätten
- Veränderung der Städte
- Wohnen
- Landwirtschaft
- Heidelandschaft
- Küstenland
- Niedersachsen
- Sinnesorgane
- Unfälle vermeiden
- Zusammenleben
- Tiere und Pflanzen
- Schule
- Mensch
- Brandgefahr
- Luft
- Elektrische Beleuchtung
- Werkzeuge
- Waage, Brücke
- Verkehr

c) G. Beck u. a.: Sach-und Machbuch. Frankfurt 1983(2)

- Bilder
- Wald
- Bauen mit Papier
- Freie Zeit
- Gelenkig
- Arbeit
- Geburt
- Lenkbare Wagen
- Tierkinder
- Töne, Geräusche, Lärm
- Geschichte einer Mühle / Geschichte einer Familie
- Wind
- Wohnen
- Werbung
- Schnecken
- Verkehrsprobleme
- Wasser

Themen wie u. a. Wasser, Schule, menschlicher Körper, Wohnen, Pflanzen, Tiere, Umwelt, Elektrizität, Bauen, Wetter oder Verkehr tauchen in fast allen Lehrwerken für den Sachunterricht und entsprechend in den Richtlinien der Länder auf. Es ist also das interessante Phänomen zu verzeichnen, daß trotz abgeebbter sachunterrichtsdidaktischer Diskussion um Inhalte und disparater Länderrichtlinien doch so etwas wie ein informeller Konsens um Inhalte sich herausgebildet hat. Die neuen Sachunterrichtskonzeptionen ranken sich vor allem um verschiedene didaktische Prinzipien, es erfolgt also gegenwärtig mehr eine methodische Umstrukturierung hin zu differenzierten Arbeitsformen, für in Schulleben bedeutsame Präsentationsformen und eine allmähliche Abkehr von der Dominanz rein kognitiven Lernens. Die Frage nach den Inhalten und Zielen bleibt jedoch durch diese Blickverschiebung auf die Unterrichtsmethoden nicht geklärt. Dazu sollen im 7. Kapitel ausführliche Überlegungen vorgestellt werden.

Die Veränderung des Sachunterrichts ist nicht unabhängig von verschiedenen grundschulpädagogischen Konzeptionen und Bewegungen zu sehen. Einen wesentlichen Anteil hatte in den letzten 20 Jahren die sich ausbreitende **Freinet-Bewegung**. Im Anschluß an den französischen Reformpädagogen Celestin Freinet (1965) bildeten sich seit Ende der 70er Jahre überregionale Zusammenschlüsse – ausgehend von zuerst jährlich bundesweit stattfindenden Pfingsttagungen – von Lehrkräften, die im Anschluß an Freinets Konzept ihre eigene Praxis weiterentwickeln wollten. Die wesentlichen Reformelemente für den Sachunterricht aus diesem Kontext waren das differenzierte Arbeiten, die Arbeit an selbsterstellten Büchern mit der Druckerei und die Projektarbeit. Die aus der Freinet-Bewegung hervorgegangene Pädagogik-Kooperative hat mittlerweile für verschiedene auch weniger verbreitete Sachunterrichtsthemen (z. B. Licht und Schatten, Indianer, Bewegung) Karteien für differenziertes Arbeiten herausgegeben, die entdeckendes, handlungsorientiertes und soziales Lernen ermöglichen.

Das **Marburger Grundschulprojekt** wurde seit 1972 unter der Leitung von Wolfgang Klafki (vgl. Klafki u. a. 1982) als erstes großes bundesdeutsches Grundschulprojekt im Sinne der Handlungsforschung von der VW-Stiftung gefördert. In diesem Projekt wurden neben stark rezipierten Ansätzen wie dem Wochenplanunterricht erstmals in größerem Umfang Formen eines fachübergreifenden projektartigen Sachunterrichts erprobt (vgl. Grüber / Koch 1978). Die dabei entwickelten, z. T. sehr anspruchsvollen Unterrichtsprojekte zu gesellschaftlichen Schlüsselproblemen, z. B. Technikgeschichte am Beispiel des Bohrers (Grüber / Koch 1978), Soziale Bedingtheit abweichenden Verhaltens, Schulkritik am Beispiel der „Häschenschule“, Zeugnisschreiben für die eigenen Lehrkräfte oder das Herstellen von Büchern sind von ihrer didaktischen Reflexion auch für heutigen Sachunterricht von Bedeutung (vgl. Klafki u. a. 1982).

Aber auch andere Konzeptionen beginnen Einfluß auf die Sachunterrichtsdidaktik zu nehmen. So wird mittlerweile die aus den Vorschuleinrichtungen der Region Reggio in Italien bekannte Konzeption eines ästhetisch orientierten Projektunterrichts, die sich intensiv auf die kreative Erfahrungswelt von Kindern einläßt, auch für die Grundschulpädagogik zunehmend zur Kenntnis genommen (Krieg 1993).

Insbesondere hat sich in den 80er Jahren die grundschulpädagogische Projektidee (vgl. Hänsel 1986) stark verbreitet. Vor allem mit der bürokratisch leichter handhabbaren Formvariante der Projektwoche hat sie dazu beigetragen, daß die Sachunterrichtspraxis weiterentwickelt wurde. Die Versuche, Projekte durchzuführen, haben an vielen Schulen dazu beigetragen, nach Lernorten außerhalb des Klassenzimmers zu suchen, Kinder in Problemlöseprozesse und forschendes Lernen einzubeziehen, differenziertes Arbeiten in Gruppen zu erproben. Diese Impulse bedeuten zwar nicht, daß damit bereits der gesamte Sachunterricht erneuert worden ist. Aber es sind an vielen Orten erste Schritte in Richtung eines handlungsorientierten, projektorientierten Sachunterrichts unternommen worden, aus denen sich allmählich auch eine Konzeption eines zukünftigen Sachunterrichts herausbilden kann.

4. Veränderungen von Lebenswelt der Kinder und Gesellschaft – die sachunterrichtsdidaktische Gegenwarts- und Zukunftsdimension

4.1 Veränderungen in Gesellschaft und Schule – oder der riskante Weg in den Weltmarkt

Wenn wir verschiedene Sachunterrichtskonzeptionen anschauen, dann werden wir immer wieder feststellen, daß sie entweder explizit in ihrer Begründung oder implizit in ihren Inhalten und Strukturen deutlich Ausdruck der jeweiligen gesellschaftlichen Bedingungen sind. So sind die auf enorme Fachwissensteigerung ausgerichteten naturwissenschaftlichen Curricula der frühen 70er Jahre eine Folge der geplanten US-amerikanischen Forschungspolitik nach dem Sputnikstart (vgl. Kap. 3).

Vor allem eine breite naturwissenschaftliche Kompetenz war das Ziel. Seit dem Sputnik-Schock wurden in den USA in Millionenhöhe Projekte gefördert, die neue Curricula – insbesondere im naturwissenschaftlichen Bereich – entwickeln sollten. Anfang der 70er Jahre kamen die Produkte dieser Bemühungen wiederum auf den bundesdeutschen Markt (vgl. SAPA 1971).

Aber nicht nur „von oben herab“ prägen gesellschaftliche Entwicklungen die Entwicklung von Sachunterricht. Das gesellschaftliche Aufbegehren Ende der 60er Jahre fand ihren Niederschlag in vielen kritischen sachunterrichtsdidaktischen Vorschlägen, in denen herrschende Verhältnisse hinterfragt, analysiert, durchschaut und kritisiert werden sollten (vgl. G. Beck u. a. 1974).

Sachunterricht hat also immer wieder – mehr oder weniger deutlich erkennbar – einen Prägestempel der gesellschaftlichen Situation, in der, aus der und für die Sachunterricht jeweils entwickelt wurde. Wir können Sachunterricht erst dann bewußt entwickeln, wenn wir uns über den gesellschaftlichen Kontext Klarheit verschafft haben. Deshalb soll hier von der didaktischen Trias, Kind, Gesellschaft und Sache, die Dimension Gesellschaft an erster Stelle für zukünftigen Sachunterricht näher umrissen werden. In diesem allgemeindidaktischen Kontext wird Gesellschaft nicht als möglicher Inhalt von Sachunterricht verstanden, sondern lediglich als Sonde zur Identifizierung von Inhalten.

Dabei ist voranzuschicken, daß gesellschaftliche Bedingungen und Entwicklungen niemals wertneutral existieren und auch nicht wertneutral beurteilt werden können. Sie sind Ausdruck gesellschaftlicher Interessen und Kräfteverhältnisse und müssen als solche gekennzeichnet werden, um nicht den fälschlichen Schein der wissenschaftlichen Objektivität zu verbreiten. Sozialhilfeempfangende, die um einzelne Leistungen kämpfen müssen, haben ein anderes Bild vom Sozialstaat als diejenigen mit Spitzeneinkommen und hohen Steuersätzen. Die wissenschaftliche Interpretation der gesellschaftlichen Wirklichkeit ist entsprechend von verschiedenen Erkenntnisinteressen geprägt. Wenn wir die Kategorie Gesellschaft zum Ausgangspunkt didaktischer Überlegungen wählen, müssen wir vorweg die darin eingehenden pädagogischen Normvorstellungen offenlegen. Ich gehe hier davon aus, daß auch Schule und Unterricht dazu beitragen sollen, daß sich in unserer Gesellschaft der demokratische Anspruch zu einer humanen Wirklichkeit für alle Menschen entfalten kann. Dies heißt, daß die Verschiedenheit der Menschen ernst genommen wird, aber daß ihnen gleiche Entwicklungsmöglichkeiten unabhängig von ihrem Geschlecht und ihrer sozialen oder religiösen oder nationalen Herkunft eröffnet werden. Der humane Anspruch heißt gleichzeitig, daß keine konkurrente Ellenbogengesellschaft, sondern eine Gesellschaft des sozialen Ausgleichs und damit auch eine Gesellschaft von Auseinandersetzung und Konflikt unter demokratischen Regeln erforderlich ist.

Wenn wir uns mit dem Gesellschaftsbegriff als didaktischer Kategorie auseinandersetzen, dann ist angesichts der Renaissance des Heimatbegriffes auch zu klären, wie Gesellschaft begrifflich gefaßt werden soll, ob als Heimat, Gesellschaft, Lebenswelt, Umwelt oder Alltagswirklichkeit.

Insbesondere muß geklärt werden, ob die Kategorie Heimat einen wichtigen didaktischen Bezugshorizont bieten kann.

Soll erklärt „die Wiederentdeckung der Heimat (als) eine Folge der fortschreitenden Gefährdung unserer sozialen und natürlichen Lebensgrundlagen" (Soll 1988, 10), nämlich als Folge der Unwirtlichkeit der Umwelt (Soll 1988, 9; Duncker 1994b, 230).

Soll versucht nun, Heimat vom irrationalen Verständnis der alten dörflichen Heimatkunde des vorigen Jahrhunderts mit den konzentrischen räumlichen Ringen um Haus und Hof neu zu definieren, die damals durchaus noch ihre Berechtigung hatte. Denn „damals wuchsen Kinder in einem einheitlich strukturierten Raum heran; ausgehend vom Elternhaus eroberte sich das Kind nach und nach Teile des Dorfes und seiner Umgebung. So erweiterte sich der Lebensraum kontinuierlich zu einem zusammenhängenden, verfügbaren Lebensraum" (Soll 1988, 17). Dieses räumliche Verständnis von Heimat ist nach Soll angesichts verinselter Lebensräume von Kindern zwischen Spielplatz, Kinderzimmer, Musikschule, Schwimmbad, Schule und sonntäglichem Ausflugsort keine Grundlage mehr. Denn „in keinen der Teilbereiche gehört das Kind mit seiner ganzen Person. Der Stückelung des Raumes entspricht so auch eine Stückelung der sozialen Beziehungen" (Soll 1988, 18). Soll verweist dagegen darauf, daß auch die subjektive Sicht wichtig ist, also daß nur das Heimat ist, was das Kind auch emotional positiv als Ort der Geborgenheit (Soll 1988, 12) erfahren hat. Zum Heimatbegriff zählt er nicht nur Sicherheit und Identität, sondern auch sinnvolle Weltdeutung und Umwelterkundung (Soll 1988, 12ff). Ähnlich faßt auch Duncker die Renaissance des Heimatbegriffes positiv auf als „Wiederentdeckung der sozialen, politischen und natürlichen Umwelt als eines schutzbedürftigen Nahraums" (Duncker 1994b, 230) und formuliert als Aufgabe der Grundschule, daß sie einen Beitrag zum „Heimischwerden" (ebd., 231) durch Entwicklung einer demokratischen Schulkultur leistet.

Auch wenn diese spezielle Deutung von Heimat durchaus sinnvoll zu sein erscheint, enthält der Begriff Heimat – besonders im deutschsprachigen Kulturraum – immer auch räumlich-rückwärtsgewandte Dimensionen in den Vorstellungen der Zuhörenden. Deshalb sind fortschrittliche Umdefinitionen von Heimat letztlich didaktisch wenig ertragreich. Ich habe mich hier dafür entschieden, den Begriff Lebenswirklichkeit (vgl. Soostmeyer 1986), in dem auch emotionale Sinndeutungen und Umwelterkundung enthalten sind, anstelle des Heimatbegriffes zu verwenden. Dabei verstehe ich Lebenswirklichkeit als umfassende Dimension, während die „Alltagswirklichkeit konkret in Schule zugänglich“ (Mayer 1985, 23) ist.

„Lebenswirklichkeit meint hier die Gesamtheit aller Personen und anderer Lebewesen, aller Sachen und Sachverhalte, zu denen das Kind Beziehungen aufgebaut hat und aufbaut. Dazu gehören auch die Einflüsse, die aus den Lebensumständen und -gewohnheiten unserer Gesellschaft und aus Problemen anderer Gesellschaften ... stammen“ (Soostmeyer 1986, 28). Dazu gehören auch die kulturellen Wertvorstellungen und Produkte einer Gesellschaft. Eine Gegenüberstellung von Kultur und Gesellschaft, die Duncker mit der Kritik an Klafkis doppelseitiger Attributbildung „gesellschaftlich-kulturell“ als für empirisch noch nicht gegeben hält (Duncker 1994b), erübrigt sich dadurch. In der Lebenswelt sind kulturelle und objektiv sozialstrukturelle Seiten enthalten. Denn Lebenswirklichkeit repräsentiert objektive Welt und ist gleichzeitig subjektiv geprägt. Denn „Lebenswirklichkeit ist ... wesentlich mitbestimmt durch das, was man die ‘innere – psychische – Wirklichkeit’ eines Menschen nennt“ (Soostmeyer 1986, 28).

Wenn wir Aussagen über die gesellschaftliche Wirklichkeit und die Lebenswelt (Lippitz 1980) von Kindern heute machen wollen, gibt es nur einige wenige unumstrittene Merkmale festzuhalten, nämlich daß es keine tradierten festgelegten Sicherheiten mehr gibt. Gesellschaft wird zunehmend mit Veränderungskategorien oder gar mit Kategorien der Bedrohung beschrieben (vgl. Beck 1986). Gleichzeitig darf die Betonung der Veränderungsdynamik nicht unterschlagen, daß diese nur deshalb so hohe Risiken in sich birgt, weil gleichzeitig innerhalb einer Gesellschaft mit insgesamt großen Reichtümern große Ungleichheit besteht. Unabhängig davon, ob wir dies in Zahlen als Eindrittel / Zweidrittel-Gesellschaft oder Einzehntel / Neunzehntel-Gesellschaft ausdrücken, besteht für jeden Menschen die Gefahr, von Arbeitslosigkeit, Pflegebedürftigkeit, Berufsunfähigkeit und Statusverlust z. B. durch Ehescheidung betroffen zu sein und damit in Armut und / oder soziale Unsicherheit zu geraten.

Die Gesellschaft bleibt im Inneren weiterhin hierarchisch strukturiert, es erfolgt kein harmonisches Risikowechselspiel, sondern fundamentale soziale Umschichtungen können Folge risikohafter Veränderungen werden.

Die risikohafte Veränderung heißt aber nicht, daß damit auch keine konkreten Entwicklungserscheinungen der Gesellschaft benannt werden können. Zunächst einmal ist es wichtig, den diffusen Gesellschaftsbegriff zu dimensionieren, um zu pädagogisch handhabbaren Beschreibungen zu gelangen. Besonders verbreitet ist die Darstellung der Lebenswelt nach Habermas (1981) in drei Strukturen, nämlich Persönlichkeit, Gesellschaft und Kultur. Angesichts der gesellschaftlichen Verflochtenheit und Veränderung von Natur – wie es in den immer deutlicher zutage tretenden

Umweltrisiken zum Ausdruck kommt – ist m.E. auch die Natur als viertes Strukturmerkmal von Lebenswelt unerläßlich zu benennen. In diesem vierdimensionalen Raster ist gesellschaftliche Lebenswelt von Kindern hier zu verstehen und nach näheren konkreten Bezeichnungen zu suchen, welche die Breite der Lebenswirklichkeit zu erfassen vermögen.

Gerade in den letzten Jahren sind vermehrt Gesellschaftstheorien entwickelt worden, die nur eine Veränderungsdimension zur wesentlichen erklärt haben. So gibt es Theorien über die „Erlebnisgesellschaft“ (Schulze 1992) oder „Mediengesellschaft“ (Goldmann 1973) und viele andere inflationär wachsende Teilgesellschaftstheorien. Diese sind als Grundlage für didaktische Entscheidungen unzureichend, weil sie die Vielfalt geradezu ausklammern, die für didaktisches Denken in die breite Gegenwart und Zukunft hinein geradezu unerläßlich ist.

Der Arbeitskreis Grundschule hat 1989 auf seinem großen bundesweiten Kongreß die heutige – auch für Grundschulkinder relevante – gesellschaftliche Wirklichkeit unter folgenden drei Überschriften zu fassen versucht:

1) Leben aus zweiter Hand
2) Leben in zunehmender Vereinzelung
3) Leben angesichts bedrohter Zukunft

Noch genauer beschreibt Ilse Lichtenstein-Rother 1992 die heutige Kinderwelt mit den Kategorien:

- Verwissenschaftlichung
- Veränderungsdynamik
- ökologische Probleme
- Konsumterror
- Verlust an sozialer Sicherheit
- Medien
- Urbanisierung

An dieser Stelle kann keine umfassende Gesellschaftsanalyse geliefert werden, sondern nur eine thesenartige überspitzte Charakterisierung gegenwärtiger Trends der gesellschaftlichen Entwicklung, von denen aus heutiger Sicht vermutet werden kann, daß sie sich auch zukünftig als Problem erweisen können und somit auch für die Schule von morgen wichtige Bedingungen darstellen. Vorweg sei aber auch der gesellschaftstheoretische Kontext, aus dem diese Thesen entwickelt werden, offengelegt.

Mir erscheint dafür der theoretische Ansatz zur Analyse der Moderne von Ulrich Beck (1986) besonders interessant zu sein. Er geht vom zentralen Begriff der Risikogesellschaft aus, die allmählich die Industriegesellschaft mit ihren klaren Strukturen ablöst (vgl. Abb. 8). Den Begriff der Risikogesellschaft leitet er von den gegenwärtigen globalen Gefährdungslagen ab, bei denen die zumeist unsichtbaren Risiken nicht mehr individuell oder regional begrenzt sind, sondern weltweit Konsequenzen haben – wie er am Beispiel von Tschernobyl sehr eindringlich entwickelt. „Ihrem Zuschnitt nach gefährden .. (die Risiken) das Leben auf dieser Erde“ (Beck 1986, 29).

Diese hohen Gefahren gehen einher mit nicht mehr verläßlichen alltäglichen Bedingungen, sondern ständigem unvorhergesehenen Wechsel und Hilflosigkeit. So führt er 1986 aus: „Alltägliche Lebensregeln werden auf den Kopf gestellt. Märkte brechen zusammen. Es herrscht Mangel im Überfluß. Anspruchsfluten werden ausgelöst. Rechtssysteme fassen die Tatbestände nicht. Wissenschaftliche Rationalitätsgebäude stürzen ein. Regierungen wackeln. Wechselwähler laufen weg" (Beck 1986, 10). Versicherungen denken an die Grenzen der Versicherbarkeit bei Wetterschäden (FR 3.2.1993).

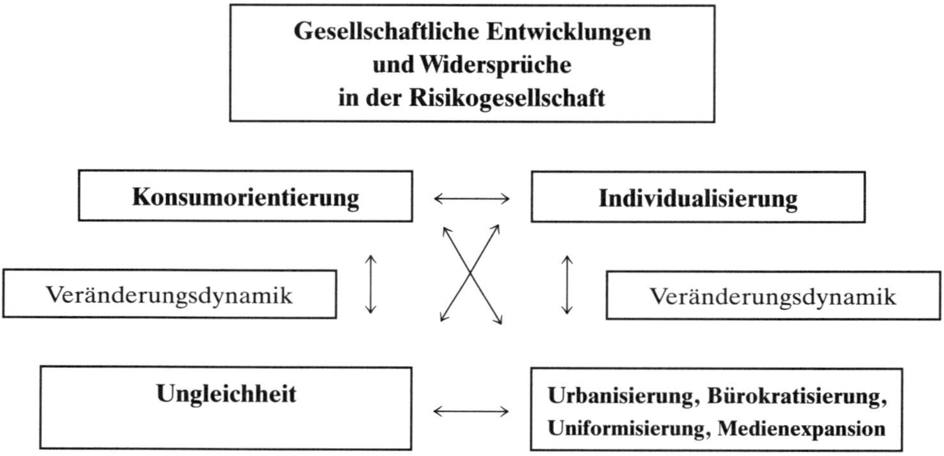

Abb. 8

Selbst die auch in der Sachunterrichtsdidaktik noch geläufige Unterscheidung von Natur und Gesellschaft löst sich auf: „Die Kehrseite der vergesellschafteten Natur ist die Vergesellschaftung der Naturzerstörungen" (Beck 1986, 10). Auch die Grenzen von Ich und Umwelt sind nicht mehr klar zu ziehen: Es gibt kein individuelles Ausweichen und keine individuelle Abwehr globaler Gefahren.

Gerade angesichts des massenhaften und unerwarteten Auftretens von Gewalt von Los Angeles bis Duschanbe, von Sarajewo bis Johannesburg reichen nationale Besonderheiten oder Familienkonstellationen allein nicht zur Erklärung aus. Für alle diese Länder trifft aber zu, daß die Menschen zunehmend in den bedürfnisexpansiven Weltmarkt mit seinen hohen Leistungsanforderungen an alle aus traditional-kulturellen und sozialen Bezügen hineingeworfen worden sind und individuell immer mehr von den Risiken der Individualisierung und des Bindungsverlustes betroffen sind und sich eher an den letzten festgelegten Sicherheiten des Ichs, biologischen Herkunftsmerkmalen, orientieren (vgl. Heitmeyer 1992, 67f).

Im Kern dieser das friedliche Zusammenleben von Menschen radikal infragestellenden Tendenzen stehen m.E. nämlich weniger die Fragen nationaler Differenzen. Diese geben nur eine Folie ab, um die verschiedenen Identitäten der Menschen und Kulturen angesichts weltweiter Uniformierung von Menschen und Kultur über das

Weltmarktdiktat von Konsumgütern, schulischen Inhalten und Formen, Musikkonsum, Fernsehen, Kleidung, sportlichen Bewegungsformen, androgynen Geschlechternormen bis hin zur Generalisierung der bürgerlichen Kleinfamilie auch auf Stammesgesellschaften in einem verzweifelten und fehlgeleiteten Akt noch zur Sprache zu bringen.

In den auch weltweit erfolgten Auseinandersetzungen der ausgehenden 60er Jahre von Oakland über Paris, West-Berlin, Prag und Peking waren Probleme der fehlenden Gleichheit verschiedener sozialer Gruppen und der Geschlechter das Hauptthema. Auch Fragen der Mitbestimmung, der Demokratisierung, also letztlich soziale Fragen für die aufbegehrenden Menschen, waren damals auch individuell relevant. Aus dieser Zeit lassen sich heute viele partielle Erfolge belegen – etwa bei der Auflösung der starren biographischen Definitionen für Frauen oder bei den vielfältigen Willensbildungsinstitutionen von Bürgerinitiativen, der Schulmitwirkung bis hin zu Ausländerbeiräten. In Ansätzen hat sich darin die demokratisch-soziale Seite der Gleichheit durchsetzen können. Gleichzeitig hat sich eine – schon mit der Kolonialisierung Asiens, Afrikas, Ozeaniens und Amerikas begonnene – kulturelle Standardisierung vom Hochleistungssaatgut bis zum AKW, vom Poprhythmus bis zum PVC oder von der Jeans-Hose bis zum Filmidol J.R. weltweit verbreitet und ist fast nur noch in der armutsbedingten Relation des Mehr differenziert.

Wo bleibt das Ich, wenn ohne subjektives Dazutun die Welt in immer anonymer werdenden Entscheidungs- und Vermarktungsprozessen gestaltet wird?

Gerade in der Problematik der Ich-Verluste scheint mir der Kern zu liegen, wenn Menschen weltweit irrationale Zuflucht in einer der vermeintlich letzten Oasen der Verschiedenheit, der nationalen oder biologischen Herkunft suchen.

Einen wichtigen Hinweis darauf, wie diese äußeren gesellschaftlichen Strukturmerkmale sich auch in die Menschen selbst niederschlagen, hat Elisabeth Beck-Gernsheim in ihrem Beitrag „Von der Liebe zur Beziehung“ (1986) besonders deutlich herausgearbeitet, nämlich die Frage der Umstrukturierung subjektiver Motive in ständig erhöhte Ansprüche auf emotionales Glück, die wiederum die Gefahr des Beziehungsbruches heraufbeschwören.

In dieser subjektiven Bedürfnisexpansion insgesamt liegt m.E. auf der allgemeinen Ebene der Kern der Vermittlung von konflikthaften Bedingungen einer Risikogesellschaft und Veränderungen der Persönlichkeit.

Diese hier nur skizzierten gesellschaftlichen Entwicklungen verlaufen nicht widerspruchsfrei, dennoch sollen zunächst auffällige gesellschaftliche Trends in den folgenden Thesen überpointiert herausgearbeitet werden, um einige zentrale Anhaltspunkte für didaktische Entscheidungen zu beleuchten.

1) Von allen sog. Zeitgeisterscheinungen ist die alltägliche *Ausbreitung des Konsumsystems* besonders auffällig (vgl. Schreier 1994a, 108). Markenprodukte bestimmen immer mehr den Alltag von der Körperpflege über die Kleidung bis zum Verkehrsmittel. Es werden immer neue Bedürfnisse geweckt, um entsprechende Produkte zu vermarkten. Dadurch werden enorme Möglichkeiten des Konsums

eröffnet, die fast unbewältigbare Müllfluten nach sich ziehen. Die Werbung verspricht in Millionenauflage individuelle Freiheit. Tatsächlich nimmt aber die Uniformierung etwa der Bekleidung durch die Marktführer der Textilbranche zu. Immer mehr Menschen geraten in Konsumsog. Die Jeans-Hose hat – von den USA ausgehend – einen weltweiten Siegeszug von Moskau bis Polynesien gewonnen. Tatsächliche Alternativen schwinden. Die Konsumansprüche werden ständig geschürt, aber gleichzeitig sind die Möglichkeiten der Befriedigung dieser wachsenden Bedürfnisse eingeschränkt. Sucht und Entzug stehen in engem Wechselverhältnis und schüren die Unzufriedenheit. So sind verschiedene Kränkungen von Bedürfnissen alltäglich präsent, denn es gibt immer wieder neue bessere Produkte. Von der expansiven „Haben-Wollen-Mentalität" (vgl. Fromm 1980) bis hin zur versuchten Erklärung: „Da nimmt uns jemand etwas weg" ist der Weg dann nicht mehr weit. In Praxisberichten ist immer wieder von einer egozentrischen Anspruchshaltung von Schulkindern die Rede (Korte 1992), die durchaus als Produkt der Haben-Wollen-Kultur zu interpretieren ist, in der wiederum in ihrer expansiven Seite auch die Tendenz des aggressiven Zugehens auf andere angelegt ist.

Das expansive „Immer-Mehr"-Denken ist nicht nur auf den Konsumsektor beschränkt. Diskrepanzen zwischen eskalierenden und sich differenzierenden Bedürfnissen und Realisierung klaffen aber auch in anderen Lebensbereichen auf, so bei der Hoffnung auf bessere Lebenschancen durch höhere Bildungsabschlüsse und den oft zu hohen Glückserwartungen an private Partnerschaften (Beck-Gernsheim 1986). Jedes nicht erfüllte Bedürfnis zieht notwendig Kränkungen der Person nach sich und kann Folgen in deren Verhalten zeigen.

2) Ein weit verbreiteter theoretischer Ansatz zur Erklärung veränderter gesellschaftlicher Bedingungen konzentriert sich auf den *Zerfall primärer sozialer Strukturen und Bindungen*, insbesondere der Familien, in denen durch abwesende Väter / Eltern den Kindern kein Halt mehr geboten werden kann (Rauschenberger 1989, Gebauer 1991).

   So scheint sich persönliches Lebensglück zu verringern, Ehen scheitern häufiger als früher, obgleich andererseits die Lebensdauer der Ehen durch höhere Lebenserwartung viel länger als in vergangenen Jahrhunderten ist.

   Trotz dieser Ambivalenzen ist es unübersehbar, daß in den privaten Beziehungen deutliche Veränderungen stattfinden. Die nichteheliche Lebensgemeinschaft wird normativ immer mehr akzeptiert, während sie vor 40 Jahren noch ein Sakrileg war. Die Kinderzahl in den Familien sinkt. Stieffamilien, Mehr-Eltern-Familien und kinderlose Ehen nehmen zu.

3) Eng mit dem relativen Funktionsverlust von Familien – bei gleichzeitiger Zunahme an Intensität von Belastungen in der beruflichen Sphäre – hängt eine wachsende *Anonymisierung von Erziehung* zusammen. H. Giesecke spricht in diesem Kontext sogar vom „Ende der Erziehung" (1985). Eine Zunahme „anonymer Sozialisation", z. B. durch Medien, läßt sich jedoch nicht bestreiten. Der Medien-

konsum von Kindern im Grundschulalter ist gegenwärtig außerordentlich hoch (Selg 1990; Preuss-Lausitz 1993). Durch passive Medienrezeption lassen sich aber keine sozialen Erfahrungen aufbauen (Korte 1992). Damit zusammen hängt ein Verlust authentischer Sozialerfahrungen (Gebauer 1991).

4) Deutlich ist auch ein *Wegfall traditioneller Grenzen* zu verzeichnen, nicht nur die Grenze zwischen Ost und West, die für Westdeutsche auch gleichzeitig den Wegfall von Projektionsmöglichkeiten des Bösen und der Aggressivität nach außen in östliche Richtung bedeutet, sondern auch der Grenzen weltweit. Weder das königliche Schlafzimmer noch das Dahinsiechen im Gefangenenlager, weder die Meßstation auf der Antarktis, die Südseestrände noch die Sicht aus dem Raketenabschußbildschirm bleiben vor unseren Einblicken abgeschirmt. Für Kinder beginnt sich die seit der frühen Neuzeit herausgebildete Grenze zwischen Kindheit und Erwachsensein wieder zu verlieren. Es wird deutlich sichtbar, daß mittlerweile das Gewalttabu wie auch tradierte Sozialnormen gesellschaftlich weitgehend gefallen sind (Korte 1992, Preuschoff 1992).

   Mit der Auflösung von tradierten Bindungen und Strukturen einher geht aber auch die schwere Orientierungssuche.

5) Eng mit dem Wegfall tradierter Normen und traditionaler Orientierungen zusammenhängend ist die Tendenz zur *Individualisierung*. An immer mehr Individuen wird der Anspruch gestellt, in sich auflösenden traditionalen gesellschaftlichen Strukturen, individuell einen Weg zu finden.

   Gleichzeitig ist die Konsum- und Mediengesellschaft so strukturiert, daß eigene Entscheidungsfreiheit nur scheinbar verlangt wird. Autoritäre Beziehungen haben sich von der Person-Person-Ebene auf die Institution-Person-Ebene verschoben. Die Menschen sollen immer mehr autonom entscheiden, und gleichzeitig werden ihnen gesellschaftlich die Entscheidungsmöglichkeiten genommen. Der Tastendruck auf die Fernbedienung ist erlaubt, und dennoch gibt es nur geringfügige Alternativen bei der Medienbedienung.

   Der Individualisierung wirkt auch die weltweit fortschreitende Urbanisierung (Breyvogel 1983) entgegen. Er analysiert Probleme Jugendlicher eindeutig als Moment der Urbanisierung, d. h. der gesellschaftlichen Erfahrungsverluste und Anonymisierung der Heranwachsenden. Auch Kinder sind von den Erfahrungsverlusten durch Urbanisierung alltäglich betroffen (Thiemann 1988). Gleichzeitig bedeutet die Urbanisierung nicht ein Aufheben von sozialen Entwicklungsmöglichkeiten, sondern lediglich deren besondere Ausformung. Kinder können auch in diesen verstädterten Räumen für sich aktiv gestaltend in ihre Umwelt eingreifen (vgl. Rusch 1998).

Urbanisierung, Individualisierung, Wegfall von traditionalen Grenzen, Medienabhängigkeit, Veränderung der sozialen Beziehungen und Ausbreitung des Konsumsystems sind nur einige grobe Merkmale gegenwärtiger gesellschaftlicher Entwicklung.

M.E. ist es sinnvoll, in allen diesen Momenten und ihrem Zusammenwirken wichtige gesellschaftliche Bedingungen der Kinder von heute zu sehen. So faßt der von Beck ausführlich diskutierte Begriff der Risikogesellschaft besonders zutreffend diese Phänomene.

Gleichzeitig wäre es undifferenziert, diese Trends als widerspruchsfreie Entwicklung einseitig zu betrachten. So ist einerseits eine Entwicklung hin zur Urbanisierung zu verzeichnen, gleichzeitig gibt es Menschen, die sich bewußt für einen subsistenzwirtschaftlichen Rückzug aufs Land, sei es in Deutschland oder in der Toscana, entscheiden. Auch die Veränderungen in den Familien mit zunehmenden Scheidungsraten und weniger Eheschließungen haben nicht die soziale Form von Familien aufgehoben. Immer noch lebt die Mehrheit der Kinder in vollständigen Familien, nach Auflösung von Ehen werden oft sehr schnell wieder neue auf Dauer angelegte Partnerschaften eingegangen. Die subjektive hohe Bedeutung der Primärgruppe ist ungebrochen. Auch die Allgegenwärtigkeit von Medien und Konsumwerbung ist nicht gleichbedeutend mit ihrer Bedeutung für die einzelnen Subjekte, sondern auch hier gibt es in einer individualisierten Risikogesellschaft auch zunehmend das Risiko des individuellen Ausscherens von Menschen aus Vermarktungs- und Beeinflussungsmaschinerien.

Für unsere didaktische Frage sind diese Widersprüche von außerordentlich hoher Bedeutung. Sie zeigen, daß die allgemeinen Trends sich nicht wie ein monolithischer Block durchsetzen, sondern daß es subjektive Einflußmöglichkeiten und damit auch pädagogische Erfolgschancen für veränderndes Handeln gibt.

4.2 Gesellschaft im Umbruch – didaktische Perspektiven

Die Schule ist eine gesellschaftliche Institution. Die Entwicklungstrends der Gesellschaft spiegeln sich auch in der Schule.

Zunächst ist die Schule insgesamt ein Risikospiel für alle Beteiligten. Auch Hochbegabte nehmen am Konkurrenzkampf (vgl. Steffens 1993) um Abschlüsse, Freundschaften oder Ansehen teil oder gehen schon vorweg unter.

In diesem Risikospiel ist der Sachunterricht in der Primarstufe zunächst einmal eines der drei Hauptfächer in der Grundschule und genießt damit als Notenfach einen besonderen Stellenwert. Es ist Teil des gesellschaftlichen Konkurrenzsystems und bietet für Kinder die Wechselbäder von Aufstiegshoffnung und -versagen. Häufig werden von Eltern und Großeltern Konsummotive direkt an Schulerfolg geknüpft.

Kinder schaffen es zudem – oft gegen den erklärten Willen ihrer Lehrkräfte – informell die Schule als Forum der Konsumexpansion zu nutzen. Nummis, Turtles, Markenturnschuhe, Tamagochis oder Yoyos sind nur einige wenige Produkte, die den Sieg der Konsumgesellschaft symbolisieren.

Während die großen didaktischen Reformziele von der Handlungsorientierung und der Problemorientierung bis hin zur Projektorientierung als normativer Hintergrund immer mehr generelle Akzeptanz genießen, scheint sich insbesondere in den letzten 10 Jahren eine deutliche Diskrepanz zwischen normativer Orientierung und Praxis herausgebildet zu haben. Die Entwicklung der Praxis kann fast gegenläufig charakterisiert werden, weil faktisch anstelle der gewünschten Projekte eine Papierflut die Klassenzimmer überschwemmt, so daß die Kinder nicht mehr die eigentlichen Dinge vor lauter Papier zu sehen vermögen. So können wir immer wieder die überraschende Antwort auf die Frage, was ein Kind heute in der Schule gelernt habe, hören, es habe 2 Blätter ausgefüllt oder eins mehr als seine Freundin. Angesichts der hohen emotionalen Belastungen von Grundschulunterricht ist dieser Trend aus der Perspektive der Lehrkräfte verständlich, denn Arbeitsblätter retten über die Stunden hinweg, die Kinder haben Beschäftigung, die Disziplinprobleme sind – kurzfristig betrachtet – weniger, die Belastung der Lehrkräfte ist geringer als bei anderen Unterrichtsformen.

Die Ex-und-hopp-Pädagogik mit Arbeitsblättern und Arbeitsheften, ein immer noch primär intellektuell-verbaler Unterricht mit Defizit an Sinnen- und Körperhaftigkeit (Speck 1987, 113), eine bewegungsarme Stuben- und Stundenschule, in der verwaltet abgezählte „Lehrerstunden" aneinandergereiht werden, in der „Medienpakete" einen flüssigen Verlauf der Stunden, aber nicht notwendig subjektive Bedeutsamkeit der Inhalte erzeugen, hindern aber die Kinder daran, subjektiv Sinn und Wert bei den Sachen aufzubauen. Vom Wegwerfen in der Wegwerfpädagogik bis zur Zerstörung der Dinge ist der Weg nicht mehr weit.

Wenn wir uns die Begriffe zur Charakterisierung gegenwärtiger Sachunterrichtsdidaktik genauer anschauen, werden wir feststellen, daß Reizüberflutung, „Ex und hopp", Formularflut und Verbürokratisierung im gesellschaftlichen Subsystem Schule wie generell gesellschaftlich um sich greifen. Schule ist Teil des gesellschaftlichen Systems (von Recum 1992; Hopf 1993a) und kann nicht isoliert aus sich heraus verändern. Gleichwohl gibt es die Chance, an den inneren Widersprüchen ansetzend bewußt pädagogisch gegenzusteuern. D.h., für die Kinder alternative Erfahrungsmöglichkeiten zu schaffen, um mögliche Wege anzubahnen.

Denn zu den zentralen Aufgaben der Grundschuldidaktik gehört es auch, „Einseitigkeiten und Defizite der herrschenden Sozialisation aufzuheben" (Garlichs 1990b, 90). So kann die Schule „gegen die vorgefertigte und genormte Welt ... die Erfahrungen der eigenen Kraft und Subjektivität setzen" (Garlichs 1990b, 91). Dieses didaktische Gegensteuern ist nicht leicht, weil durch didaktische Anstrengungen ein Gegengewicht zu gesellschaftlich vorherrschenden Trends gesetzt werden soll.

Für den Grundschulunterricht in einer Risikogesellschaft ist deshalb auch ein ungleich größeres Maß an Qualifikation der Lehrerinnen und Lehrer gerade über gesellschaftliche, ökologische und natürliche Strukturen und Prozesse notwendiger als in traditionellem rezeptivem Unterricht.

M.E. sind substantielle Aussagen über die gesellschaftliche Wirklichkeit wichtigere Anhaltspunkte für didaktische Konsequenzen als eine Bereichsgliederung, weil sie Qualitäten von Lebenswelt (Lippitz 1980) beschreiben, wie sie auch von den Kindern wahrgenommen werden.

Die Auflösung von tradierten Kulturen, die hohe regionale Mobilität der Menschen, die Instabilität privater Bindungen – dies alles bedeutet insgesamt, daß Kinder heute immer weniger sichere Orientierungen erfahren. Wahrheiten von heute können morgen vergessen sein. Väter von heute können morgen Exväter und Stiefväter anderer Kinder sein. Eltern beschließen, daß Kinder das Land ihrer frühen Kindheit verlassen – oft aus Angst um das bloße Überleben und geraten in eine Umgebung, in der das Leben schwer zu regeln ist. Und gleichzeitig ist die Bedrohung des Lebens generell durch Krieg und ökologische Katastrophen oder schleichende Unterhöhlung der Lebensgrundlagen oder das Risiko, die materielle Existenz zu verlieren, höher als je zuvor.

Die pädagogischen Konsequenzen müssen auf diese fundamentalen gesellschaftlichen Bedingungen Rücksicht nehmen.

1) Eine Zersplitterung des Sachunterrichts nach Fachaspekten – wie sie auch heute noch in vielen Lehrbüchern vorgenommen wird – entspricht nicht der immer komplexer werdenden Wirklichkeit. Kinder haben einen unmittelbaren Zugang zur Welt und nicht über einzelfachliche Systeme. **Projektunterricht** ist eine zentrale Perspektive einer kindgerechten Grundschule.

2) Ein weiterer Schlüssel zu einer kindgerechten Grundschule liegt m.E. beim Schulanfang. Anstelle der zunehmenden Verkursung in einzelne Stränge wie Leselehrgang, Schreiblehrgang und Rechenlehrgang sollte gerade **beim Schulanfang der Weg zu sachunterrichtlichen Erfahrungen** eröffnet werden. Die Kinder wollen die Welt kennenlernen und ihre offenen Fragen geklärt haben, also lassen wir sie. Die Probleme, die Kinder selbst haben, sind die entscheidenden, aus denen sich dann Anläße, das Schreiben oder Lesen zu lernen entwickeln lassen. Eine offene Eingangsphase von mehreren Monaten ohne feste Lehrgangsstränge mit klaren Sach- und Sozialinhalten wäre ein wichtiger Schritt.

   Lassen wir die Kinder zuerst erkunden und zueinander finden! Wann haben sie jemals wieder im Leben die Chance zu einer verbindlichen sozialen Gruppe mit soviel Ausgleichs- und Konfliktpotential wie in der Schulklasse?

3) Das **Bedürfnis nach Identität** jedes einzelnen Kindes in einer sich rapide verändernden Welt sollte oberste Priorität in den didaktischen Entscheidungen erlangen. Das Ich jedes Kindes, die innerpsychischen Probleme des Zusammenlebens sind zentrale Inhalte eines zeitgemäßen Unterrichts. In der Reformpädagogik hat bereits Hugo Gaudig (1923) diesen Inhaltsbereich der „Persönlichkeit“ als wichtig begründet. Die Vernachlässigung psychologischer Probleme in der Grundschule widerspricht fundamental auch den Fragen und Kompetenzen der Kinder, die sich sehr intensiv mit ihrem Innenleben und den Problemen des Miteinander beschäftigen.

   Aber auch von der gesellschaftlichen Seite läßt sich dieser Inhaltsbereich begründen, denn Identitätsverluste und gesellschaftliche Krisen führen dazu, daß **soziale Ich-Stärke entwickelt** werden muß, wenn die Menschen eigenständig überleben sollen; dazu gehört es, die Schule in der Welt zu verorten, damit die Kinder in dieser Welt Fuß fassen lernen, stehen und gehen lernen.

Partiell wird dies in der neueren grundschuldidaktischen Diskussion hervorgehoben, wenn soziales Lernen und Ich-Stärkung als Ziel des Grundschulunterrichts gefordert wird (Dreßler u. a. 1976; Rauschenberger 1989; Garlichs 1985). Gleichwohl bleibt dieser Inhaltsbereich in den meisten Richtlinien und Unterrichtssanregungen auffällig ausgespart.

4) In einer Welt, in der Gewalt der Kinder immer mehr zum schulischen Alltag gehört (Rauschenberger 1992), in der es kein individuell verantwortbares ökologisches Verhalten mehr gibt, ist eine **Abkehr vom Autonomiebegriff** in der Allgemeindidaktik (vgl. Wittenbruch 1990) **hin zum Sozialbegriff**, wie er etwa von B. Schaeffer-Hegel (1987) zu entwickeln begonnen wird, dringend geboten.

   Ein differenziertes Schulleben, aus dem und in dem das Lernen stattfindet, ist eine zentrale Voraussetzung, um der fortschreitenden „sozialen Umweltzerstörung" (Bronfenbrenner 1981) zu begegnen. Es geht dabei nicht mehr nur methodisch um die Entwicklung von Kooperationsfähigkeit, sondern um eine Umorientierung der Inhalte zur Alphabetisierung in Beziehungsfähigkeit (Bosch 1986) oder um ein „Curriculum for Caring" wie es Bronfenbrenner (1981) ausgedrückt hat. Ein derart verstandenes Schulleben ist konfliktreich und nimmt die vorhandenen Konflikte offen zum Gegenstand, es darf also nicht harmonistisch im Sinne von Petersen (1930) oder kollektivistisch verkehrt werden.

5) In einer Welt des rapiden Wechsels, in dem Kinder immer mehr ihre Sicherheit verlieren, ist es wichtig, daß Unterrichtsinhalte aus dem eigenen Schulleben, den eigenen **lebendigen Erfahrungen** stammen. Nur so können die Kinder einen subjektiven Bezug zu den Inhalten bekommen und eigene Bewertungskriterien entwickeln. Anstelle von medialer Belehrung oder der Vermittlung von verkopften Inhalten, die aus den Wissenschaften destilliert werden, die ursprünglich aus anderen gesellschaftlichen Problemlagen entwickelt wurden, ist es wichtig, im Sinne der Aktualisierung von Gansbergs Großstadtheimatkunde (1905) die Schule in der Welt zu verorten. Dabei kommt es für die Grundschule vor allem darauf an, anstelle der vielfachen auf das Kind einstürmenden Außenreize, zu sinnlichen Erfahrungen zu gelangen und exemplarisch zu verstehen – anstelle permanent Informationen zu speichern.

   Eine Neudefinition von Kindorientierung ist erforderlich und zwar mit gleichzeitiger Orientierung an subjektiven Problemen der Kinder und gesellschaftlichen Krisenentwicklungen.

6) Die Grundschule der Gegenwart ist bereits eine multikulturelle Schule. Weltweite Migrationsentwicklungen von Osten nach Westen und von Süden nach Norden machen ein traditionell nahräumliches Heimatkundeverständnis vollends obsolet. **Lernen in und mit Verschiedenheiten** (vgl. Prengel 1993), der Umgang mit verschiedenen Kulturen sind zentrale Bedingungen eines zeitgemäßen Grundschulunterrichts. Kinder müssen mit einer „Pluralisierung von Heimaträumen" leben lernen (Schreier 1994a, 54). Differenzierung und Öffnung des Unterrichts

für die jeweiligen Erfahrungen und kulturellen Zugangsweisen der Lerngruppe sind unabdingbar.

Aber gerade die Differenzierung ist in der Tradition der Unterrichtspraxis besonders unterbelichtet. Methodisch entspricht diesem Ziel am ehesten ein Werkstattunterricht wie er mit dem Aufbau von Grundschulwerkstätten an verschiedenen Orten begonnen wird.

Auch auf der Lehrplanebene darf angesichts kultureller Entwicklungen nicht ein uniformierter Kanon etwa verbindlicher Lesestücke festgelegt werden, sondern hier muß Raum gegeben werden für differenzierte Entwicklungen. Die subjektiven Voraussetzungen der jeweiligen Kinder müssen ernst genommen werden können, indem daran didaktisch angeknüpft wird.

Gleichzeitig darf die Vielfalt und individuelle Verschiedenheit, an die es notwendig pädagogisch anzuknüpfen gilt, nicht zur pädagogischen Norm, also zum Endziel pädagogischer Bemühungen werden. Gegen derartige auf individualisierende Zielvorstellungen ausgerichtete Ansätze wendet Duncker zu Recht die Frage nach der Integration: „Worin besteht eigentlich Integration, wenn es zunehmend nur noch um die Berücksichtigung und Beachtung individueller Unterschiede geht? Gibt es noch gemeinsame Erfahrung, oder gibt es nur noch individualisierte Erfahrungswelten, die man zur Kenntnis nehmen, aber vielleicht nicht einmal mehr verständlich machen kann?“ (Duncker 1997, 319). Hier wird die Differenzierung und Individualisierung im Sinne des Konzeptes eines kommunikativen Sachunterrichtsdidaktik (vgl. Kaiser 1997b, 1998) als eine Seite eines dialektischen Verhältnisses von Integration und Differenzierung verstanden. Methodisch sind diese beiden Seiten kommunikativer Didaktik als Gesprächskreis und differenzierte Arbeit, oder als Arbeit am gemeinsamen Ergebnisbuch und differenzierte Projekterkundung zu verstehen.

Diese hier in sechs Thesen formulierten Postulate an eine zeitgemäße und zukunftsorientierte Sachunterrichtsdidaktik sind nicht völlig neu und unrealistisch. Im Kern haben sich bereits didaktische Ansätze aus speziellen Perspektiven herausgebildet. Nachdem beispielsweise viele Lehrkräfte insbesondere seit den Auseinandersetzungen um die Stationierung von Atomraketen in den frühen 80er Jahren versuchten, an ihrer jeweiligen Schule die Friedenserziehung praktisch umzusetzen, wurde deutlich, daß ein bloß kognitives Vorgehen nicht ausreicht. Die Frage des emotionalen Lernens wurde auch aus praktischen Erfordernissen bei verstärkt unruhigen Klassen und offensichtlich werdenden Identitätsproblemen der Kinder zunehmend – gerade an Grundschulen – pädagogisch ernst genommen. Häufig ist dies bislang aber weniger explizit als wichtiger Unterrichtsinhalt angesehen worden, sondern als notwendige pädagogische Voraussetzung für die sog. „eigentlichen“ Lerninhalte.

Auch die schleichende ökologische Zerstörung von Luft, Boden, Wasser und Lebewesen läßt sich immer weniger verbergen. Dementsprechend bringen auch jüngere Kinder ökologische Problemerfahrungen in die Schule ein. Nachdem deutlich wurde, daß die früheren abstrakt aufklärerischen Unterrichtskonzepte wenig bewegen, haben sich nach und nach an verschiedenen Orten in der Ökoerziehung auch die meditative Seite und ästhetische Zugänge herausgebildet. Damit ist vor allem aber der Gedanke des Machbarkeitsfetischs in der Umweltfrage radikal infrage gestellt worden. Der einfache Kurzschluß, beispielsweise die Wasserverschmutzung durch eine einfache technische Anlage in den Griff zu bekommen, gibt den Kindern nur Scheinlösungen und klammert etwa die Folgeprobleme der Klärschlammbelastung aus. Kinder müssen aber emotional und kognitiv auf wirksame Lösungsstrategien vorbereitet werden. Diese sind längerfristig und tiefgreifend. Sie betreffen auch die Persönlichkeit im Innersten. Da ist es wichtig, eine einzelne Pflanze in Pflasterritzen kennenzulernen, sie wirklich wert zu schätzen, die Bereitschaft zu entwickeln, das eigene Handeln von sich aus zu verändern.

5. Was bedeutet der Sachunterricht den Kindern?

Die Frage nach den Kindern in der Sachunterrichtsdidaktik ist keine neue, aber auch keine uralte. Zu Zeiten stofforientierter Pläne in den meisten Schulen der vorigen Jahrhunderte spielte das Kind keine Rolle und heute auch oft nur eine taktische in dem Sinne, wie denn der Unterricht am ehesten reibungslos läuft. Die Frage nach den Kindern ist aber eine prinzipielle. Unsere pädagogische Verantwortung ist gleichzeitig gefragt, wenn wir daran denken, „daß wir mit vier Jahren Grundschule vier Jahre Lebenszeit unserer Kinder verantworten“ (Beck 1994, 17). Es ist also mehr die didaktische Frage nach der Gegenwart, die in der Frage nach der Kindheit steckt, während im vorigen Kapitel bei den gesellschaftlichen Bedingungen mehr die Zukunft im didaktischen Visier stand. Jetzt steht dagegen die Seite an, nach den Kindern zu fragen und was wir heute vor ihnen für den Sachunterricht verantworten können. Denn Kinder leben zunächst in der Gegenwart und haben ein fundamentales Recht auf eine erfüllte Gegenwart. Von der Seite des gegenwärtigen Kinderlebens betrachtet sind auf jeden Fall zwei extreme Gegenpositionen von Unterricht auszuschließen, nämlich:

1) Das Predigen von aus der Vergangenheit stammenden Stammesgesetzen und tradierten Normen ohne Blick auf die Gegenwart des Kindes
2) Eine weitblickende Vorbereitung auf die Zukunft ohne Blick auf die Gegenwart des Kindes

Wie aber im Detail die Vermittlung zwischen Gegenwart des Kindes und Sachunterricht zu leisten ist, soll in diesem Kapitel näher untersucht werden.

5.1 Kindheit im Wandel – didaktische Konsequenzen

Es ist bislang in der Wissenschaft schon viel über die Kindheit und ihre Geschichte philosophiert worden. Besonders in den letzten 20 Jahren ist darüber heftig diskutiert worden. In den USA ist der Band von Aries zur Geschichte der Kindheit beinahe ein Standardwerk fürs Pädagogikstudium geworden. Wenn wir aber genauer hinschauen, mit welchen Themen und Inhalten sich die Herren DeMause (1980), Aries (1978) und Postman (1983) über die Kindheit streiten, dann werden wir feststellen, daß es dabei mehr um die Kindheit und nicht um die Kinder geht. Der Streit geht darum, ob die Kindheit im Mittelalter ganzheitlich Berufserfahrung und Alltagsleben verbinden konnte (Aries 1978) oder ob darunter nicht mehr eine Objekthaltung der Erwachsenenwelt gegenüber den Kindern verborgen war, bei der den Kindern viel Gewalt und Mißachtung entgegenkam (DeMause 1980). Wann sich Kindheit überhaupt als eigenständige soziale Struktur herausgebildet hat und ob dies auch noch heute gilt – so die Fragestellung Postmans (1983), der über ein gegenwärtiges „Verschwinden der Kindheit“ klagt, – dies sind die zentralen Fragen der wissenschaftlichen Kindheitsdebatte. Als gemeinsame Antwort ist der Literatur zu entnehmen, daß sich die Kindheit als eigenständige Phase erst mit Entstehung der bürgerlichen Gesellschaft herausgebildet hat. Wie das Kindsein früher zu bewerten war und welche Entwicklungstrends gegenwärtig zu verzeichnen sind, ist noch umstritten. Es steht sich die These des ständigen Erfahrungsverlustes (Aries), der zunehmenden Wertschätzung von Individualität und Persönlichkeit des Kindes (DeMause) und des erneuten Verschwindens von Kindheit (Postman) gegenüber. Diese Sicht wird noch zugespitzt durch marktgängig griffige Formeln in der Diskussion wie „das gehetzte Kind" (Elkind 1991).

Der Begriff der Kindheit in der Pädagogik und die Idee, pädagogische Entscheidungen vom Kriterium der Kindgemäßheit abhängig zu machen, ist zwar nicht neu, explizit ist er aber erst in diesem Jahrhundert verstärkt aufgetreten. Vorher galt der Begriff der Anschauung als ein zentraler Schlüsselbegriff der Reform von Schule und Unterricht. D.h. es wurde ein didaktischer Konsens über die zu lernenden Inhalte weitgehend vorausgesetzt und das „Wie" der Vermittlung der Sache ins Zentrum didaktischer Überlegungen gerückt. Im 19. Jahrhundert spielte vielmehr die Frage des Kindes, seiner Bedürfnisse und Lernentwicklung eine geringe Rolle in der didaktischen Diskussion. Erst allmählich, nachdem Ellen Key zu Beginn des 20. Jahrhunderts in ihrem viel zitierten gleichnamigen Buch „Das Jahrhundert des Kindes" (1907) verkündet hatte und Kindgemäßheit auf den großen Kunsterzieherkongressen (1901 / 1903 / 1905) wenige Jahre darauf im Mittelpunkt stand, nahmen viele sich als fortschrittlich verstehende Pädagoginnen und Pädagogen diesen Gedanken auf. In der als Reformpädagogik bezeichneten Bewegung pädagogischen Denkens wurde unter dem Etikett „Pädagogik vom Kinde aus" (Scheibe 1969) Kindheit zur zentralen Orientierung pädagogischen Denkens.

So häufig damals der Begriff des Kindes verwendet wurde, so oft waren aber auch die Vorstellungen von „Pädagogik vom Kinde aus" – und sogar das Verständnis von Kindheit – unterschiedlich.

Ich nenne hier nur einige Beispiele – etwas pointiert – zur Veranschaulichung:

- Der Bremer Lehrer und Schulreformer Fritz Gansberg (1912b) glaubte, das Entscheidende an kindgemäßer Pädagogik sei es, daß der Lehrer den Kindern anschauliche, lebensvolle Geschichten erzählt, in denen die wichtigen Lerninhalte des kindlichen Erfahrungsraumes allen Kindern einer Klasse spannend vorgetragen werden, um sie wiederum zum gemeinsamen Gespräch anzuregen.
- Nach Ansicht der schwedischen Publizistin Ellen Key (1907) war es das Entscheidende, gerade die Klassensituation aufzulösen und eine Schule zu phantasieren, in der den Kindern verschiedene Erfahrungs- und Betätigungsräume (Garten, Bibliothek, Kunstwerke) zur Verfügung stehen.
- Der Leipziger Schulleiter Hugo Gaudig (1922) wiederum sah es als ein zentrales Moment an, die kooperative Arbeit der Schülerinnen in Gruppen zu ermöglichen, bei der sie selbständig und selbsttätig ihre Fragen bearbeiten können.
- Die italienische Ärztin und Pädagogin Maria Montessori (1913) stellte sich dagegen die kindgerechte Schule sehr ruhig und individualisiert vor: Kinder arbeiten in ihrem Konzept allein, möglichst still mit vorgegebenem wohlstrukturierten didaktischen Material und kommen so individuell zu Lernergebnissen.

- Der Berliner Schulgründer Berthold Otto (1912) sah demgegenüber die Abkehr von der alten „Buch- und Paukschule“ als ein wesentliches Ziel an und plädierte für „Gesamtunterricht“, in dem aus den Fragen der Kinder immer wieder neue Inhalte ins Gespräch eingebracht werden. Für ihn war ein kleiner enger Kreis von Kindern um ihren Lehrer die entscheidende Reformidee.
- Der Berliner Schulreformer Fritz Karsen (1920) öffnete im Kontrast dazu die nahe Gesprächsgruppe und sah das kooperative Handeln von Kindern, Lehrenden und Eltern in einer demokratischen Schulgemeinde als Kern kindgerechter Pädagogik an.
- Der amerikanische Reformpädagoge John Dewey (1965 (3)) wiederum hielt es für kindgerecht, wenn die Kinder in Projekten ihre sie umgebende Wirklichkeit erkunden und dabei auf Demokratie vorbereitet werden.

Diese wenigen Beispiele zeigen bereits, daß das bloße Wort der Kindorientierung didaktisch und methodisch zu ganz unterschiedlichen pädagogischen Konsequenzen führte.

In der reformpädagogischen Literatur wurde insgesamt der Begriff der Kindheit oft nur als reduzierte Kindheit im Sinne von Faßlichkeit verstanden (Hänsel 1989) und auf methodische Fragen begrenzt (ebd., 34). D. h. einfache, für leicht verständlich gehaltene Inhalte wurden für kindgerecht gehalten.

Weit verbreitet war bis zur Wende zum Sachunterricht Anfang der 70er Jahre – und in der Praxis noch fortwirkend – die Verwechslung des Prinzips der Anknüpfung an subjektive Lernvoraussetzungen mit Kindertümelei. Indem vermeintlich kindgemäße Verniedlichungen von Sachverhalten und probleminadäquate Personifizierungen vorgenommen wurden, glaubte man, dem Entwicklungsstand der Kinder gerecht zu werden. So wurde noch Anfang der 70er Jahre in einseitiger Akzentuierung phantastisch-anthropomorpher und vereinfachender Formen kindlichen Denkens vorgeschlagen, die Sozialerziehung der Kinder anhand von Figuren wie „Stoffel“, „Trödelsuse“ oder „Heinzelmännchen“ zu betreiben (Rabenstein / Haas 1972(3), 21). Weil das realistische und differenzierte Wahrnehmungsvermögen der Kinder (Baacke 1984; Kaiser 1986) dabei grob vernachlässigt wird, engt Kindertümelei bereits auf der Ebene von Erwartungshaltungen der Lehrenden die Entwicklungsmöglichkeiten der Kinder ein und fördert undifferenzierte, vorurteilshafte Sichtweisen.

Auch in der neueren Grundschulreform wird die Kategorie der Kindorientierung letztlich als Argument für die „Vereinfachung“ von Inhalten verwendet. Dies führte etwa in der Neufassung der Richtlinien des Landes Nordrhein-Westfalen von 1985 zu stärker nahräumlichen Inhaltsbereichen (z. B. im Sachunterricht: Ernährung, Kleidung, Schulweg, Familie etc.), aber nicht notwendig auch zu einem durchdachten Kindheitskonzept, denn es ist schwer zu begründen, warum Inhalte wie „Umweltschutz“, „Angst“ oder „Eine Welt in der Grundschule“ als explizite Themenbereiche in den aktuellen Richtlinien nicht vorkommen.

Der bei diesen Richtlinien eingeflossene Kindheitsbegriff ist stärker an der Frage der Faßlichkeit und vermuteten Erfahrungsnähe in Abkehrung zur Tradition der kognitiven Überfrachtung von Sachunterricht mit vielen verschiedenen Fachinhalten orientiert. Ob diese wenigen inhaltlichen Erfahrungsräume aus neueren „kindgemäßen" Lehrplänen nun aber dem tatsächlichen Interessenshorizont der Kinder entsprechen, bleibt noch fraglich.

Auch wenn die bisherige Forschung nur wenig Differenziertes über die jeweiligen Kinder interessierenden Gegenstände hat ermitteln können, deutet das Erfahrungswissen von Lehrerinnen und Lehrern an Grundschulen darauf hin, daß der Interessenshorizont viel breiter als angenommen ist. Zum einen zeigen die meisten Kinder im Grundschulalter eine generelle Aufgeschlossenheit für fast alles gegenständlich Neue, wie sich aus schulpraktischen Beobachtungen unschwer entnehmen läßt. Schon der Intuitionsdidaktiker Fritz Gansberg kritisierte deshalb zu recht die inhaltliche Enge schulischer Curricula: „Es ist in der Tat nicht zu begreifen, warum sich die Schule so einseitig auf die Heimatkunde verlegt hat, während doch der denkende Geist, auch im Kinde schon, die Schranken des Alltäglichen überfliegen möchte, um sich am Ungewöhnlichen und Außerordentlichen zu erlaben" (Gansberg 1926; zit. in: Kopp 1964, 23).

Die klassische Frage Ilse Lichtenstein-Rothers, „Was ist psychologisch nah?" (1969) ist durch derartige Inhaltsstrukturierung an äußeren sichtbaren Gegenständen ausgeklammert worden. Dabei läge in der Frage, was tatsächlich für Kinder problemhaltig ist, ein entscheidender Kern für didaktische Entscheidungen.

Als theoretischer Maßstab zur Begründung inhaltlich-didaktischer Entscheidungen wurde der Kindheitsbegriff aber bislang selten verwendet. Lediglich beim Leipziger Schulreformer Hugo Gaudig (1922) finden wir deutliche didaktische Konsequenzen.

Insgesamt können wir festhalten, daß der Kindheitsbegriff zwar in der damaligen Zeit als ein fast magisches Symbol für erwünschte Reformen galt, aber dennoch wenig präzise verstanden war. Vage Begriffe verlieren leicht ihre Standfestigkeit, wenn neue Perspektiven in die pädagogische Diskussion Eingang finden. So verlor der nach 1945 vielfach nur oberflächlich transportierte Kindheitsbegriff seine Bedeutung. Tradierte heimatkundliche und sprachunterrichtliche Inhalte waren weit verbreitete Maßstäbe für didaktische Entscheidungen.

Mit der Bildungsreformdebatte Ende der 60er Jahre verschwand der Kindheitsbegriff auch als Formel quantitativ und qualitativ.

Hier soll bewußt bei den didaktischen Kriterien nicht von „Kindheit" oder „kindgemäß" die Rede sein, weil dies zu leicht in beliebige Hohlformeln münden kann. Wenn wir über die bislang schon festgehaltenen Merkmale, Kinder als größer werdende Menschen zu sehen, hinauskommen wollen, bietet uns die bisherige Literatur wenig Hilfen, auch wenn sie auf den Buchtiteln noch viel verspricht. Dies gilt z. B. auch für das von Dieter Baacke verfaßte Standardwerk „Die 6- bis 12jährigen" (1984). Die meiste Aufmerksamkeit erhalten darin Fragen der Entwicklung von Wahrnehmung, Motorik, Intelligenz, Kreativität, Sprache, Emotionalität, Sexualität, Moral, prosoziales Verhalten. Kindheit wird so als individuelles Entwicklungsstadium begriffen.

Entgegen einem derartigen Kindheitsverständnis als Entwicklungsstadium hin zum Erwachsensein halte ich es für grundschuldidaktisch entscheidend, die gesamte Lebenswirklichkeit der Kinder in didaktische Überlegungen einzubeziehen und damit Kindheit als eigenständige Lebensphase ernst zu nehmen (vgl. Breidenstein / Kelle 1998).

Aber wie sieht diese Kindheit aus? Die Kindheitsforschung hat uns bislang nur Widersprüche gezeigt. Aber vielleicht sind beide Seiten dieser Widersprüche zutreffend? Es scheint so zu sein, daß gleichzeitig Kinder immer mehr mit der Erwachsenenwelt konfrontiert werden – sei es durch Medien oder sei es durch die Notwendigkeit, beim Straßenüberqueren den Autoverkehr als lebensbedrohlich zu erkennen. Diese Entwicklung wird gegenwärtig unter dem Etikett „veränderte Kindheit“ (vgl. Cloer 1992) sehr ausführlich diskutiert. Deshalb seien hier nur einige Stichworte genannt:

- Kinder haben eingeschränkte eigenständige Bewegungsräume nach draußen (Popp 1994, 62)
- Kinder verbringen viel Zeit in Binnenräumen
- Kinder spielen mit Kunstwelten und weniger in der Natur
- Kinder haben häufigen sozialen Wechsel mitzumachen
- Kinder leben vielfach geschwisterlos
- Kinder leben in einer verplanten Welt, selbst Verabredungen zum Spielen müssen telefonisch geregelt werden (Preuss-Lausitz 1993, 45)
- Kinder nehmen am Medienkonsum der Erwachsenen teil
- Kinder sind Teilhaber der Konsumwelt, AV-Medien, Computer, Telefon, Uhren, gestylte Fahrräder und viele andere Statussymbole sind selbstverständlich (Preuss-Lausitz 1993)
- Kinder bewegen sich in einer technisierten Welt. „ Die technische Zivilisation hat zu einem allgemeinen Erfahrungsverlust und Realitätsverlust beigetragen“ (Popp 1994, 61).
- Kinder erleben Bedrohungen der Welt (Beck 1990)
- Kinder leben in einer sozial mobilen Welt, in der äußerlich betrachtet nicht Tradition und Bildung den Status bestimmen, sondern der Besitz an Konsumgütern. „Die reiche bundesdeutsche Kindheit schließt einen verbreiteten Besitz von technischen Geräten ein, die eine wichtige kulturelle, kommunikative und statusrelevante Bedeutung unter Kindern haben.“ (Preuss-Lausitz 1993, 47)
- Kinder in einer individualisierenden Konsumgesellschaft haben sinkende Chancen zu sozialen und sinnlichen Erfahrungen, denn „je stärker die Möglichkeiten sozialer Kontakte, Freundschaften, Gruppenerlebnisse sich reduzieren, umso mehr schrumpfen auch die Möglichkeiten sinnlicher Erfahrung, sozialer Erfahrung und damit auch der Erfahrung des eigenen Selbst im Handeln und in der Interaktion mit anderen.“ (Popp 1994, 62)

Gleichzeitig sind auch diese Trends nicht widerspruchslos, da gibt es öffentliche Räume wie Schwimmbäder, in denen sich Grundschulkinder anstelle der Straße vor dem Haus treffen. In dörflichen Regionen sind zuweilen trotz aller Verkehrsgefahren Kindercrews zu beobachten. In Übergangsheimen entstehen auf den Fluren hierarchisch gegliederte Kinderspielgruppen, die das Sozial- und Spielverhalten aus dem bisherigen eigenen Kulturraum exportieren (Kaiser 1989).

Trotz aller Trendmeldungen von Scheidungsziffern sind „nur" 10–20 % der Kinder Scheidungskinder (Preuss-Lausitz 1993, 42), d. h. über 80–90 % der Kinder leben in einer Mann-Frau-Kind-Familie. Es werden zudem häufig sehr schnell nach Trennungen wieder neue Stieffamilien gebildet, die allerdings für Kinder erhöhte soziale Anforderungen bedeuten. Die Anforderungen an soziale Kompetenz steigen daher immens. „Auch die Kinder selbst müssen heute, bei Strafe der sozialen Isolation, sich gezielt um Spielpartner bemühen. Freundschaften erhalten ein noch größeres Gewicht als früher." (Preuss-Lausitz 1993, 42). Und Trennungskinder (Röhner 1994) haben oft jahrelang sozial-emotionale Konflikterfahrungen zusätzlich zu verkraften.

Ähnliches gilt für die Bedeutung der Technisierung für die Kindheit (vgl. Oberliesen 1994, 72): Trotz der vielfach genannten Erfahrungsverluste durch die technische Zivilisation haben Kinder dabei auch -begrenzte- Entwicklungsmöglichkeiten und Einflußchancen.

Diese Differenzierungen werden in der gegenwärtigen Debatte um veränderte Kindheit weniger gesehen und stattdessen kulturpessimistisch gewendet. So verweist Popp (1994) zwar auch auf die neuen Lernchancen des Wandels, beachtet sie aber in seinen Überlegungen nicht näher. Tatsächlich setzt auch er eine kulturpessimistische Sicht der sozialen Erfahrungsmöglichkeiten fort. Aber Kinder haben gerade durch eingegrenzte Räume und veränderte Familienverhältnisse besonders viele soziale Erfahrungen; sie müssen ihre Freizeitkontakte selbst organisieren, sich in der Schule verabreden, telefonisch Treffpunkte und Termine vereinbaren. Der „Prozeß der zunehmenden Diversifikation von Kindheitsmustern" (Oberliesen 1994, 74) hat zur Folge, daß Kinder über Kinder sehr viele Kindheitsmuster und -erfahrungen kennenlernen können.

Neben diesen hier nur unvollständig aufgezählten Trends der veränderten Kindheit (vgl. Fölling-Albers 1989; Lichtenstein-Rother 1992), die generell die These vom Verschwinden der Kindheit stützen, gibt es aber auch empirische Beobachtungen, die zeigen, daß die individuelle Wertschätzung von Kindern steigt. So hat nicht nur das Kinder-Haben mittlerweile für Eltern einen hohen Stellenwert im Lebensglück (Beck-Gernsheim 1986), sondern auch die psychischen Regungen von Kindern sind mehr als je zuvor im Zentrum der Aufmerksamkeit.

So steht die Selbständigkeit der Kinder bei vielen Eltern an der Spitze aller Erziehungsziele (Preuss-Lausitz u. a. 1990), während früher Gehorsam oder Fleiß die wichtigsten Tugenden darstellten. Der Normenwechsel im Bereich Ehe und Sexualität in Richtung auf Liberalisierung hat sich auch für Kinder ausgewirkt, indem ihnen in liberaleren Familien eine „schuldfreiere Lust am eigenen Körper" (Preuss-Lausitz 1993, 46) zugestanden wird.

Auch erhöhte regionale Mobilität, Umweltbelastungen oder Arbeitslosigkeit sind gesellschaftliche Entwicklungen, die ebenfalls auf das Kinderleben einwirken und eine veränderte Kindheit bewirken können.

Hopf setzt den kulturpessimistischen Positionen systematisch kulturoptimistische entgegen und entwickelt daraus zweiseitige Entwicklungsfolgen (Hopf 1993a, 44). So stellt er dem medialen Angebot auch die Erweiterung der Kenntnisse, dem zurückgehenden Streifraum im Freien die vermehrte ganzjährige Nutzung von Sport- und Bewegungshallen, den fehlenden kulturellen Orientierungsnormen eine Zunahme flexibler Verhandlungsfähigkeit, den weniger konstanten Bezugspersonen eine Zunahme frühkindlicher Selbständigkeit und den zunehmenden zeitlichen Verregelungen eine größere zeitliche Planungsfähigkeit und besseres Zeitbewußtsein entgegen (ebd., 44).

Wir können also nicht einlinear Folgen aus der gesellschaftlichen Entwicklung für Kinder ziehen, sondern müssen immer wieder auf besondere Bedingungen und die jeweiligen individuellen Verarbeitungsstrategien achten. Hierbei kommt es auch auf die pädagogischen Einflüsse an, wie sich die veränderte Kindheit letztlich tatsächlich beim jeweiligen Kind auswirkt.

Denn Kinder – so meine Grundthese – leben nicht nur in dieser Welt, sondern haben durchaus eigene Erfahrungen und Probleme mit ihrer natürlichen und gesellschaftlichen Umgebung – und sie handeln in dieser Welt. Insofern schließe ich mich Hans Rauschenberger an, der sagt: „Das Handeln der Kinder hat Zukunft; denn es ist das Handeln künftiger Erwachsener“ (1992, 135).

So betrachtet hat die Kategorie Kindheit einen differenzierten didaktischen Stellenwert. Es geht nicht um eine Anpassung an das aktuelle Denken und Handeln von Kindern und auch nicht um das bloße Sich-Abhängigmachen von oft zufallsbedingten Kinderwünschen. Vielmehr geht es darum, Kindheit im gegenwärtigen gesellschaftlichen Umfeld daraufhin zu untersuchen, in welche Richtung der Sachunterricht auf die Gegebenheiten reagieren kann. In diesem Kontext ist für mich die pädagogische Konsequenz aus der Kindheitsdebatte: Nicht eine noch stärker verplante Kindheit, nicht eine „verinselte Kindheit“ (Cloer 1992) mit ihren Konsequenzen der „Ich-Bezogenheit“, „Sozialblindheit“ und „Erörterungstaubheit“ (Gebauer u.a. 1991) sind das Ziel, sondern eine humane Schule, die den Kindern Erfahrungs- und Lebensraum ermöglicht. Dazu gehört ganz zentral, daß entgegen den Tendenzen zum Verschwinden der Kindheit (Postman 1983) ein eigener Bereich der kindlichen Zugangsweisen – wie Freude an Phantasie, Bewegung, Neugier, Spiel und Größerwerden – zur Welt möglich ist, ohne dabei eine wirklichkeitsferne pädagogische Kunstwelt zu schaffen. Kinder sollen Kind sein dürfen, aber auch in ihren Problemen mit sich und ihrer Umwelt ernst genommen werden.

Bei dem gegenwärtig sich ausbreitenden grundlegenden Trend der Identitätsverluste und gesellschaftlichen Krisen ist es m.E. fundamental, daß Kinder soziale Ich-Stärke entwickeln können, um in dieser veränderten Lebenswelt aktiv bestehen zu können; dazu gehört es, die Schule in der Welt zu verorten, damit die Kinder in dieser Welt Fuß fassen lernen, stehen und gehen lernen. Romantische Inhalte aus vergangenen Epochen – wie handwerkliche Produktion – sind allenfalls als Mittel zur Veranschaulichung und Elementarisierung komplizierter Zusammenhänge, aber nicht als Eigenwert – wie in der frühen Heimatkunde – von Bedeutung.

5.2 Kinder – heute, gestern und morgen

Wenn wir Kinder tatsächlich in didaktisches Denken einbeziehen wollen, können wir aber nicht bei der Kindheit stehenbleiben, dann müssen wir auch schauen wie Kinder sind. Dazu gehören zwei Fragerichtungen. Zum einen ist es wichtig zu wissen, wie Kinder ganz allgemein – unabhängig von den verschiedenen gesellschaftlichen Entwicklungen – sind, also die Frage nach den anthropologischen Konstanten. Noch schwieriger zu beantworten ist die zweite Frage, nämlich konkreter zu wissen, wie die verschiedenen Kinder sind. Aber auch die erste Frage wirft große Probleme auf, denn was sind allgemeine Merkmale von Kindern, wenn wir immer nur konkrete Kinder vorfinden? Anthropologische Merkmale können nur aus verschiedenen Beobachtungen gefolgert werden. Jede Definition anthropologischer Konstanten geht mit subjektiven Theorien von Kindsein einher. Eine Möglichkeit, weniger vage Antworten zu bekommen, ist es, verschiedene anthropologische Konzepte von Kindsein – möglichst noch aus verschiedenen Epochen – zu vergleichen. Deshalb sollen hier zunächst die aus subjektiven Beobachtungen an der Jena-Plan-Schule Petersens – also lange vor der „veränderten Kindheit“ – gewonnenen Merkmale von Kindern vorweggestellt werden und mit neueren Untersuchungen verglichen werden.

Else Petersen (1965) unterscheidet aus den jahrzentelangen Beobachtungen an der Jena-Plan-Schule vier Grundkräfte:

1) Bewegungsdrang (1965 / 40ff)
2) Drang zu selbständigem Tun (1965 / 45ff)
3) Gesellungsdrang (1965 / 69f)
4) Verlangen nach straffer Führung (1965 / 96)

Kobi (1975 (2)) hat für das „normal entwickelte Schulkind“ folgende Grundzüge unterschieden:

- Vitalität
- Lebensfreude
- geistige Interessiertheit
- Sinnenhaftigkeit
- Kontaktfreudigkeit, Kobi ((1975 (2), 11)
- Realitätsbezogenheit
- Leistungsbereitschaft
- Selbstbestimmtheit, Kobi ((1975 (2), 12)

Die Übereinstimmung in vielen Punkten ist auffällig, aber es gibt bei derartigen subjektiven Methoden auch Akzente, die mehr über die Deutungen der Autoren ausdrücken als über die Kinder. So wird gerade am letzten Punkt Petersens, der sicherlich mit dem Bedürfnis nach Orientierung und Sicherheit zu vergleichen ist, deutlich, daß dieses subjektive Herausarbeiten von anthropologischen Konstanten aber auch ideologische Projektionen in sich bergen kann. Oder es kann die bei vielen Autoren positiv gedeutete kindliche Bewegungsfreude und Suche nach Neuem, „Phantasiefähigkeit … Bewegungsdrang“ (Hopf 1993a, 61) auch negativ gedeutet werden, indem die gegenwärtigen Kinder als „unruhige, reizhungrige Menschen“ (Jeziorsky 1948, 25) bezeichnet werden.

Gleichwohl halte ich es für eine wichtige Aufgabe, derartige Merkmale zu sammeln und sowohl der kritischen Diskussion zu öffnen – wie auch der praktischen Erprobung von Konsequenzen.

Wenn wir die Literatur zur Sachunterrichtsdidaktik näher durchsehen, werden wir immer wieder auf implizite Theorien stoßen, wie Kinder nach Meinung der jeweiligen Autorinnen und Autoren sind, das heißt welche Motive den Kern ihrer Persönlichkeit in diesen Deutungen ausmachen.

Je mehr Texte wir in dieser Hinsicht untersuchen, umso klarer werden die Konturen davon, welche Persönlichkeitsmerkmale bei Kindern generell zu erwarten sind:

Unumstritten ist die Betonung der sozialen Motive von Kindern (Fölling-Albers 1994). Das Bedürfnis nach Bindung und Sozialem bedeutet gerade für die gegenwärtigen gesellschaftlichen Entwicklungen hin zur Individualisierung, daß es deutliche subjektive Ansatzpunkte für schulisch entwickelte soziale Prozesse gibt.

Ein besonders häufig betonter Bereich ist die kindliche Entdeckerlust oder Neugier (Meiers 1994 (2), 33), die als ein besonders hervorhebenswertes Merkmal angesehen wird: Langeveld zählt das Prinzip der Exploration zu den vier anthropologischen Grundgegebenheiten (zit. in Popp 1994, 61). Andere akzentuieren dieses Motiv der Kinder nach Neuem leicht anders und betonen das „Bedürfnis nach neuen Erfahrungen“ (Soll 1988, 15).

Gareth Matthews sieht bei Kindern vor allem: „Sinn für Rätselhaftes und Entdekkung, ihr unverdorbener Sinn für Ungereimtheiten und Unpassendes und die Dringlichkeit ihres Verlangens, den Sinn aller Dinge zu erkennen“ (Matthews 1989, 17) und betont damit neben der Seite der Entdeckungsfreude auch die Seite der Sinnsuche.

Ebenfalls schon bei Langeveld und vielen späteren Pädagoginnen und Pädagogen wird immer wieder betont, daß das Kind schöpferisch ist (Popp 1994, 60).

Während Langeveld neben der explorativen Seite der kindlichen Bedürfnisse auch die Kontrapunkte auf der Seite von Hilfsbedürftigkeit und Geborgenheit stärker betont (in: Popp 1994, 61), sehen neuere Autoren eher ein zweipoliges Modell, in dem beide Seiten des Kindes sich gleichberechtigt gegenüberstehen: „Für eine Didaktik des Sachunterrichts ergibt sich … die Notwendigkeit einer Polarität von Behütung, Orientierung, Lenkung, Bindung, Belehrung und Beistand einerseits und Offenheit, Ermutigung, Herausforderung, Freiraum, Erfahrung und Wagnis andererseits“

(Popp 1994, 61). Diese zweipolige Sichtweise von Kindern ist mittlerweile in der Sachunterrichtsdidaktik weit verbreitet. So sieht Soll bei Kindern eine grundlegende „Ambivalenz zwischen dem Bedürfnis nach Geborgenheit und dem Drang nach Aneignung und Aktivität. Das Kind braucht offensichtlich beides, das Zu-Hausesein und das Weg-von-Daheim-sein, Sicherheit und Weltoffenheit" (Soll 1988, 16).

M.E. ist ein zweipoliges Modell von Kindermotiven zu eng. Denn Kinder haben sehr viele verschiedene Motive, die zum Teil aus der Sicht von Erwachsenen Gegenpole sind, in ihrer Lebenswelt aber nicht notwendig als ambivalent wahrgenommen werden. So ist zu beobachten, daß Kinder im Grundschulalter „eine Lust daran (haben), eine nützliche Aufgabe zu übernehmen und sie gut zum Ende zu bringen. Diese Lust ist der Werksinn" (Schreier 1994a, 61). Andererseits kann neben der Freude am handelnden Tun auch der Geborgenheitswunsch bei Grundschulkindern deutlich beobachtet werden. Wir müssen davon ausgehen, daß ein breites Geflecht an Motiven in der Kinderwahrnehmung vorhanden ist.

Ich fasse hier einige dieser spezifischen Motive des Kindheitsalters, wie sie vor allem seit der klassischen Reformpädagogikepoche in den verschiedenen Konzepten gesehen wurden, in einer eigenen Interpretation stichpunktartig zusammen:

a) intensiv emotional erleben
b) sich bewegen
c) handelnd tätig sein
d) selbständig tätig sein
e) geborgen sein
f) gemeinsam mit anderen Kindern sein
g) Freundschaft erleben
h) Spaß haben
i) Ernst (für groß) genommen werden
j) Sinn suchen
k) Liebe zum Detail und zu kleinen Dingen
l) Liebe zur Natur
m) Liebe zum Schönen
n) gern entdecken und enträtseln

Zu diesen seit Jahrzehnten pädagogisch entdeckten Seiten von Kindern kommen auch Bedürfnisse, die erst als Ausdruck jüngster gesellschaftlicher Entwicklungen zu werten sind. So betont Gertrud Beck seit einigen Jahren mit großem Nachdruck, daß Kinder „Raum und Zeit zum Leben und Lernen" (Beck 1994, 17) brauchen. Diese Seite sieht sie in enger Verbindung mit den Motiven nach Sinnerfahrung, Freundschaft und Ernstsituationen. Denn Kinder brauchen zum Leben „Sinn-volle" Gefühle. ... Kinder brauchen zum Leben andere Kinder. ... Kinder brauchen Teilhabe am realen Leben" (Beck 1994, 18).

Sie fordert deshalb für die Schule Raum und Zeit für

- individuelle und kooperative Aneignung
- gemeinsames Erleben

- gemeinsames Spiel
- Unglücklichsein
- „echtes" Leben
- Liebe
- Außenkontakte
- freie Texte
- ihre Beziehungen (Beck 1994, 18)

Hopf (1993) stellt einen Katalog auf, in dem er auch die Leistungsaspekte im Erleben von Grundschulkindern neben den oben genannten aufnimmt. Nach seiner Interpretation gehören zu den „unverzichtbaren Grundbedürfnissen" ...:

Das Bedürfnis nach

- emotionaler Zuwendung und Geborgenheit
- Anerkennung
- neuen Erfahrungen
- Selbstverantwortung
- spontanem Ausdruck ihrer Befindlichkeit
- Selbsttätigkeit
- Bewährungsmöglichkeit
- Neugier und Entdeckungslust" (Hopf 1993a, 72).

Wenn wir diese Motive von Kindern hier als anthropologische Grundlagen ansehen, aus denen weiteres Handeln und Lernen erwächst, dürfen wir sie gleichzeitig nicht als natürlich mißverstehen. Denn sie sind auch wiederum von den Erfahrungen und Umständen formbar und veränderbar. Anna Freud untersuchte nach dem 2. Weltkrieg in England Kinder, die aus dem Konzentrationslager Theresienstadt kamen. Diese Kinder hatten nicht das für Kinder typische Verhältnis zu Erwachsenen und wiederum ein untypisches intensives Gruppenverhalten untereinander (Freud 1969 (2), 36f). Auch anthropologische Beobachtungen sind keine Natur-Konstanten, sondern in ihrer Ausformung abhängig von den jeweiligen sozialen Erfahrungen.

Wenn wir nun danach fragen, wie sich die heutigen oder gar zukünftigen Kinder entwickeln, dann haben wir große Probleme, eindeutige Hinweise zu finden.

Dies wird in der gegenwärtigen recht schnellebigen Zeit besonders augenfällig, weil Kinder sehr unterschiedliche Biographien haben und damit aus den ursprünglichen Motiven sehr verschiedene Persönlichkeiten entwickeln. Somit wäre die Frage, welche konkreten Kinderpersönlichkeiten gegenwärtig Lehrerinnen und Lehrer in der Primarstufe erwarten können, besonders schwer zu beantworten. Denn dahinter steckt die Verbindung aus der anthropologischen Motivstruktur von Kindern und der Verarbeitung der verschiedenen gesellschaftlichen Bedingungen.

Es ist zu vermuten, daß das Verschiedenheitsspektrum zwischen den Kindern viel größer ist als in früheren Jahrzehnten oder gar Jahrhunderten. Von daher sind simple Etikettierungen wie „die verwöhnten Konsumkinder" wenig fruchtbar.

Dennoch zeigen einige empirische Untersuchungen, daß sich die gesellschaftlichen Entwicklungen auch in den besonderen Persönlichkeitsausprägungen der Kinder niederschlagen.

Preuss-Lausitz spricht in diesem Zusammenhang von den selbstbewußten 'Konsumkindern' (1993, 81). Wenn wir diese Formel näher betrachten, entdecken wir darin zwei Seiten, die sehr widersprüchlich und zwiespältig sind, nämlich einerseits, daß viele Kinder abhängig von Vermarktungsstrategien sind und dennoch gegenüber früheren Kindergenerationen die Chance haben, mehr Selbstbewußtsein zu entwickeln.

Daraus erwachsen sowohl pädagogische Probleme als auch Möglichkeiten, denn es sind bereits die Anfänge selbstbewußter aktiver Lebensgestaltung gelegt. An vorhandene Mitbestimmungswünsche kann im Unterricht angeknüpft werden. Denn „die an die Anerkennung ihrer frühen Selbständigkeit in Familie und Öffentlichkeit gewohnten Kinder fordern Demokratie im Alltag der Schule ein“ (Preuss-Lausitz 1993, 55).

Gleichzeitig ist unser Wissen über die Kinder insgesamt sehr dürftig. Besonders wenig wissen wir über die Lebensprobleme von Kindern, die nicht zur deutschen Mittelschicht zählen. Denn „wir wissen relativ wenig von den subjektiven Erfahrungen nichtdeutscher Kinder; sie sind kaum je gefragt worden“ (Preuss-Lausitz 1993, 40), obgleich allein 12 % aller Schülerinnen und Schüler Westdeutschlands nichtdeutscher Herkunft sind (Preuss-Lausitz 1993, 40).

Dennoch geben gerade Unterrichtsbeobachtungen sehr viele Hinweise auch auf die Stärken von Kindern, die in einer bloßen kulturpessimistischen Sicht veränderter Kindheit nicht genug zum Tragen kommen. Kinder sind lebendig, wißbegierig, aktivitätslustig und können auch viel Wissen, Handlungsbereitschaft und Lebendigkeit in den Unterricht einbringen. Dieses näher im Sinne einer Analyse von Lernvoraussetzungen zu betrachten, scheint eine wichtige Aufgabe zu sein, die auch auf Lehrkräfte aktivierend wirken kann, weil die Fähigkeiten von Kindern und die Entwicklungspotenzen in den Blickwinkel geraten und nicht die Negativetikettierung in dem Sinne, daß die heutige Gesellschaft zu wenig Entfaltung bietet.

5.3 Lernvoraussetzungen für den Sachunterricht

5.3.1 Allgemeine Fragen von Lernvoraussetzungen

Das Ziel, „entwicklungsgemäß (zu) fördern“ (Meiers 1994 (2), 36) wird gegenwärtig generell in der Sachunterrichtsdidaktik akzeptiert. Es wird aber mit zunehmender Komplexität der Entwicklung von Kindern immer schwieriger, die adäquaten Vorerfahrungen aufzugreifen, weil „in einer pluralistischen und zunehmend multikulturellen Gesellschaft die Schüler mit unterschiedlichen Erfahrungen, sozialen Normen und Wirklichkeitsbildern in die Schule kommen“ (Duncker / Popp 1994, 17).

Trotzdem müssen wir für den Sachunterricht über Lernvoraussetzungen aller Kinder genauer informiert sein. Dies kann aber nicht bedeuten, daß wir nach einem festen Wissenskanon über Lernvoraussetzungen der Kinder suchen, denn diese sind grundsätzlich dynamisch. Gleichzeitig ist es aber nicht beliebig, in welchen Entwicklungen die Kinder sich befinden, denn es ist plausibel, „daß Neues umso eher aufgenommen wird, je ähnlicher es dem bereits Gelernten ist...Offenbar akzeptieren die

Menschen Fremdes nur unter der Bedingung, daß sie seine Fremdheit ständig dezimieren und es also zum Bekannten machen. Gelingt ihnen dies nicht, so verleugnen oder bekämpfen sie es" (Rauschenberger 1994, 85).

Es kommt also darauf an, nicht ein Abbild von Vorwissenselementen zu suchen, sondern generell eine kritische Erhellung oder Aufklärung über Interpretationsmuster bei Grundschulkindern zu erreichen (vgl. Hiller / Popp 1994).

Solange wir ein lebensweltbezogenes Kindheitsverständnis allgemein thematisieren, stoßen wir in der Literatur durchaus noch auf Resonanz (vgl. Bronfenbrenner 1980). Wenn wir es aber wagen, danach zu fragen, wie Kinder nun tatsächlich gesellschaftliche Probleme wahrnehmen, werden wir in der wissenschaftlichen Literatur weitgehend auf Leerstellen stoßen.

Schon 1982 konstatierte Hemmer einen Mangel an „Analysen der kindlichen Lebenswirklichkeit" (Hemmer 1982, 33ff) als großes Problem der Sachunterrichtsdidaktik.

Obwohl Lernvoraussetzungen nur schwer zu definieren sind (vgl. Koch-Priewe 1995) und obgleich es schwierig ist, didaktische Konsequenzen aus „festgestellten" Lernvoraussetzungen zu entwickeln, ist es aber für fruchtbare Lernprozesse besonders wichtig, die subjektiven Lernbedingungen möglichst genau zu kennen. Denn nur wenn wir mehr über das konkrete Denken und Fühlen der Kinder wissen, können wir auch die identitätsstiftenden didaktischen Momente finden. Dabei geht es jedoch nicht um eine einfache mechanische Schlußfolgerung aus den momentanen Interessen und Wünschen der Kinder auf Unterrichtsinhalte. Diese Fehlform der „Pädagogik vom Kinde aus", daß nur das, was die Kinder ins Gespräch bringen, zum Unterrichtsinhalt wird, kritisierte Jeziorsky als unverantwortliches Treibenlassen (1968, 18). Er fürchtet vor allem, daß derart eingebrachte Inhalte nur an der Oberfläche bleiben und nicht genügend unterrichtlich verarbeitet werden können. Ich sehe die Mängel einer ausschließlich von momentanen subjektiven Äußerungen der Kinder gelenkten Inhaltsentscheidung mehr darin, daß damit eine enge Inhaltsauswahl z. B. gegenwärtig auf Konsumwünsche bezogen erfolgen kann, aber weitergehende Probleme der Kinder, wie z. B. tatsächliche Angst vor Trennung der eigenen Eltern oder das Verwundern über Pflanzen, die durch den Asphalt nach oben wachsen, nicht spontan ins Unterrichtsgespräch eingebracht werden.

Vielmehr kommt es bei der Berücksichtigung von Kinderinteressen und bei ihrer Mitbestimmung über die Inhalte des Sachunterrichts darauf an, Anknüpfungsmomente für das Verstehen der Kinder, für die Entwicklung ihrer Denkprozesse, Empfindungen und Verhaltensweisen zu finden.

Für derartige didaktische Fragestellungen erscheint mir die historische Sicht auf veränderte Kindheit zu allgemein zu sein und zu stark von den einzelnen Kindern zu abstrahieren. Dabei gibt es in der Tat auch für die einzelnen Kinder sehr treffende allgemeine Kennzeichnungen, aus denen wir sehr viel für die eigenen didaktischen Entscheidungen lernen können. Diese klingen zunächst sehr simpel, aber dennoch steckt bereits in diesen einfachen Bestimmungen eine Fülle an didaktischen Orientierungen. Die erste dieser allgemeinen Bestimmungen ist die banalste und zugleich wichtigste:

1) Kinder sind **Menschen**. Dies heißt aus didaktischer Sicht, daß Kinder nicht etwa als Aufbewahrungskisten für Stoffe oder als „steuerbare Knetmasse“, die nach beliebigen Zielen formbar ist, mißverstanden werden dürfen. Kinder sind und bleiben eigenständige Lebewesen, die in aktiver Beziehung zu ihrer Umwelt stehen, auf diese einwirken und sich in der Auseinandersetzung mit ihr entwickeln. Von daher sind humane Ansprüche an Schule und Bildung für alle Kinder unteilbar, sie müssen als Menschen gesehen und ernst genommen werden, ihre Lebendigkeit darf nicht unterdrückt oder negiert werden. Dazu gehört auch, daß der Bewegungsdrang und die Lebensfreude, Spaß und Spiel ernst genommen werden.

2) Kinder sind **kleine** Menschen. Aus diesem kleinen Attribut folgen gerade für den Sachunterricht bedeutsame Konsequenzen. Denn kleine Menschen sind dabei, größer zu werden und wollen größer werden, sie wollen wichtig sein und gleichberechtigt zur Welt gehören. Deshalb ist Sachunterricht mit Ernstcharakter, bei dem die Kinder den Sinn des Lernens klar erkennen, sei es, die Erwachsenen an einer Ampel auf verkehrswidriges Verhalten aufmerksam zu machen, Aktionen zur Reduzierung des Schulmülls oder Arbeit im Schulgarten für die Kinder besonders wertvoll, weil sie erfahren, bedeutsam zu sein, zu dieser Welt zu gehören und einzeln angenommen zu sein. Das tragende Motiv von Grundschulkindern, groß sein zu wollen, „es den Großen gleichzutun“ (Meiers 1994, 35), schafft Energien auch für schwierige Lernprozesse, solange diese so gestaltet sind, daß die Kinder auch tatsächlich den Erfolg ihrer Bemühungen feststellen können. Gerade weil Kinder noch auf dem Weg sind, einen festen Platz in der Gesellschaft zu finden, ist es so wichtig, daß sie etwas Sinnvolles tun dürfen.

3) Kinder sind **lebendige** Menschen, sie wollen sich bewegen und wollen **aktiv sein**. Sie wollen gerade nicht nur still sitzen und sich von Informationen berieseln lassen, wie es ohnehin in ihrer Freizeitwelt immer mehr zunimmt. Sie wollen vielmehr aktiv und selbstbestimmt leben und lernen. Wenn wir Kinder aus Pappkartons Häuser für ihre Schnecken bauen lassen, in die sie je nach ihren Beobachtungen über die Vorlieben ihrer Schnecken eine Speisekammer mit den geeigneten Lebensmitteln, einen Naßraum oder auch nicht, Klettermöglichkeiten je nach erfahrenen Fähigkeiten der eigenen Schneckensorte u.v.a.m. gestalten, dann ist Erkenntnisbildung über das Leben der Schnecken und aktives Tun eine Einheit geworden, die den Kindern gemäß ist. Sie sind als tätige Menschen unterrichtlich angesprochen worden und nicht als tote Informationsspeicher.

Diese drei allgemeinen Bestimmungen, daß Kinder Menschen, kleine Menschen und aktive Menschen sind, sollten bei allen didaktischen Überlegungen mitbedacht werden. Dies ist m. E. eine präzisere Fassung von „kindgemäß“ als sie in den bisherigen reformpädagogischen Schriften auftaucht.

Wenn wir jedoch noch weiter inhaltlich in die Frage der Lernvoraussetzungen eindringen wollen, müssen wir gleichzeitig wissen: Lernvoraussetzungen sind prinzipiell dynamisch (s. o.) und eng mit den (auch pädagogisch) veränderten Umständen verknüpft.

Lernvoraussetzungen sind also stark abhängig von den jeweiligen Umwelterfahrungen der einzelnen Kinder und der sozialen Kinderpopulationen. Sie sind an verschiedene Bedingungsebenen gleichzeitig gebunden:

a) Bedingtheit durch Strukturmerkmale des regionalen bzw. lokalen Umfeldes
b) Bedingtheit durch die konkrete Wohn- und Lebenssituationen
c) Bedingtheit durch den Entwicklungsstand der Kinder
d) Bedingtheit durch das intraindividuelle Entwicklungsprofil

Eine weitere Schwierigkeit beim Formulieren von Lernvoraussetzungen ergibt sich daraus, daß diese – wie die neuere entwicklungspsychologische Forschung immer deutlicher macht (Keller 1982) – in sich sehr heterogen sind und gleichzeitig – je nach Inhalt – verschiedene Stufen etwa der kognitiven Entwicklung nebeneinander stehen können. „Ihre (der Kinder) gesamte Entwicklung kann als sprunghaft, ungleichzeitig, verzögert oder beschleunigt vorgestellt werden“ (Hopf 1993a, 65).

Die Diskrepanz der Entwicklung heutiger Kinder, die mit hoher kognitiver Ansprechbarkeit und einer sehr schwierigen Balance in der Situation einhergeht, ist gegenwärtig sehr augenfällig (Klafki 1992a, 17). Deshalb ist es nicht mehr hilfreich für die Praxis, wenn die Fragentypen von Kindern in eine altersspezifische Rangfolge gesetzt werden, etwa daß die Fragen mit sozialem Aspekt „War das immer so?“ mehr dem 8.-9. Lebensjahr zugeordnet werden, während die Fragen nach dem ökonomischen Aspekt, „Was nutzt uns das?“, eher dem 7.-9. Schuljahr zugeordnet werden (Mayer 1994 Bd. 1, 63). Derartige Stufenbildungen sind zwar verlockend, aber sie erwecken gleichzeitig Lösungshoffnungen, die in unserer komplexen Wirklichkeit nicht mehr zutreffen. Im vorigen Jahrhundert war die Erwartung, klare Stufenschemata der Kinderentwicklung als Grundlage didaktischer Entscheidungen zu gewinnen, dagegen noch sehr legitim.

In der didaktischen Literatur wird seit Ende des 19. Jahrhunderts häufig auf die Notwendigkeit hingewiesen, Kenntnisse über die Lernvoraussetzungen zu erwerben, um pädagogische Fehlurteile, Über- und Unterforderungen der Kinder zu vermeiden (vgl. Troll 1922(10), 4).

So betonte Lange: „Uns erscheint ... die Erforschung der vor der Schulzeit gewonnenen Geistesprodukte des Zöglings, so schwierig sie auch sein mag, als ganz besonders notwendig und unerläßlich für jeden Unterricht, der nicht auf Sand bauen will“ (zit. in: Hartmann 1913 (6), 66).

Zuerst haben sich Herbartianer darum bemüht (Hartmann 1913 (6)), mit empirischen Methoden zu Schulbeginn genauere Daten über die Kinder zu erfahren. Auch andere Didaktiker schätzten den Wert von Kenntnissen über Lernvoraussetzungen. Dabei bezog sich die Fragestellung vielfach nur auf die methodische Ebene, um Anhaltspunkte bei der Vermittlung der vorweg festgelegten Lerninhalte zu gewinnen

(Armstroff 1891 (5)). Man wollte herausfinden, welche „fehlenden Vorstellungen“ erst im Schulunterricht erzeugt werden müssen (Hartmann a.a.O., 63).

Unser Wissen um Lernvoraussetzungen der Kinder ist jedoch beim gegenwärtigen Forschungs- und Erkenntnisstand außerordentlich dürftig (vgl. Duit 1992, 1995). Ein wichtiger Grund dafür liegt darin, daß derartige Forschungen wenig generalisierbar sind und sich notwendig auf bestimmte Themen und letztlich auch auf bestimmte Lernsituationen beziehen. Für diese Fragestellungen muß ein auf die komplexe Praxissituation bezogenes Forschungsdesign entwickelt werden, was in der Durchführung und Auswertung ausgesprochen aufwendig ist (vgl. Kornmann 1995).

Wegen der Dynamik, Bedingungsabhängigkeit und Komplexität von Lernvoraussetzungen ist es methodisch wichtig, sie auch im konkreten pädagogischen Kontext zu erheben. Derartige relativ offene Methoden machen es allerdings schwer, vergleichbare und valide Ergebnisse zu bekommen. Schon Hartmann stieß in den frühen 80er Jahren des vorigen Jahrhunderts auf diese Problematik: „Es war schwierig, von vielen Kindern überhaupt etwas zu erfahren, und es war schwierig, manche Angaben der Kinder auf ihren wahren Wert zu prüfen“ (1913(6), 74f).

5.3.2 Historische Untersuchungen zu Geschlechterdifferenzen und Lernvoraussetzungen

In der „Berliner Statistik“ nach Bartholomäi von 1870 (vgl. Allgemeine Schulzeitung Jg. 1871, 251f), bei der die Schulleiter mit einem Erhebungsinstrument, das einem Schulreifetest vergleichbar ist, vorhandene Vorstellungen und Fertigkeiten der Kinder überprüfen sollten, wurden schon bemerkenswerte geschlechtsspezifische Differenzen festgestellt (ebd., 61ff). Die umfangreichste Untersuchung aus Annaberg stammte von Hartmann selbst, der die Berliner Fragestichpunkte variiert, ergänzt und weiterentwickelt hatte (ebd., 136). In diesen frühen Untersuchungen ging es darum, bei didaktisch als wichtig eingeschätzten Begriffen (z.B. Frosch oder Regenbogen oder Schumacher oder Vaters Beruf) zu erfragen, ob die Schulanfänger/innen sich darunter bereits etwas vorstellen konnten. Es sollten „Aufschlüsse über die Häufigkeit des Vorkommens bei den einzelnen Kindern und der Nachweis gewisser konstanter Verhältnisse für die Gedankenkreise aller Kinder desselben Ortes oder derselben Gegend“ gewonnen werden (ebd., 59). „Hauptzweck war, den Gedankenkreis der eintretenden Kinder zu erforschen, um die natürlichen Grundlagen des Lehrplans für das erste, beziehentlich zweite Schuljahr zu gewinnen“ (ebd., 66). Abgesehen davon, daß dabei von Hartmann selbst biologische Reifungstheorien zugrunde gelegt wurden, liefert dieser Ansatz einen interessanten Versuch der didaktischen Grundlegung der Unterrichtsplanung durch die Ermittlung von Lernvoraussetzungen.

So brachte die Annaberger Untersuchung des Herbartianers Berthold Hartmann aus den 80er Jahren des vorigen Jahrhunderts (Hartmann 1913 (6)) zwar deutliche Geschlechterdifferenzen, aber ein anderes Profil als heutige Studien hervor. Keiner der im Fragenkatalog enthaltenen Begriffe mit technisch-naturwissenschaftlicher

Relevanz (Gewitter, Bergwerk, Regenbogen, Abendrot, Sonnenuntergang, Mondphasen, Sternenhimmel, Uhr, Himmelsgegenden, Würfel, Kugel, Dreieck) ist als Interessen-Domäne der Jungen aufgefallen. Vielmehr wiesen die Mädchen in fast allen diesen Fragebereichen ihrerseits eine deutliche Überlegenheit auf. Die heute in der Öffentlichkeit noch weit verbreitete Fama von der natürlichen weiblichen Technikinkompetenz könnte bereits angesichts dieser Fakten in Frage gestellt werden. Wichtig bleibt festzuhalten, daß offensichtlich geschlechtsspezifische Sozialisationsprozesse starken historischen Wandlungen unterliegen, also auch prinzipiell veränderbar sind.

Als wichtige inhaltliche Ergebnisse dieser Untersuchungen haben zwei allgemeine Grundsätze auch heute noch Gültigkeit: Die Lernvoraussetzungen sind neben den individuellen Unterschieden nach sozialen Erfahrungsräumen (damals am Beispiel des Stadt-Land-Gegensatzes) und nach Geschlecht differenziert. Sie werden als abhängig vom Ausmaß gesellschaftlicher Anregungen und damit in besonderem Maße auch als pädagogisch beeinflußbar erkannt (s.u.).

5.3.3 Neuere Untersuchungen zu Entwicklungsphasen

W. Hansen knüpfte in den 60er Jahren in seiner Studie „Kind und Heimat" an verschiedene frühere Untersuchungen an (z.B. Aufzähltest von Busemann, nach dem die Kinder alles nennen sollten, was es in der Welt gibt) (Hansen 1968, 23). Dabei wurden Alltagsbegriffe zur Assoziation vorgegeben (ebd., 19).

Eine besonders interessante, wenn auch methodologisch außerordentlich schwer zu realisierende Idee zur Erforschung der Lernvoraussetzungen läßt sich aus einer Äußerung von W. Hansen folgern, nämlich die Beobachtung und Analyse des Spielverhaltens: „Ihr (der Kinder) Ergriffensein von der Welt tritt im Spiel am unmittelbarsten in Erscheinung und gewinnt darin Gestalt, ohne daß es in die Formen der konventionellen Verständigung gefaßt werden muß. Darum sind die Spiele meist origineller und in den Bezügen zur Welt nuancenreicher als die Gedanken, die von den Kindern geäußert werden" (Hansen 1968, 185).

Auch Studien zu Entwicklung geistiger Operationen (Piaget 1974), zu Entwicklungsstufen des Weltverständnisses (Kohlberg 1974) zählen zu den neueren Untersuchungen. Aus diesen Studien können – unter dem generellen Vorbehalt der Problematik des Definierens von Lernvoraussetzungen (s.o.) – verschiedene Merkmale gewonnen werden, die neuere Entwicklungen kindlicher Lernvoraussetzungen charakterisieren.

Insbesondere Piagets Konzept (1974) der Entwicklungsphasen von der präoperationalen über die konkret operationale bis zur formal operationalen Phase ist stark in die didaktische Diskussion eingeflossen. Er hat dieses Konzept aber weitgehend nur auf mathematische Entwicklungen – Formbegriff, Zahlbegriff und Raumbegriff – bezogen. Für den Sachunterricht inhaltlich spezifischer ist seine Untersuchung des moralischen Wertbewußtseins, das er ebenfalls in diesem Prinzip von der egoistischen über die altruistischen bis zur autonomen Moral hin faßt (1954).

Piaget ist vor allem mit seiner These, daß Kinder erst im Grundschulalter beginnen, in breitem Umfang schlußfolgernd zu abstrahieren, auf breite Resonanz gestoßen. Nach Piaget fangen die Kinder erst allmählich an, „abstrakte" geistige Operationen auf der Ebene „ungegenständlicher", begrifflich präzisierter Relationen auszuführen. Der Begriff der konkret-operationalen Phase nach Piaget genießt für dieses Alter weithin Anerkennung (vgl. Piaget 1954; Kohlberg 1974; Feldmann 1987). Die unter 10jährigen sind deutlich auf einen gegenständlichen Kontext bezogen und an der Wirklichkeit orientiert (Hansen 1968, 19), „in der sie mit dem genannten Gegenstand leben. Dabei überwiegen Tätigkeits-, Gebrauchs- und Zweckangaben" (ebd.). Mit zunehmendem Alter ist dann eine „Tendenz zur Entsubjektivierung und ... zu fortschreitender Objektivierung des Gegenstandserlebens" (ebd. 17f) allgemein beobachtbar. Derartige Phasenlehren betonen jeweils die Unterschiede der Stufen und legen das Gewicht darauf, zu welchen kognitiven Schritten jüngere Kinder noch nicht in der Lage sind. So wird aus Kohlbergs Stufentheorie pädagogisch gefolgert: „Die Forschungsarbeiten von Lawrence Kohlberg zur Entwicklung des Normen- und Wertbewußtseins bei Kindern zeigen, wie schwierig es für das Kind ist, soziale Phänomene zu verstehen, Konventionen zu begreifen, moralische und rechtliche Urteile nachzuvollziehen, Verantwortung zu übernehmen und aktiv am sozialen Leben teilzunehmen" (Soostmeyer 1986, 32). Eine andere Blickrichtung, die sich durch konkrete Beobachtungen von Kindern (vgl. Kaiser 1996) belegen läßt, zeigt dagegen, daß Kinder trotz aller kognitiven Diskrepanzen durchaus motiviert sind, sich moralischen und sozialen Fragen zu stellen und dazu eigene – in sich widersprüchliche – Positionen haben. Wenn Kinder aber motiviert sind, ist es legitim, derartige Probleme mit ihnen aufzuarbeiten – selbst wenn es „schwierig" ist, mit ihnen zu ausgewogenen Urteilen zu kommen. In Kombination mit der Fähigkeit der Kinder, „spontan über das Wahrnehmbare hinaus(zu)gehen, Bekanntes und Vertrautes zur Aufschlüsselung des Unbekannten ... oder durch Kombinieren und Transformieren von Erfahrungen das zunächst Unverständliche zu begreifen" (Soostmeyer 1978, 208), ergibt sich prinzipiell ein sehr weites Spektrum möglicher Lernprozesse im Grundschulalter. „Wir müssen ... von der Unbegrenztheit der kindlichen Möglichkeiten ausgehen, Erfahrungen zu machen und zu verarbeiten" (Soostmeyer 1986, 28). Dabei gehen Kinder auf ihre eigene Weise zweckbezogen mit Inhalten um und nicht bei allen Inhalten mit der von den Lehrkräften gewünschten Abstraktion.

Gleichzeitig können diese utilitaristischen, expansiven und objektivierenden Züge neben in anderen Inhaltsbereichen „höheren" Entwicklungsphasen stehen (vgl. Kaiser 1986). So werden beispielsweise schon die Sprachwendungen der Erwachsenen gebraucht. Sie stellen aber noch keine einheitliche Verständigungsbasis her (Hansen 1968, 92), sondern werden durch vielfältige Brechungen infolge phantastischer, subjektiver oder anthropomorpher Vorstellungen relativiert.

Deutlich wird das Nebeneinander verschiedener Entwicklungsebenen an Spreckelsens Unterscheidung verschiedener kognitiver Strukturen im Grundschulalter (Spreckelsen 1994, 217). Er geht davon aus, daß die Analogiebildung zwar in diesem

Alter dominiert (zusätzlich unterschieden in phänotypische Analogiebildung und genotypische Analogiebildung), aber daß daneben auch zwei „frühere" Denkweisen stehen, nämlich ein Denken im Täter-Tatsystem und eine Regression auf leibliche Erfahrungen (ebd.). D. h. auch hier ist eine Gleichzeitigkeit verschiedener kognitiver Entwicklungsstufen zu verzeichnen.

Gegenwärtige Beobachtungen bei Grundschulkindern zeigen, daß sie kognitiv sehr wohl auch zu abstraktem Denken fähig sind und nicht wie bei Piagets (1974) Stufenlehre, in der schlußfolgerndes und selbstreflexives Denken erst in höheren Altersstufen für möglich gehalten wird (vgl. Popp 1994, 59).

Noch ertragreicher für die Lernvoraussetzungsforschung als die Analyse von Denkstrukturen ist die Analyse von Kinderfragen. Hier hat Soostmeyer (1986) einen themenübergreifenden Überblick über aus Erfahrungen in Grundschulklassen gesammelte Fragedimensionen von Kindern im naturwissenschaftlichen Sachunterricht zusammengestellt:

„Kinder bewegen sich .. hauptsächlich in dem Bereich der Entstehung von Aussagen über die Wirklichkeit. ...

Kinder bewegen sich eindeutig in subjektiv, sozial und sachlich bedeutsamen Ausschnitten ihrer Lebenswirklichkeit, in denen die Entdeckungs- und Entstehungszusammenhänge wissenschaftlicher Aussagen impliziert sein können, nämlich als Gegenstand kindlichen Interesses und kindlicher Sachbegegnung in der Form des Fragens, das unbekümmert ist von fachlichen Perspektiven, die wir als Erwachsene gewohnt sind. Fragen z. B. in der Form:

- Fragen nach dem Namen:

Wie heißt das? Was ist das? Wer ist das?

- Fragen nach der Bedeutung:

Wozu ist dieser Gegenstand, das Ding gut? Welchen Sinn hat er? Was macht er? Gehen Gefahren von ihm aus?

- Fragen nach dem eigenen Vorwissen:

Kenne ich das? Wo habe ich das schon einmal gesehen? Wer hat das schon einmal benutzt? Kenne ich etwas, das dem hier ähnlich ist? Habe ich schon einmal solches Verhalten (Benehmen) gesehen? Bei wem oder bei welchem Tier?

- Fragen nach den Funktionen:
  a) intrinsisch:
     Was tut der Gegenstand? Was kann ich beobachten? Welche Wirkungen zeigt er? Kann ich erkennen was er tut? Welche Lebensäußerung kann ich erkennen?
  b) extrinsisch, subjektiv bedeutsam:
     Was kann ich damit tun? Wozu kann ich ihn einsetzen? Kann ich mit ihm spielen?

c) extrinsisch, intersubjektiv verallgemeinernd:
Was haben andere mit dem Gerät im Sinne? Wozu haben sie den Gegenstand gebraucht? Wie sind sie mit dem Tier, mit der Pflanze umgegangen?

- Fragen nach der Funktionsweise und nach dem Inhalt:

Wie funktioniert das? Was ist in dem Gerät drin? Kann ich das nachmachen? Kann ich das, was ich sehe durch anderes erklären?

- Fragen nach der Ursache und nach der Wirkung:

Wodurch entsteht das, was ich sehen kann? Was ist der Grund dafür? Gilt die Regel 'immer wenn..., dann'? Gilt die Regel 'je mehr umso mehr (schwerer, länger, größer, dicker, schneller) ...'? Was kann ich tun, um solche Regeln herauszufinden? Ist das dann immer so?" (Soostmeyer 1986, 49f).

Diese und viele andere praktische Ansätze gilt es aufzuspüren und produktiv weiterzuentwickeln. Wesentlich dabei bleibt, daß die didaktischen Entscheidungen sich möglichst realistisch auf die gegenwärtigen Probleme der Lebenswelt beziehen und subjektive Stabilisierung der Kinder im Umgang mit diesen Problemen zum Ziel haben.

Die dingliche Welt wird zwar von Kindern oft in zweckhaften Wenn-Dann-Beziehungen interpretiert, aber auch „dort unterlaufen den Kindern bei Beobachtungen und Interpretationen Fehleinschätzungen und Irrtümer. Man denke in diesem Zusammenhang an die phantasievollen, dabei nicht immer der Realität entsprechenden Erzählungen von sechs- bis siebenjährigen Kindern oder an ihre animistischen, finalistischen und anthropomorphen Interpretationen von Phänomenen aus der physischen Umwelt" (Soostmeyer 1986, 32).

Der Fragenkatalog Soostmeyers gibt ein wichtiges Raster für eine themenspezifische Beobachtung einer Lerngruppe. Weitere wissenschaftliche Untersuchungen auf diesem Wege bieten sich an.

5.3.4 Empirische Untersuchungen zum Sachunterricht

Die bisher vorliegenden Untersuchungen zu allgemeinen – insbesondere kognitiven – Lernvoraussetzungen werden aber auch ergänzt durch einige konkret-inhaltliche unmittelbar aus dem sachunterrichtlichen Kontext. So liegen zum ökonomischen Bewußtsein – genauer: zu einzelnen Teilfragen – bereits verschiedene Untersuchungen vor (Strauss 1952 / 1956). Richtungsweisend war vor allem die Untersuchung Furths (1980, 1982), der in sehr ausführlichen Einzelinterviews Kinder befragte, wie sie sich die Herkunft des Geldes vorstellen, wie sie die Transaktionen beim Einkauf erklären, was sie über Lohnarbeit wissen, wie sie sich Gemeindestrukturen vorstellen. In der Nachfolge von Furth hat K. Feldmann (1987) versucht, verschiedene Interviews, die er mit Kindern duchführte, nach differenzierteren Kriterien zu interpretieren und in den Kontext der bisherigen Forschungen zum Gebiet ökonomischen Bewußtseins zu stellen. Feldmann fragte die Kinder nach ihren Erklärungen dafür, „daß ein Geschäft Pleite geht" (ebd., 65), nach der Verwendung von Taschengeld (ebd., 70), nach ihren Vorstellungen vom Sparen (ebd.), nach den Ursachen von Armut und Reichtum (ebd., 76). Beide Studien verweisen in Anlehnung an Piagets (1974) Vorstellungen von Entwicklungsphasen letztlich darauf, welche großen kognitiven Defizite im kindlichen Denken vorliegen. Selbst in der vierten, der höchsten festgestellten kognitiven Entwicklungsstufe bei Grundschulkindern konnten die befragten Kinder keine adäquaten Vorstellungen für eine begriffliche Durchdringung der sprachlich aufgegriffenen ökonomischen Alltagsprobleme formulieren (ebd., 26). Es ist analog zu vermuten, daß auch im Erfahrungsbereich Hausarbeit für die Kinder viele Prozesse und Strukturen unerklärbar sind, so daß sich daraus kognitive Dissonanzen als Ansatzpunkte für einen Unterricht, der diese latenten Dissonanzen bewußt macht, ergeben können.

b) In einer eigenen Untersuchung an Bielefelder Grundschulen habe ich versucht, anhand von fünf ausgewählten sozio-ökonomischen Themenbereichen (Umweltschutz, Arbeiten, Konsum, Werbung, Geld) genauere Beschreibungsmerkmale von Lernvoraussetzungen („Schülervoraussetzungen“) zu gewinnen (Kaiser 1996b). Das entscheidende Ergebnis war, daß Jungen in vielen inhaltlichen Aspekten andere Zugangsweisen zum jeweils unterrichtlich dargebotenen Thema hatten als Mädchen (s.u.). M.E. ist die Frage von Geschlechterdifferenz und Geschlechtergleichheit je nach Frageperspektive unterschiedlich zu beantworten. Sobald wir die Frage auf Dimensionen aus dem konkreten sozialen Umfeld der Kinder richten, wie es bei sozioökonomischen Unterrichtsinhalten (z.B. Taschengeld oder Schulfrühstück) der Fall ist, werden wir stärker auf die sozial vermittelten Verschiedenheiten stoßen. Aber auch bei sozial vermittelten Interaktionsformen und beim Spiel (Nötzel 1987) können schon für das Vorschulalter deutliche Geschlechtsunterschiede beobachtet werden (Paley 1984; Fried 1989). E. Eriksson, der mit projektiven Methoden arbeitete, konnte deutliche Geschlechtsunterschiede bei der räumlichen Gestaltung und inhaltlichen Ausgestaltung von Szenen erkennen (Erikson 1978).

Neben den in vielen Dimensionen festgestellten geschlechtsspezifischen Differenzen lassen sich nach meiner Untersuchung auch einige allgemeine Erkenntnisse thesenartig festhalten:

1) Grundschulkinder sind in außerordentlich hohem Maße von den in der Erwachsenenöffentlichkeit diskutierten Problemen betroffen, sie wissen um den inhaltlichen Kontext von aktuellen gesellschaftlichen Problemen wie Arbeitslosigkeit, ökologischer Krise oder Rationalisierung und Technisierung (vgl. Wacker Hg. 1976, Stevens 1982). Im Teilprojekt „Traumfabrik“ haben Kinder einer 3. Klasse zu einem in Gruppenarbeit angefertigten Bild zum Thema „Fabrik im Jahr 2000“ das folgende Unterrichtsgespräch geführt:

   „J1: Ich find das gar nicht so gut. Im Jahr 2000 haben sie so viel erfunden, daß das bloß noch Maschinen machen. Ich find das gar nicht so gut, weil es dann noch mehr Arbeitslose gibt.

   M1: Und wenn die Maschinen mal kaputt gehen, dann kostet das ja auch Geld“ (Kaiser 1996b, 80).

Eine andere dritte Klasse beschäftigte sich im Unterrichtsgespräch sehr intensiv mit der Situation der Arbeitslosen:

„J2: Was ich sagen wollte, von wegen die können sich nichts kaufen, die können sich schon was zu essen holen, sie kriegen Arbeitslosengeld.

J3: Meine Mutter, die hat ja auch bei Siemens gearbeitet, und die hat jetzt auch aufgehört zu arbeiten, jetzt ist sie arbeitslos, und die muß, glaube ich, jetzt jeden Monat Montag zum Arbeitsamt, und die kriegt dann ein bißchen Geld, so 500 DM oder so.

J4: Davon kann aber keine Familie einen Monat lang leben.

J2: Du hast aber gesagt, man kriegt kein Geld, wenn man nicht arbeitet.

J5: Aber man ist doch, wenn man arbeitslos ist, vom Arbeitsamt abgemeldet. Man muß doch erst, wenn man arbeiten will, zum Arbeitsamt hingehen. Die müssen eine Arbeitsstelle suchen und so.

J2: Aber J3's Mutter kriegt doch trotzdem Geld.

J4: Aber nicht viel, davon können sie ja keine Miete bezahlen“ (ebd., 81).

Der folgende Gesprächsausschnitt zum Problem der Technisierung zeigt, wieviel Gedanken sich Grundschulkinder beim Thema „Fabrik im Jahr 2000“ um die „Zukunft der Arbeit“ machen:

„M2: Wie A. gesagt hat, sind Roboter und Maschinen viel billiger und ähm... die Menschen fordern auch eine Gehaltserhöhung und die Roboter bestimmt nicht.

M3: Der Chef hat nicht mehr so viel Verlust wie sonst, weil es kaum noch Menschen gibt. Wenn die Maschinen kaputt gehen, ist das zwar sehr teuer, aber das passiert vielleicht einmal im Jahr.

J 6: Ja, der braucht nicht mehr soviel Geld abzuliefern wie die Menschen das früher so gemacht haben, die kriegten ja Lohn dafür. Der ist jetzt froh, daß er keinen Lohn mehr zu vergeben braucht. Die Roboter, die machen das ja alles umsonst. Der braucht nur Öl für die Roboter“ (ebd., 98f).

2) Ihre gesellschaftlichen Zukunftsvorstellungen sind pointierte Extrapolationen gegenwärtiger Entwicklungstrends zu mehr Anonymisierung, Technisierung, Formalisierung und Rationalisierung, die durch Muster spielerischer, kindlich-phantastischer Wirklichkeitswahrnehmung gebrochen werden.

   „M4: Die Welt besteht jetzt schon aus Robotern, deshalb gibt es ja so viele Arbeitslose“ (ebd., 103).

   „J7: Nehmen wir mal an, die Roboter haben so 'ne Einstellung, die müssen alles arbeiten. Zufällig dreht der eine Roboter durch und macht, ... bringt das überhaupt, ... macht irgendwo was anderes hin. Muß der Mensch warten, bis es Feierabend ist und dann kommt der Kontrolleur. Der weiß doch gar nicht, welcher Roboter an dem Arbeitsplatz gearbeitet hat“ (ebd., 101).

3) Sie können sich in die Probleme der „Erwachsenenwelt“ auch emotional hineinfinden und sind von fundamentalen gesellschaftlichen Problemen wie Umwelt-

krise, Erwerbslosigkeit, Rationalisierung deutlich selbst betroffen. Sie sind in der Lage, sich in die Sorgen der Erwachsenen hineinzuversetzen und fühlen sich diesen Konflikten oft hilflos ausgesetzt.

„M5: Oh, was wünschen die sich? Ja, also lange bleiben können und nicht rausgeschmissen werden.

M7: Daß sie Arbeit haben, damit sie Geld verdienen für die Familie" (ebd., 112f).

Nicht nur die Sorgen und Probleme Erwachsener in der Arbeitswelt, sondern alle öffentlich diskutierten Probleme werden auch subjektiv von Kindern aufgenommen. So hat Büttner sehr anschaulich dokumentiert, wie Kinder auch von Kriegsangst (Büttner 1982) betroffen sein können.

4) Grundschulkinder können aber nur äußerst fragmentarisch Erklärungen oder Lösungen für die sie auch emotional stark betreffenden Probleme angeben (Kaiser 1996b., 136ff). Ihre Lösungsvorschläge kommen oft kindlichen Phantasien von Maschinenstürmerei nahe, wie das folgende Beispiel zeigt:

„J8: Die können ja irgendwas machen gegen die Roboter. Die Roboter, die brauchen ja gar keine Pause, aber die Menschen, die sind aus Knochen und Fleisch und Blut, aber die Roboter sind nur aus Maschinen und Eisen.

J9: Ja, die können eine Maschine bauen. Da können die einen echten Hasen hinstellen. Da laufen die dann hin und her, bis ein Roboter kaputt ist" (ebd., 106).

Die hier beispielhaft angeführten Textausschnitte zeigen, daß die Lernvoraussetzungen von Grundschulkindern sich auch auf gesellschaftliche Probleme beziehen, die traditionell nicht der Erfahrungswelt von Kindern zugeordnet werden. Gleichzeitig wird deutlich, daß sich die Kinder zwar emotional mit Problemen etwa der Rationalisierung auseinandersetzen, sich aber auch in vielen Widersprüchen und offenen Fragen verstricken, d. h. Lernbedarf haben.

Auffällig ist auch, daß das reichhaltige Erfahrungswissen und Problematisieren der Kinder zu den in offenen Unterrichtssituation erhobenen Fragen nicht nur nach nationaler und sozialer Herkunft, sondern noch viel stärker auch nach dem Geschlecht polarisiert ist. Je mehr wir also zu den didaktisch relevanten konkreten Inhalten vorstoßen, umso stärker erscheint Kindheit auch kulturell differenziert.

In meinem Forschungsprojekt zu Lernvoraussetzungen (Kaiser 1985, 1987a, 1988, 1996b, 1997a) habe ich z. T. (insbesondere bezogen auf das Verständnis von Berufsarbeit) recht deutliche Differenzen in den Wahrnehmungen und Einstellungen von Mädchen und Jungen belegen können. Hier kann auf die umfangreichen Ergebnisse nicht näher eingegangen werden. Lediglich am Teilprojekt über Fabrikarbeit, in dem die verbalen Äußerungen und die bildlich-darstellerischen Elemente bei der Umsetzung des Unterrichtsimpulses, eine Fabrik gruppenweise zu malen, systematisch quantitativ und qualitativ ausgewertet wurden (Kaiser 1996b), sei hier beispielhaft das qualitative Ausmaß geschlechtlich differenzierter Lernvoraussetzungen anhand von drei Vergleichskriterien (1. Die Menschen in der Fabrik; 2. Die technischen Aspekte der Fabrik; 3. Die räumlichen Strukturen der Fabrik) skizziert:

1) In den Fabrikbildern der Mädchen geht es sehr lebendig zu. Viele Menschen, Arbeiterinnen und Arbeiter in etwa gleicher Anzahl, sind bei ihren speziellen Arbeiten zu beobachten. Meist tragen, verpacken, sortieren oder färben sie die Produkte. Sie sind groß und deutlich gezeichnet, ihre Kleidungsstücke sind farbig differenziert gestaltet und mit Details versehen; die Menschen haben ausdrucksvolle Gesichter, die zuweilen durch Sprechblasen ergänzt werden.

   Dagegen zeichnen viele Jungen in ihren Fabrikbildern überhaupt keine Menschen. Wenn Menschen vorkommen, sind sie meist winzige Strichmännchen, die Gabelstapler oder Lkws fahren, am Steuerpult sitzen, Chef- oder Aufsichtsfunktion ausüben.

2) Die Fabrikbilder der Mädchen sind nur spärlich mit technischen Elementen und Maschinen ausgestattet. Das Maschinenarsenal beschränkt sich auf Fließbänder und vereinzelt auf black-box-Maschinen. Technische Details (z. B. Zahnräder) stehen oft funktionslos oder isoliert im Bild.

   Dagegen enthalten die meisten Jungenbilder komplexe technische Gefüge, die durch Rohre und Kabel miteinander verknüpft sind. Eine Vielfalt produktionsgerechter Maschinen (Mixkübel, Preßcontainer, Montagestraßen, Schmelzöfen, Schaltkästen, Steuerpulte), ein auf den ersten Blick oft als verwirrend erscheinendes, beim genauerem Hinsehen aber als wohlüberlegt erkennbares, differenziertes Rohrsystem wird ergänzt durch Transportfahrzeuge und viele technische Details.

3) Auch in räumlicher Hinsicht fällt ein Perspektivenwechsel zwischen Jungen- und Mädchengruppen ins Auge. Die Jungen zeichnen die Fabriken weiträumig, mit mehreren Abteilungen, oft mehrstöckig. Die Mädchen betrachten meist einzelne Abteilungen, oft die Färbe-, Verpackungs- oder Fertigproduktlagerabteilung, und stellen hier die „sozialen Details“ (Ventilator, Schutzhauben, Sprechblasen der Arbeitenden über Anstrengungen) sowie die Produkte selbst mit sehr viel mehr Detailgenauigkeit dar als die Jungen.

   In meiner neueren Feldforschungsstudie bei den matrilinearen Minangkabau auf Sumatra habe ich Grundschulkinder u. a. ihre Vorstellungen von Zukunft und Fabriken malen lassen und habe wiederum nicht die für den europäischen Raum typischen Geschlechterdifferenzen nachweisen können (Kaiser 1996b).

Diese hier nur ausschnittweise wiedergegebenen Differenzen zeigen, daß die didaktische Aufarbeitung auch scheinbar geschlechtsneutraler Themen nur geschlechtlich differenziert erfolgen kann, weil bereits die Lernvoraussetzungen ganz verschiedene Rezeptions- und Wahrnehmungsebenen konstituieren. Eine geschlechtsdifferente Sozialisation verlangt eine geschlechtsdifferenzierende Didaktik.

Es scheint also eine paradoxe Situation vorzuliegen: Einerseits sind Forschungen über subjektive Voraussetzungen der Kinder wichtig, um die identitätsstiftenden Momente herauszukristallisieren. Andererseits sind Lernvoraussetzungen prinzipiell dynamisch und außerordentlich differenziert. Ein gangbarer Weg aus diesem Dilemma ist nicht eine groß angelegte empirische Lernvoraussetzungsforschung, sondern eine Grundschule, in der vorerst die Kinder in Gesprächskreisen zu Wort kommen, ihre Probleme und Weltsichten ausdrücken dürfen, um ihren Lehrkräften zu zeigen, was für Probleme sie bewegen. In der Laborschule Bielefeld (von der Groeben / Rieger 1991), der Grundschule Vollmarshausen (Garlichs 1990a), der Reformschule Kassel (1998) wie auch in vielen ungenannten Grundschulen hat das Ritual der Versammlung bzw. des Morgenkreises mittlerweile einen wichtigen Stellenwert für die Weiterentwicklung vor allem grundschuldidaktischer Inhalte bekommen. Die Ergebnisse können je nach Lerngruppe dann durchaus verschieden sein, aber was diese Kinder wissen wollen, was sie in und an der Welt verstehen wollen, hat mehr didaktische Relevanz als vorgefertigte Unterrichtseinheiten. Denn Bildung ist – und damit schließe ich mich Wagenschein (1962) an – das, was die Lernenden subjektiv ergreift, sie muß also bei den subjektiv bewegenden Problemen beginnen.

5.3.5 Lernvoraussetzungen und Unterricht

Dies heißt aber, daß wir Lernvoraussetzungen nicht nur als Forschungsgegenstand betrachten sollten, sondern auch als Motor von Unterricht. Es genügt nicht, in einem losgelösten Morgenkreis einmal am Tag die Kinder zu Wort kommen zu lassen und dann mit dem „richtigen Unterricht" zu beginnen. Vielmehr muß der Unterricht selbst aus und mit den Lernvoraussetzungen herauswachsen. Neben diesen direkten Methoden sind auch indirekte Methoden der Elterngespräche nicht zu vernachlässigen, auch wenn dabei jeweils eine bestimmte Deutung des Entwicklungsprozesses des Kindes mit einfließt.

Wir wissen derzeit noch nicht viel über Lernvoraussetzungen von Grundschulkindern für den Sachunterricht, aber wir können viel im konkreten inhaltsbezogenen Gespräch mit Kindern darüber erfahren. Denn Kinder leben in dieser Welt und haben mit ihr Erfahrungen. Sie sind Menschen mit eigenen Meinungen und Wünschen und beurteilen die Welt und die Dinge nach ihren lebensweltlichen Maßstäben. In den Lernvoraussetzungen steckt untrennbar miteinander verquickt eine Seite Subjektives und eine Seite Welt. Sachen können nicht abbildtheoretisch als außerhalb von Kindern gesehen werden, sondern feldtheoretisch immer in engem Bezug zum Kind und seiner gesellschaftlichen Umwelt (Mayer 1994 Bd. 1, 70f). Ein Kind ist im „Welttheater" nicht nur zuschauend, sondern gleichzeitig auch „Autor, Schauspieler und Regisseur" (Mayer 1994 Bd. 1, 35).

Dieses spannungsgeladene Gebilde ist stets in Bewegung, verändert sich und drängt nach Veränderung. Jeder Augenblick der Beobachtung bei einer Pflanze variiert die Eindrücke des Kindes und damit die Sicht des Kindes über Pflanzen. Sie können sich über die Farben freuen oder staunen, warum die große Blüte nicht vom Stengel fällt und bald wieder die starke Faserstruktur im Stengel bemerken und bewundern. Sie verändern sich selbst permanent in ihrem Denken und Fühlen und verformen auch gleichzeitig die Sache aus ihrer Sicht, indem sie in Beziehung zu einer Sache treten. Und aus dieser Dynamik Ich und Äußeres erwächst Lernen.

Dies wurde in der Geschichte der Schulpädagogik bis heute stark vernachlässigt. (Sach)unterricht wird oft nicht als dynamischer Prozeß zwischen Menschen und Sachen / Inhalten / Problemen gesehen, sondern als statischer Verordnungsvorgang von oben nach unten. Lehrkräfte formulieren dann je nach ihrem eigenen Bewußtseinsstand starre Ziele. Dann sollen die Kinder vaterländische Gefühle beim Anblick der heimatlichen Berge entwickeln, oder sie sollen die Manipulation durch Werbung durchschauen und gesellschaftskritisch werden. Dieses verordnungsmäßige Herangehen an Menschen mag vielleicht in autokratischen Bürokratien sinnvoll sein, in demokratischen Gesellschaften ist es widersinnig und für lebendiges Lernen allemal. Denn bei starr festgelegten Sichtweisen von Lernen, die wir den Kindern abverlangen, sei es die statischen Gesetze am Beispiel einer Pflanze zu begreifen oder das „Naturschöne“ zu lieben oder die Pflanze ästhetisch zu würdigen, geht in jedem Fall das Dynamisierende der Lernvoraussetzungen der Kinder verloren.

Aber wie finden wir als Erwachsene den Zugang zu den Lernvoraussetzungen der Kinder? Eine vor allem in Ausbildungsseminaren verbreitete Methode der 70er Jahre war es, zu Beginn einer Unterrichtseinheit mit einem Fragebogen das Vorwissen der Kinder zu erfragen (Czinczoll 1979). Manchmal wurde diese Pflichtübung auch mündlich absolviert. Diese Verbeugung vor den Kindern zu Beginn einer Unterrichtseinheit ist als Form auch heute noch nicht ausgestorben. Aber was folgte daraus? Allenfalls wurden die Inhalte, die bei vielen Kindern der Klasse als bekannt aus den Fragebögen herauskamen, dann „weggelassen“. Anschließend unterrichtete man plangemäß nach den eigenen Unterrichtsstundenzielen, die in den 70er Jahren oft noch in Ziele für 10-Minuten-Spots untergliedert waren.

Auch in manchen Versuchen des Projektunterrichts wird am Anfang das Thema genannt, z. B. „Kinder in Afrika“ und dann gefragt, was die Kinder der Klasse nun zu dem Thema alles lernen wollen. Manche Lehrkräfte haben enttäuscht über die mageren Antworten auf derartige „freie“ Fragen an der Mitbestimmungsfähigkeit von Kindern über ihre Lernziele gezweifelt. Auch dies ist eine starre Fehlform, an Lernvoraussetzungen der Kinder heranzukommen und sie gleich danach im Unterrichtsverlauf zu ignorieren. Gerade weil Lernvoraussetzungen keine feste Größe sind, nicht per se als „ursprüngliches, autonomes Bedürfnis“ (Schreier 1994a, 11) gedeutet werden können, sondern immer ein Ergebnis der Auseinandersetzung der Kinder mit ihrer Umwelt und den Mitmenschen darin darstellen, können sie auch nicht in einmaligen Tests erhoben werden.

Wichtig ist es, die Lernvoraussetzungen im gesamten Unterrichtsprozeß als Kompaß für den weiteren Weg zu nehmen. Dazu gehört das Gespräch mit den Kindern in allen Phasen des Unterrichts. Ihre Einschätzung des Problems, ihre Fragen und Vermutungen sind der Wegweiser, während die Lehrkräfte aus ihrem Können und Wissen immer wieder den Weg bereiten, Unebenheiten glätten, Hindernisse aus dem Weg räumen. Das eigene ferne Ziel bleibt zwar im Auge, kann aber nicht direkt angesteuert werden, wenn der Kompaß vieler Kinder auf einen Querweg weist. Dann ist es wichtig, erst diesen trittfest auszubauen und die nächste Richtung an der folgenden Wegkreuzung wieder gemeinsam auszuhanden. In diesen Gesprächen, in diesem Aushandeln kommen die sachliche Lebenswelt und die Kindersicht in Verbindung. Erst so „wirkt Realität .. bildend, indem das Kind sie erschließend zum Inhalt wandelt“ (Lauterbach 1992, 96). Erst die so entstandenen dynamischen Beziehungen schaffen produktives Lernen. Denn Lernvoraussetzungen und Lernprozeß kommen in eine spannungsvolle Einheit und werden nicht schematisch auseinandergerissen.

Bezogen auf das Sachunterrichtsthema „Mädchen und Jungen sind verschieden“, das in den niedersächsischen Richtlinien wie in vielen anderen Bundesländern ausdrücklich vorgeschrieben ist, heißt dies, daß wir nicht unser gesellschaftliches Ziel von Emanzipation diktieren. Denn dies könnte bei der einen Lehrerin heißen, ein Mädchen soll beruflich „ihren Mann stehen“, bei der anderen, die Schülerinnen sollen auf ein glückliches Muttersein vorbereitet werden. Einige Pädagoginnen haben die Norm, Jungen sollen durchsetzungsfähig und hart, andere nachgiebig und gefühlvoll, andere selbstbewußt und gefühlvoll sein. Lehrerinnen und Lehrer, die an den Lernvoraussetzungen der Kinder ansetzen, bringen zwar die eigene Weltsicht ein, indem sie für sie wichtige Problembereiche im Sachunterricht einbringen, aber sie sehen im Gespräch, wie Kinder die Probleme wahrnehmen, wieweit die Probleme für die Kinder überhaupt von Bedeutung sind und was die Kinder selbst für Wünsche haben und welche Momente für sie einengend, bedrohlich oder hoffnungsvoll sind. Diese Dynamik von Lebenswelt (vgl. Lippitz 1980) und Kindererfahrungen gilt es in weitere Bewegung zu versetzen. Wie die Kinder die Welt und die Dinge in der Welt sehen, ist entscheidend. Aufgesetzte Zeigefingerbelehrungen sind nicht lehrreich. Lehrreich ist es, wenn nach Lösungen für die selbst erkannten Probleme gesucht wird.

Gerade wegen der Lernvoraussetzungsdynamik sind statische Methoden ungeeignet, um Lernvoraussetzungen zu erfassen. Aber auch weil Lernvoraussetzungen eng mit subjektiven Motiven, den Kernen der Persönlichkeit verbunden sind und von daher den Ausgangspunkt allen Lernens herstellen, lassen sich Lernvoraussetzungen durch kognitive Abfragebögen überhaupt nicht erfassen.

Deshalb werden hier vier methodische Varianten der Analyse von Lernvoraussetzungen (vgl. Kaiser 1997a) vorgeschlagen, die auch Wertungen und andere emotionale Dimensionen erfassen:

1) Das offene Gespräch
   Zu dieser Methode zählen Gespräche im Morgenkreis, nach einem offenen thematischen Impuls zu Beginn einer Unterrichtseinheit oder eines Projektes und Gespräche während des Unterrichtsprozesses über die Lösung von Problemen. „Das Freie Gespräch (bietet hervorragende) Möglichkeiten zu erfahren, was Kinder bewegt“ (Duncker / Popp 1994, 18).
2) Ästhetische Analyse
   „Über die ästhetische ... Darstellung der Wirklichkeit verbinden sich innere und äußere Vorstellungen von der Welt. Beide Seiten sind zu kultivieren: Der Sachunterricht muß die Wirklichkeit zeigen – dies ist der Vorgang von außen her – und er muß die kindlichen Vorstellungen hervorkehren und sichtbar machen – dies ist der Weg von innen her“ (Duncker 1994a, 35).

Eine Variante der ästhetischen Analyse ist bereits in der Bildanalyse im o.g. Fabrikprojekt durchgeführt worden. Andere methodische Formen sind u.a. abstrakte Visualisierungen („Malt die Luft!"), symbolische Darstellungen (z.B. durch Knöpfe verschiedene Persönlichkeiten und soziale Beziehungen zu repräsentieren), plastische Darstellungen, szenische oder pantomimische Darstellungen. In allen diesen ästhetischen Formen können Kinder ihre eigene Sicht in verschiedenen Bedeutungsebenen aufdecken und eröffnen so für sie verstehende Menschen ein wichtiges Spektrum von Lernvoraussetzungen.

3) Philosophische Gespräche
Insbesondere in Kleingruppen gibt es fruchtbare Situationen, in denen Kinder ihre eigene Sicht von Problemen, Dingen, Beziehungen und der Welt verbal zum Ausdruck bringen und damit ihre eigenen Lernvoraussetzungen kundtun (Schreier 1993b). Dabei besteht aber die Gefahr, daß viele Kinder diesem sprachlich anspruchsvollen Weg nicht folgen können und so scheinen, als könnten sie keine besonderen Aspekte zur Problemsicht beisteuern.

4) Selbsterstellte Bücher
Hier werden nach einer längeren Beschäftigung der Kinder mit einer Thematik sog. Ergebnisbücher der Kinder gemalt, geschrieben, illustriert und gestaltet. Darin fließt sehr deutlich der jeweils erreichte Erkenntnisstand der Lerngruppe ein und kann als Lernvoraussetzungsgrundlage für die weitere Unterrichtsarbeit verwendet werden.

Wiater (1998) schlägt unter der Terminologie, die Kinder ethnographisch zu sehen, ebenfalls vor, ihre verschiedenen Lernvoraussetzungen differenziert zu erheben, u.a. durch Auswertung von „nicht fremdmotivierten alltagskulturellen Produktionen der Schülerinnen/Schüler wie z.B. Witze über die Schule, Gekritzel, Malereien und Graffiti in Heften und anderswo, ... (aber auch) die von der Schule selbst ... freie Aufsätze, Kindergedichte, Collagen, Musik- und Videoproduktionen, Leserbriefe, Diskussionsbeiträge in den Medien ... durch freie Gespräche mit Kindern ... durch pädagogische Feldforschung mittels neutral-distanzierter Beobachtung der kindlichen und jugendlichen Sozietät im Klassenzimmer, ..." (Wiater 1998, 75).

Ein weiterer interessanter Vorschlag zur Analyse der Lernvoraussetzungen der Kinder stammt von Renner. Sein Ziel ist es, die „Lebenswirklichkeit von Grundschulkindern zu erarbeiten." Seine Methode ist sehr einfach: Er formulierte aus Alltagserfahrungen mit Kindern Thesen über ihre Lebenswelt und hat diese über längere Zeit immer wieder „mit den Erfahrungen anderer Erwachsener verglichen, diskutiert und mehrmals variiert" (Renner 1982a, 203).

Forschungsmethodisch könnte man diesen Ansatz als kommunikative Validierung bezeichnen.

Eine seiner so gewonnenen 9 Thesen lautet: „Immer mehr Lebensbereiche erfahren die Kinder nicht mehr in unmittelbarem Zugriff. Arbeit wird von Maschinen gemacht. Technische Apparaturen vergrößern die verfügbare Zeit, verkürzen geographische Entfernungen, schaffen Verbindungen über größte Distanzen, ermöglichen komfortables Wohnen weitgehend unabhängig von äußeren Bedingungen. Kinder handhaben Technik und verstehen sie nicht, weil ihre Abläufe komprimiert und verdeckt sind. Es entsteht ein Defizit an praktischen Fähigkeiten und Fertigkeiten" (Renner 1982a, 206). Diese und auch die übrigen acht Thesen sagen mehr über Kindheit und Lebenswelt (vgl. Lippitz 1980) aus als über konkrete inhaltsbezogene Lernvoraussetzungen. Sie sind hilfreich, um die Zielrichtung von Sachunterricht zu begründen. So nennt Renner auch seinen Aufsatz mit den Thesen im Mittelpunkt zutreffend: „– zugleich ein Beleg für die Notwendigkeit der Thematik 'Dritte Welt'" (Renner 1982a, 206). Auch in der genannten These wird lediglich die Notwendigkeit technisch-praktischen Lernens im Sachunterricht begründet. Für die Analyse von Lernvoraussetzungen bezogen auf konkrete Inhalte reicht das Wissen von Erwachsenen nicht aus, sie können nur eine grobe Einschätzung der äußerlich sichtbaren kindlichen Lebenswelt geben und daraus Ziele entwickeln. Was in den Köpfen und Herzen der Kinder genau bei bestimmten Problemen vorgeht, können nur die Kinder selbst wissen.

Lernvoraussetzungen als Dynamik gesehen kann auch mit der schon 1982 von Renner formulierten „Sozialisationsorientierten Konzeption von Sachunterricht" (Renner 1982, 201) bezeichnet werden. Renner selbst deutet sein Konzept am praktischen Beispiel aber mehr im Sinne von Anfangsvorwissen. Denn es folgt seinem Plädoyer für das Anknüpfen an die Lebenswelt der Kinder ein begrifflich systematisierender Unterrichtsentwurf über Regionalentwicklung des Dorfes, in dem die Grundschulkinder etwa Erwachsene nach Verkehrsmitteln, Vereinsmitgliedschaft, Gründe für die Ansiedlung am Ort und anderen Kategorien fragen, die Ergebnisse in Säulendiagrammen, systematischen Tabellen und Netzskizzen etwa zur Entfernung der Arbeitsplätze vom Wohnort niederlegen (Renner 1982a, 222ff). Dieses kognitive Schwergewicht belegt bereits, daß die sozialisationsorientierte Herangehensweise allenfalls beim Vorwissen eine Rolle spielte, denn für emotionale Entwicklungen, Wertungsveränderungen und praktisches Erproben der Kinder ist in diesem kognitiv sehr anspruchsvollen Unterrichtsverlauf kein Platz vorgesehen.

Es gibt aber auch gedruckte Beispiele dafür, wie im Unterricht tatsächlich der Unterricht sich an der Dynamik der immer weiter entwickelnden Lernvoraussetzungen weiterrankt. Ein besonders ausführlich beschriebenes Beispiel ist im Buch „Sprache und Mathematik in der Schule" von den Züricher Gymnasiallehrern Peter Gallin und Urs Ruf (1990) beschrieben – aber leider bloß am Beispiel mathematischer Inhalte und für die Grundschule nur am Beispiel von Einzelunterricht bzw. in der „Zweierbeziehung" Lehrkraft-Kind. Dennoch ist es interessant zu sehen, wie sich Lehrende auf die Denkwege der Kinder einlassen und gleichzeitig diese weiterführen, indem sie aus der Erfahrung des Kinderdenkens ihr eigenes Fachbrett vor dem Kopf allmählich elastischer machen. Auch die aufgezeichneten Unterrichtsprotokolle aus dem naturwissenschaftlich-physikalischen Sachunterricht von Martin Wagenschein (1973) sind gute Beispiele für eine aus der inneren Spannungsdynamik der Kinder entwickelte Unterrichtsplanung.

6. Die Sache des Sachunterrichts

6.1 Grundfragen der Inhaltsauswahl

Die Fragen nach der Auswahl von Inhalten für den Sachunterricht sind sehr weitreichend. Wir können uns das Ausmaß an Entscheidungsmöglichkeiten am ehesten vor Augen führen, wenn wir uns vornehmen, fünf Minuten für uns allein auf ein leeres Blatt Papier eine Inhaltsliste für den Sachunterricht im Grundschulalter zu verfassen.

Ich führe hier stellvertretend sechs Listen vor, die Oldenburger Studierende des Faches Sachunterricht im ersten Studiensemester zusammengestellt haben, die 1995 an der „Einführung in die Sachunterrichtsdidaktik" teilgenommen haben.

1) Wasser, Luft, Angst, Umwelt, Verkehrserziehung, Magnete, Wetter, Freundschaft, Familie, Sexualerziehung, Jahreszeiten, (Haus)tiere, Pflanzen, Berufe, Institutionen, Taschengeld, Sozialerziehung, Sicherheitserziehung
2) Emotionen, verschiedene Menschen, geschichtliche Themen, Institutionen in unserer Gesellschaft, Umweltprobleme, gesellschaftliche Probleme wie Arbeitslosigkeit, Sucht, Tiere, Pflanzen, Zukunft, Generationskonflikte
3) Gesellschaft, Familie, Kindheit, Beruf, Verkehr, Natur, Technik, Wohnen, Bauen, Spielen, Tiere, Freizeit, Sport, Beziehungen, Schule, Gesundheit, Politik, Versuche und Experimente, Länder, Geschichte, Wirtschaft, Nachbarschaft, ausländische Kinder
4) Spielen, Wohnen, Schule, Wasser, Strom, Wetter, Wald, Tiere, andere Länder, Feste
5) Löwenzahn, Pferd, Gesundheit, Umwelt, Schulweg, Fahrrad, Ausländer, Müll, Frühstück, Minderheiten, Geld, Einkaufen, Kochen, Schulgarten
6) Ausländerhaß, Frieden, Umweltschutz, Spielplatz, Verkehrserziehung, Gesundes Brot, Licht, Feuer, Wasser, Luft, Pflanzen ziehen, Schnecken

Jede dieser Listen setzt andere Schwerpunkte, jede ist von einer anderen Sach- und Fachstruktur ausgegangen. Es wird deutlich, daß Fachstrukturen keine sachneutralen Automatikkompasse sind, auf die wir uns bei der Sachunterrichtsüberfahrt richten können. An automatische Steuerung der Inhaltsauswahl durch Fach- und Sachstrukturen ist bei der Heterogenität überhaupt nicht zu denken.

Schreier (1994a) schließt aus Beobachtungen, daß bei der gegenwärtigen Generation der Studierenden des Sachunterrichts das Verhältnis zur Inhaltsseite zugunsten der Seite des Kindes sehr wenig entfaltet ist. Er behauptet, daß die „Liebe zur Sache eine unter den Studierenden überaus selten anzutreffende Erscheinung ist". Bei derartigen Motivverschiebungen besteht die Gefahr, daß gerade die Frage der Inhaltsauswahl zu oberflächlich gesehen wird, weil das eigene Engagement fehlt. Dies macht sie leichter für die Verlagsprodukte auf dem Markt verfügbar. Dabei haben alle ausgewählten Lerninhalte große Bedeutung für Kind und Gesellschaft und verdienen einer sorgfältigen Auswahl auch auf der Seite der „Sachen".

Wie stark das Verständnis von Fachinhalten und die didaktischen Entscheidungen historisch und von den jeweiligen Erkenntnisinteressen und pädagogischen Zielvorstellungen abhängig ist, läßt sich gut am ersten Inhaltskatalog der Sachunterrichtsgeschichte belegen.

Schon 1658 machte Jan Amos Comenius, den wir als Urvater der europäischen Sachunterrichtsdidaktik einschätzen können, einen Plan (s.o). Hier sei nur ein kleiner Ausschnitt aufeinanderfolgender Themen vorgestellt:

- „die sieben Alter des Menschen, die äußerlichen Glieder des Menschen, Haupt und Hände, Fleisch und Eingeweide, das Geader und Gebein, äußerliche und innerliche Sinnen, die Seele des Menschen, Ungestalte und Mißgeburten, die Gärtnerei", ... (Comenius 1658).

An diesem Konzept wird deutlich, daß es keine neutralen Sachstrukturen gibt, sondern daß diese immer wieder historisch spezifisch verändert werden. Comenius ordnete den religiösen Fragen einen deutlich geringeren und vor allem religionenübergreifenden Stellenwert zu und entwickelte dadurch auch eine eigene pädagogische Zielvorstellung, die in den nur auf den ersten Blick so sachneutral wirkenden Katalog eingeflossen ist. Auch die Differenzierung in einem Themengebiet ist gleichzeitig eine deutliche didaktische Entscheidung, die pädagogische Schwerpunktsetzungen zeigt.

Ich schließe hier die Frage an, ob Lehrpläne oder Curricula prinzipiell überhaupt aus Fachstrukturen entwickelt werden können und will dies an der neueren Sachunterrichtsdiskussion untersuchen.

6.2 Inhalte aus den Fächern?

Sachunterricht ist das Fach der Grund- und Sonderschule, das die Inhalte der Welt zu vermitteln hat, es hat dabei nicht die Sprache oder die numerischen und geometrischen Systeme im Zentrum wie der Deutschunterricht oder der Mathematikunterricht, es ist nicht zentral auf visuelle oder akustische ästhetische Wahrnehmungen ausgerichtet, wie die Fächer Kunst und Musik, es ist auch nicht zentral als Bewegungsförderung zu verstehen wie das Schulfach Sport. Prinzipiell gehören alle restlichen Inhalte des Weltwissens in den Sachunterricht – vorausgesetzt, dies ist in den wenigen Grundschuljahren und mit den 6–10jährigen Kindern leistbar. Diese unscheinbar wirkende Einschränkung macht bereits deutlich, daß dies auch nicht annäherungsweise zu leisten ist. Es muß also eine pädagogisch begründete Auswahl getroffen werden. Die Antwort vieler Autoren und Verlage der frühen 70er Jahre war, die Fächer der Sekundarschule mit ihren Inhalten als Grobraster zu wählen und daraus die Inhalte für die Anfangsjahre herauszuholen. Ein sehr bekannter Vertreter dieser Richtung war Katzenberger (1974). In derartigen Konzepten wurde das Grundschulalter als propädeutisch für die späteren Jahre angesehen. D.h. dem Grundschulunterricht wurde von dieser Position keine eigenständige Bildungsaufgabe zugebilligt. Vielmehr wurde die Grundschule als Lieferanteneinrichtung von gut präparierten Kindern für die Sekundarstufe angesehen. Schulbücher oder didaktische Konzepte, die streng nach diesem Gedankengang aufgebaut sind, sind an einer klaren Fächergliederung zu erkennen. Meist bestand diese aus Physik, Chemie, Biologie, Geographie, Geschichte, Sozialkunde. Je nach Bundesland konnten dann noch Technik, Wirtschaftslehre oder Hauswirtschaft in den Rang eines Gliederungsfaches vordringen. Wir finden dieses Gliederungsraster auch heute noch in vielen Studienordnungen für die Lehrerinnen- und Lehrerausbildung im Fach Sachunterricht, da sich gerade dort die Verhältnisse besonders langsam ändern.

Andere Fächer, wie die Psychologie, Ethnologie oder Pädagogik, fehlen in derartigen fachpropädeutischen Konzepten gänzlich, obgleich es keinen plausiblen Grund gibt, warum zum Verständnis der Welt das Fach Geschichte wichtigere Grundlagen zu liefern vermag als das Fach Psychologie. Neuere universitäre Disziplinen wie Gesundheitswissenschaften, Umweltwissenschaften oder Raum- und Verkehrsplanung blieben bei der Orientierung an tradierten Sekundarschulfächern ebenfalls außen vor. Disziplinen des Alltagslebens wie „Violinspiel, Jazztanz, Aikido, Kalligraphie, Segeln, Bogenschießen, Schneiderei, Forellenangeln, Schränke bauen, Buchbinden, Fossiliensammeln, Gartenbau ..." (Schreier 1994a, 136) werden in disziplinenorientierten didaktischen Ansätzen fast gänzlich unterdrückt. Somit stecken also schon innere Widersprüche in diesem so einleuchtend anmutenden Konzept der einzelfachlichen Aufgliederung des Sachunterrichts. Aber auch in jedem einzelnen Fach liegen verschiedene Deutungsmöglichkeiten verborgen. So kann die Physik nach verschiedenen in physikalischen Theorien begründeten Weltsichten interpretiert werden, nach dem mechanischen Weltbild Newtons, nach dem thermodynamischen Erhaltungsgesetz von Julius Robert Meyer, nach der statistisch operierenden Quantentheorie Max Plancks oder nach der Relativitätstheorie Einsteins, die nur noch die Lichtgeschwindigkeit als unabhängige Größe anerkennt (vgl. Schreier 1994a, 122). Die Schulphysik ist aber weitgehend am mechanischen Konzept orientiert. Die Wissenschaften bilden also schon einzelfachlich betrachtet ein kontroverses Spektrum an Inhalten, Theorien und Fragestellungen, so daß aus ihnen heraus keine Folgen für Unterrichtsinhalte abgeleitet werden können. Hinzu kommt, daß alle Disziplinen in ihren Schwerpunkten sich nicht wertneutral entwickeln, sondern „in politische Macht-Interessen" (Schreier 1994a, 143) eingebunden sind. „Wissenschaft ist immer ein interessengeleiteter Zugriff auf Lebenswirklichkeit und steht in einer engen Verbindung zu dem, was jemand erkennen will (Erkenntnisinteresse) und für welche Absichten etwas erkannt werden soll (Verwertungsinteresse)" (Hopf 1993b, 22).

Schon in den Anfangsjahren wissenschaftsorientierten Sachunterrichts wurden Mängel der einzelfachlichen Orientierung gesehen und versucht, aus dieser Fachorientierung eine fachübergreifende zu machen (vgl. die Konzeptionen von Sprekkelsen 1971 und Beck 1973). Heinrich Roth forderte, der „Unterricht in der Grundschule soll auf die drei großen Wissenschaftsbereiche, Sozial-, Geistes- und Naturwissenschaften" vorbereiten (Roth 1971, 53), aber nicht auf Einzeldisziplinen.

So wurde ein etwas breiterer Blick auf die Inhalte eröffnet, aber immer noch blieben Fächer wie die Physik / Chemie oder Sozialwissenschaften als entscheidende Rasterstruktur für Unterricht bestehen. Pädagogisch bedeutete dies eine Vorentscheidung für die verkopften Inhalte, die aus Wissenschaften destilliert werden und für nicht zukunftsgemäße Inhalte, weil die Wissenschaften ursprünglich aus anderen gesellschaftlichen Problemlagen entwickelt wurden.

Soostmeyer „hat (demgegenüber) gezeigt, daß der Rekurs auf die Wissenschaften allein nicht ausreicht, da andere wichtige Interpretationen von Welt und Menschen fehlen: die künstlerische, religiöse, weltanschauliche, philosophische Sichtweise sowie die Darstellung der Realität im Dialog, in der Alltagssprache und in der Narration“ (Soostmeyer 1986, 25).

Eine weitere Problematik liegt darin, daß einmal gewonnene wissenschaftliche Begriffe nicht so leicht wieder in Wirklichkeit übersetzt werden können.

Aber nur in der besseren Bewältigung der Wirklichkeit liegt die didaktische Legitimation. „Die – gleich nach welchen Kriterien vorgenommene – lehrplanmäßige Aufschlüsselung der Welt in Bereiche kann im Unterricht nicht wieder in ihrer ursprünglichen Natürlichkeit hergestellt werden. Es scheint, man muß im Unterricht der natürlichen Gegebenheit der Welt mit den Kindern folgen und mit ihnen gehen, um Verstehen, Einsicht und Verantwortung zu fördern“ (Meiers 1993, 90).

Fachinhalte als solche sind also weder pädagogisch übersetzbar noch pädagogisch begründbar, denn es kommt wesentlich auf Sinn-Intentionen (Copei 1930, 58) an, wenn Inhalte zu Unterrichtsinhalten werden. Nicht oberflächliches Erfassen von Begriffen ist pädagogisch gefragt, sondern nur wenn Inhalte subjektiv bedeutsam sind, können auch wirkliche Erkenntnisse entwickelt werden. Gerade wegen der notwendigen subjektiven Bedeutsamkeit reicht es nicht aus, von subjektabgelösten Fachstrukturen Unterrichtsinhalte zu gewinnen. „Die Sachen werden geklärt, indem die Menschen sich als soziale Wesen erleben und sich darin gemeinsam stärken“ (Koch-Priewe / Fischer 1993, 403).

Unter dieser Perspektive ist die in der Sachunterrichtsdidaktik immer noch weit verbreitete Debatte, ob der Sachunterricht nach Lernbereichen, alle „Bezugsfächer“ integrierend oder einzelfachlich orientiert wird, wie es immer noch in den völlig verschiedenartigen Ausbildungsordnungen der Bundesländer zum Ausdruck kommt, zu kurz gegriffen. Denn weder ein, zwei, fünf oder acht Fächer geben die richtige Orientierung für den Sachunterricht, sondern eine allgemeindidaktische Sichtweise auf die Inhalte, die kulturell-gesellschaftlich und subjektiv bedeutsam sind – unabhängig von ihrer Organisationsform in den Wissenschaften.

Die Debatte um Fachstrukturen im Sachunterricht hat in der didaktischen Diskussion der letzten Jahre immer stärker zu einem ablehnenden Konsens einzelfachlicher und fachadditiver Strukturen geführt. Die dabei entwickelten Alternativen zur Fachstrukturierung sind vor allem:

A) Situationsstrukturierungen
- Handlungsfelder (Mayer 1994)
- Daseinsgrundfunktionen (Mayer 1994)
- Erfahrungsbereiche (von Hentig 1985)

B) Problemstrukturierungen
- Lebensproblemorientierung (Westphal 1990)
- Schlüsselprobleme (Klafki 1985)

Der von Mayer (1994) vorgenommene Ansatz, die didaktisch relevante Welt vom Mittelpunkt des Kindes ausgehend in Handlungsfelder, „Rathaus, Wohnung, Baustelle, SB-Laden, Stadtpark, Kirche, Schwimmbad“ (Mayer 1994, 77), aufzugliedern, ist unter dem Etikett des Handelns nur eine Neuauflage der räumlich-konzentrischen Heimatkunde – auch wenn die Räume der modernen Welt explizit ernst genommen sind. Tatsächlich entzündet sich aber wirkliches Handeln von Kindern an Problemthemen, an motivierenden Zielen und Entwicklungen. Diese geraten durch eine flächendeckende Abdeckung des Erfahrungsraumes von Kindern mit Institutionen und Orten nicht in den Blick. Es muß also nach Kriterien gesucht werden, die mit der dynamisierenden Seite des Lernens in engerer Verbindung stehen.

Der Ansatz, Lehrpläne nach acht bis dreizehn Daseinsgrundfunktionen zu gliedern und nicht mehr nach Fächern, hat mittlerweile spürbar Anklang gefunden. So sind die Richtlinien Nordrhein-Westfalens (Der Kultusminister von Nordrhein-Westfalen, 1985) erkennbar nach diesem Raster (ernähren, kleiden, wohnen, versorgen / entsorgen, zusammenleben ...) gegliedert. Der Ansatz von den Daseinsgrundfunktionen wirkt zunächst sehr einleuchtend und kindgemäß, da die kindliche Erfahrungswelt Ausgangspunkt ist. Mayer konkretisiert dieses Konzept auf verschiedene Altersstufen vom Kindergarten ausgehend (Mayer 1994, 121ff). Auch wenn die Aufgliederungen sich in Details unterscheiden, scheint hier ein systematischer Bezug zur heutigen Lebenswelt von Kindern gelungen zu sein. Wenn wir uns jedoch vorstellen, diese Einteilung sei praxisrelevant – und dies sollte ja das Ziel sein –, dann stellen wir fest, daß eine derartige Einteilung wichtige Verbindungen trennt. So ist beispielsweise die Ernährungsfrage im Sachunterricht gerade nicht ohne die Entsorgungsfrage zu klären, denn vitaminreiche Salate von der Frischsalatbar erzeugen eine Müllflut, selbstgeerntete Salate eröffnen Probleme der Kompostierung. Ernährung ist gleichzeitig eine soziale Frage des Zusammenlebens. Als Modell mit umfassendem Strukturierungsanspruch wird der Ansatz mit den Daseinsgrundfunktionen letztlich zu einem statischen, veränderndes Handeln nicht fördernden Konzept.

Dagegen scheint das Ausgehen von Problemkernen ein didaktisch dynamisierender Ansatz zu sein, weil er schon die Veränderung in sich trägt. Deshalb soll hier besonders ausführlich auf das Konzept der Schlüsselprobleme eingegangen werden.

6.3 Schlüsselprobleme als Tor zum Gral?

Der Begriff der „Schlüsselprobleme“ wurde von Wolfgang Klafki in die Diskussion gebracht. Klafki, der schon in den 50er Jahren gegen die Stoffüberfüllung des Unterrichts das Wort ergriff, vertritt demgegenüber die Theorie des exemplarischen Lehrens und Lernens. D. h. es sollen nur wenige zentrale Inhalte vermittelt werden, die gleichzeitig wesentliche allgemeine Probleme erschließen. Im Zuge der Auseinandersetzung um die Veränderung von Lehrplänen – zu Beginn der 70er Jahre hieß dies Curriculumdebatte – hatte Klafki betont, es komme darauf an, die wesentlichen gesellschaftlichen Probleme, wie Demokratisierung, Emanzipation oder „Krieg und Frieden“ in der Schule zu vermitteln. Seit 1985, mit Erscheinen seiner „Neuen Studien zur Bildungstheorie“, verwendet er für diese gesellschaftlich zentralen Inhalte den Begriff Schlüsselprobleme. Er betrachtet seine Beispiele als nicht endgültig inhaltlich festgelegt, die Beispiele variieren auch in verschiedenen Publikationen, dennoch kann ein Kern der gesellschaftlichen Schlüsselprobleme festgehalten werden, die in allen Schriften wiederkehren. Diese sind:

- die Friedensfrage ...
- die Umweltfrage
- Möglichkeiten und Gefahren des naturwissenschaftlichen, technischen und ökonomischen Fortschritts
- sog. „entwickelte Länder“ und „Entwicklungsländer“ sowie das Nord-Süd-Gefälle
- soziale Ungleichheit und ökonomisch-gesellschaftliche Machtpositionen
- Demokratisierung als generelles Orientierungsprinzip der Gestaltung unserer gemeinsamen Angelegenheiten ...
- Arbeit und Arbeitslosigkeit ...
- Arbeit und Freizeit ...
- Freiheitsspielraum und Mitbestimmungsanspruch des einzelnen und kleiner sozialer Gruppen einerseits und das System der großen Organisationen und Bürokratien andererseits
- das Verhältnis der Generationen zueinander
- die menschliche Sexualität und das Verhältnis der Geschlechter zueinander
- traditionelle und alternative Lebensformen
- individueller Glücksanspruch und zwischenmenschliche Verantwortlichkeit
- Recht und Grenzen nationaler Identitätsbestimmung angesichts der Unabdingbarkeit universaler Verantwortung
- Deutsche und Ausländer in Deutschland
- Behinderte und Nichtbehinderte
- Möglichkeiten und Problematik der Massenmedien und ihre Wirkung
- die wissenschaftliche Wirklichkeitsbetrachtung, die sog. „Verwissenschaftlichung der modernen Welt und das alltägliche Verhältnis von Mensch und Wirklichkeit“ (Klafki 1985, 21).

Von manchen Autoren wird die Bedeutung dieser Schlüsselprobleme fast ins Lächerliche gezogen, indem auf die hohen vielfältigen Ansprüche verwiesen wird. So stellt Kozdon (1993) eine Vielfalt an derartigen Inhalten zusammen, um die Überforderung von Schule zu dokumentieren und um gleichzeitig damit diese Schlüsselbereiche abzuwerten. Nach seiner Aufzählung hat die Schule folgendes zu leisten: „Fernsehkunde, Technikunterricht, Englisch in der Grundschule, Ökonomie, Rechtswissenschaften in der Schule, Informationstechnische Grundbildung, Kommunikation und Bürotechnik, Zukunftskunde, Abrüstungserziehung, Friedenserziehung, Interkulturelle Erziehung, Unterricht gegen das krasse Nord-Süd-Gefälle, Umwelterziehung, Gleichstellung der Geschlechter, Spannungsabbau im Generationen-Verhältnis, mehr Verständnis und Hilfen für behinderte Menschen, Aufwertung praktischer Fächer, mehr Mundart in der Schule, mehr Aufwand für Verkehrserziehung, übergreifende Sicherheitserziehung, neue Desiderate der schulischen Sexualerziehung, gesunde Ernährung, Wirtschaftslehre in der Grundschule, AIDS-Aufklärung, Kampf gegen Karies, Sucht- und Drogenprävention, die Herausforderung des Okkultismus, Kinder- und Jugendkriminalität, Wasser ist Leben, Schule im Dienst der europäischen Integration, die Schatten von Tschernobyl, Hilfssendungen in Notgebiete, Verbrechensvorbeugung, Krebsprävention, Organspende, Schlaferziehung, Mut zum Risiko“ (Kozdon 1993).

Die Schlüsselprobleme dürfen aber nicht als bloße Themenbereiche, die es aneinanderzureihen gilt, mißverstanden werden. Sie stellen ein Spektrum zentraler Inhalte dar, die sich aus der gesellschaftstheoretischen Analyse mit der Perspektive gesellschaftlicher Humanisierung, Egalität und Solidarität begründen lassen. Sie sind aber nicht schon eine unterrichtsbezogene Strukturierung.

Klafki weist jedoch gerade auf den Sachunterricht bezogen darauf hin, daß die Inhaltsauswahl für den Sachunterricht nicht ausschließlich aus dem didaktischen Prinzip der gesellschaftlichen Schlüsselprobleme erfolgen kann (1992a, 24). Er sieht darin vor allem die Gefahr der Überforderung der Kinder durch zu viele Anspannungen und Belastungen, die dann gerade die Handlungsfähigkeit beeinträchtigen könnte. Statt einer einseitig schematischen Entwicklung von Unterrichtsinhalten allein aus dem Prinzip der Schlüsselprobleme schlägt er ergänzend ein zweites didaktisches Prinzip vor, nämlich aus den Notwendigkeiten der allseitigen Entfaltung der Kinder Dimensionen für Unterrichtsinhalte zu gewinnen (1992a, 24f). Er unterscheidet dabei zwischen der Entwicklung von kognitiven, emotionalen, ästhetischen, sozialen und praktisch-technischen Fähigkeiten der Kinder (1992a, 25), die es zu fördern gilt. Faktisch kann natürlich ein Thema, das aus der Perspektive der Förderung der praktisch-technischen Fähigkeiten ausgewählt worden ist, gleichzeitig dem Schlüsselproblem „Umweltfrage“ entsprechen. Dennoch ist der Gedankengang wichtig, nicht ein einseitig konsistentes Schema für die Auswahl von Inhalten zu erwarten.

Für Klafki liegt das Zentrum der Überlegungen für Inhalte in zwei Polen (Klafki 1992a) des didaktischen Feldes Kind-Gesellschaft-Sache, einmal schwerpunktmäßig bei der Gesellschaft, auch wenn bei der Inhaltsauswahl aus den Schlüsselproblemen immer auch die Frage, was die Kinder motiviert, ihren Erfahrungen entspricht und für sie subjektiv bedeutsam ist, ein großes Gewicht hat. Der zweite Schwerpunkt der Inhaltsentscheidung liegt dagegen bei der Dimension Kind, auch wenn hier ebenfalls keine produktiven konkreten Ergebnisse möglich sind, wenn sie nicht auf wichtige Bereiche der Erfahrungswirklichkeit bezogen werden.

Die Inhalte werden aber bei beiden Prinzipien nicht aus Fachinhalten oder Fachbereichsinhalten herauskristallisiert. Immer steht die Frage voran, sinnvolle Inhalte für die breite Qualifizierung der Kinder und zur Bewältigung der gesellschaftlichen Herausforderungen zu finden. Gerade angesichts der Tatsache, daß die jetzigen Universitätsdisziplinen historisch gewachsen sind und sich immer mehr in Spezialisierungen verästeln, ist es wichtig bei didaktischen Entscheidungen, an erster Stelle die Sinnfrage zu stellen. Was ist sinnvoll für die Entfaltung der Kinder und was ist sinnvoll für ihre Lebensbewältigung. Nur wenn Inhalte diesem Sinnraster entsprechen, sind sie auch bedeutsam für den Sachunterricht, aber nicht deshalb, weil es sie im Fachkanon gibt.

Sinnbezogenes Lernen im Sachunterricht wird nur dann möglich sein, wenn die Inhaltsauswahl auch wirklich sinnvoll ist. Historisch gewachsene Fächer können zwar vielfältige Erkenntnismethoden und Erkenntnisse liefern, aber bieten aus sich heraus noch keine Rechtfertigung für den Sachunterricht, der als allgemeinbildender Grundschulunterricht geradezu quer zu den traditionellen Fachersträngen liegt.

Ein derartiges Kriterienraster für die Inhaltsauswahl wäre dann zweidimensional:

Die eine Dimension bestände aus den gesellschaftlichen Schlüsselbereichen, die ich hier in Anlehnung an Klafki nach meinem gesellschaftlichen Verständnis vorstelle:

1. Frieden
2. Umwelt
3. Eine Welt
4. Gerechte Verteilung in der Gesellschaft
5. Demokratisierung aller Lebensbereiche
6. Technikfolgen
7. Gleichheit in Verschiedenheit (Frauen-Männer, Kulturen, Lebensformen, Generationen).

Quer zu diesen gesellschaftlichen Inhaltsbereichen, die aus der Fragestellung der gegenwärtigen und zukünftigen Lebensbewältigung entwickelt worden sind, sind die Kriterien der umfassenden Entwicklung der Fähigkeiten der Kinder in und durch Sachunterricht zu berücksichtigen. Klafki bezeichnet sie als „vielseitige Interessens- und Fähigkeitsförderung durch die Entwicklung von elementaren Kategorien und Formen des Wirklichkeits- und Selbstverständnisses von Grundschulkindern" (Klafki 1992a, 24). Ich fasse diese polaren Querdimensionen zu den Schlüsselbereichen, die der Selbstentfaltung des Kindes dienen sollen, insbesondere in die folgenden Kategorien:

Kategorien / Schlüsselprobleme	Frieden	Umwelt	Eine Welt	Gerechte Verteilung in der Gesellschaft	Demokratisierung aller Lebensbereiche	Technikfolgen
spielerisches Lernen entwickeln						
Sinneswahrnehmung differenzieren						
kommunikativ handeln						
ästhetisch-kreativ tätig sein						
technisch-praktisch handeln						
entdeckend lernen						
alltägliche Inhalte und Situationen verstehen						
individuelle Sinndeutungen finden						
verschiedene Bedeutungen akzeptieren						

Sachunterricht ist ein lebendiger Prozeß zwischen Menschen und bezogen auf Inhalte. Er läßt sich nicht in formale Schemata pressen. So kann nicht gesagt werden, diese Stunde entsprach dem Rasterfeld 7b. Diese Kriterien sind nicht gleichgewichtig, nicht immer sind bestimmte für die Persönlichkeitsentwicklung wichtige Fähigkeiten auch gleichzeitig in zentralen gesellschaftlichen Inhaltsbereichen zu entwickeln. Dieses zweidimensionale Raster mit seinen 63 Feldern soll nur eine Hilfestellung sein, um bei der Inhaltsauswahl für den Sachunterricht ein breites Spektrum an Kompetenzen und Fähigkeiten zu fördern und ein breites Inhaltsspektrum zu eröffnen.

Für die Praxis des Sachunterrichts stellt sich die Frage der Inhaltsauswahl noch schwieriger dar, denn hier kann die Lehrkraft nicht allein einen Plan vorlegen, sondern ist auf die Kommunikation mit den Kindern und das situative Umfeld verwiesen. Die Kinder bringen von sich aus immer wieder einzelne Inhalte durch Berichte, Problemformulierungen oder -andeutungen, Fragen oder mitgebrachte Objekte ein. Nicht sämtliche Inhalte sind für alle Kinder gleichermaßen wichtig wie für das einzelne Kind. Hier gilt es, die schwierige Vermittlung von situativen Lernanlässen zu den allgemeinen Schlüsselproblemen zu stiften. Dies ist prinzipiell aber nicht unmöglich, weil Kinderäußerungen niemals „nur partikular" sind, sondern immer wieder die natürlich-kulturell-gesellschaftliche Umwelt repräsentieren. Gleichwohl gilt es in der aktuellen Situation, eine Balance zwischen inhaltlichen Bedürfnissen einzelner Kinder und dem gesamten Lernprozeß herzustellen.

Auch aktuelle Lernanlässe sind wichtige vom Umfeld der Schule ausgehende Impulse für den Sachunterricht. Meiers unterscheidet dabei völlig unvorhersehbare Ereignisse, Ereignisse, mit denen in einem bestimmten Zeitraum gerechnet werden kann und Aktualitäten wechselnder, aber vorausplanbarer Art (Stadtfest, Zirkusbesuch etc.) (Meiers 1994 (2), 80). Gerade wegen der in aktuellen Lernanlässen durch Betroffenheit und Nähe liegenden Lernmöglichkeiten (ebd., 81), ist es wichtig, in der Praxis diese Lernanlässe ernst zu nehmen. So kann es sein, daß auf den Schultischen Fische im Aquarium beobachtet werden, aber ein laut flügelklatschender Vogel draußen sammelt alle Aufmerksamkeit der Kinder. Hier ist es wichtig, geplante Inhalte nicht als Norm zu verstehen, sondern als exemplarisch für ein bestimmtes Problem und die Aufmerksamkeit der Kinder für den aktuellen Anlaß dahin zu entwikkeln, daß seinerseits auf die wesentlichen Probleme hingeführt wird.

6.4 Inhaltskataloge für den Sachunterricht – Analyse und Kritik

Abschließend sollen hier beispielhaft neuere Inhaltskataloge für den Sachunterricht vorgestellt werden. Diese Kataloge dürfen nicht als Muster mißverstanden werden, sondern sollen Denkanstöße für Kritik und weitergehende didaktische Entscheidungen bieten.

Der erste ist dem Hessischen Rahmenplan für die Grundschule (Der Hessische Kultusminister 1994) entnommen, der zweite einem in Niedersachsen zugelassenen Sachunterrichtsbuch für das zweite Schuljahr, der dritte stammt aus eigenen Überlegungen. Diese drei Pläne heben sich insofern von der Praxis deutlicher ab, als sie

a) das nicht zeitgemäße Technikdefizit des Sachunterrichts (Meiers 1994 (2), 39f) relativieren und

b) sozialen Themen mehr Raum zubilligen (Ausnahme: das Schulbuch, Plan 2).

1) Im Hessischen Rahmenplan Grundschule (1994) wird Sachunterricht einmal separat beschrieben, andere typische Sachunterrichtsinhalte tauchen aber auch in den fächerübergreifenden Aufgabengebieten der Grundschule auf.

   Die klassischen Sachunterrichtsthemen – als Lernfelder beschrieben – sind nach dem Rahmenplan Sachunterricht:

   Zusammenleben
   Öffentliches Leben
   Medien
   Spielen und Freizeit
   Arbeit
   Technik
   Verkehr
   Raum
   Zeit
   Naturphänomene
   Wasser
   Pflanzen

Tiere
Körper
(Der Hessische Kultusminister 1994, 136).

Zu den fachübergreifenden Aufgaben wird gezählt:

Gesundheitserziehung
Sexualerziehung
Medienerziehung
Friedens- und Rechtserziehung
Umwelterziehung
Verkehrserziehung
Kulturelle Praxis
(ebd., 285)

Fölling-Albers nennt neben den ersten sechs Aufgabenbereichen noch die interkulturelle Erziehung als Aufgabe des Sachunterrichts (Fölling-Albers 1993).

2) Das Schulbuch „Mobile" (Meier Hg. 1992) für den Sachunterricht (Ausgabe für Niedersachsen) zeichnet sich ebenso wie andere dadurch aus, daß anstelle früherer Inhaltshäufungen nur noch wenige Themenbereiche angeboten werden. Im Band für das 2. Schuljahr sind dies:

Zeit
Wege
Fußgänger und Radfahrer
Familien
Schwangerschaft
Sehen-tasten-hören
Gesund?
Tiere
Pflanzen
Wetter und Temperaturen
Fest und flüssig
Müll vermeiden
etwas herstellen

Meier selbst kritisiert an anderer Stelle, daß in den meisten Lehrplänen der soziale Bereich „zur Stoffroutine der einfachen und faktischen Themen zurückgekehrt" (Meier 1992, 24) ist und fordert, die sozial brennenden Themen in die Lehrpläne aufzunehmen wie

- „Frieden und Verträglichkeit oder
- Geschlechter und Differenz oder
- Trennung und Scheidung oder
- multikulturelle Situation oder
- Umwelt und Mitwelt oder
- Macht und Unterdrückung oder ..." (Meier 1992, 24f).

Er fordert eine ernsthafte Auseinandersetzung mit diesen und weiteren Schlüsselbereichinhalten und keine Verharmlosung oder Normierung wie am „Thema Familie, das zur Generationenkunde an der Normalfamilie verkommen ist“ (ebd., 25).

Es wird in der Praxis der Richtlinienentwicklung dagegen deutlich, daß in unterschiedlichen Bundesländern und in unterschiedlichen Medien eine allmähliche Annäherung von normierten Themenkatalogen erfolgt.

3) Ich selbst möchte diesen pragmatisch entwickelten Inhaltskatalogen einen aus der Schlüsselproblemkonzeption entwickelten Minimalplan für die vier Grundschuljahre gegenüberstellen. Dabei ist zu bedenken, daß Themen noch wenig über die eigentlichen Ziele und Inhalte aussagen, sondern nur sinnvoll gelesen werden, wenn sie im Kontext der übrigen didaktischen Überlegungen dieses Buches verstanden werden. Die Themen sollen als Kristallisationszentren für Sachunterrichtsprojekte oder Lernwerkstattskisten verstanden werden und gerade nicht als gegeneinander systematisch abgegrenzte Themeneinteilung.

a) Je Schuljahr ein Projekt aus den fundamentalen Lebenssicherungsbereichen:
   - Umwelt
   - Frieden
   - Arbeit.

b) In jedem Schuljahr ein Schwerpunktthema mit Unterrichtseinheit und monatelangem Beachten des Zieles als Unterrichtsprinzip zum Schlüsselproblem Menschenwürde, z. B.
   - Mädchen und Jungen sind gleichberechtigt
   - Gleichheit der Menschen verschiedener Nationen / Kulturen / Religionen / Altersgruppen und behinderter / nichtbehinderter Menschen.

c) In jedem Schuljahr ein thematischer Schwerpunkt des Sozialen Lernens in der Klasse, bei dem inhaltlich das Thema „Ich“ zur Identitätsentwicklung gleichrangig mit dem Ziel des sozialen Lernens verknüpft wird
   - Wie bin ich? – Kooperation
   - Leistungsangst – Zusammenarbeiten
   - verschiedene Wünsche – einander Helfen
   - verschiedene Menschen – andere Meinungen zulassen
   - Sozialisation – Verschiedenheiten annehmen.

d) In jedem Schuljahr eine (kürzere oder längere) Unterrichtseinheit zum Thema Menschen einer Welt, z. B.
   - Lernen / Wohnen / Essen / Spielen in anderen Ländern
   - Tänze / Schriftsysteme / Bekleidungsvorschriften / Webmuster verschiedener Kulturen
   - Bau von Spielzeugräderfahrzeugen in verschiedenen Ländern.

e) Innerhalb von schon genannten Unterrichtsprojekten oder -einheiten darauf achten, daß jedes Schuljahr die Fragen der Enthierarchisierung und Demokratisierung mindestens einmal explizit vorkommen, z. B.
   - Mitbestimmung über Ziele und Inhalte von Unterrichtsprojekten
   - Mitgestaltung (Oberliesen 1994) z. B. beim gemeinsamen Schulfest

- Regeln des Schullebens / der Nutzung des Schulgartens entwickeln
- Enthierarchisierung der Kommunikation in Jahrgangs- / Schulversammlungen
- sozialer Ausgleich beim eigenen Produktions- und Verkaufsprojekt der Klasse / Rechte der Kinder in der Welt
- persönlicher Umgang mit „höheren" Instanzen (z. B. Ordnungsamt wegen Falschparkenden vor der Schule, Organisierung des Busses für die Klassenfahrt, Fahrplanauskunft einholen für die Bahnfahrt zum Museum)

f) einmal in den vier Schuljahren ein exemplarisches Projekt zur Technikfolgen- / Medienerziehung
- selbst einen Film produzieren
- eine Geschichte in verschiedene Medienpräsentationen (Theater, Fotos, Bilder, Film) umgestalten
- soziale Technikgeschichte an einem Produkt (Bohrer, Schreibwerkzeuge etc.) (Koch-Priewe u. a. 1982, Oberliesen 1991).

g) Jedes Schuljahr mindestens einmal in einer Unterrichtseinheit intensiv positive Alternativen des Lebensglücks erleben, z. B.
- Freundschaftsbänder, -briefe, -bilder, -symbole
- Schattentheater
- Körpererfahrung
- ästhetischer Umgang mit Naturphänomenen
- sich selbst verändern
- ein Produkt selbst herstellen (Kuchen, Webhaus, Bühnenbild, Sandalen für die Leseecke, Puppe, Fahrzeug, Suppe)
- ein Handlungsprojekt planen und durchführen (Schulzirkus, Schulzeitung)
- neue Spiele erfinden

In jedem dieser sieben Bereiche ist es möglich und sinnvoll, die in den tradierten Themenkatalogen von Richtlinien und Lehrbüchern genannten Inhalte weitgehend einzubeziehen. Der Umgang mit Pflanzen kann im Zusammenhang der Erhaltung von Umwelt und Lebensgrundlagen der Menschen thematisiert werden. Die Verkehrserziehung ist sehr sinnvoll mit dem Umgang mit bürokratischen Regeln zu praktizieren (Kaiser 1993c) und hat für die Kinder mehr Bedeutung als das simple Auswendiglernen von Regeln.

Damit keine thematischen Einseitigkeiten entstehen, sollte aber ein eigener Inhaltskatalog aufgestellt werden, um diese sieben Schwerpunkte pro Schuljahr zu konkretisieren. Wenn bestimmte Inhalte nicht in den Schlüsselbereich zu integrieren sind, ist es durchaus legitim, dazu gesonderte Unterrichtseinheiten zu entwickeln. Hier soll eine Themenübersicht für die vier ersten Schuljahre als mögliches Raster vorgestellt werden, die aus den Richtlinienvorgaben und den bisherigen didaktischen Überlegungen zusammengestellt worden ist:

- Ich (Körper, Gefühle, Wünsche)
- Du (Geschlechter)
- Wir (Familien, Klasse, Vorurteile, Streit ...)
- Öffentliches Leben
- Medien
- Spielen und Freizeit
- Arbeit
- Verkehr, Raum, Zeit, Wege
- Müll, Umwelt
- Körper (Schwangerschaft, Knochengerüst, Sinne ...)
- Pflanzen
- Tiere
- Luft, Wasser, Feuer, Erde, Steine
- Licht, Schatten
- Technik / Bauen, Produkte, Material.

Diese Themenbereiche sollten mindestens einmal intensiv in der Grundschulzeit – möglichst in Zusammenhang mit einem Schlüsselbereich – im Unterricht behandelt werden.

Sie lassen Raum und Zeit für intensives, exemplarisches Lehren und Lernen. Und vor allem ist Raum und Zeit für verschiedene Zugangsweisen, wie „intuitive und expressive Zugangsweisen, ... moralisch-ethische Zugangsweisen“ (Richter 1993, 72), philosophische Gespräche der Kinder, kreativ / ästhetische Umgestaltung, kommunikativen Austausch verschiedener Wahrnehmungen und Bedeutungszuordnungen oder praktisches Gestalten gegeben.

7. Sachunterricht der Zukunft

Der Sachunterricht der Zukunft ist der zukünftige Sachunterricht, wie er sich aus dem gegenwärtigen sachunterrichtsdidaktischen Erkenntnisstand ergibt. Dazu sind folgende allgemeindidaktische Vorüberlegungungen produktiv zu integrieren:

1) Didaktik ist immer Vermittlung zwischen verschiedenen Dimensionen (wie Kind und Sache) durch Menschen. Insofern kann sie nicht zweckfunktional und wertneutral entwickelt werden. Es gibt keine neutrale Sachunterrichtsdidaktik. Diese ist immer durch bestimmte subjektive Normentscheidungen und Zielperspektiven geprägt, die es aber offenzulegen gilt, um sie in einer demokratischen Auseinandersetzung zu überprüfen.

2) Es sind die leitenden pädagogischen Normen offenzulegen, also allgemeine Bildungsziele für den Sachunterricht zu nennen, um das jeweilige Konzept einer Kritik von außen zu öffnen. Klafki formuliert diese Normen für den Sachunterricht als „Selbst-, Mitbestimmungs- und Solidaritätsfähigkeit" (Klafki 1992a 13). Dieser allgemeindidaktischen Norm ist die Normbezeichnung „Emanzipation" vorausgegangen. Ariane Garlichs akzentuiert die Selbstbestimmungsfähigkeit nicht allein auf der nach außen gerichteten Dimension, indem sie „Selbsterfahrung als Bildungsaufgabe" (Garlichs 1985) formuliert. Auch aus der Analyse der ökologischen Krise der Erde sind u. a. durch den Club of Rome bildungstheoretische Zielvorgaben entwickelt worden. Diese ranken sich um die Merkmale Antizipation und Partizipation (Peccei 1979). Um diese verschiedenen und doch teilweise sich überschneidenden bildungsnormativen Ansätze zu integrieren, halte ich zur Offenlegung der meinem didaktischen Ansatz innewohnenden Normen die folgenden Formulierungen für angemessen:
   - humane, sozial gerechte und ökologische Entwicklung der Welt
   - Demokratisierung und soziale Gestaltung der Gesellschaft
   - soziale Entwicklung der Menschen
   - vielfältige Entfaltung menschlicher Fähigkeiten, nach innen und nach außen

3) Sachunterricht der Zukunft muß auf Gegenwart und Zukunft gleichermaßen bezogen sein. Er muß Kindern gegenwärtig Sinn beim Lernen bieten, damit sie mit inneren Motiven lernen können. Bildung verlangt eine sinnerfüllte Gegenwart und Vorbereitung auf die Zukunft (Klafki 1992a, 16).

4) Bildung in einer Demokratie muß als Bildung für alle verstanden werden und jene die Menschen gemeinsam angehenden Fragen und Problemstellungen thematisieren (Klafki 1985).

Von diesen allgemeinen bildungstheoretischen Überlegungen ausgehend können erst die weiteren Fragen der Inhaltsauswahl und des pädagogischen Konzeptes für den Sachunterricht gelöst werden. Die erste folgende Frage ist die nach der genauen Gewichtung der Dimensionen Kind-Gesellschaft-Sache in der didaktischen Trias.

7.1 Wie begründen wir zukünftigen Sachunterricht?

Viele Autorinnen und Autoren sehen auch heute das Verhältnis der didaktischen Dimensionen nur auf die Fragerichtungen Kind und Sache begrenzt. Es wird als hinreichende Aufgabe angesehen, „Kind und Sache in ein konstruktives Verhältnis zueinander zu bringen“ (Duncker / Popp 1994, 13). Auch wenn im Verhältnis von Kind und Sache recht komplizierte Wechselbeziehungen liegen, wie sie Wagenschein mit der Formulierung „Mit dem Kind von der Sache aus, die für das Kind die Sache ist“ (Wagenschein 1973, 11) ausgedrückt hat, kann dieses Verhältnis allein keine Aussagen über die Bedeutung von Inhalten geben, die in irgendeiner Weise nur Sinn durch die gesellschaftliche Wirklichkeit bekommen.

Noch enger wird der Sache der Stellenwert eines autonomen didaktischen Kriteriums in den Anfangskapiteln von Schreiers Buch „Der Gegenstand des Sachunterrichts“ (1994a) gegeben. Dort heißt es wörtlich: „Die Rekonstruktion des Sachunterrichts geht nicht von der Suche nach einer Weltformel aus, sondern fängt bei den Dingen an“ (Schreier 1994a, 23). Seine folgende Darstellung läßt glauben, daß wir aus den Dingen selbst vielfältige pädagogische Möglichkeiten entwickeln können, z. B. „Dinge .. als Zeugen von Vorgängen der Vergangenheit“ (ebd., 25), „manche Dinge belegen ein Bedeutungsfeld zwischen Gegensätzen, andere können aus sich selbst heraus ein Spannungsfeld erzeugen“ (ebd., 27) und zuletzt Gegenstände, die gleichzeitig naturwissenschaftliche wie ästhetisch-sinnliche Betrachtungsweisen und Bedeutungen ermöglichen (ebd., 29). Mit dieser Darstellung der Dinge als Ursprungszellen didaktischer Überlegungen, von denen „ein vielfältiger Anspruch“ (ebd., 144) ausgehe, geht er weit über seine noch 1981 formulierte Zielvorstellung hinaus, bei der es heißt: „Sachunterricht soll gewährleisten, daß die ursprüngliche Faszination der Kinder durch die Dinge und Sachverhalte der Welt zumindest erhalten bleibt.“ (Schreier 1981). Jetzt geht es nicht nur um die Motivierung der Kinder im Umgang mit Inhalten, sondern um die Aufwertung von Dingen zu didaktischen Grundtatsachen, aus denen weitere Überlegungen extrahiert werden, was angesichts der historischen Bedingtheit von „Sachen“ (vgl. Kap.6) schon allein wissenschaftstheoretisch ein nicht legitimierbares Verfahren ist. „Dinge“ schaffen zwar Weltverbundenheit und Sicherheit, aber die menschliche Beziehung dazu in der konkreten Tätigkeit ist letztlich entscheidend.

Am Beispiel der Geschlechterfrage läßt sich aber auch didaktisch begründen, daß die Sache selbst kein hinreichendes didaktisches Kriterium sein kann. So ist das Thema „Gleichberechtigung“ eine politische Frage, in die bestimmte Interessen eingegangen sind und taucht nicht aus bloßer Sachnotwendigkeit in den Lehrplänen für den Sachunterricht auf. So waren die einzigen Richtlinien der Länder, in denen das Lernziel Gleichberechtigung kodifiziert war, die mittlerweile durch andere ohne dieses Ziel ersetzten Nordrhein-Westfalens von 1973. Die zentrale didaktische Frage ist es, überhaupt zu den relevanten Inhalten zu kommen, sie aus der unendlichen Vielfalt von möglichen Inhalten exemplarisch auszuwählen. Schreiers Ansatz, sich von den Dingen ausgehend leiten zu lassen und durch die verschiedenen „Bedeutungshöfe um die Gegenstände“ (Schreier 1994a, 30) herum die Inhalte des Sachunterrichts zu erschließen, löst nicht die grundlegende didaktische Frage nach den überhaupt auszuwählenden Inhalten. Allerdings gibt er methodisch auf der zweiten Ebene wichtige Hinweise, bei einmal ausgewählten Unterrichtsgegenständen weder an der Oberfläche stehenzubleiben noch rein kognitiv zu analysieren. Er unterscheidet präsentative Zugangsweisen – z.B. ästhetische Ausdrucksformen zum Thema „Mond“ als romantischem Gebilde – und diskursive, bei denen es um physikalische Aussagen zum Thema geht. Er schließt sich dabei Wagenscheins Auffassung an, daß „es uns unmöglich ist, zum wahren Wesen der Dinge selbst vorzudringen“ (Schreier 1994a, 163) und fordert, beide Seiten gleichermaßen zu berücksichtigen. Auf dieser zweiten Ebene gibt der Ansatz Schreiers wichtige Hinweise, einmal ausgewählte Inhalte nicht zu eng an logisch-rationalen Mustern auszurichten. Methodisch gesehen ist das Beharren Schreiers auf den Dingen allerdings ein sehr wichtiges Moment. Gerade angesichts inhumaner gesellschaftlicher Anonymisierungsprozesse erscheint seine Vermutung plausibel, „daß mit Hilfe von Dingen, an denen die Lebenserfahrung der Kinder hängt, die abtötende Wirkung ihrer Schulerfahrung bis zu einem Grade aufgehoben werden kann“ (Schreier 1994a, 181).

Aber auch der zweite in der neueren Diskussion vorgeschlagene Weg zur Entwicklung von zukünftigem Sachunterricht aus dem Verhältnis Schule – Gesellschaft und Schulkritik (Popp 1994) ist zu eng. Hier wird die Seite der Kinder und der „Sache“ wiederum zu wenig konkret beachtet. Außerdem ist Schulkritik besonders ungeeignet zur positiven Identifikation von Inhalten, denn Schulkritik kann allenfalls auf Methoden Einfluß haben, didaktische Ziele sind erst einmal unabhängig von schulischen Möglichkeiten, denn es soll nicht an erster Stelle für die Schule gelernt werden, sondern fürs Leben.

Insofern hat der gesellschaftliche Kontext einen hervorragenden Stellenwert bei der Entwicklung zukünftigen Sachunterrichts.

Sachunterricht kann inhaltlich – wie in den letzten drei Kapiteln gezeigt worden ist – weder von der Sache, noch vom Kind noch von der gesellschaftlichen Situation her einlinear abgeleitet werden. Um diese drei Pole des didaktischen Feldes zusammenzubringen, bedarf es einer pädagogischen Begründung. Nur aus einer vor den Kindern und an einer humanen und demokratischen Gesellschaftsentwicklung orientierten Normsetzung lassen sich pädagogische Auswahlkriterien für den zukünftigen Sachunterricht formulieren. Dieser Sachunterricht muß dabei gleichzeitig wahr, interessant und wichtig für die gegenwärtige und zukünftige gesellschaftliche Entwicklung sein.

Sachunterricht als Allgemeinbildung ist nach meinem Verständnis eine fundamentale Seite der Persönlichkeitsentwicklung für das Grundschulkind. Sachunterricht soll dazu beitragen, daß diese Kinder sich mit ihrer gegenständlichen und sozialen Erfahrungswelt auseinandersetzen. In diesen Sachunterrichtsinhalten soll der Sinn für die zu erlernenden Kulturtechniken wie Lesen, Schreiben und Rechnen liegen. Die zeitgemäßen bildsamen allgemeinen Ziele für den Sachunterricht sind nicht ohne pädagogische Normen einer allseitigen Persönlichkeitsentwicklung der Kinder und einer Förderung einer humanen Gesellschaft über die Fähigkeiten der Menschen zu leisten.

Es muß also mit Hilfe der humanen Zielvorstellung eine Vermittlung zwischen gesellschaftlichen Entwicklungen und der Bedeutung der gesellschaftlichen Prozesse für die Kinder gefunden werden. Einen derartigen Versuch hat 1992 Ilse Lichtenstein-Rother unternommen. Sie schließt aus den von ihr genannten sieben gesellschaftlichen Trends auf sieben zentrale didaktische Neuorientierungen, in denen sowohl die Seite des Kindes wie die der Sachinhalte in bezug auf die gesellschaftliche Entwicklung repräsentiert sind (vgl. I. Lichtenstein-Rother 1992):

1) „Verstehen lernen"
Dies heißt m.E., daß der Sachunterricht nicht an oberflächlicher Wissensreproduktion orientiert sein darf, sondern handlungsorientiert und projektorientiert das Durchdringen der Probleme fördern muß.

2) „gegen Gefühl des Ausgeliefertseins" steuern
Hier ist es wichtig, ein lebendiges Schulleben zu fördern, in dem jedes Kind Ich-Identität entwickeln kann.

3) „verantwortlicher Umgang mit Ressourcen"
Dies heißt nicht, daß nur vereinzelte Unterrichtseinheiten zum Thema Müll eine Rolle spielen dürfen, sondern daß ressourcensparendes, verantwortliches Verhalten durchgängig im Schulleben praktiziert wird. Für den Sachunterricht heißt dies auch, daß keine Ressourcenverschwendung bei den Lehrmitteln erfolgen sollte, wie es bei ex-und-hopp-Lehrmitteln wie Arbeitsblättern und Arbeitsheften der Fall ist. Wiederverwendete Beinahe-Müll-Objekte im handelnden Sachunterricht wären von der Methode her geradezu prädestiniert, einen verantwortlichen Umgang mit Ressourcen als Erfahrungsraum zu schaffen.

4) „Distanzierungsmöglichkeiten"
Offene Unterrichtsformen, in denen Inhalte von verschiedenen Perspektiven und Standpunkten betrachtet werden, sind eine Zugangsform, von einer egozentrischen normativen Haltung hin zu differenzierten Sichtweisen zu gelangen.

5) „soziale Sensibilität und Formen des Zusammenlebens lernen"
Auch hier ist ein intensiv entwickeltes Schulleben und eine radikale Neugewichtung von sozialem Lernen im Inhaltskanon des Sachunterrichts, wie sie etwa in der Umbenennung des Faches in Sozial- und Sachunterricht zum Ausdruck kommt, erfoderlich.

6) „Alternativen der Freizeit"
Auch hier wäre eine kognitiv orientierte isolierte Unterrichtseinheit, um neue Freizeitmöglichkeiten zu diskutieren und daraus folgend auch zu wollen, viel zu verkürzt. Ein konsequent erfahrungsorientierter Sachunterricht würde aber wichtige Voraussetzungen dafür schaffen, daß die Kinder mehr auf die eigenen Erfahrungen schauen als auf Medienkonserven und somit eher in der Lage sind, nach grundlegenden Alternativen zu suchen.

7) „Soziale Kontakte"
   Auch für diesen Punkt gilt es, ein vielfältiges Schulleben zu entwickeln und verstärkt soziales Lernen in den Lerngruppen zu fördern. Es ist an der Zeit, gedanklich eine Abkehr vom weit verbreiteten Autonomiebegriff in der Allgemeindidaktik hin zum Sozialbegriff, wie sie in der pädagogischen Frauenforschung begonnen wird, zu vollziehen. Kooperationsfähigkeit als entscheidende didaktische Zieldimension ist mittlerweile nicht nur eine Forderung progressiver und sozial orientierter Gruppierungen, sondern wird zunehmend auch als Überlebensfrage im Wirtschaftsleben diskutiert (Ramseger 1994; Hammer / Champy 1994).

Ein derartiger didaktischer Ansatz, der von gesellschaftlichen Entwicklungen ausgeht, sie unter pädagogisch-humanistischen Normen einordnet, nach der Bedeutung der gesellschaftlichen Entwicklung für die Kinder fragt und daraus Kriterien für die Inhaltsauswahl entwickelt, kann m.E. am ehesten als sozialisationstheoretischer Ansatz verstanden werden (vgl. auch Meier 1993). Damit ist nicht nur das „Angewiesensein und das Verflochtensein der Erfahrungen von Kindern mit denen anderer Menschen" (Schreier 1993c, 34) beachtet, sondern vor allem auch, daß es Wechselbeziehungen zwischen Gesellschaft, Kind und Sache gibt. Gesellschaftliche Betroffenheit von Kindern modifiziert gleichzeitig ihre Wahrnehmung von Inhalten. So wäre Anfang der 60er Jahre das Wort „Umweltschutz" eine fremde Sache für Kinder gewesen. Aber bereits Anfang der 70er Jahre haben Grundschulklassen vorwurfsvoll im Chor „Umweltverschmutzung!" gerufen, wenn sie einen rußig brennenden Haufen bemerkten. Die gesellschaftliche Bedeutung der Umweltfrage war durch Sozialisationsprozesse zum subjektiven Problem der Kinder geworden, so daß sie aufgrund dieses Erkenntnishintergrundes konkrete Phänomene wie einen Schwelbrand völlig anders gesehen und gewertet haben. Die Sache hat sich für sie verändert und sie selbst haben wiederum verändert anhand der Sache gelernt, weil die gesellschaftliche Entwicklung auch die individuelle Entwicklung der Kinder beeinflußt hat.

In diesem Kontext hat der von Klafki (1964) oft verwendete Begriff der „wechselseitigen Erschließung" von Kind und Inhalt sowie Gesellschaft seinen produktiven Stellenwert.

Wichtig bleibt bei allen sachunterrichtsdidaktischen Entscheidungen die Orientierung an einer generellen humanistischen Norm. Diese fordert geradezu zu verstärktem sozialen Lernen und zur Erhaltung einer lebenswerten Welt heraus.

Wenn wir die gegenwärtige Entwicklung der Welt als Risikogesellschaft betrachten, dann wäre es eine didaktische Fehlorientierung, wenn wir die Kinder darauf vorbereiten wollten, sie zu Herrschern in der Dingwelt zu machen. Gerade dies verbaut ihnen die Möglichkeiten, auch die Chancen, die in den Risiken liegen, aktiv zu ergreifen. Weil das Risiko der Zerstörung des Lebens so groß ist, wenn die Menschheit nicht insgesamt lernt, schonender mit sich und der Welt umzugehen, kann nicht die noch weitere Beherrschung der Natur durch die Menschen zum Ziel von Sachunterricht erklärt werden. Vielmehr muß nach Wegen gesucht werden, wie sich Kinder als

Teil ihrer Umwelt verstehen, ohne sich ihrer bemächtigen zu müssen. Gerade in dieser Hinsicht liegen die wesentlichen Besonderheiten von zukünftigem gegenüber vergangenem Sachunterricht: „Wurden von den absolutistischen Fürsten Kenntnisse gewünscht zur Überwindung von persönlicher Not und staatlichem Elend, so werden heute Kenntnisse erworben unter dem Aspekt der Rettung der Welt und der Wahrung des Menschlichen“ (Meiers 1993, 89).

Eine wichtige Dimension der Inhaltsauswahl ist es dabei, daß die Inhalte nicht als von vornherein festgelegt und festgesetzt betrachtet werden. Gerade weil die Medien schon soviel konservieren und die subjektiven Auseinandersetzungen, die hinter der Themendarstellung stehen, ausblenden, ist es didaktisch wichtig, daß die Inhalte relativ dastehen. Sie müssen einerseits aus der Perspektive von verschiedenen subjektiven Deutungen präsentiert werden, um als diskutierbar und veränderbar erkannt zu werden. Andererseits müssen sie situativ auf die Bedingungen der jeweiligen Lernenden bezogen werden. Bislang hat die didaktische Diskussion dafür den Begriff standortbezogene Lehrpläne gefunden, der zu sehr die räumlich-regionale Ebene hervorhebt. Aber auch kulturelle Herkunftsbedingungen oder spezifische psycho-soziale Erfahrungen, etwa in einer Brennpunktschule, sind wichtige Bedingungen, um die Unterrichtsinhalte anders zu konzipieren als an anderen Schulen.

Wenn wir ein Gegengewicht gegen die Anonymisierung und Zersplitterung der Lebensbereiche setzen wollen, ist es eine wichtige Voraussetzung, daß Kinder in ihrer gesamten Persönlichkeit angesprochen und gefördert werden. In bekannten didaktischen Modellen wird meist nur zwischen der kognitiven, emotionalen und pragmatischen Dimension des Lernens unterschieden. Wenn wir es ernst damit meinen, keiner Reduzierung der Möglichkeiten von Kindern in der Schule Vorschub zu leisten, dann wäre dieses Spektrum gerade für den Sachunterricht zu erweitern, denn zu der faktischen immer noch dominierenden rein kognitiven Ausrichtung der Ziele, sollten mindestens die folgenden sechs Zieldimensionen gezählt werden:

- kognitiv-kritische Erkenntnisfähigkeit
- handwerklich-praktische Produktivität
- zwischenmenschliche Beziehungsfähigkeit
- emotional-intuitive Wahrnehmungsfähigkeit
- ästhetische Wahrnehmungs-, Gestaltungs- und Urteilsfähigkeit
- ethische Entscheidungs- und Handlungsfähigkeit (vgl. W. Klafki 1992a)

Es genügt jedoch nicht, nur allgemeindidaktisch neue Perspektiven zu entwickeln, sie müssen sich auch in konkreten Inhalten niederschlagen. Denn neue Inhalte haben die Chance zu innovativen didaktischen Ansätzen beizutragen, weil sie nicht die konservierende Funktion tradierter Inhalte übernehmen. Deshalb soll hier eine – noch zu ergänzende – hypothetische Sammlung von fundamentalen Lebenserfahrungen und darauf bezogener didaktisch-methodischer Konsequenzen für den Sachunterricht entwickelt werden. Auf diese Dimensionen sollte sich der Sachunterricht in der Grundschule schwerpunktmäßig beziehen und den Kindern soziale, lebendige Erfahrungen und Erkenntnisse vermitteln, die sie in die Lage versetzt, diese Welt zusammen mit anderen Menschen lebenswert zu gestalten.

1)

Kinder leben heute in einer Welt zunehmender **Urbanisierung** (vgl. Rusch 1998). D.h. in einer Welt zunehmender Asphaltierung und Verkehrsdichte. Alte Entfernungsmaßstäbe verlieren an Gültigkeit. Ferne Länder rücken durch Migration, Medien und Reisen unvorstellbar nahe, gleichzeitig werden benachbarte Wohngebiete durch gefährliche Durchgangsstraßen zu für Kinderfüße unerreichbarem Terrain. Spontane sinnliche Erfahrungen von Natur werden in einer urbanisierten, asphaltierten Welt immer seltener.

Sachunterrichtsdidaktisch muß einerseits die Orientierung in dieser Welt ermöglicht werden und gleichzeitig brauchen die Kinder alternative Utopien. Sie brauchen Inseln der Naturerfahrung und der Bewegungsfreiheit zu Fuß ebenso wie länger andauernde konkrete soziale Kontakte, um in einer anonymen urbanen Umgebung menschliche Entwicklungsmöglichkeiten zu haben.

2)

Kinder leben heute in einer Welt zunehmender **Informationsdichte**. **Informations- und Unterhaltungsmedien** (vgl. Garlicho 1989, Rolff 1990) senden eine ungeordnete Fülle an Eindrücken und Informationen, werfen Fragen und Probleme auf und konfrontieren die Kinder mit verschiedenen Weltbildern.

Sachunterrichtsdidaktisch wäre ein belehrender und informationsvermittelnder Unterricht obsolet. Denn es besteht kein Mangel an Informationen, sondern ein Mangel an Informationsverarbeitung. Kinder brauchen Zeit, die Fülle an Informationen in Ruhe gemeinsam einzuordnen und aufzubereiten, eigene Wertmaßstäbe anzulegen und weiterzuentwickeln. Der Sachunterricht muß das „Zeitlassen und die Geduld" (Hemmer 1982, 40) wiederentdecken. Der kopflastigen Informationsfülle gilt es, ein stärker ganzheitliches Lernen gegenüberzustellen, bei dem die Gefühle und Interessen nicht ausgeklammert werden. „Wir müssen einen gelassenen Schultag als Lebenstag mit den Kindern gestalten, wir müssen aufhören, die Kinder auszubeuten, indem wir in möglichst kurze Stunden möglichst viel Stoff hineinpressen und schon wieder bei der nächsten Sache sind, die keine werden kann, weil die Kinder in dieser Hast nicht zur Sache kommen können. Wir müssen den Kindern Zeit und Gelegenheit geben, sich in Sache und Situation buchstäblich einzufinden" (Meier 1993, 22).

3)

Kinder leben heute **in einer Welt der Erwachsenen** (vgl. Cloer 1992) bei gleichzeitig ausgedehnter institutionalisierter Kindheit. Sie nehmen durch Medien Anteil an der großen Politik, bekommen Einblick in sexuelles Verhalten und erfahren Probleme, auf die sie von sich aus nie gestoßen wären. Sie werden als Konsumenten im Marktgeschehen fest eingeplant und damit Objekt von Vermarktungsstrategien.

Sachunterrichtsdidaktisch heißt dies, daß der Zugriff zu fernen Welten zwar nicht verhindert werden kann, daß aber auch Raum geschaffen werden sollte für eine Kindheit der Kinder. Dazu gehört die Fähigkeit zur Distanzierung von Konsumangeboten materieller und medialer Art. Kinder sollen die Chance haben, ihre eigenen Fragen weiterzuverfolgen, Freiräume der Kindheit zu erleben und spielerisch auszugestalten. Alternativen für aktive Freizeitgestaltung und unmittelbare Erfahrungen gegen den Verlust an Selbsttätigkeit durch passiven Medienkonsum sind in der Schule sehr wohl anzubahnen. Insbesondere die Selbsttätigkeit, die schon in der Phase der Reformpädagogik eine große Rolle spielte, gilt es bewußt in der Schule weiterzuentwickeln, da die Alltagserfahrung immer weniger Raum dafür gibt.

4)

Kinder leben heute in einer Welt, in der **hohe Ansprüche an das Individuum** (Krappmann / Oswald 1995) gestellt werden. Es muß in der Lage sein, privat Wärme und Einfühlung zu geben, Konflikte partnerschaftlich zu lösen und sich in schwierigen Situationen kompetent zu erweisen. Gleichzeitig lebt es in einer Welt, in der Aggressionen, Macht, Angst und Konkurrenz herrschen. Unter diesen Strukturen stehen Menschen, Erwachsene wie Kinder, die durch jahrhundertelange „schwarze Pädagogik“ bei der Entwicklung menschlicher Glücksfähigkeit eingeschränkt worden sind.

Dies heißt auch, daß das Bedürfnis der Menschen insgesamt wie auch der Kinder insbesondere danach steigt, soziale Nähe und Wärme zu erleben.

Sachunterrichtsdidaktisch ist die Alphabetisierung in Beziehungsfähigkeit eine zentrale Aufgabe, d. h. die Innenwelt von Menschen kennenzulernen, sich selbst zu erfahren und andere Mitmenschen wahrzunehmen, damit Kinder die persönlichen Kompetenzen erwerben, in einer inhumanen Welt Humanität zu entwickeln und gegenwärtig wie zukünftig selbst zu bestehen.

Das Bedürfnis nach Identität jedes einzelnen Kindes in einer sich rapide verändernden Welt sollte oberste Priorität in den didaktischen Entscheidungen erlangen. Das Ich jedes Kindes, die innerpsychischen Probleme des Zusammenlebens sind zentrale Inhalte eines zeitgemäßen Unterrichts wie sie etwa in den niederländischen Richtlinien für die Basisschool (Annink u. a. 1984) als gleichberechtigte didaktische Bereiche aufgenommen worden sind.

Die didaktische Vernachlässigung psychologischer Probleme in der Grundschule widerspricht fundamental auch den Fragen und Kompetenzen der Kinder, die sich sehr intensiv mit ihrem Innenleben und den Problemen des Miteinander beschäftigen.

5)

Kinder leben heute in einer Welt, die außerordentlich stark **formalisiert und durchstrukturiert** ist (Elkind 1991). Immer mehr alltägliche Verrichtungen werden durch DIN-Normen und bürokratische Vorgaben standardisiert und den subjektiven Entscheidungen entzogen. Die wirklichen Verhältnisse werden unwirklich-abstrakt. Herrschaft und Willkür sind immer weniger persönlich festzumachen, Produktionsprozesse werden stärker formalisiert und von der persönlichen Anschauung abgehoben. Terminvorgaben bestimmen Tagesabläufe. Zeit wird „als Kette objektivierbarer Zeit-Punkte thematisiert, d. h. sie wird im Alltagsleben zunehmend als Anfangs- und Endpunkte von Terminen und weniger als gegenwärtige Zeit wahrgenommen“ (Richter 1993, 65).

Sachunterrichtsdidaktisch steht hier die Frage offen, inwieweit kindlicher Kreativität, Entdeckungslust, Autonomieerleben und Spontaneität noch Raum gegeben werden kann. Deshalb muß versucht werden, den Verlust an Anschauung, sozialen Erfahrungen und konkreten Handlungsmöglichkeiten auszugleichen. Die Lebenswelt der Kinder kann dabei exemplarisch mit den Kindern so untersucht werden, daß sie konkret und durchschaubar, vielfältig, sinnlich erfahrbar und lebendig wird. Dazu gehören Methoden des Erkundens und Analysierens, die konkrete Erscheinungen zum Ausgangspunkt haben, diese sammeln, systematisieren und hinterfragen. Aber auch das Erleben von gegenwärtiger Zeit, die Ruhe und das Hineineinschauen in Inhalte und Probleme anstelle des Hinzufügens ständig neuer Ereignisse und Wissensbestandteile sind ein wichtiger Kontrapunkt, damit Kinder nicht ihre Gegenwart verlieren, sondern in ihr zu leben lernen.

6)

Kinder leben heute in einer Welt, die zunehmend **verwissenschaftlicht** wird. Abstrakte, wenig anschauliche Vorgaben, nicht aus dem eigenen Erfahrungsraum gewonnene Verhaltensimperative nehmen immer mehr Raum ein. Selbst natürliche Vorgänge wie Geburt oder Aufwachsen von Kindern geraten immer mehr in kontroverse wissenschaftliche Diskussionen und verlieren ihren spontanen alltäglichen Charakter.

Sachunterrichtsdidaktisch folgen daraus zwei konträre Richtungen. Zum einen wird es immer mehr notwendig, die Menschen zum kritischen Durchschauen von wissenschaftlichen Erkenntnissen zu befähigen. Für Kinder heißt dies, daß sie alltägliche Probleme und Phänomene systematisch zu beobachten lernen, methodisch untersuchen und eigene theoretische Verallgemeinerungen anschließen, d. h. daß sie verstehen lernen sollen. Die dabei gewonnenen Theorien können so von Kindern als abhängig von den eigenen Fragestellungen und Untersuchungsmethoden relativiert werden. Das Lernen in Projekten scheint gerade für diese Zielperspektive ein wichtiger methodischer Ansatz zu sein. Auf der anderen Seite brauchen Kinder gerade als Gegengewicht zu systematisierten, analytischen Erkenntnissystemen ganzheitliche Erfahrungen und ästhetische Herangehensweisen. Die Grundschule muß zum Ort eines lebendigen zwischenmenschlichen Aushandelns zwischen Lehrkräften und Kindern werden, der nicht von abstrakt verabsolutierten Prinzipien und Dogmen wie Fachintegration oder Offenheit überschattet wird.

7)

Kinder leben heute in einer Welt des **rapiden Wechsels** (Beck 1986), in der sie immer weniger auf tradierte Sicherheiten vertrauen können.

Sachunterrichtsdidaktisch ist es wichtig, Verläßlichkeit zu schaffen. Dazu gehören klare Strukturen und regelmäßig wiederkehrende Rituale des Schullebens. Von der Begrüßungskerze zum Geburtstagskalender, vom Klassentagebuch bis zum „Buchbericht" der Kinder, von der Ämterverteilung bis zur Tischdecke für die Frühstückspause ....lassen sich unzählige Formen entwickeln.

8)

Kinder leben heute in einer Welt, in der es immer mehr Menschen gibt, ja die sogar in ihrer Existenz durch eine unvorstellbare **Bevölkerungsexplosion** gefährdet ist. Aber die einzelnen Menschen **vereinsamen** gleichzeitig immer mehr. Traditionelle soziale Bezüge zerbrechen und verlangen von Kindern immer wieder neue Anpassungsreaktionen.

Sachunterrichtsdidaktisch heißt dies, daß die Schule selbst zu einem Sozial- und Lebensraum werden muß, in dem zwischenmenschliche Erfahrungen gelebt werden können. Gerade angesichts des zunehmenden Verlustes an sozialer Sicherheit muß die Schule dazu beitragen, in einem verläßlichen Schulleben mit klaren Strukturen und festen Ritualen soziale Sensibilität und Formen des Zusammenlebens überhaupt erst zu erlernen. Die Probleme des Miteinander werden immer mehr zu einer Aufgabe von Schule, weil außerunterrichtlich soziale Konflikte entstehen, die hier aufgearbeitet werden können. Schule wird so zu einem Modell menschlichen Zusammenlebens.

9)

Kinder leben heute in einer Welt, in der **Gewalt** der Kinder immer mehr zum schulischen Alltag gehört (Rauschenberger 1992). Dies ist nicht primär ein Probleme der Kinder, denn auch außerhalb der Schule werden vielfach Konflikte gewaltsam zu lösen versucht.

Friedenserziehung nach außen und innen ist ein Gebot, das gerade den Kindern im Grundschulalter, die durch Gewaltdarstellungen und -erfahrungen auch große psychische Probleme haben, in ihren Bedürfnissen nach Geborgenheit und Sicherheit außerordentlich entgegenkommt.

10)

Kinder leben heute in einer Welt, die seit Jahrtausenden durch **Herrschaft und Ungleichheit** gekennzeichnet ist. Auch in der Schule trägt abstrakter Leistungsdruck und -vergleich mit dazu bei, Ungleichheit zu verstärken.

Sachunterrichtsdidaktisch heißt dies, daß alltäglich Herrschaft und Machtkampf in verschiedenen Facetten akut wird. In der Grundschule müssen insbesondere solche Sozialerfahrungen geschaffen werden, die mehr soziales Miteinander faktisch eröffnen, ohne dies nur normativ abstrakt zu fordern. Dabei ist ein Grundschulunterricht besonders wichtig, der das Lernen um der Sache willen fördert und das Lernen aller entwickelt. Das heißt auch, daß verschiedenartige Lernwege zugelassen und ermöglicht werden. Es heißt auch, eine vielfältige anregende Lernumwelt aus den die Kinder berührenden Erfahrungsbereichen zu schaffen, in der neue soziale Beziehungen möglich sind.

Während Soziales Lernen bislang eine relativ weit verbreitete Perspektive grundschuldidaktischen Denkens darstellt, sind die Dimensionen Ehrfurcht vor dem Leben und Abkehr vom didaktischen Beherrschungsmodus theoretisch wie praktisch noch Neuland. Gemeint ist damit, daß Herrschaft auch durch unterrichtliche Vermittlungsformen weitertransportiert wird, wenn die Lerninhalte zu verfügbaren Stoffen behandelt werden und nicht Raum gelassen wird für stille Betrachtung, für das Auf-Sich-Wirken-Lassen eines Inhalts.

11)

Kinder leben heute in einer Welt, die unterschiedlich von den Menschen gedeutet wird. **Verschiedene Kulturen** (Prengel 1993) stoßen aufeinander. Kinder leben heute in einer Welt, die sehr unterschiedliche Alltagserfahrungen bereitstellt. Da versorgen Achtjährige den Haushalt, während Zehnjährige noch nie den Weg ins Stadtzentrum gehen durften. Da verbringen Kinder die Nachmittage in pädagogisch auserlesenen musischen Kursen, während andere Anregungen aus den Medien der Erwachsenen sammeln. Diese unterschiedlichen Erfahrungen tragen in der Lerngruppe zu Fremdheit und Nicht-Verstehen bei und eröffnen den Kindern unterschiedliche schulische Chancen.

Sachunterrichtsdidaktisch kann den verschiedenen Kindern nur Rechnung getragen werden, wenn nicht nur unterschiedliche Erfahrungen einbezogen werden, sondern auch eine gemeinsame Erfahrungs- und Handlungswelt geschaffen wird.

12)

Kinder leben heute in einer Welt, die voller **Risiken und Gefahren** (vgl. Beck 1986) ist. Menschliche Eingriffe bekommen immer größere Auswirkungen, und das Gefahrenpotential für die menschliche Umwelt und menschliches Leben überhaupt steigt ins Immense. Kinder wissen immer deutlicher um diese Probleme. 77 % der in Niedersachen befragten Kinder äußerten Zukunftsangst vor Umweltzerstörung (Niedersächsischer Kultusminister 1985). Fatalistische Zukunftsvisionen und romantische Sehnsüchte nach einer angeblich verlorenen heilen Welt können keine Hilfestellungen bieten.

Sachunterrichtsdidaktisch ist es aber notwendig, den Kindern Gewißheit zu verschaffen, daß ihre Zukunft lebenswert ist und Lebensmöglichkeiten bietet. Von daher ist es notwendig, daß Kinder in begreifbaren Zusammenhängen Handlungsperspektiven erarbeiten und erproben, um in ihren Lebensräumen selbst aktiv eine sozial- und umweltverträgliche Entwicklung zu fördern. Dazu gehört insbesondere angesichts der zunehmenden ökologischen Probleme, den verantwortlichen Umgang mit Ressourcen in der Schule zu praktizieren und zu lernen. Denn „der Sachunterricht braucht eine andere Ethik als bisher" (Meiers 1993, 94).

Generell erfordert die sich beschleunigende Veränderungsdynamik, daß den Kindern gegen das Gefühl des Ausgeliefertseins ein verläßliches Schulleben angeboten wird.

13)

Die Welt der Kinder ist geprägt durch die Erfahrungen der Erwachsenen. Arbeitslosigkeit, Krankheit, Streß, Sorgen um den Arbeitsplatz, finanzielle Probleme, Trauer sind Alltagssorgen vieler Menschen auch in der sog. Wohlstandsgesellschaft. Selbst wenn die Arbeitswelt quantitativ nicht mehr so bestimmend für das Alltagsleben ist, und die „Arbeitsgesellschaft verändert und tendenziell durch eine Tätigkeitsgesellschaft abgelöst wird“ (Hopf 1993a, 18), bleiben die **Probleme der Ungleichheit, ökonomischer Macht und Ausbeutung** bestehen und wirken in den Alltag von vielen Kindern hinein. Neue flexible Arbeitsstrukturen setzen sich nur sehr zögerlich durch, so daß eine „Wiederentdeckung von Muße und Langsamkeit“ (Hopf 1993a, 19) auf längere Sicht nur das Privileg weniger sein wird.

Sachunterrichtsdidaktisch gilt es, Kinder zu stärken, ihre Angelegenheiten selbst in die Hand zu nehmen, in für Kinder zugänglichen Bereichen politisch verändernd einzugreifen und Ungleichheitserfahrungen ernst zu nehmen.

14)

Die **tradierten Hierarchien und Strukturen geraten immer mehr in Bewegung**, ohne sich dabei jedoch aufzulösen. Das patriarchale Geschlechterverhältnis, die Parteienführung oder die staatliche Autorität kommen immer mehr in Legitimationskrisen. Aber auch die Existenz der Erde beginnt bedrohlich infrage gestellt zu werden. Einlineare Beherrschungsstrategien werden angesichts der Unbeherrschbarkeit der Welt zunehmend abstruser.

Sachunterrichtsdidaktisch gilt es, von eindeutigen Lösungen und apodiktischen Setzungen Abschied zu nehmen. Vielmehr ist die Ehrfurcht vor dem Leben, eine Abkehr vom Macht- und Beherrschungszugang in sozialen Beziehungen und zur Objektwelt der notwendige Paradigmenwechel. Dies heißt, daß der Unterricht nicht mehr auf eindeutige vorher festlegbare Strukturen hin konzipiert werden kann, sondern daß die Offenheit mitbedacht werden muß. Die Dingwelt und die natürliche und soziale Umwelt muß einen Eigenwert bekommen, nicht zum Objekt der Beherrschung werden. Anstelle einer sinnlosen Überforderung und Stoffbewältigung muß eine Besinnungsdidaktik in Form, Inhalt und Methode einsetzen, in der Langsamkeit, Ehrfurcht vor dem Leben, das Dazwischensein bei den Dingen, Introspektion und Meditation wieder einen hohen Stellenwert bekommen.

7.2 Das Konzept zukünftigen Sachunterrichts

7.2.1 Inhalte und Ziele

Wenn wir uns heute die um 1968 formulierten Ziele der Entwicklung des Sachunterrichts vor Augen führen, dann werden wir feststellen, daß die damaligen konzeptionellen Ansätze auch heute noch nicht voll realisiert sind. Richard Meier faßt die damaligen Ziele so:

- Begriff und Praxis der affirmativen Heimatkunde bewußt in Frage stellen
- Welt heute als Sache und Situation nehmen
- aktiv handelnde Arbeit im Unterricht zulassen
- bedeutsame Lebenszusammenhänge herstellen
- Aufgaben für gemeinsames Überleben entwickeln
- Methoden erarbeiten, kundig und unabhängig zu machen
- Aufklärungsarbeit, Weg zur Demokratie öffnen (Meier 1993)

Gleichwohl hat sich in der Sachunterrichtsdidaktik schon recht viel gegenüber der alten Heimatkunde geändert. Insbesondere haben aktuelle Inhalte der Gegenwart (z. B. Umwelterziehung, Prävention sexuellen Mißbrauchs, Eine Welt in der Grundschule) Eingang in den Alltag vieler Schulen gefunden. Viele Lehrkräfte bemühen sich um Einbezug handelnder Elemente in den Unterricht. An vielen Grundschulen werden jährlich Projekte oder Projektwochen kollegial geplant.

Auf der didaktischen Seite bleiben die Innovationen aber immer noch einseitig auf mehr kognitive oder begriffliche Dimensionen des Lernens beschränkt. Dies wird in den meisten gegenwärtigen Konzeptionen für den Sachunterricht auch explizit so gefordert. So stellt sich Mayer den Entwicklungsgang des Sachunterrichts „von der diffusen Ganzheit“ in der „Eigenwelt des Kindes“ zu der „durchschauten Ganzheit in der Alltagswirklichkeit mit intersubjektivem Wissen, Können, Begriffen“ (Mayer 1985, 29) vor.

D. h. das kognitive Durchschauen steht auch in gegenwärtigen Konzepten im Mittelpunkt, während Handlungskompetenz sowie kognitive Distanzfähigkeit (Kritik) kaum betont wird.

Diese kognitive Grundorientierung des Sachunterrichts kommt in den verschiedenen didaktischen Strukturierungsmustern der Länderrichtlinien zum Ausdruck. So wird in den niedersächsischen Richtlinien (1982) nach Lernfeldern gegliedert:

Zusammenleben der Menschen
Mensch und heimatlicher Lebensraum
Sicherung menschlichen Lebens
Mensch und Natur / Mensch und Technik

Noch weniger Offenheit für nicht-kognitive Zugangsweisen läßt die institutionelle Gliederung in den Richtlinien Bayerns zu. Dort wird die begriffliche Aneinanderreihung von Institutionen lediglich durch den Bezug auf das Kind modifiziert:

Kind und Familie
Kind und Schule
Kind und Tagesablauf
Kind und Heimatgeschichte
Kind und räumliche Orientierung
Kind und wirtschaftliche Umwelt
Kind und Gesundheit
Kind und Natur

Neuerdings wird jedoch auch verstärkt gefordert, die Ziele und Inhalte des Sachunterrichts auf emotionale, soziale, praktisch handelnde und ästhetische Dimensionen auszudehnen. Diese würde eine Veränderung der meisten Länderrichtlinien erforderlich machen. Im folgenden Abschnitt sollen einige wichtige Markierungen für neue Inhalte und Ziele des Sachunterrichts gesetzt werden.

Mit der Debatte über Kindheitsveränderungen und gesellschaftliche Individualisierungszwänge beginnt aber allmählich „das Soziale stärker in den Mittelpunkt des

Schullebens und des 'normalen' Fachunterrichts zu rücken" (Preuss-Lausitz 1993, 35). Die Vorschläge beziehen sich weitgehend auf Arrangements des Schullebens und weniger auf didaktische Innovationen: „Schule ist zum zentralen Ort der Freundschafts- und Beziehungsbildung geworden, ohne daß dies im Zeitrahmen, in der räumlichen Gestaltung der Schule und der Verfügbarkeit der Räume für Schüler sich schon ausreichend niedergeschlagen hätte. In welcher Schule gibt es schon eingerichtete Plauderecken, Milchbars, Ruheräume ...?" (Preuss-Lausitz 1993, 54).

Auch Duncker und Popp sprechen von der Gefahr der „Vernachlässigung sozialer und gesellschaftlicher Inhalte" (Duncker / Popp 1994) im gegenwärtigen Sachunterricht.

Aber in ihren didaktischen Konsequenzen heben sie doch weitgehend auf das einzelne Individuum als Maßstab ab: „Die erzieherische Bedeutung der Handlungsfähigkeit liegt zunächst einmal in der Erziehung zur Selbständigkeit, die im Begriff des Handelns notwendig enthalten sein muß" (Duncker 1994a, 38). An anderer Stelle werden als pädagogische Normen „die Stärkung von Selbstvertrauen und Handlungsfähigkeit" (Duncker / Popp 1994, 20) genannt, also weitgehend auf das Individuum bezogene Dimensionen.

In Anlehnung an Ruth Cohn unterscheidet Schreier zwischen drei Hauptaufgabenbereichen des Sachunterrichts, nämlich „Ich – Wir – Es" (Schreier 1994a, 41) und weist damit auf der Gegenstandsseite auf eine erweiterte Sicht von Sachunterricht hin.

Noch deutlicher betont Meier den Paradigmenwandel didaktischen Denkens, indem er eine „Soziale Wende" (Meier 1993) in der Grundschulpädagogik einfordert. Diese Richtung ist auch in den Richtlinien des Saarlandes für den Sachunterricht bereits eingeschlagen worden, indem anstelle von Gegenstandsbereichen, von sozialen Kompetenzen als Grundpfeilern der Richtlinien ausgegangen wird, nämlich von „individueller Sensibilität, sozialer Sensibilität und sachgebundener Sensibilität" (Saarland 1992, 3). Diese Dimensionierung entspricht der, die Schreier und Köhler schon 1985 vorgenommen haben, nämlich Identität aufbauen, Zusammenleben mit anderen lernen, den Werksinn entfalten (Schreier / Köhler 1985a). Beiden Konzepten ist ein wichtiger Grundgedanke gemeinsam, nämlich einerseits Ich-Stärke und Sozialfähigkeit zu unterscheiden und sie gleichzeitig quasi als soziale Ich-Stärke im Verhältnis zueinander ergänzend zu verstehen.

Diese Zweiseitigkeit kommt auch in der niederländischen Fachbezeichnung „Sociale Wereldorientatie", die noch weiter gespannt ist als Klafkis Bezeichnungsvorschlag „Sozial- und Sachunterricht" (Klafki 1992a), zum Ausdruck. Mit einer auf die gesellschaftliche Wirklichkeit bezogenen Definition von Sozialerziehung wird deutlich gemacht, daß es sich hierbei nicht um eine harmonistische Sicht von Gemeinschaftserziehung handelt. Letzteres wird durch Schreiers Plädoyer für den Begriff der Gemeinschaft (Schreier 1994a, 108) – ohne dabei die konfliktbezogene Seite zu beachten – nahegelegt. Er selbst sieht eine „offensichtliche Unersetzbarkeit durch andere Begriffe" (Schreier 1993d, 78) und verteidigt damit diese Bezeichnung gegen massive Kritik, die vor allem an den Gebrauch dieses Begriffes unter dem Nazi-Regime und in antidemokratischen Konzeptionen erinnern (Oelkers 1993). Der Begriff Gemeinschaftsbildung wurde zuletzt im Konzept der volkstümlichen Bildung (Stöcker 1960) gerade nicht produktiv, sondern herrschaftsstabilisierend einengend verstanden. Die englische Variante des Gemeinschaftsbegriffs, community, kann die Seite, daß es sich hierbei vor allem um inneren Interessensausgleich bei gleichzeitiger Aufrechterhaltung der sozialen Verbindung geht, schon eher herausarbeiten. Die Begriffe „Schulgemeinde", „Demokratische Schulgemeinde", „Demokratisches Schulleben" oder „Schuldemokratie" drücken jedoch einerseits die von Schreier als Ziel angestrebten gemeinsamkeitsbildenden Seiten aus, ohne dabei das Mißverständnis einer von oben verordneten, Minderheiten diskriminierenden, lebendige Auseinandersetzung und Konflikte negierenden Konzeption aufkommen zu lassen.

Die Intention Schreiers, die sozialen Beziehungen der Menschen untereinander stärker zu entwickeln und zu pflegen, ist angesichts gesellschaftlicher Konkurrenz, Ellenbogenmentalität, Atomisierung und sozialer Ausgrenzung außerordentlich wichtig. Eine pädagogische Orientierung an den hausarbeitsnahen Sozialisationsmustern der sozialen Orientierung auf Menschen anstelle auf Sachbeherrschung (Kaiser 1992a) ist gegenwärtig für beide Geschlechter dringend geboten. Zukünftiger Sachunterricht ist wesentlich auch Sozialunterricht zwischen konkreten Menschen in systemischen sozialen Beziehungen, die in ihren Zusammenhängen auch im Unterricht gesehen werden sollten (Hopf 1993a, 92).

Eine weit gefaßte Inhaltsausrichtung allgemeinbildenden Unterrichts auf das Individuum und seine soziale Umwelt bezogen, ist aber bereits in einzelnen frühen reformpädagogischen Ansätzen vertreten worden:

So war für den Bremer Reformlehrer Fritz Gansberg die soziale Menschenkunde wichtiger als die Geographie, er wollte den Kindern auch Konflikte und Schattenseiten in Erzählungen und offenen Gesprächen vermitteln (Gansberg 1912b).

Die zweidimensionale Ausrichtung von Zielen scheint mit ein zentrales Kennzeichen zukünftigen Sachunterrichts zu sein, weil auch die Entwicklung der Welt und der Kinder sich widersprüchlich gestaltet. Der zweidimensionale Spannungsbogen geht heute weiter als der zwischen positiver Wirklichkeit und Schattenseite.

Ich-Stärkung, also eine zunächst subjektiv erscheinende Seite, wird gleichzeitig auch zu einer zentralen Dimension der Umwelterziehung und überhaupt des globalen und vernetzten Denkens (Hopf 1993b, 27). Sozialerziehung verlangt Ich-Stärkung und Ich-Stärkung ist ohne Sozialerziehung undenkbar.

Sachunterricht muß auf öffentliches und privates Verhalten, auf Berufsarbeit und Hausarbeit gleichzeitig in den Zielen ausgerichtet sein.

Diese generellen Ziele in ihrer Widersprüchlichkeit gilt es auf die verschiedenen zentralen Inhaltsbereiche (vgl. Kap. 6) des Sachunterrichts zu beziehen. Es muß also auch auf der Zielebene noch eine zweite Gliederungsstruktur von Sachunterricht entwickelt werden. Gegenwärtig wird der zweidimensionale Charakter dieser Ziele noch weitgehend vernachlässigt. Wenn wir überhaupt Zielkataloge vorfinden, sind sie stärker auf die Berufsarbeitsseite und die (kognitiv ausgerichtete) Ich-Stärkungsseite bezogen.

Mit der Beachtung von Zielen kommen wir von der gegenständlichen Seite, die es bei jedem schulischen Lernen gibt – Klafki nannte diese die materialen Ziele – zu der von Klafki formulierten Seite der formalen Ziele (vgl. Klafki 1964 (2)). In der Geschichte der Didaktik schwankten die Positionen oft zwischen Bevorzugung konkreter gegenständlicher Ziele („die wichtigsten Artikel des Grundgesetzes müssen bekannt sein") und formaler Ziele („die Kinder müssen ihre Interessen einbringen können").

Während sich die konkreten gegenständlichen Inhalte des Sachunterrichts erstens schnell verändern und zweitens stark umstritten sind, scheint sich auf der Ebene der Verfahrensziele eher ein Konsens und Verbindlichkeit herstellen zu lassen. Aber auch die methodischen Lernziele sind abhängig von den pädagogischen Konzepten. So kann in einer auf mehr persönliche Autonomie ausgerichteten Konzeption das Ziel: „gesellschaftliche Zustände kritisieren können" für wichtig gehalten werden, während in einer mehr sachkundlich ausgerichteten Konzeption eher Ziele wie: „Informationen aus Landkarten entnehmen können" betont werden. Gleichwohl wird es leichter sein, bei derartigen Zielen Konsens im Gespräch zu erzielen.

Hier sollen exemplarisch zwei Zielkataloge vorgestellt werden, die am ehesten auch mit den hier vertretenen konzeptionellen Vorstellungen in Einklang zu bringen sind. Der erste wurde in Anlehnung an die Richtlinien Nordrhein-Westfalens von Mayer (1985, 49) formuliert:

1) Problematisieren und Thematisieren können
2) Explorieren können
3) Objektivieren (Produzieren und Diskutieren) können
4) Integrieren können. Dazu stellt er eine Liste erforderlicher Elementartechniken vor (Mayer 1985, 53):
   - Sammeln von Informationen – visuell und auditiv
   - Auswerten und Konservieren von Informationen
   - Betrachten
   - Untersuchen
   - Beobachten
   - Beschreiben
   - Ordnen, Klassifizieren und Be-„rechnen"
   - Experimentieren
   - Konstruieren
   - Sicherung von Lernergebnissen – Lernerfolgskontrolle
   - Umgang mit einfachem Gerät
   - Bedienung von audio-visuellen Geräten
   - Fachorientierte Techniken (vgl. Kap. 3.2)

Diese sollen nach folgenden Prinzipien vermittelt werden:

- Offenheit für die Interessen der Kinder
- Lernen in Lebensrealität
- Wissenschaftsorientierung: Erschließungsweisen eröffnen
- Lernen an Widersprüchen
- Eröffnung fruchtbarer Lernprozesse, die subjektiv bedeutsam sind und Verstehen gesellschaftlicher Probleme als Einheit ermöglichen
- Erarbeitung sinn-stiftender Ordnungen (Erschließungsmächtigkeit)
- Prinzip des gezielten Ebenenwechsels
- Welt mit anderen Augen sehen
- Probehandeln
- Natur erleben
- Umgehen mit Risikopotentialen
- Ängste ertragen können
- Gefahren antizipieren
- Solidarität leben

Die hier genannten formalen Kataloge unterscheiden sich noch nicht wesentlich von denen der 70er Jahre. Sie bleiben noch auf einzelne Handlungen des Erkundens oder Versuchens reduzierbar und können noch nicht den fundamentalen Wechsel hin zum Sachunterricht der Zukunft, der einerseits der Heterogenität der Kinder und andererseits der sich beschleunigenden gesellschaftlichen Dynamik zu entsprechen hat. Zukünftiger Sachunterricht muß danach dynamisch sein und dem Konzept einer Pädagogik der Vielfalt entsprechen. Erste Ansätze in dieser Richtung sind in den letzten Jahren bereits entwickelt worden. Duncker formuliert die formalen Dimensionen im Kontext eines breiteren Verständnisses von Sachunterricht, der gleichzeitig einer Pädagogik der Vielfalt entsprechen soll und nennt dementsprechend als „Parameter einer Didaktik des
Perspektivenwechsels …
Komplexität herstellen …
Perspektivenwechsel vornehmen …
die Wahrheitsfrage offenhalten …
kulturelle Implikationen verdeutlichen …
Phantasie und Anschauungskraft fördern …
den methodischen Zugang sichtbar machen ….
Dialog und Verständigung suchen ….
Orientierung und Werthaltungen bieten.“ (Duncker 1997, 321f)

Duncker bleibt allerdings bei seinem Konzept noch in einer klaren monolinearen Lehrkraft-Kind-Beziehung stehen. Eigenaktivität des Kindes wird noch nicht klar genug fokussiert, wenn er sagt, „Zeigen und Gewahrwerden sind zwei wesentliche Dimensionen einer Didaktik der Perspektivenvielfalt“ (Duncker 1997, 321).

Ich selbst habe diesen Diskurs zuletzt unter dem Begriff „kommunikativer Sachunterricht“ (Kaiser 1997b) weiterzuführen versucht, indem ich Kategorien gewählt habe die sowohl in ökopädagogisches und interkulturelles Denken hineinreichen wie auch den für mich sehr essentiellen konzeptionellen Gedanken, daß Kinder wesentlich von Kindern lernen (vgl. Scholz 1996), zu integrieren. Für mich sind die folgenden konzeptionellen Dimensionen entscheidend für zukünftigen Sachunterricht:

- Zeit bei jedem einzelnen Unterrichtsinhalt für die verschiedenen Gefühle, Wahrnehmungen und Gedanken der Kinder lassen
- Unterrichtsinhalte mehrperspektivisch betrachten, nicht einzelfachliche Lösung als allein gültig deklarieren
- mehrere Lösungswege zulassen; keine direkte Ergebnisorientierung, Vielfalt statt Uniformierung
- offene Probleme bevorzugt als Unterrichtsinhalte auswählen und sie auch nach dem Gespräch über viele Aspekte als offen stehen lassen
- Schonung als Gegenbegriff zu Massenproduktion/Imperialismus/Kolonialismus/Expansion nach außen
- nicht expansiv, sondern intensiv lehren und lernen, nicht nur expansiv nach vorn schreiten, sondern in Bezug auf das soziale Feld auch seitwärts und rückwärts
- Kommunikation als Zirkulation und netzwerkartiges Beziehungsstiften, aber nicht als Dominierungsentscheidung zu praktizieren
- verschiedene Sichtweisen und Pluralität erfahrbar machen Geschwindigkeitsreduktion

Diese Dimensionen bedeuten auch, daß von monolinearen Kausalketten Abschied genommen werden muß. Gleichzeitig wird in einer so verstandenen „Verschiedenheitspädagogik“ ein Denken angebahnt, in der nicht die eine Sichtweise oder Lösung nur als richtig gilt, sondern mehrere Zugangsweisen möglich sind. Hier muß Emotionales zugelassen werden, hier geht es nicht zu unterrichten, ohne die persönlichkeitsbildende Seite der Inhalte zu beachten. Hier muß von der Verbalschule endgültig Abschied genommen werden.

Unabhängig davon, welche Lösungen die Lehrkräfte jeweils finden, bleibt es entscheidend, daß zukünftiger Grundschulunterricht deutlich mehr handelnd, durchgehend als Soziales Lernen und mit verschiedenen Sinnen erfolgen muß – und vor allem das eigenaktive Lernen der Kinder untereinander nicht als informelles oder heimliches Lernen abwertet, sondern zum Kern des Unterrichtsgeschehens nimmt.

Diesen eher methodischen Zieldimensionen zukünftigen Sachunterrichts will ich einen konzeptionellen Zielkatalog ergänzend gegenüberstellen. Dieser soll auch offen für zweidimensionale Ziele sein. Ich begründe diesen Zielkatalog aus der gesellschaftlichen Veränderungsdynamik und Anonymisierung und der Notwendigkeit, die Kinder bewußt zu aktiver sozialer Mitgestaltung zu befähigen:

1) **Zukünftiger Sachunterricht muß Kindern helfen, Veränderungen zu sehen, zu verstehen und aktiv zu gestalten.**

2) **Zukünftiger Sachunterricht muß den Blick unter die Oberfläche von Erscheinungen lenken.**

3) **Zukünftiger Sachunterricht muß die Inhalte in ihrer Entwicklung zeigen, er muß das Vorher und das Nachher sowie das Gewordensein und die Entwicklungsmöglichkeiten des Gegenwärtigen in den Mittelpunkt stellen.**
4) **Zukünftiger Sachunterricht muß über das konkrete Phänomen / Problem hinausgehend in verschiedene Bedeutungsschichten eindringen. Er muß systemisch die Zusammenhänge erschließen.**
5) **Zukünftiger Sachunterricht muß den Kindern Gelegenheit zum Selbermachen, selbst Gestalten und Verändern eröffnen.**

7.2.2 Unterrichtskonzepte

Die Konzepte zeitgemäßen und zukünftigen Sachunterrichts sind so vielfältig wie die Wirklichkeit. Häufig gibt es deutliche Überschneidungen. Von Person zu Person wird derselbe Begriff unterschiedlich verstanden. Hier sollen die mit der hier vertretenen Konzeption von Sachunterricht zu vereinbarenden Prinzipien schlagwortartig vorgestellt und erläutert werden.

Anstelle des Streits um große Konzeptionen wird jetzt pragmatisch an vorhandenes Wissen über Sachunterricht angeknüpft. Nicht große Konzeptionen wie die offenen Science-Curricula Englands oder der mehrperspektivische Sachunterricht stehen sich gegenüber, sondern verschiedene Unterrichtskonzepte wie problemorientierter oder handlungsorientierter oder erfahrungsorientierter oder projektorientierter Sachunterricht. An der häufig verwendeten einschränkenden Endung „orientiert“ wird deutlich, daß der umfassende Anspruch des „Entweder – Oder“ sich mittlerweile in bescheideneren Vorstellungen über die Richtung der Entwicklung von Sachunterricht festgemacht hat.

Bei näherem Hinsehen finden wir auch viele Überlappungen und Überschneidungen zwischen den Konzepten. So ist Handlungsorientierung und Erfahrungsorientierung ein wesentlicher Bestandteil von Projektorientierung. Hier sollen deshalb die gegenwärtig kursierenden Konzepte nur knapp vorgestellt werden. Denn es geht nicht um eine Auswahl des einen idealen Konzeptes, das von den anderen begründet abgehoben werden muß. Vielmehr entspricht es der Vielfalt der Kinder und der Vielfalt der gesellschaftlichen Entwicklung sowie den daraus folgenden vielfältigen Aufgaben des Sachunterrichts, daß auch vielfältige Unterrichtskonzepte in der Praxis zum Tragen kommen. Deshalb werden zunächst die gängigen Konzepte z. B. der Erfahrungsorientierung, Problemorientierung, Handlungsorientierung, Projektorientierung diskutiert. Im Anschluß daran werden neue Konzeptansätze skizziert, die im zukünftigen Sachunterricht einen wichtigen Stellenwert haben müssen.

7.2.2.1 Erfahrungsorientierung

Das Stichwort „Erfahrungsorientierung“ war eines der ersten kritischen Konzepte, das den begrifflich orientierten Curricula der frühen 70er Jahre gegenübergestellt wurde.

Bereits Anfang der 70er Jahre wurde bei der Gründung der Laborschule in Bielefeld der Begriff der Erfahrung als didaktischer Kernbegriff von Hartmut von Hentig (1973) vertreten. Später haben Garlichs / Groddeck diesen Ansatz unter dem Begriff Erfahrungsoffener Unterricht (1978) weitergeführt. Sie haben Erfahrungsorientierung in enge Beziehung auch zur Dimension Öffnung des Unterrichts (s.u.) gesetzt.

In diesen positiven Deutungen von Erfahrungsorientierung wird damit immer ein intensiverer Wirklichkeits-, Umgebungs- und Alltagsbezug des Lernens verbunden.

Erfahrung wird dabei als methodische Kategorie der Erkenntnisaufbereitung verstanden und als Gegengewicht zur Medienüberflutung durch Modelle, Tafelbilder, Arbeitsblätter oder Filme gesetzt: „Was bei solchem Unterricht herauskommt, sind immer wieder Begriffshülsen: der verbale Ertrag einer präzis inszenierten Schau, kontrollierbar, zensierbar per Formblatt“ (Schreier 1981, 26). Erfahrungsorientierung sollte danach auch lebendige Inhalte in den Mittelpunkt des Lernens stellen. Für die Sachunterrichtsdidaktik vertritt vor allem Schreier einen erfahrungsorientierten Ansatz (1993b), indem er sich primär auf das Konzept Deweys ([1930] 1965 (3)) bezieht.

Im pädagogischen Alltagsverständnis steckt im Begriff der Erfahrungsorientierung aber auch die enger gefaßte Dimension erfahrungsnahen Lernens, bei der die Erfahrung mehr subjektiv erlebnisorientiert aufgefaßt wird. Danach ist Erfahrung das, was die Kinder subjektiv erlebt haben, so daß sie von daher eher einen Zugang haben. Dieses Verständnis geht vor allem auf den Ansatz der Erlebnisdidaktik Fritz Gansbergs zurück, bei dem Erzählungen über Erfahrungen im Mittelpunkt des Unterrichts stehen sollten. Dies wurde in der praktischen Rezeption auf bloßes Erlebniserzählen reduziert (vgl. Gansberg 1923). Gegen dieses enge Mißverständnis wenden Duncker / Popp ein: „Der Erfahrungsbezug wär grob mißverstanden, wenn er als Austausch von mehr oder weniger belangvollen Erlebnissen ausgelegt würde“ (Duncker / Popp 1994, 22). Sie schließen sich noch stärker als Schreier der von Dewey vertretenen Sicht der handelnden Erfahrung an: „Kennzeichnend für Deweys Erfahrungsverständnis ist, daß er neben das passive Moment des Erleidens auch das aktive Eingreifen betont“ (Duncker / Popp 1994, 24). Sie halten den bloßen Erfahrungsbegriff für zu eng auf die subjektive Seite bezogen, wenn sie betonen, Sachunterricht müsse auch das „Moment des Überschreitens der Erfahrung“ haben, weil nach ihrer Ansicht „wesentliche Bereiche unserer Kultur über Erfahrung allein gar nicht erschließbar sind“ (Duncker / Popp 1994, 24).

Dazu gehört auch eine entsprechende antizipatorische Qualifikation der Lehrkräfte, um den Lernenden Lernarrangements anzubieten, die über die vorhandenen Erfahrungshorizonte der Kinder hinausreichen, denn „eine der wichtigsten professionellen Leistungen des Lehrerberufs … darin besteht, etwas Neues zu zeigen, was durch eigenes Erkunden, Suchen und Probieren kaum gefunden werden kann“ (Duncker 1997, 320).

Erfahrungsorientierung wird gegenwärtig von drei unterschiedlichen Perspektiven her gedeutet:

1) Der erkenntnisgewinnende Erfahrungsbegriff
Die Forderung, das schulische Lernen mehr auf die Erfahrungen der Kinder zu beziehen bzw. grundsätzlich darauf zu beziehen (von Hentig 1985), steht bei dieser Variante im Mittelpunkt.
2) Der rückblickende Erfahrungsbegriff
Die Warnung, schulisches Lernen nicht allein bei den Erfahrungen der Kinder stehenzulassen (Duncker / Popp 1994), wird von dieser Seite betont.
3) Der soziale Erfahrungsbegriff
Eine stärker dialektische Auffassung, die mehr Erfahrungsorientierung fordert und gleichzeitig verlangt, Kindern zu helfen, sich selbst Zusammenhänge zu erschließen (Beck 1988, 96).

Bei der ersten Variante wird die inhaltliche Bereicherung und Intensivierung von Lernen durch Erfahrung betont und vor allem die Seite der aktiven Umwelterkundung und Erfahrungserweiterung betont. Schreier sieht Erfahrungsorientierung des Sachunterrichts eng verknüpft damit, methodisch konkrete Dinge unmittelbar in den Unterricht einzubeziehen, um „die Welt um uns als eine greifbare, konkrete Wirklichkeit darzustellen" (Schreier 1994a, 35). Er formuliert die Verbindung von Erfahrungsaufarbeitung und Erfahrungsmachen im Unterricht so: „Aufgabe der Didaktik des Sachunterrichts ist es, die Dinge, die als Niederschlag von Prozessen zu sehen sind, für den Geist der Kinder wieder in die Prozesse hineinzugeben, aus denen sie hervorgegangen sind" (Schreier 1994a, 35). Er gebraucht dafür das Bild vom „Erfahrungsstrom ..., durch den die Qualität der Erfahrung zu verbessern" (Schreier 1994a, 179) sei.

Im Sinne der erkundenden Erkenntnisgewinnung ist Projektlernen geradezu notwendiger Bestandteil von Erfahrungsorientierung. Auch die identitätsfördernde Seite des Erfahrungslernens wird aus dieser Perspektive hervorgehoben: „Werden sinnliches Wahrnehmen und seine möglichen Deutungen an Alltags-Gegenständen gefördert, läßt sich das Besondere, das auch im eigenen, scheinbar unbedeutenden Alltag vorhanden ist, zur Geltung bringen. Wird der eigene Alltag erforscht, wird er wichtig und bedeutsam und trägt zur Entwicklung von Selbstvertrauen bei" (Richter 1994, 7).

Bei der zweiten Variante des Verständnisses wird dagegen Erfahrungsorientierung allein als zu eng angesehen, weil so lediglich „der Sachunterricht .. zu einem Ort der nachgängigen Reflexion außerschulischer Erfahrungen" werde (Duncker / Popp 1994, 23). Der Erfahrungsorientierung wird Projektunterricht direkt entgegengesetzt, bei dem die Kinder Erfahrungen durch Handeln gewinnen können (Duncker / Popp 1994, 23). Gegen diese didaktisch-methodische Variante hat sich schon 1948 Jeziorsky gewendet, indem er betonte, daß das „Aktualitätsprinzip kein pädagogisches Wertprinzip" (Jeziorsky 1948, 25) ist. Lauterbach unterscheidet zwischen dem schon „weitgehend entwickelten Wahrnehmungswissen bei Kindern ...

(und der) Ermöglichung von Erfahrungen und Reflexion" (Lauterbach 1992, 88), um ein derartiges Verständnis von Erfahrungsorientierung auszuschließen.

Bei der dritten Variante wird Erfahrungsorientierung kompensatorisch definiert: „Diese Erfahrungen des Bekannten, des 'So ist es, und so muß es sein', müssen aber gleichzeitig durch Erfahrungen der Fremdheit, des Unbekannten ergänzt werden, wenn anstelle von Enge und rigiden Erklärungsmustern Offenheit, Neugier und Toleranz für Fremdes entstehen soll" (Beck 1988, 95).

Erfahrungsorientierung in dieser Interpretation vermittelt eine Sichtweise, welche die produktiven Erwartungen an die Orientierung zu bereits gemachten Erfahrungen mit pädagogischer Vermittlung neuer Erfahrungen verknüpft.

In diesem Sinne gebraucht Soostmeyer (1986) fast bedeutungsgleich den Begriff der Situationsorientierung, die er als lebenswirklichkeitsbezogene Lernausgangssituation auffaßt, über die „hinausgegangen wird und (die) fortsetzbare Linien für weiteres Lernen bietet" (Soostmeyer 1986, 41).

Nicht nur wegen der vielschichtigen Definitionsmöglichkeiten wird deutlich, daß Erfahrungsorientierung als didaktisches Konzept allein nicht ausreicht, um zukünftigen Sachunterricht konzeptionell zu beschreiben. Hier müssen noch weitere Konzepte ergänzend und bereichernd betrachtet werden.

7.2.2.2 Lebensnähe

„Lebensnähe ist nicht mehr im Heimatbezug lokaler und sozialer Vertrautheit aufgehoben" (Lauterbach 1992, 97). Aber auch der Begriff der Lebensnähe läßt sich ähnlich wie die anderen sachunterrichtsdidaktischen Konzepte nicht auf eine einzige Lesart begrenzen und eindeutig definieren. Hierbei wird der Blick nicht auf die Erfahrungen der Subjekte, sondern mehr auf ihre Lebenswelt gerichtet, d.h. auf die subjektiv erlebte umgebende Welt. Der Begriff „lebensnah" ist damit ein schillernder Kernbegriff. Lernen soll Bedeutung für das eigene Leben haben und wirklich authentische Probleme anstelle bloßen Nachgestaltens oder Abschreibens in Selbstkontrolleblättern behandeln. Damit wird ebenso wie bei der ersten Erklärungsvariante von Erfahrungsorientierung auch die mögliche Bedeutung lebensnahen Lernens für das Ich hervorgehoben.

Lebensweltbezogene Ansätze sind eine Reaktion auf die Mediengesellschaft mit der pädagogischen Setzung, „damit die Wirklichkeit durch das Medium (nicht) vollkommen zu ersetzen" (Schreier 1981, 27) ist.

Allen Varianten lebensnaher Konzepte ist eine Betonung zusammenhängender Inhalte als Hauptsache des Sachunterrichts anstelle etwa bürokratischer Verordnung in Arbeitsblättern gemeinsam.

Aber auch hier bei diesem eng mit der Erfahrungsorientierung veknüpften Konzept gibt es grundsätzlich verschiedene Lesarten.

1) Die eine will Lebensnähe durch Hinausgehen aus der Schule herstellen. Die Zielvorstellung hier ist: „Die Schule muß Kindern helfen, über ihre 'verinselten' Er-

fahrungen hinaus sich die sozialen, räumlichen und historischen Zusammenhänge ihrer Umgebung anzueignen“ (Soll 1988, 18).

2) Die andere Lesart will wiederum das Lebensnahe in die Schule hineinbringen, eine Entwicklung des Schullebens fördern, indem räumlich Klassenzimmer, Flure und Treppenhäuser zu Lebensräumen für Kinder werden, indem die Zeitgestaltung des Schulalltags Platz für Kooperation eröffnet und soziale enge Kontakte zu Lehrkräften sowie soziale Kontakte der Klassen untereinander ermöglicht werden.

In diesem Ansatz soll der Ernstcharakter sozialer Situationen praktiziert werden.

Dieses Konzept wurde insbesondere in der Reformpädagogik vertreten. Begriffe wie „Schulgemeinde“ (Fritz Karsen 1930) oder „Kameradschaftsgericht“ (Janusz Korczak 1988) drückten diesen Ansatz der Erfahrung als Lebenswelt aus.

Der Ernstcharakter sozialer Situationen war dabei die zentrale Frage. Hartmut von Hentig (1985) hat den Begriff der Polis für eine derart verstandene Schulgemeinde verwendet, Dewey den einer embryonischen Gesellschaft (1965). Aber auch der Begriff der Schuldemokratie (Schreier 1994b) trifft den Weg zu mehr Lebensnähe, indem die Kinder „Entscheidungen zu wirklich vorhandenen Problemen .. treffen, die für die Betroffenen weitreichende Folgen nach sich ziehen“ (Schreier 1994b, 51). Lebensnahe Schuldemokratie ist also nur dann gegeben, wenn die Probleme für alle Kinder selbst sinnvoll sind und nicht eine abgehobene Vertreterdemokratie stattfindet, sondern in den Lerngruppen konkrete Entscheidungen oder Vorhaben tatsächlich stattfinden. Z.B. ist es in der Grundschule möglich, anderen Klassen mitzuteilen, wie alle mehr Schulmüll vermeiden können. Anderen Klassen kann eine Führung durch die eigene Ausstellung angeboten werden oder es wird anderen Klassen eine wichtige Aufgabe in einem klassenübergreifenden Vorhaben der Ersten Hilfe bei kleinen Verletzungen auf dem Schulhof durch die Kinder übergeben.

Lebensnähe als didaktisches Konzept grenzt eng an die verschiedenen didaktischen Konzepte von Ganzheitlichkeit an wie sie im Laufe der Pädagogikgeschichte entwikkelt wurden (z. B. Ökologische Gesamtheit / ganzheitlich auf der Lerngegenstandsebene bei Friedrich Junge; Gesamtunterricht nach Berthold Otto).

Es unterscheidet sich aber gleichzeitig deutlich von diesen, weil mit lebensnahem Lernen auch immer konkretes Handeln anstelle diffuser Ganzheitsvorstellungen verknüpft sind. Insofern muß das Konzept der Lebensnähe später unter dem Konzept der Handlungsorientierung weiterführend betrachtet werden.

7.2.2.3 Problemorientierung / Exemplarik

Der Begriff der Problemorientierung ist historisch relativ jung. Er ist erst im Laufe der 70er Jahre in die sachunterrichtsdidaktische Diskussion im Zusammenhang mit lernzielorientierter Unterrichtsplanung eingegangen. Er hat aber daneben inhaltlich betrachtet auch weiter zurückreichende Wurzeln. So hat der Arbeitspädagoge Richard Seyfert (1904 (4)) bereits sehr deutlich ein problemorientiertes Konzept insofern entwickelt, als er thematisch zentrale Inhaltsbereiche wie z. B. Kleidung oder Ernährung ausgewählt und an die jeweiligen Fragenaspekte inhaltlich vertiefenden Unterricht angeknüpft hat.

Explizit problemorientiert wird im Ansatz Wagenscheins (vgl. Bussmann / Soostmeyer 1996) gearbeitet, indem anstelle der Präsentation vorgefertigten naturwissenschaftlichen Wissens die Kinder durch Fragen und Beobachten ein offenes Problem selbst zu klären versuchen. Wagenschein bezeichnet die pädagogische Inszenierung als „produktive Verwirrung" (Wagenschein 1968, 74f), um Selbstverständliches und verfestigte Alltagsvorstellungen in Frage zu stellen.

Zur Lösung des Problems empfiehlt Wagenschein sokratische Gespräche, um Zusammenhänge zu verstehen. Er schlägt dazu als Gesprächsführungsregeln u. a. die folgenden Fragen vor: „Worüber sprechen wir jetzt? Was wollten wir eigentlich herausbringen? ... Wer ist einverstanden mit dem, was er eben gesagt hat? Sag es noch einmal anders. Hat ein anderer verstanden, was er gemeint haben kann?" (Wagenschein 1968, 98).

Die vor allem auf Wagenschein zurückgehenden heutigen Ansätze problemorientierten Sachunterrichts legen Wert auf eine auch für die Kinder problemhaltige Lernausgangssituation: „Die Erfahrung des Nicht-Erwarteten, des Nicht-Funktionierens, des Überraschenden und Staunenswerten bilden Anlässe für den Sachunterricht, das Theoretisieren zu lehren" (Duncker / Popp 1994, 23). Wenn die Ausgangssituation tatsächlich vielschichtig, kognitiv anregend und subjektiv problemhaltig ist, wird von verschiedenen theoretischen Ansätzen her fruchtbares weiteres Lernen erwartet: „Staunen und Beunruhigung durch Unerwartetes werden sowohl von Wagenschein als auch im Rahmen der kognitiven Psychologie als 'Motor' des Lernens betrachtet" (Faust-Siehl 1993, 14).

Das Konzept problemorientierten Unterrichts geht also auf lerntheoretische Voraussetzungen zurück. An erster Stelle steht dabei eine Sicht des Kindes als motiviert und fragend denkend: „Kinder denken präzise. Viele Beobachtungen belegen, daß sie, wenngleich oft nicht systematisch variierend, ihren Vorstellungen auf den Grund gehen. Selbst kleine Kinder legen dabei eine sachliche Haltung der Welt gegenüber an den Tag" (Faust-Siehl 1993, 10).

Gleichzeitig mit der Wertschätzung des kindlichen Denkvermögens gehen alle problemorientierten Ansätze davon aus, daß Kinder nicht vorgeformte, aufgesetzte Begriffe brauchen, sondern selbst denkend das Problem ergründen wollen. Sie müssen erst die Probleme verstehen, um die daraus erwachsenen Theorien verstehen zu können (Soostmeyer 1993, 210). Kinder wollen danach keine kursartigen und merksatzorientierten Lehrgänge, sondern zuerst das Denken in Problemsituationen. „Die Entwicklung einer intellektuellen Struktur ist nicht mit dem Aufbau von Begriffen identisch. Intellektuelle Strukturen sind vielmehr Voraussetzung für den Aufbau von Begriffen" (Renner 1982, 203).

Soostmeyer (1986) skizziert in Anlehnung an Dewey 5 Schritte problemorientierten Unterrichts:

„1. Man begegnet einer Schwierigkeit...
2. Man lokalisiert und präzisiert das Problem ...
3. Man sucht nach einem Ansatz zu einer Lösung...
4. Man entwickelt den Lösungsansatz weiter und untersucht seine Konsequenzen...
5. Man beobachtet weiterhin und versucht die Lösung experimentell zu erproben" (Soostmeyer 1986, 40).

Während beim problemorientierten Ansatz das Problem seinen zentralen Stellenwert im konkreten Unterrichtsverlauf hat, spielt das Lernausgangsproblem beim Konzept des exemplarischen Lehrens und Lernens (Gudjons 1993) nicht mehr so eine starke Rolle. Exemplarisches Lernen ist vielmehr eher auf der Lehrplanebene angesiedelt und bedeutet, daß wichtige, eindrucksstarke Inhalte beispielhaft ausgewählt werden, an denen Zusammenhänge erkannt werden können. Der Begriff des Exemplarischen geht auf den des Fundamentalen (Klafki 1964) zurück.

Schon Jeziorsky wies 1948 darauf hin, daß es zwar wichtig sei, die Zeitbedingtheit von Inhalten zu beachten, daß es aber auf die Auswahl wesentlicher Gehalte ankomme (Jeziorsky 1948).

Inhalte können nur problemorientiert entwickelt werden, wenn sie tatsächlich exemplarisch ausgewählt wurden, also für wirkliche wichtige Inhalte stehen. Aber die exemplarische Auswahl garantiert noch nicht, daß die Inhalte dann problemorientiert im Unterricht präsentiert werden. Bei Wagenschein allerdings wird exemplarisches Lernen begrifflich sehr eng an problemorientiertes Lernen angelehnt und das „genetische Lernen" als Konzeptbegriff verwendet (1965).

Exemplarisches Lernen betrifft den Stellenwert des Inhaltes für andere. Problemorientiertes Lernen und Lehren bezieht sich vor allem auf die Gestaltung von Lernausgangssituationen, während entdeckendes Lernen die Weiterentwicklung des problemorientierten Unterrichts für das gesamte Verhalten der Kinder bedeutetet.

7.2.2.4 Entdeckendes Lernen / exploratives Lernen

Eine Variante problemorientierten Lernens ist das entdeckende oder explorative Lernen im Sachunterricht (vgl. Foster 1992). Dieses Konzept wurde als Gegengewicht zu lehrerzentrierten Konzepten entwickelt, in denen die Kinder nur noch „auf die Rolle der staunenden Zuschauer" (Schreier 1981, 26) festgelegt werden.

„Entdecken ist als ein Vorgang zu verstehen, bei dem es zu subjektiver Neufindung von der Menschheit bereits bekannten Sachverhalten (Nachentdecken) kommen kann. Für Prozesse des Entdeckens benötige ich (– so führt es Bönsch aus –):

- „problemhaltige Situationen"
- „Materialkonstellationen, die Antwort auf zubereitete Problemlagen enthalten, um ebenfalls auf Fragen, Suchmotive, Anliegen, Antworten zu entdecken" (Bönsch 1994, 11).

Die Begründungen für entdeckendes Lernen stützen sich dabei vor allem auf zwei Momente:

- entdeckendes Lernen ist motiviertes, kindgerechtes Lernen
- entdeckendes Lernen führt zu gründlichem Wissenserwerb, weil Wissen aktiv erworben wird und so „der Sachunterricht die Übertragbarkeit von Einsichten und Methoden auf andere Situationen und Probleme“ (Soostmeyer 1986, 34) sichert.

Eine wichtige Voraussetzung dafür, daß Kinder tatsächlich entdeckend lernen können, ist nach Popp das Gefühl der Sicherheit, ein positives, emotionales Klima in der Gruppe und die Regelmäßigkeit und Erwartbarkeit im Unterricht (feste Formen des Zusammenlebens und des gemeinsamen Arbeitens)(Popp 1994, 67). D. h. es kommt wesentlich darauf an, wie die Lehrkräfte den Unterricht arrangieren, um Kindern die Möglichkeit zu entdeckendem Lernen zu eröffnen. Einsiedler stellt sogar die These auf, „forschend-entdeckender Unterrichtsstil ... wird in erster Linie von der Einstellung des Lehrers geprägt“ (Einsiedler 1994, 203).

Entdeckendes Lernen ist ebenfalls kein erst in den 70er Jahren (vgl. Klewitz u. a. 1977) neu entwickeltes sachunterrichtsdidaktisches Konzept. Schon Copei (1930) hat in seinem Buch über den fruchtbaren Moment im Bildungsprozeß die denkende Selbsttätigkeit der Kinder in ihrer Bedeutsamkeit beschrieben.

Bei entdeckendem Lernen wird die Frage nach sinnvollen Inhalten und der Schaffung von persönlicher Bedeutsamkeit besonders wichtig, weil hier der gesamte Lernprozeß als Entdeckungsprozeß zu strukturieren ist (vgl. Klewitz u. a. 1977).

Auch hier stellen lernpsychologische Voraussetzungen ein wichtiges Fundament des Konzeptes, denn es wird von der These ausgegangen, daß Strukturen, die sich die Kinder im entdeckenden Prozeß selbst schaffen, auch tatsächlich gelernt werden.

Aber auch aus didaktischer Perspektive, insbesondere in Hinblick auf eine Mitbeteiligung aller Gesellschaftsmitglieder an Erfahrungs- und Erkenntnisprozessen, bekommt entdeckendes Lernen einen wichtigen Stellenwert: „Das umfassende Ziel einer Demokratisierung im Sinne der Qualitätssteigerung des gesellschaftlichen Erfahrungs-Prozesses könnte als didaktisches Prinzip für den Sachunterricht umgesetzt werden. Dabei müßte nicht unbedingt die totale Rekonstruktion der Gesellschaft angestrebt werden ...., daß das Konzept der Schulklasse als einer Gemeinschaft von Forschern in der didaktischen Diskussion einen zentralen Stellenwert erhielte“ (Schreier 1993c, 37).

In dieser Lesart kann entdeckendes Lernen nicht allein als besondere Methode zur Förderung des Denkens bei naturwissenschaftlich-technischen Problemen betrachtet werden, sondern weist als Konzept über sich hinaus in Richtung auch auf gesellschaftliches Handeln.

7.2.2.5 Handlungsorientierter Sachunterricht

Das mittlerweile recht häufig für den Sachunterricht verwendete Konzept der Handlungsorientierung geht auf sehr unterschiedliche historische und theoretische Bestimmungen zurück. Ursprünglich wurde der Gedanke handelnden Lernens vor allem in den arbeitspädagogischen Richtungen der Reformpädagogik (Arbeitsschule, Arbeitsunterricht, Arbeitspädagogik) vertreten. Aber ähnlich wie in diesen ersten Ursprüngen, die sehr verschieden als werkendes Tun (Kerschensteiner 1925 (5)), Integration von Schule in den gesellschaftlichen Produktionsprozeß (Östreich 1975), handelndes Erkunden der die Schule umgebenden Wirklichkeit (Dewey 1965 (3)) einschließlich verändernden Handelns (Karsen) oder aktiver, kooperativer, geistiger Wissenserwerbsprozeß (Gaudig 1922) verstanden wurden, unterscheiden sich auch im heutigen Verständnis (vgl. Gudjons 1994) die Positionen der Handlungsorientierung in zwei verschiedenen Grundgedanken:

1) Handlungsorientierung, bei der das konkrete Handeln und sein Produkt einen eigenständigen Stellenwert als Ziel und Inhalt hat.
2) Handlungsorientierung, bei der das Handeln methodisch im Sinne einer „Didaktik der Denkerziehung“ im Sachunterricht (Soostmeyer 1986, 43) seinen Stellenwert hat.

   Die zweite Position bezieht sich vor allem auf lerntheoretische Positionen, sei es die tätigkeitstheoretischen (Leontjew 1973, Galperin 1973), der amerikanischen handlungstheoretischen (Miller / Pribam / Galanter 1973) oder die handlungstheoretisch-operationalen Ansätze (Piaget 1974 (6), Aebli 1970 (4)). Danach ist „menschliches Handeln ... Ursache und Grundlage für Denken und Erkennen schlechthin“ (Soostmeyer 1986, 42). Der hier vertretene Grundgedanke, Verstehen durch konkretes, gegenständliches Handeln zu fördern, ist der am häufigsten in der gegenwärtigen sachunterrichtsdidaktischen Diskussion rezipierte.

   Handlungsorientiertes Lernen kann aber konkret sehr verschieden aufgefaßt werden, weil es verschiedene Handlungsformen gibt. So unterscheidet Habermas (1981) in einem sehr weiten Verständnis vier grundlegende Handlungsformen:

   - teleologisches Handeln (dazu zählt er auch strategisches Handeln)
   - normenreguliertes Handeln
   - dramaturgisches Handeln
   - kommunikatives Handeln (Habermas 1981)

Ich füge dieser Aufgliederung noch die folgenden Formen hinzu:

- spielerisches Handeln
- praktisch-konstruktives Handeln

Wenn wir derart weit gefaßte und vielfältige Handlungsformen aufnehmen, dann löst sich die Definition von Handlungsorientierung als begriffliches Lernen durch praktisches Tun auf. Soostmeyer schlägt darüberhinausgehend vor, „Handlungsfolgen beim Kind auf(zu)bauen, die hierarchisch geordnet sind und als vollständige

Handlungspläne gespeichert werden können“ (Soostmeyer 1986, 44). Z.B. „Konflikte wahrnehmen – Ursachen suchen – Lösungsideen entwickeln und durcharbeiten – Regeln für neue Konfliktsituationen aushandeln – Regeln auf Brauchbarkeit überprüfen und ggf. verändern“ (Soostmeyer 1986, 45).

Es kann angesichts der Vielfalt von Handlungsformen und ihrer wechselseitigen Bezüge nicht weiter eine Hierarchie von systematisch aufeinander aufbauenden Handlungsschritten angestrebt werden, weil die verschiedenen Handlungsformen einer hierarchischen Ordnung widersprechen.

Gleichwohl bleibt auch bei den vielfältigen Handlungsformen wichtig, daß diese jeweils die Ursprungsformen des Lernens sind, an die sich Reflektionen erst anschließen: „Kinder brauchen zum Lernen erst das Handeln, dann das Nachdenken“ (Beck 1994, 17). „Aus den anfänglich spielerischen, intuitiven und episodisch auftretenden Handlungen heraus werden bewußte, durchdachte und persistente Handlungen entwickelt, ohne daß hierdurch die ursprüngliche Phantasie der Kinder sowie ihre Spielfreude unterdrückt werden“ (Soostmeyer 1986, 44).

Wenn wir Handeln so weit definieren, können wir sehr vielfältige Merkmale handlungsorientierten Unterrichts unterscheiden:

- Mitverantwortung und Kooperation der Lernenden
- konkret-praktisches Tun
- ganzheitliche Beteiligung mit allen Sinnen
- bewußt geleistete Selbstkontrolle und Selbstkorrektur
- „das Ordnen, Vergleichen, Kontrastieren, Strukturieren, Auf-den-Begriff-bringen, Generalisieren und die kritische Reflexion und Einordnung in übergreifende Zusammenhänge und Strukturen
- Die Erfahrung eigener Ausdauer und Kompetenz, individueller Vorlieben und Schwächen“ (Popp 1994, 74)
- kommunikativer und regionaler handlungsorientierter Sachunterricht (Kaiser 1994b)

Eine sehr präzise und weitreichende Definition von handelnden Lernen stammt von Wöll. Er führt aus: „Handelndes Lernen verstehen wir vorläufig als eine von einer Lerngruppe verantwortete Auseinandersetzung mit einer Situation. Das bedeutet, daß Lernen nur dann als handelndes Lernen interpretiert werden kann, wenn die Lernenden die Zielsetzung und Thematik eines Handlungsvorhabens bejahen und zur Grundlage ihrer Aktivitäten machen, so daß sie aufgrund von Identifikationsprozessen bereit sind, für die Ermöglichung der Zielrealisierung einzustehen“ (Wöll 1998, 35). Damit wird ein sehr wichtiger Aspekt handelnden Lernens betont, nämlich die Zielorientierung.

Schreier hat demgegenüber unter der Zielvorstellung „Entwicklung von Werksinn“ (Schreier 1994a, 61) ein deutlich konkreteres Verständnis von Handlungsorientierung entwickelt (vgl. das Verständnis praktischen Lernens bei Fauser u. a. 1983). Er sieht vor allem ein Defizit in heutiger Kindheitserfahrung darin, daß Kinder beispielsweise nicht lernen, ein Feuer im Ofen anzuzünden, „zum Unterhalt der Familie etwas beizutragen, indem sie die Eier aus den Hühnernestern sammeln oder die Milch beim Bauern holen ...“ (Schreier 1994a, 61). Daraus folgert er die pädagogische Notwendigkeit, „daß Kinder selber das Gefühl empfinden, an einer Sache zu arbeiten, der ein ähnlicher Anspruch auf Ernsthaftigkeit, Gültigkeit und „Echtheit" innewohnt wie den Arbeiten innerhalb der Lebenswelt von Erwachsenen. Damit sind viele der banalen Basteleien und Beschäftigungs-Übungen ausgeschlossen, die wir in Kindergärten und Grundschulen beobachten." (Schreier 1994a, 63). Er verdeutlicht diese nützliche Tätigkeit am Beispiel des Papierschöpfens in der Schule (ebd., 68). Gerade die Dimension des Ernstcharakters schulischen Handelns ist ein sehr wichtiges Kriterium für schulisches Lernen in einer „immer unangreifbarer werdenden Wirklichkeit" (ebd., 89), die geradezu das „Bedürfnis nach konkreten Handlungserfahrungen" (ebd., 89) hervorruft.

In dieser Hinsicht nähert sich Handlungsorientierung an den auf gesellschaftliches Handeln bezogenen Begriff des Projektlernens (s.u.) an und unterscheidet sich deutlich vom bloßen banalen Tun im Unterricht. Das Ausschneiden, Einkleben oder Anmalen von Bildern (vgl. Lichtenstein-Rother 1969) ist ein zu partikulares Tätigsein der Kinder, um tatsächlich als Handlung gefaßt zu werden (vgl. Wöll 1998). Renner kritisiert es als „vordergründige Selbsttätigkeit" (Renner 1981, 384).

Demgegenüber stellt Meiers sehr detaillierte Anforderungen an den Begriff unterrichtlichen Handelns: „Er wird künftig sicher auch das Begreifen, Betasten, Befühlen umfassen als aktivsinnliches Rezipieren; er wird das Experimentieren, Zergliedern, Nachmachen als analytisches Tun einschließen und er wird das Spielen und Konstruieren im Sinne eines kreativen Tuns zum Inhalt haben" (Meiers 1994 (2), 39). Handlungsorientierung sollte zumindest an die Kriterien Handeln mit Ernstcharakter oder Handeln mit konkreten Objekten oder Handeln in realen gesellschaftlichen Situationen gebunden werden. Wöll (1998) verweist auf die Bedeutung der Zielgerichtetheit.

Handlungsorientiertes Lernen in diesem Sinne steht in enger Verbindung zum erfahrungsbezogenen und führt dies in verschiedene Handlungsdimensionen konkret weiter. Handlungsorientiertes Lernen verlangt die Prinzipien entdeckenden, exemplarischen Lernens, weil die Kinder so aktiv, in bedeutsamen Situationen handeln. Es bereichert also die bisher diskutierten Konzepte um die aktive handelnde und zielgerichtete Dimension und weist so über bloß kognitives Lernen hinaus.

7.2.2.6 Schülerorientierter / kindorientierter / offener Sachunterricht

Die in diesem Abschnitt zusammengefaßten Konzepte zeichnen sich durch eine besonders ausgeprägte Vagheit aus. Gleichzeitig ist ihnen allen ein wichtiger Grundgedanke gemeinsam, nämlich den Sachunterricht in Hinblick auf die subjektiven Interessen der Kinder zu gestalten. Dabei reicht das Spektrum von auf die Lerngruppe abgestimmter Faßlichkeit von Zielen und Inhalten bis hin zur interessensorientierten Mitbestimmung der Kinder bei der Auswahl von Zielen und Inhalten (vgl. Bunk 1983). Dieses sehr heftig – oft unter großen pädagogischen Heilserwartungen – diskutierte Konzept wird in den letzten zehn Jahren verstärkt unter dem Etikett „offener Unterricht" propagiert. Aber auch dieser Begriff scheint sich schon vor seiner generellen Etablierung wieder zu wandeln in „Freiarbeit", „Freie Arbeit" oder andere Bezeichnungen.

Die erste Variante offenen Unterrichts, die breiten Anklang fand, war der Begriff vom schülerorientierten Unterricht (Wagner 1976; Ziechmann 1979). Einige Autoren faßten diesen Begriff fast identisch mit entdeckendem Unterricht (Renner 1981).

Kindorientierung (bzw. kindgerechter Unterricht), der oft als Gegenkonzept den wissenschaftsorientierten, stark verfachlichten Sachunterrichtskonzepten gegenübergestellt wurde (vgl. Moll-Strobel 1982), enthält fast soviele verschiedene Auffassungen wie es verschiedene Kinder gibt. Hier seien nur einige skizziert:

- a) Faßlichkeit
- b) Anschaulichkeit (Veranschaulichung)
- c) lebendige Inhalte
- d) spielerische Methoden
- e) erfahrungsnahe Inhalte
- f) Interessensorientierung („Kinderinteresse“, „schülerorientiert“)
- g) Differenzierung
- h) kreatives Lernen
- i) Lernen mit allen Sinnen
- j) Lernen als Selbsterfahrung

Als gemeinsamer Minimalnenner aller sich kindorientiert definierenden Konzepte wird eine Veränderung des LehrerIn / SchülerIn-Verhältnisses betont. Denn die Rolle der Lehrerinnen und Lehrer soll sich nach diesem Ansatz „von der methodisch versierten Vermittlung zur Anregung und Beobachtung“ (Duncker / Popp 1994, 19) verändern.

Eine weitere schon auf Pestalozzi und die Reformpädagogik zurückführbare Denkfigur geht von der Notwendigkeit aus, das schulische Lernen am bisherigen Lernen der Kinder anzusetzen: „Jedes Kind kennt bereits Dinge, weiß um Zusammenhänge, hat Erfahrungen gemacht mit Naturerscheinungen und mit sozialen Beziehungen. ... Die Schule sollte dem Kind mit dem Sachunterricht helfen, diese Prozesse fortzusetzen und qualitativ zu verbessern. ...Aus diesem Grund wird es vom Kind besonders befremdlich empfunden, wenn .. seine Ding- und Erfahrungswelt in der Schule keinen Platz hat“ (Meiers 1994 (2), 13). Kindorientierung und Offener Unterricht wird aber auch teilweise gerade in praktischen Auseinandersetzungen als abstrakte Positivformulierung gebraucht.

Insbesondere besteht die Gefahr, den Problemhorizont von Kindern zu unterschätzen. „Sachunterricht, der sich beschränkt auf das, was Kinder mitbringen und einander lehren, der sich ausschließlich orientiert auf kindliches Ordnen von Wirklichkeit, der sich beschränkt auf entpolitisierte Privat- und Nahbereiche, verzerrt kindliche Lebenswelt“ (Oberliesen 1994, 84f). Diese bildet sich in enger Auseinandersetzung mit der gesellschaftlichen Wirklichkeit heraus. Kindheit ist gleichzeitig soziale Kindheit und Ausdruck der gesellschaftlichen Probleme (Kaiser 1992b).

Gerade wegen der schillernden Breite und ideologischen Belastung als pädagogischem Heilsbegriff, gibt es wenig substantielle Anhaltspunkte in diesem Konzept festzuhalten.

Insbesondere ist es diesen Konzepten bislang nicht gelungen, die „wechselseitige Erschließung“ (Klafki 1964 (4)) zwischen Kind und Inhalt als produktiven Begriff zu entfalten. Hier käme es für eine Neuformulierung eines fruchtbaren kindorientierten Konzeptes vor allem darauf an, nicht nur zu betonen, die Inhalte ansprechend, leicht, interessant oder wunschgemäß zu gestalten bzw. anzubieten, sondern sich vor allem auf das Verhältnis der Kinder zu den Inhalten, die Lernvoraussetzungen, unmittelbar zu beziehen. Ein Ansatz in diese Richtung ist die sehr komplexe Definition wie sie von Meiers 1993 vorgenommen wird: „Kindorientierung heißt für mich dreierlei

- personal begründete Individualisierung
- entwicklungspsychologisch und kognitionspsychologisch begründete Differenzierung
- anthropologisch begründete Aktivierung“ (Meiers 1993, 90).

Lediglich der Aspekt der Differenzierung und Individualisierung, der gerade im Sachunterricht immer noch stark vernachlässigt wird, soll hier ausführlicher untersucht werden.

Gerade weil mittlerweile die Kinder einer Schulklasse nicht mehr als konformer Block aufgefaßt werden, die sich nur in (intellektueller) Leistungsfähigkeit unterscheiden, wird für differenzierte Angebote plädiert, denn „die Phasen der intellektuellen Entwicklung (der Schüler) überlagern sich, d. h. sie können gleichzeitig nebeneinander bestehen. Ein Schüler kann in einem Bereich eine weitergehende Entwicklung bereits vollzogen haben, während er in anderem Zusammenhang noch auf der vorangehenden Stufe operiert“ (Renner 1982, 203).

Aus diesen Erkenntnissen hat sich mittlerweile eine Beschreibung offenen Unterrichts (Freinet 1965) insbesondere durch die methodischen Anordnungsformen „Freie Arbeit“ (Müller-Bardorff 1986; Wallrabenstein 1991; Kasper 1989) und „Wochenplanunterricht“ (Huschka 1996, Claussen 1996) eingebürgert. Freie Arbeit kann zwar nur einen kleinen methodischen Ausschnitt von offenem Unterricht beschreiben und unterliegt gegenwärtig vor allem der Gefahr des Übergangs in Verlagsvermarktungsstrategien (Mayer-Behrens 1983; vgl. zur Kritik Kaiser 1992d), aber ist dennoch eine wichtige Grundform, den verschiedenen Voraussetzungen der Kinder gerecht zu werden. Gleichzeitig sind diese verschiedenen Lernvoraussetzungen aber nicht nur Hürden für den pädagogischen Prozeß, sondern können auch Antriebsfunktion haben: „Es kommt darauf an, nicht nur die Kräfte des Einzelnen im Hinblick auf den Anspruch der Sache zu entbinden, sondern auch die in der Pluralität liegenden Möglichkeiten freizusetzen“ (Schreier 1993c, 36).

Besonders differenzierte praxisnahe Modelle offenen Unterrichts unterscheidet Hagstedt (1992) unter dem Etikett der „Lerngartenmodelle“. Darunter versteht er – ganz im Gegensatz zu den papierenen Freiarbeitskonzepten – die Anordnung von vielfältigen Lernmaterialien und Anregungsmaterialien im Raum und einen bestimmten Weg des methodischen Herangehens der Kinder. Er sieht diese als Fortsetzung offen konzipierter reformpädagogischer Vorbilder, z. B. von Deweys Lernumgebung, Montessoris „proportionierte Gegenstände in vorbereiteter Umgebung“ (ebd., 369) und Freinets Ateliers. Nach Hagstedt sind vier Lerngartentypen in der Praxis zu unterscheiden:

1) Das Stationen-Modell (ebd. 370)
Hier sind verschiedene Untersuchungstische oder Materialstationen aufgebaut, die die Kinder in einer Art Rotationskonzept ähnlich dem Circle-Training im Sport zu durchlaufen haben. Alle arbeiten an allen Stationen, aber der Zeitpunkt ist differenziert.
2) Das Büffet-Modell (ebd., 371)
Die Auswahlentscheidung von vielen Angeboten an Handlungsmaterialien wird von den Kindern selbst getroffen.
3) Das Arbeitsplan-Modell (ebd., 372)
Ein genaues Arbeitsprogramm liegt vor. Die Arbeitsaufträge sind auf Karteikarten formuliert. „Die Kinder arbeiten weitgehend ... karteikartengesteuert an verschiedenen Themen oder an Teilaspekten eines Rahmenthemas" (ebd., 372).
4) Das Werkstattmodell (ebd., 373)
Die Lernenden haben ein vielfältiges Angebot an Materialien, sie sollen eigene Fragestellungen formulieren und dazu ein eigenes Arbeitsprogramm entwickeln.

Diese Modelle offenen Unterrichts, die allesamt an konkrete Handlungsmaterialien gebunden sind, sollten gerade für den Sachunterricht der Zukunft weiterentwickelt werden. Die praktischen Erfahrungen mit differenziertem offenen handlungsorientiertem Sachunterricht sind bislang noch weitgehend auf einzelne Reformschulen oder initiative Lehrkräfte reduziert (ebd., 368). Einzelne Praxisbeobachtungen (Kaiser 1991a) zeigen aber, daß in derart offenen handelnden Lernprozessen durchaus produktiv und umfassend gelernt werden kann. Hagstedt hat drei Jahre lang bei der differenzierten Arbeit einer Grundschulklasse in der Lernwerkstatt Kassel beobachtet, „daß zu keinem Zeitpunkt ein Nachlassen der Arbeitsmotivation festgestellt werden konnte" (Hagstedt 1992, 374). Die Vielfalt der didaktischen Materialien führte vielmehr zu einer „Minimierung des didaktischen Kunstdüngers" (ebd., 375).

7.2.2.7 Wissenschaftsorientierung

Das Prinzip der Wissenschaftsorientierung war eine der wenigen konkreten didaktisch-methodischen Setzungen, die der Deutsche Bildungsrat in seinem 1970 veröffentlichten „Strukturplan für das Bildungswesen" für den zukünftigen Grundschulunterricht vorgenommen hat. Seitdem war dieser Begriff die Leitformel von Entwicklungen des Sachunterrichts vor allem in den 70er Jahren.

Aber auch das Prinzip der Wissenschaftsorientierung wird bislang sehr aspektreich verstanden.

Nach der ersten Position ist wissenschaftsorientiertes Lernen identisch mit kindgemäßem, entdeckendem Lernen. Wagenschein hat dies auf die anthropologische Formel zugespitzt, daß das Kind per se wissenschaftsorientiert sei, wie es Naturphänomene beobachte und beschreibe (Wagenschein 1973). Wagenschein formulierte sogar: „Das Kind ist von sich aus wissenschaftsorientiert" (Wagenschein 1973, 74).

„Das Kind zielt von sich aus auf wichtige Standards ..., auf Verläßlichkeit und Überprüfbarkeit der Aussagen, Intersubjektivität, methodisches Bewußtsein sowie den Versuch, das Wissen und Können in Aussagen zu fassen, die vernünftig sind und somit Antizipationen in der Lebenswirklichkeit ermöglichen" (Soostmeyer 1986, 37). In diesem Verständnis ist eine enge Verbindung von kindlicher Erfahrungswelt zu weiteren wissenschaftlichen Erkenntnissen gegeben.

Andere Positionen teilen nicht diese Grundannahme, das Entdeckenwollen sei das zentrale Merkmal von Wissenschaftsorientierung. Sie betonen weniger den „Kontext der 'Entstehung oder Entdeckung', (sondern vielmehr den) ..." Kontext der Absicherung oder Begründung wissenschaftlicher Aussagen über die Wirklichkeit" (Soostmeyer 1986, 48). Dementsprechend wird Wissenschaftsorientierung auch oft mißverständlich gleichgesetzt mit einzelfachlicher Wissensvermittlung. Hier wird von Kindern eine statistisch-abstrahierende Sicht von isolierbaren Phänomenen abverlangt, die sie so nicht haben (Schreier 1992b, 54).

Bei einem derart von Alltagserfahrungen abgehobenen Verständnis von Wissenschaft ist es passend, die komplexe Alltagserfahrung mit ihren nichtisolierbaren Erscheinungen als unvereinbaren Gegensatz zur Wissenschaftsorientierung zu nehmen (vgl. Schreier 1994a, 125). So gesehen ist es legitim, die Frage aufzuwerfen, „ob die wissenschaftliche Methode überhaupt dazu geeignet ist, den Menschen zu helfen, mit den Aufgaben und Problemen ihres alltäglichen Lebens fertig zu werden" (Schreier 1994a, 125). Denn Alltagserfahrungen „pflegen .. in den meisten Fällen von geradezu unentwirrbarer Komplexität zu sein" (Schreier 1992b, 55).

Neben diesen beiden Grundformen gibt es sehr verschiedene Varianten des Verständnisses von Wissenschaftsorientierung, nämlich die didaktische Betonung von:

- Inhalten der Wissenschaften (Ochs 1980; Killermann 1976)
- Methoden der Wissenschaften (SAPA 1971)
- Strukturbegriffen der Wissenschaften (Spreckelsen 1971)
- Lernen des Lernens / Methoden der Erkenntnisgewinnung (Deutscher Bildungsrat 1970)
- Entdecken, Begründen, Anwenden / Erkenntnisse zur Problemlösung (Deutscher Bildungsrat 1970)
- spiralförmiger Annäherung an wissenschaftliche Inhalte (Bruner 1976 (4))
- als zum präsentativen, intuitiven, alltäglichen Wissen polar entgegengesetzte Form der Wirklichkeitsuntersuchung (Schreier 1994a, 125)

Hinzu kommen im Alltagsbewußtsein noch die Varianten, unter Wissenschaftsorientierung eine Stoffsammlung der Bezugswissenschaften zu verstehen oder fachwissenschaftlich einwandfreie Bezeichnungen zu verwenden. Diese beiden Varianten lassen sich gerade in Lehrproben in der Zweiten Phase der Lehramtsausbildung nachweisen. „Verwissenschaftlichung des Unterrichts wurde in der Regel mit einer naturwissenschaftlich-technischen Orientierung gleichgesetzt" (Lauterbach 1992, 150).

Der Begriff der Wissenschaftsorientierung ist mittlerweile explizit aus der sachunterrichtsdidaktischen Diskussion weitgehend zurückgezogen worden. In der Praxis des Sachunterrichts hat es ohnehin Wissenschaftsorientierung im Sinne des Bildungsrates kaum gegeben (ebd., 151). An seine Stelle ist der Begriff der Problemorientierung getreten. Damit ist das Mißverständnis der fachlichen Abbilddidaktik vermieden worden. Gleichzeitig werden positive Elemente der Wissenschaftsorientierung, wie komplexes Denken und methodisch-zielgerichtetes Untersuchen sowie entdeckerische Neugier weiterhin betont.

So fordert Einsiedler gegen situative Konzepte ein prozeßorientiertes Verständnis von Grundschulunterricht, damit die Kinder „Feststellungen nicht einfach hinnehmen, Behauptungen kritisch hinterfragen, Prüfverfahren anwenden, Sensibilität für Widersprüchliches, Unstimmiges, Uneindeutiges" (Einsiedler 1994, 202) entwickeln können.

Weiterhin ist es mit der Überwindung kindertümelnder Vorstellungen unumstritten, daß der Unterricht „inhaltlich dem gegenwärtigen Stand der Wissenschaften entsprechen" (Neuhaus 1974, 113) sollte.

Auch Schreier weist in früheren Schriften auf die produktiven Seiten hin: „Wissenschaftsorientierung ... ist eine kritisch-nachdenkliche Haltung, ein Blickwinkel, der die Dinge und Sachverhalte in ihrer Vielschichtigkeit zu begreifen sucht, statt sie begrifflich auszuschlachten und damit auf das Funktionsmuster von Apparaturen zu reduzieren" (Schreier 1981, 22). Gegenwärtig hat sich in der Sachunterrichtsdidaktik ein Konsens herausgebildet, Wissenschaftsorientierung nicht als Wahrheitsanspruch, nicht nach Ordnungskategorien der Wissenschaft (Fächer) zu deuten, sondern die Methode zu betonen, „mit der man die Sachen der Welt befragt" (Mayer 1985, 28). Mayer sieht die „Wissenschaftsorientierung des Sachunterrichts" vorrangig „methodisch begründet" (Mayer 1994 Bd. 1, 64).

Ein Schlüsselbegriff in Richtung neuer Konzepte von Wissenschaftsorientierung liegt im Begriff des Konzeptwechsels „conceptual change" (Duit 1993, 1995). Mit Konzeptwechsel ist das didaktische Bemühen vor allem im naturwissenschaftlichen Sachunterricht gemeint, wonach die Kinder von ihren Alltagsvorstellungen hin zu wissenschaftlichen Konzepten geführt werden. Die Theorie des Konzeptwechsels setzt voraus, daß es keine einfache Kontinuität in den Vorstellungen der Kinder von den Alltagsph„nomenen hin zu naturwissenschaftlichen Konzepten gibt. Zum Konzeptwechsel werden drei grundlegende didaktische Ansätze diskutiert: 1. das Bemühen, „falsche" Vorstellungen zu vermeiden und ihre Entstehung bzw. Benennung im Unterricht zu umgehen, 2. die Konfrontationsstrategie, indem die Schülerinnen und Schüler in kognitive Konflikte zwischen Alltagsvorstellungen u. naturwissenschaftlichen Theorien gebracht werden, 3. die Umdeutungsstrategie, bei den Alltagsvorstellungen u. naturwissenschaftliche Konzepte nebeneinander in Beziehung zu den Unterrichtsinhalten gesetzt werden, um den Lernenden eine eigenst„ndige, dialogische Bewertung zu ermöglichen. Auch aus der Konstruktivismusdebatte lassen sich Argumente entwickeln, daß die heute vorherrschenden naturwissenschaftlichen

Theorien historisch relativ sind und dementsprechend eher im Sinne eines Meta-Lernens gleichberechtigt mit den Alltagsvorstellungen diskutiert werden müßten, so daß die Verwendung der gegenw„rtig gegebenen wissenschaftlichen Konzepte als didaktische Norm zumindest fragwürdig ist. Allen diesen Konzepten und Varianten von Wissenschaftsorientierung ist eine starke Lehrkraftzentrierung gemeinsam, obgleich im Begriff der Wissenschaftsorientierung auch die Seite der subjektiven Neugier enthalten ist.

Als kritisch nachdenkende, offene Denkhaltung, als prüfende Verfahrensweisen, als Haltung, „den-Dingen-auf-den-Grund-gehen“ ist inhaltlich Wissenschaftsorientierung als Konzept keinesfalls überholt. Vielmehr sind bereits interessante Unterrichtsschritte erprobt worden, wie Kinder auch ihr gesellschaftliches Umfeld – vom Supermarkt bis zur Mülltonne – wissenschaftsorientiert untersuchen können (vgl. Schreier 1994a, 72f; Kaiser 1998). Es gilt heute, erst einmal über derartige Beispiele hinausgehend einen Sachunterricht zu entwickeln, der diesen Ansprüchen tatsächlich genügen kann.

Der Begriff der Wissenschaftsorientierung ist zeitgleich mit der Forderung nach Chancengleichheit im Bildungswesen aufgetreten. Weil damals noch einseitige kognitive Förderkonzepte, die wenig fruchtbar für die Bildungsprozesse der Kinder sein konnten, vorherrschten, hat mit dem Niedergang der Forderung nach Wissenschaftsorientierung auch die Dimension der Förderung als zentrale Aufgabe von Sachunterricht in der didaktischen Diskussion an Bedeutung verloren. Gerade wegen der großen Bedeutung von Bildungsungerechtigkeit ist diese sozial ausgleichende Seite im Sachunterricht wieder deutlicher ins Blickfeld zu rücken. Dieser Intention kann aber eher im Kontext des Projektkonzeptes anstelle im Konzept der Wissenschaftsorientierung entsprochen werden. Ein strukturelles Problem der Wissenschaftsorientierung liegt darin, daß die Sprache der Wissenschaft – so wie sie bislang entwickelt wurde – implizit weniger das Fragende und Entdeckende hervorbringt, sondern fertig geformtes Wissen.

„Wagenschein und Giel sehen in der Alltagssprache die Sprache des Verstehens, während die Wissenschaftssprache die Sprache des Verstandenhabens sei“ (Meiers 1993,92). In dieser Hinsicht nähert sich Wissenschaftsorientierung prinzipiell dem Beherrschungsmuster in der Didaktik an.

Denn Kinder haben durchaus andere Ordnungskriterien als die historisch gewachsenen Wissenschaften, die sie mit Berechtigung ebenfalls zur Sach- und Sinndeutung heranziehen können. Diese unterschiedlichen Maßstäbe und Klassifizierungsmuster verdeutlichen besonders plastisch die in einer alten chinesischen Enzyklopädie vorgenommenen Kategorisierungsansätze: „Es gibt Tiere, die dem Kaiser gehören; einbalsamierte Tiere; gezähmte Tiere; Milchschweine; Sirenen; Fabeltiere; herrenlose Hunde; solche, die sich wie Tolle gebärden und welche, die mit einem ganz feinen Pinsel aus Kamelhaar gezeichnet sind; es gibt Tiere, die den Wasserkrug zerbrochen haben und schließlich solche, die von weitem wie Fliegen aussehen“ (zit. in: Duncker 1994b, 166).

Am Aspektreichtum an Bedeutungen ist demgegenüber jegliche Klassifizierung der biologischen Wissenschaft zu eng. „Für Kinder sind jedoch die Gesichtspunkte der Wissenschaften keine Selbstverständlichkeit. Sie legen sich die Vielfalt der bedeutungsvollen Phänomene eher nach dem chinesischen Vorbild zurecht. Trennschärfe der Kategorien, Vollständigkeit, klare Bezugssysteme usw. sind für sie oft gar nicht wichtig“ (ebd., 166).

Ein weiteres Problem der Wissenschaftsorientierung des Sachunterrichts liegt in der Betonung der rein rationalen Zugangsweisen. Diese sind zu eng dimensioniert. Denn „Grundschuldidaktik kann die Wirklichkeitserfassung der Kinder nicht allein nach fachlich-wissenschaftlichen Gesichtspunkten organisieren und dabei die Ratio verabsolutieren“ (Hopf 1993a, 75). Hinzu kommt das Problem der Interessengebundenheit von Wissenschaft, „es ist nicht möglich, eine ‘neutrale’ Wissenschaftsorientierung zu praktizieren“ (Hopf 1993a, 75).

Es stellt sich also das Problem für den Sachunterricht, einerseits die produktiven, suchenden, entdeckenden, expansiven Seiten von Wissenschaft allgemein zu betonen und sich gleichzeitig von der beherrschenden Einengung des Denkens durch die Kategorien, Ergebnisse und Sprachformen konkreter gegenwärtiger Wissenschaften zu lösen. Wegen dieser ambivalenten Deutungsmöglichkeiten wird der Begriff der Wissenschaftsorientierung auch auf längere Sicht in der Sachunterrichtsdidaktik umstritten bleiben.

7.2.2.8 Projektorientiertes Lernen

Der Begriff des Projektes (Dewey 1931) oder Vorhabens (Reichwein 1937) ist keineswegs ein Produkt der neueren sachunterrichtsdidaktischen Diskussion, obgleich er Ende der 80er Jahre Eingang in die Praxis vieler Grundschulen – wenn auch oft konzeptionell verengt – gefunden hat und somit den Weg von der Theorie in die Praxis zu beschreiten begonnen hat.

Projektunterricht bzw. abgeschwächt als weiterer Begriff Projektorientierung stellt ein Konzept dar, das die bisherigen Konzepte in sich aufnimmt. Trotz seiner hohen Komplexität ist der pädagogische Projektbegriff älter als alle anderen hier vorgestellten Unterrichtskonzepte. Schon gegen Ende des vorigen Jahrhunderts hat der amerikanische Pädagoge und Schulreformer John Dewey projektorientierten Unterricht an der Chicago Laboratory School erprobt – und auch dieses Modell hatte weitere historische Vorläufer. Seit 1931 hat er auch explizit den Projektbegriff, nämlich „Projekt-, Problem- oder Situationsmethode“ (Dewey 1931, 97) als Bezeichnung verwendet.

In der neueren europäischen und deutschen Entwicklung hat der Begriff Projektunterricht durch Freinet (1965) besondere Verstärkung erfahren.

Entsprechend der verschiedenen Rezeptionen sind dem Begriff des Projektunterrichts bzw. projektorientierten Sachunterrichts verschiedene Formen und Kriterien zugeordnet worden.

In den 70er Jahren wurde der Begriff des Projektlernens wegen der vorherrschenden einzelfachlichen Orientierung noch sehr stark auf die Seite der Interdisziplinarität bezogen. Dies ist für das Projektlernen an der Hochschule sicher weiterhin ein zentrales Problem.

Der Sachunterricht in der Grundschule kann aber nur vorfachlicher Unterricht sein, weil die Dimensionen des fachorientierten Denkens und Arbeitens noch gar nicht aufgebaut sind. Von daher ist das Kriterium des fachübergreifenden Unterrichts für den Sachunterricht in der Grundschule nicht zutreffend. Grundschulunterricht ist vorfachlich und kann durch den Problembezug vor fachlicher Spezialisierung geschützt werden. Insofern ist dieses Projektkriterium für den Sachunterricht zu eng und unspezifisch.

Aber die Seite, daß in Vorhaben die soziale Isolierung und räumliche Verinselung schulischen Lernens aufzuheben ist und eine Erarbeitung von Zusammenhängen möglich ist (vgl. Soll 1988, 21), bleibt auch für die Grundschule aktuell.

Dagmar Hänsel vertritt gegen derartige isolierte Definitionen eine sehr anspruchsvolle auf Inhalte und Methoden bezogene Doppeldefinition von Projektunterricht

- „als Unterricht, in dem Lehrer und Schüler ein echtes Problem in gemeinsamer Anstrengung und in handelnder Auseinandersetzung mit der Wirklichkeit zu lösen suchen, und zwar besser als dies in Schule und Gesellschaft üblicherweise geschieht ....
- als pädagogisches Experiment mit der Wirklichkeit, das von Lehrern und Schülern in Form von Unterricht unternommen wird und das zugleich die Grenzen von Unterricht überschreitet, indem es Schule und Gesellschaft durch praktisches pädagogisches Handeln erziehlich zu gestalten sucht“ (Hänsel 1986, 33).

Schreier betont vor allem die Notwendigkeit ernster tatsächlicher Probleme im Zusammenhang des Projektgedankens (Schreier 1994a, 85). Dies scheint mir in der Tat ein spezifisches Kriterium zu sein, mit dem Projektorientierung von Erfahrungsorientierung und Handlungsorientierung deutlich abgegrenzt werden kann.

Sehr viel einfacher wird dagegen bei Duncker / Popp „Projektunterricht (definiert). In ihm ist der Anspruch aufgehoben, Erfahrungen durch Handeln zu gewinnen“ (Duncker / Popp 1994, 23).

Der Projektunterricht ist danach „der Ort, an dem die Kinder probeweise handeln dürfen“ (Duncker 1992, 78) und nicht eine wirkliche Ernstsituation. Gleichwohl sieht auch Duncker, daß eine „Erziehung zur Handlungsfähigkeit ... ein Stück weit die schulische Behütung außer Kraft (setzt und) ... auf die erzieherische Wirkung der Wirklichkeit selbst“ (Duncker 1992, 79) orientiert.

Dazwischen liegen verschiedene Kriterienkataloge von Projektunterricht wie der viel rezipierte Merkmalskatalog von Gudjons:

- Situationsbezug
- Orientierung an den Interessen der Beteiligten

- Selbstorganisation und Selbstverantwortung
- Gesellschaftliche Praxisrelevanz
- zielgerichtete Projektplanung
- Einbeziehung vieler Sinne
- Soziales Lernen
- Interdisziplinarität (Gudjons 1984, 262ff)

oder die Zusammenfassung wesentlicher Projektmerkmale bei Meiers (1994 (2)), die vor allem gegen tradiertes Stoff- und Lehrplandenken abgrenzend wirken:

- „Das Projekt ist verstärkt kind- und nur bedingt lehrplanorientiert.
- Das Projekt ist handlungsorientiert und schränkt von daher die Dominanz der rezeptiven Informationsaufnahme ein. ...
- Das Projekt ist als Erprobungsfeld für die Entfaltung des Ich zu sehen. Die hierarchisch-autoritäre Fremdbestimmung tritt zurück zugunsten einer Selbstbestimmung. ...
- Das Projekt im Raum der Schule peilt ... ein Produkt an. ...
- Die Durchführung des Projekts ist bereits dann als gelungen zu bezeichnen, wenn auf den genannten Gebieten Fortschritte bei den Kindern festgestellt werden können“ (Meiers 1994 (2), 152f).

Diese relative Projektdefinition übermittelt am wenigsten normativen Druck auf die Praxis. An diesem Spektrum möglicher Auffassungen wird bereits deutlich, daß es noch einiger Verständigungsarbeit bedarf. Aber es schälen sich auch schon einige Konsenspunkte heraus:

Projektorientierung ist danach nicht nur als Kategorie auf den jeweils einzelnen Unterricht zu beschränken, sondern steht in enger Verbindung mit der Entwicklung des Schullebens. Sobald Projektergebnisse für die schulische Öffentlichkeit vorgestellt werden, wird die Klassentür geöffnet und das Gespräch auch im Kollegium miteinander aufgenommen. Damit sind die Projektergebnisse schon gleichzeitig ein Bestandteil des Schullebens. Aber nicht nur die Ergebnisse, auch der Planungsprozeß, die inhaltliche Abstimmung, das Einbeziehen verschiedener Erkundungsorte sind Momente, bei denen gleichzeitig das Schulleben über die Projektentwicklung lebendiger gestaltet wird. Hier treffen sich Kriterien einer guten Schule (Haenisch 1989) mit denen der Projektentwicklung. Eine gelungene Organisationsentwicklung von Schule hängt auch eng mit Projekten, der gemeinsamen Flurgestaltung und gemeinsamen Festen oder Feiern zusammen.

Alle diese bislang vorgestellten neueren Konzepte haben immer noch große Nähe zum klassischen Unterrichtsmodell mit der Lehrperson im Mittelpunkt, welche die vorwiegend kognitiven Inhalte vermittelt und bei dem die Unterrichtsschritte mehr oder weniger klar beschrieben und geplant werden können.

Es kursiert zwar bereits der Begriff des Offenen Sachunterrichts, aber es wird darin noch nicht deutlich, wie sich damit tatsächlich das Unterrichtskonzept verändert. Gegenwärtig läuft die Debatte mehr auf der Ebene der Ablehnung sämtlicher lehrgangsmäßiger Lernformen und der Verteidigung der Effektivierung durch traditionelle frontale Vermittlung (Meiers 1994 (2), 144) – in Kombination mit förderlichen Aussagen zum Projektunterricht (ebd., 155ff).

Die Bedeutung des Projektlernens wird gegenwärtig weitgehend positiv eingeschätzt. Dabei ist die Gefahr, daß ein allseitig akzeptierter Begriff auch verflacht.

Hier sollen deshalb drei neuere konkrete Konzepte für den Sachunterricht vorgestellt werden, welche die bisherigen Konzepte des Projektunterrichts gerade in emotionaler Dimension und in Hinblick auf notwendig zunehmende Differenzierung ergänzen können. Insbesondere wenn der Sachunterricht die Hausarbeitswelt (Kaiser 1992a), also die Menschen und die Beziehungen der Menschen zueinander, stärker in den Inhaltskanon aufnehmen soll, ist es wichtig, daß dies auch in den Konzepten zum Ausdruck kommt. Sie dürfen nicht aalglatt und für alle Schulklassen aller Orte einheitlich sein, sondern müssen gerade das Denken und Fühlen jedes einzelnen Kindes ernst nehmen. Das erste neuere Öffnungskonzept öffnet sich dem Denken verschiedener Kinder.

H. Schreier hat diesen Ansatz aus den USA übernommen und ihn „Philosophieren mit Kindern“ genannt.

7.2.2.9 Philosophisches Lernen

Unter philosophischen Zugangsweisen zum Sachunterricht ist ein Ansatz zu verstehen, bei dem Kinder zu problemhaltigen Inhalten ihre eigenen Deutungen, Wertungen, Sichtweisen einbringen und gemeinsam abwägen (vgl. Cam 1996, Schreier 1997).

Historische Vorläufer dieses Ansatzes sind in der Textinterpretation des Deutschunterrichts zu finden, bei der verschiedene Meinungen und Deutungen vertreten werden (Schreier 1993b, 26). In den Geschichten sieht Schreier zwei verschiedene Seiten verborgen, nämlich eine generelle Förderung der Nachdenklichkeit und die appellative Seite, mit der eine bestimmte Sichtweise in Geschichten oft sehr subtil vertreten wird.

Er sieht methodisch aber auch andere Möglichkeiten zur Initiierung philosophischer Gespräche in der Grundschule neben problemhaltigen Geschichten, nämlich z. B. Problemfragen, grundlegende Fragen oder situative Kontroversen. Als Beispiele für grundlegende Fragen nennt er u. a. folgende: „Können Pflanzen glücklich sein?“ „Gibt es ein Ende des Weltalls?“ oder bezogen auf ein geborgenes und restauriertes Schiff: „Ist es ein altes Schiff oder ein neues Schiff?“

Schreier erwartet von diesem Ansatz drei verschiedene didaktische Entwicklungsmöglichkeiten:

1) Förderung der Nachdenklichkeit
   Gerade in sokratischen Gesprächen nach bestimmten problemhaltigen Ausgangssituationen ist die Chance komplexen Denkens eröffnet. Nicht simple Entweder-Oder-Entscheidungen sind gefragt, sondern eine „Einheit in der Vielheit“ zu finden (ebd., 43).

2) moralerzieherische Ziele
   In Anlehnung an Hannah Arendts „Gedanken zum Bösen“ formuliert Schreier die Hoffnung auf Förderung der Gewissensbildung durch Erziehung zur Nachdenklichkeit (Schreier 1993b, 51).

   Dabei grenzt Schreier das Abwägen des Für und Wider (ebd., 36) deutlich von den appellativen, oft moralisch aufgesetzten plumpen pädagogischen Texten der Vergangenheit (ebd., 29) ab, in denen den Kindern kein Entscheidungsraum gegeben war. Diese einengende erzieherische Sicht, sieht er auch in subtil Moral vertretenden modernen aufklärerischen Geschichten. (ebd. 30f).

   Er begründet seine Einschätzung der moralerzieherischen Wirkung sokratischer Gespräche mit empirischen Erfahrungen, nach denen Kinder durch Übung in sokratischen Gesprächen eine Stufe höher in den Kategorien der Moralentwicklung Kohlbergs eingestuft werden konnten (ebd., 36).

3) pädagogische Ziele in Richtung eines weniger hierarchischen Verhältnisses von Lehrenden und Lernenden

   Er sieht gerade im Diskutieren echter schwer lösbarer Denkprobleme die Chance einer Öffnung des Unterrichts in Richtung auf „Überwindung des pädagogischen Verhältnisses“ (Schreier 1993b, 41). Auch wenn dies zu weitreichend interpretiert sein mag, so ist doch die Intention, die subjektiven Sichtweisen der Kinder in den Unterricht einzubringen, deutlich. Kinder lernen in derartigen Situationen, ohne belehrt zu werden. Daß viele Kinder dies können, ist in offenen Gesprächssituationen in der Grundschule immer wieder zu erfahren. In traditionellen lehrerzentrierten Unterrichtskonzepten wurde dies nur weitgehend verschüttet.

„Kinder mögen nicht die Informationen oder die sprachliche Versiertheit der erwachsenen Partner haben, aber ihre Vorstellungskraft, ihr Sinn für Rätselhaftes und Entdeckung, ihr unverdorbener Sinn für Ungereimtheiten und Unpassendes und die Dringlichkeit ihres Verlangens, den Sinn aller Dinge zu erkennen, verschafft ihnen einen besonderen Vorteil“ (Matthews 1989, 17). Kinder werden in diesem Ansatz als prinzipiell zu philosophischen Gesprächen fähig erklärt, was im Widerspruch zu tradierten entwicklungspsychologischen Theorien steht.

„Kohlberg (wies nach), daß moralische Entwicklung als kognitiver Entwicklungsprozeß verstanden werden muß; Das Kind ist vom frühesten Alter an von Natur aus ein Moralphilosoph, eine Person, die ihre eigene moralische Wirklichkeit aktiv konstruiert“ (Kuhmerker 1997, 28).

Schreier bezieht sich in der Begründung des Konzeptes nicht allein auf die Herstellung einer symmetrischen Beziehung und das Anknüpfen an Lernvoraussetzungen der Kinder, sondern betont auch in Anschluß an Hannah Arendt die moralerzieherische Seite der „Bildung des Gewissens durch die Übung der Nachdenklichkeit“ (Schreier 1994b, 52).

Methodisch konkret werden verschiedene Ansätze für den Unterricht vorgestellt, nämlich über kontroverse Geschichten (Schreier 1993a), Träume als Anlaß (Freese

1989, 157), philosophische Kinderbücher (z.B. „Alice im Wunderland", „Blick durch den Spiegel", „Die Jagd nach dem Shark"), Metaphern oder Analogien (Freese 1989, 155f), fern-nahöstliche Weisheiten (Freese 1989, 164), Sprichwörter, Aphorismen, Sentenzen, Sinnsprüche (ebd., 164), Rätsel, Paradoxien, Denkspiele, Knobelaufgaben (ebd., 167), philosophische Anekdoten, aber auch mit bekannten problemhaltigen Kinderbüchern (etwa von Ursula Wölfel, Michael Ende, Peter Bichsel, Frank Baum, Arnold Lobel).

Trotz der vielen prinzipiellen methodischen Handlungsmöglichkeiten ist es nicht leicht, die jeweilige Lerngruppe tatsächlich zu philosophischem Denken zu bewegen. So sind – nach meinen eigenen Erprobungen – die von Schreier entwickelten und schon mehrfach vorgestellten Geschichten zu Umweltthemen (Hermann, Bäume fällen, Hunde, Schweinefleisch) (Schreier 1993a) bei der praktischen Erprobung in städtischen Grundschulklassen keinesfalls problemhaltig und zu philosophischem Denken anregend. Die Kinder vertreten vielmehr immer die konsequente Naturschutzseite und bringen aus sich heraus gar keine kontroversen Deutungen ins Gespräch ein.

Eine inhaltliche Ausrichtung auf Gefühle und Wertungen, eine aktivere Beziehung der Kinder zu den Unterrichtsinhalten sind die wesentlichen konzeptionellen Merkmale, die philosophische Zugangsweisen für den Sachunterricht von anderen unterscheiden. Dennoch kann dies nicht zum alleinigen Modell zukünftigen Sachunterrichts gewählt werden, weil hier eine einseitig verbale und damit von der Form her kognitive Beanspruchung der Kinder gefordert wird. Schreier führt immer „die" Kinder an, wenn er die Möglichkeit philosophischen Lernens zu begründen versucht. Tatsächlich sind es aber nicht alle Kinder, die auf derartige Anregungen produktiv reagieren können. In einer multikulturellen Schule schließt dies – wenn die deutsche Sprache als Verkehrssprache praktiziert wird – einen großen Teil der Kinder einer Lerngruppe davon aus, ihre Deutungen und Wertungen mitzuteilen.

Deshalb müssen praktisch-handelnde und ästhetische Ausdrucksformen einen weitaus wichtigeren Stellenwert im Sachunterricht erhalten. Dennoch ist der Impuls in Richtung „Übung des Gesprächs ..., weil in einem gelungenen Gespräch das Wesen des Menschlichen zum Vorschein kommt" (Schreier 1993b, 59), Gewissensbildung durch „Nachdenken über die Gegensätzlichkeiten in der Erfahrung" (Schreier 1993b, 59) und Herstellen einer „Gemeinsamkeit des Nachdenkens über ungelöste Fragen" (ebd., 59) zwischen Lehrkräften und Kindern eine sehr wichtige Bereicherung sachunterrichtsdidaktischen Denkens und sollte in Theorie und Praxis weiterentwickelt werden.

Besonders fruchtbar ist an diesem sachunterrichtsdidaktischen Ansatz, daß hier überhaupt versucht wird, ethische Fragen im Sachunterricht – wie von Klafki (1992a) gefordert – systematisch in Ziel und Methode zu verorten.

7.2.2.10 Ästhetisch-emotional-kommunikatives Lernen

Ästhetische Dimensionen haben erst allmählich in den letzten 10 Jahren Eingang in den Sachunterricht gefunden. Insbesondere aus dem Bereich der Umwelterziehung sind ästhetische Momente in den Sachunterricht einbezogen worden. So wurden Unterrichtsvorschläge unterbreitet, den Waldboden mit den Fußsohlen zu ertasten, eine Wiese zu erriechen, in einem selbstgebauten Iglu zu übernachten, Bäume als menschliches Standbild darzustellen, Baumstammgeräusche zu hören, Abhänge hinunterzurollen oder Bäume zu umarmen (Trommer 1994, Cornell 1991). Derartige kreative praktische Unterrichtsvorschläge werden mittlerweile auch in der Theoriebildung für den Sachunterricht berücksichtigt (Schreier 1994a).

Die Begründungen für ästhetisch-emotionale Zugangsweisen werden auf erkenntnistheoretischer, lerntheoretischer und didaktischer Ebene vorgetragen.

Erkenntnistheoretisch wird darauf verwiesen, daß das traditionelle Inhaltsverständnis von Sachunterricht zu eng auf die unmittelbare Sachenwelt bezogen war. So hat Popper „in der … Analyse über menschliche Zugriffe auf die Realität die 'Welt 1', das ist die Welt der dinglichen und physikalischen Gegebenheiten, die 'Welt 2', das ist die Welt der subjektiven Erkenntnisse und Empfindungen, und die 'Welt 3', das ist die Welt der geistigen und künstlerischen Objektivationen menschlicher Weltbewältigung“ (Soostmeyer 1986, 29) unterschieden.

Mit den ästhetischen Zugangsweisen sind aber nicht nur verschiedene Ebenen der Weltsicht angeschnitten, sondern real bezogen auf das lernende Subjekt, das Kind, die Entfaltung vielfältiger Fähigkeiten, die den Rahmen rezeptiven Lehrens umkehren und vor allem die eigenaktiven Seiten des Lernens betonen: „Das Finden von unterschiedlichen Blickwinkeln hat auch etwas mit der Entfaltung von Phantasie zu tun. Das spielerische Umkreisen, das imaginative Vorwegnehmen, das Ausmalen von konträren Bildern, wie es in der Wirklichkeit gar nicht ist, wie es aber vielleicht sein könnte oder auch sein müsste, dies hat sowohl etwas mit dem Realitätsgehalt einer Wahrnehmung zu tun, aber auch damit, daß die gewonnenen Eindrücke ihre Verlängerung und Bearbeitung in der Einbildungskraft finden können. … Erkenntnistheoretisch wichtig ist, dass Original und Bearbeitung nicht scharf auseinandergehalten werden können, daß wir niemals die Welt selbst erkennen, sondern immer nur ein Bild von ihr gewinnen können. Die Phantasie hilft dabei, zwischen inneren und äußeren Bildern zu vermitteln“ (Duncker 1997, 322).

Am häufigsten wird aus der Praxis mit lerntheoretischen Argumenten für ein stärker mit den Sinnen erfolgendes Lernen plädiert (Kükelhaus / Zur Lippe 1982).

Das Ausgehen von Sinnlichkeit (Rumpf 1981) der Kinder (Richter 1994, 3) wird als eine Möglichkeit angesehen, den Kindern mehr gerecht zu werden und sie nicht zu überfordern.

Viele Lerntheorien und didaktische Konzepte sind trotz aller Versuche, motiviertes, entdeckendes, kindgemäßes, handlungsorientiertes Lernen zu ermöglichen, letztlich immer noch stark kognitiv lastig. Als abschließende Ziele werden meist vorwiegend kognitive formuliert wie:

„Zunehmend also sollen die Kinder zu einem hypothetisch-abwägenden Denkverhalten finden“ (Soostmeyer 1986, 33). Oder: „Der Sachunterricht nimmt .. ursprüngliche Formen des Verstehens und der Wirklichkeitserschließung auf und führt sie weiter zu gesicherten Formen des Wissens und Könnens" (Soostmeyer 1986, 32). Dies widerspricht jedoch der didaktischen Intention, eine Entfaltung aller Persönlichkeitsdimensionen zu fördern (vgl. Klafki 1992a) und damit auch der Emotionen, Sinne und ästhetischen Maßstäben.

Ein dritter Begründungsstrang für emotional-ästhetisches Sachlernen geht wissenschaftstheoretisch vom Phänomenenbegriff aus und betont, daß „objektive Erkenntnis der Dinge an sich in Zeiten einer verloren gegangenen Weltsystematik schwerlich leistbar" (Wiater 1994, 404) ist. Nach dieser Position soll wegen der fehlenden Begründbarkeit von systematischem Wissen, den Emotionen didaktisch ein höherer Stellenwert eingeräumt werden. Menschliche Entwicklungsbedürfnisse und gesellschaftliche Komplexität schließen sich aber nicht gegenseitig aus. Wichtig bleibt, daß – unabhängig von welchem Begründungsweg – die Emotionen konzeptionell in die Sachunterrichtsdidaktik eingehen müssen.

Zwar „sind in jedem Lernprozeß auch Emotionen, also innere Bewertungshandlungen existent. Es gibt daher überhaupt kein Lernen ohne Emotionen" (Koch-Priewe / Fischer 1993, 400). Aber für den Sachunterricht müssen die Emotionen auch didaktisch einen besonderen Stellenwert bekommen, indem emotionale Weiterentwicklungen Unterrichtsziel und besondere Momente des Lernprozesses werden. Es reicht nicht als didaktische Zielvorgabe, „das objektiv Gegebene zum subjektiv Angeeigneten werden (zu) lassen" (Wiater 1994, 405).

Menschliche Emotionen sind außerordentlich vielschichtig und komplex, sie sind schwer identifizierbar. Sie kommen besonders deutlich in ästhetischen Werken oder Äußerungen zutage. Insofern sind ästhetische Zugangsweisen im Sachunterricht von besonderer Bedeutung für die emotionale Seite. Denn „vom griechischen Wortbefund her meint „aisthesis" die emotional, aber auch intellektuell gesteuerte Sinneswahrnehmung in Abgrenzung zur rein geistigen Erkenntnis und zum bloß ausführenden, praktischen Tun" (Wiater 1994, 404). Mit der Ästhetisierung des Denkens wird gleichzeitig auch das „Wahrnehmen und Empfinden der persönlichen Bedeutung und Wertschätzung von Gegenständen, Sachverhalten oder Personen der eigenen ...Lebensumwelt" (Wiater 1994, 406) zum zentralen Inhaltsbereich des Sachunterrichts.

„Über die ästhetische ... Darstellung der Wirklichkeit verbinden sich innere und äußere Vorstellungen von der Welt. Beide Seiten sind zu kultivieren: Der Sachunterricht muß die Wirklichkeit zeigen – dies ist der Vorgang von außen her – und er muß die kindlichen Vorstellungen hervorkehren und sichtbar machen – dies ist der Weg von innen her" (Duncker 1994a, 35). Aber nicht nur die subjektiven Vorstellungen sollen durch ästhetische Zugangsweisen im Sachunterricht „hervorgekehrt" werden, sondern die persönlichen Bewertungen, Maßstäbe, Einstellungen und Sinngebungen sollen zum zentralen Inhaltsbereich von Sachunterricht zählen und nicht nur als Nebensache vor den als wichtig erachteten Erkenntniszielen zurückstehen. Erste Ansätze in dieser Richtung finden wir bei Schreiers Plädoyer, in der Umweltpädagogik nicht bloß die Katastrophenmeldungen über Naturzerstörung und deren vorwiegend kognitiv zu erfassenden Bedingungen, sondern dabei auch ernst zu machen mit dem positiven Werten des „Naturschönen“ (Schreier 1986). Nur in diesem Zusammenhang hat die Formel vom erziehenden Unterricht (Ramseger 1991) auch heute noch Aktualität. Dabei kann erziehender Unterricht nicht allein auf die Beziehung Lehrkraft-Kinder reduziert werden, sondern weil „die Rolle der Person-Person-Beziehung als eine wichtige Dimension bei Bedeutungsvermittlungsprozessen“ (Koch-Priewe / Fischer 1993, 402) wächst, gilt er auf alle Personen im pädagogischen Feld bezogen.

Das Lernen von Bedeutungen ist vor allem im persönlichen Austausch mit Personen zu erwerben (Koch-Priewe / Fischer 1993, 392). Insofern ist ästhetischer Sachunterricht fundamental auf die kommunikative Seite bezogen. Das Lernen von Bedeutungen ist gleichzeitig ästhetisch-emotional-kommunikatives Lernen.

Um Sinn und Bedeutungen zu lernen sind verschiedene methodische Formen von ästhetischen Zugangsweisen im Sachunterricht denkbar:

- Inhalte über verschiedene Sinne wahrnehmen (Beck / Wellershoff 1989; Trommer 1994)
- über Bilder und aus Bildern
- über plastisches Darstellen
- durch szenisches Darstellen und Filmen
- durch soziales schulisches Handeln in zwischenmenschlichen Beziehungen

Gerade im letzten Bereich sind noch viele unentdeckte Möglichkeiten emotionalen Lernens verborgen. So sind viele emotionale Fähigkeiten, die bislang noch statisch bestimmten Personengruppen zu- bzw. abgesprochen werden, durchaus auch pädagogisch als Ziel verallgemeinerbar, wie Koch-Priewe / Fischer am Beispiel der vor allem dem weiblichen Geschlecht als Fähigkeit zugeschriebenen Empathie deutlich machen: „Empathie kann durch die Übertragung einer handelnden Verantwortung beider Geschlechter für das körperliche und psychische Wohlergehen Dritter erzeugt beziehungsweise aufrechterhalten werden“ (Koch-Priewe / Fischer 1993, 398f).

Bislang sind derartige emotional-soziale und ästhetische Formen des Sachunterrichts noch sehr wenig erprobt, so daß es noch vieler konkreter Entwicklungen bedarf, um nähere konzeptionelle Aussagen zu entwickeln. Es gibt jedoch auch schon vereinzelt konkrete Beispiele für diese Zugangsweise (Bäuml-Rossnagl 1990; Zimmer 1995). Insbesondere in der Reggio-Pädagogik (Krieg 1993) ist die ästhetische Zugangsweise von Kindern zu den Inhalten schon gegenwärtig recht weit entfaltet. Die andere Dimension der Bedeutungsentwicklung, das soziale Lernen, wird in Ansätzen für einen regionalen, kommunikativen Sachunterricht erprobt (Kaiser 1994b).

In der Praxis des Unterrichts wird das Einbeziehen von Sinnlichkeit heute oft nur zur Kompensation oder als Allheilmittel (vgl. Richter 1994, 3) verkürzt, indem eine Fühlkiste oder ein Tastgang isoliert angeboten werden, ohne dies in den gesamten Unterricht zu integrieren. Damit wird „Sinnlichkeit auf ihre Gefühlsbedeutung“

verkürzt (Richter 1994 (3)). Richter fordert dagegen die Reflektion der sinnlich erfahrenen Phänomene und Prozesse.

In der Tat kann ästhetisch-sinnliches Lernen nicht bei einzelnen Gefühlserfahrungen stehenbleiben. Das Verkürzungsrisiko wird umso geringer, je weniger ästhetisches Lernen abgehoben von den übrigen Inhalten des Sachunterrichts stattfindet, sondern integriert erfolgt. Dann hebt sich der Gegensatz von sinnlichem und kognitivem, von ästhetischem und praktischem Lernen auf, weil alle Lernweisen auf die gemeinsamen Inhalte bezogen werden.

7.3 Gesamtsicht der verschiedenen Ansätze

Diese Konzepte sind keine sich gegenseitig ausschließenden Alternativen. Projektorientierung, Handlungsorientierung, Erfahrungsorientierung und Problemorientierung sind häufig einander sehr nahe und ergänzen sich oft. Entdeckendes Lernen verlangt Probleme, die Probleme sind keine subjektiv bedeutsamen Probleme, wenn sie nicht gleichzeitig im Sinne der Schüler/Innenorientierung von den Lernenden getragen werden. Ohne handelndes Lernen können die Lösungen zu Problemen wiederum nicht entdeckt werden. Ohne eine projektartige Einbindung verliert handelndes Lernen an Bedeutung. Ohne Bezug auf die Erfahrungen der Lernenden können keine tragfähigen Probleme für die daraus folgenden Lernprozesse entstehen. Handelndes Lernen ist gleichzeitig Erfahrungsentwicklung. Handeln bei Kindern ist immer auch spielerisch-kreatives Lernen. Erfahrungen sind nicht auf kognitive Prozesse beschränkt, sondern umschließen auch immer ästhetische, bedeutungsstiftende Dimensionen.

Es ließen sich noch viele Verbindungen zwischen den verschiedenen Konzepten aufzeigen. Deutlich ist, daß sie keine konzeptionellen Dogmen sein können. Vielmehr kommt es darauf an, sie in einen glaubwürdigen und von den Inhalten her begründeten Zusammenhang zu bringen. So können im Rahmen eines Projektes zum Thema „Wie wir uns die Welt wünschen“ sehr viele ästhetisch emotionale Lernwege Eingang finden. Wiederum kann das Thema „Luft“ sowohl problemorientiert wie auch philosophisch angegangen werden. Didaktische Konzepte sind Theorien, wie Lernen gestaltet werden sollte. Dies ist aber nicht unabhängig von Zielen und Bedingungen. Für einen zukünftigen Sachunterricht kommt es vor allem darauf an, diese konzeptionellen Ansätze zu einer lebendigen Einheit mit vielen verschiedenen Möglichkeiten zu entwickeln, in der die produktiven Seiten der Problemorientierung, die fundamentale Bedeutung der Handlungen für das Lernen, die sinnstiftende Seite von Projekten durch ästhetische Zugangsweisen zum Tragen kommen. Je nach Lernsitutation und Lerninhalt verschieben sich zwar die Schwerpunkte, aber zukünftiger Sachunterricht insgesamt bleibt schematisch reduziert, wenn er sich konzeptionell einschränkt.

Wichtig ist also generell, daß die Kinder konkret handelnd erleben, was als Ziel des jeweiligen Sachunterrichts angestrebt wird, d. h. daß heimlicher Lehrplan und angestrebte Ziele sich nicht widersprechen, sondern einander ergänzen. Wenn Kooperationsfähigkeit als notwendiges Lernziel angesehen wird, dann muß auch das Kooperieren der Kinder untereinander in der Schule praktiziert werden. Wenn Empathie der Menschen gewollt ist, müssen diese auch selbst in der Schule als Kinder empathisch handeln dürfen. Wenn Kritikfähigkeit gefragt ist, dann darf keine allmächtige Lehrkraft allein meinungsbildend die Klasse beherrschen. Das heißt, produktiver Sachunterricht muß immer mehr leisten als die eindimensionale Konkretisierung eines Konzeptes und kann sich praktisch ohne Handeln der Kinder nicht entfalten.

An der gesellschaftlichen Entwicklung ist aber bedeutsam – und dies wird bei neueren Qualifikationsuntersuchungen immer wieder deutlich betont -, daß die konkreten Inhalte und Gegenstände immer stärkeren Veränderungen unterliegen und daß kommunikative Qualifikationen die entscheidenden Qualifikationen zum Bestehen in einer sich ständig wandelnden Wirtschaftswelt sind (Ramseger 1994; Hammer / Champy 1994). Gerade weil die Prozesse nicht vorhersehbar sind, weil häufig situative, kreative neue Problemlösungen im Berufsleben gefunden werden müssen, sind kommunikative Qualifikationen für die Zukunft immer bedeutsamer. Dies ist in den Sachunterricht bisher nur partiell eingegangen, etwa in dem wichtigen methodischen Ansatz der Projektorientierung, in dem gerade deutlich gemacht wird, wie stark Kinder sich über konkrete Inhalte und Gegenstände verständigen müssen und diese Ergebnisse ihrer Klasse mitteilen, die sie in ihrer Gruppe zu einem speziellen ausgewählten Thema oder einer speziellen ausgewählten Fragestellung eines gemeinsamen Projektthemas gemacht haben.

Ich meine dagegen, daß dieser Ansatz noch keine hinreichende Antwort auf die gesellschaftliche Veränderungsdynamik darstellt. Wichtiger erscheint mir in der heutigen Zeit, nicht nur methodisch auf seiten des Lernprozesses kommunikative Prozesse einzuplanen, sondern sie zum zentralen inhaltlichen Gegenstand des Sachunterrichts aufzuwerten. Hinzu kommt die didaktische Notwendigkeit angesichts der Schnellebigkeit dieser Welt, auch den Tatbestand der Veränderbarkeit in Inhalten zu berücksichtigen. Gleichzeitig darf dies nicht zu einer Abstrahierung führen, sondern die wichtigen Erkenntnisse gerade kindorientierter Sachunterrichtsdidaktik, die allmählich in den 80er Jahren praktisch umgesetzt und theoretisch propagiert wurden, gilt es in Verbindung zu setzen mit dieser gesellschaftlichen Entwicklung sowie der didaktischen Notwendigkeit ständiger Veränderbarkeit. Um diesen drei Kriterien, nämlich Kindorientierung, Erfahrungsorientierung und Kommunikation, zu entsprechen und gleichzeitig die gesellschaftliche Veränderungsdynamik im Blick zu haben, habe ich das Konzept des regionalen Sachunterrichts entwickelt.

Unter regionalem Sachunterricht verstehe ich, daß Kinder zwar an ihrem Ort konkret Erkundungen über Unterrichtsgegenstände machen, ihren Fragen möglichst projektorientiert nachgehen, handlungsorientiert untersuchen, daß aber diese Ergebnisse nicht als abgeschlossene, letzte Wahrheiten den Kindern nahegebracht werden, sondern daß die Kinder die Relativität und Veränderbarkeit ihrer so gründlich erarbeiteten Ergebnisse kennenlernen.

Dabei verstehe ich regional nicht nur als rational-strukturelle (Salzmann 1990, 331) Dimension, sondern auch im kommunikativen und emotionalen Sinne als Austausch von Menschen, die konkret zueinander in Beziehung treten könnten, aber nicht notwendig tatsächlich kommunizieren. Insofern knüpfe ich an Ilse Lichtenstein-Rothers Nähedefinition an (1969), die anstelle des räumlichen Nähebegriffs in der Heimatkunde den Begriff der psychischen Nähe in die didaktische Diskussion eingebracht hat. Dieser Begriff schließt gleichzeitig ein, daß Inhalte für das lernende Subjekt emotional bedeutsam sein müssen und nicht nur oberflächlich zu seiner näheren Heimat gehören.

Der Streit zwischen Heimatkunde und Weltkunde gewinnt so gesehen unter dem Etikett „global denken – lokal Handeln" (Schernikau 1994, 41) eine neue Dimension, die weder mit dem nahräumlichen Heimatbegriff noch mit dem abstrakten Weltbegriff zu fassen sind.

Der Begriff „regionaler Sachunterricht" geht jedoch über die für das einzelne Kind emotional bedeutsamen Inhalte hinaus. Er soll eine Vermittlung zwischen Menschen in der Region ermöglichen, also gerade das Hinausgehen aus dem primären Kontext. Damit soll das Ziel verdeutlicht werden, die Spaltung zwischen Nahem und Fernen zu überwinden. Auch Salzmann sieht im regionalen Lernen die Aufgabe, „daß zwischen Heimat und Welt, Vertrautem und Fremdem, Nähe und Ferne in angemessener Weise vermittelt werden muß. Dieser Gedanke der dialektischen Vermittlung von Polaritäten" (Salzmann 1990, 399) wird bei Salzmann aber konkret primär auf ein Konzept von außerschulischen Lernstandorten und nicht auf die kommunikative Dimension bezogen.

Mit dieser Vermittlungsfunktion sollen in meinem Konzept nicht nur räumliche, sondern auch die weiteren damit zusammenhängenden gesellschaftlichen Spaltungen überwunden werden, nämlich die durch die geschlechtliche Arbeitsteilung hervorgerufene Spaltung in männliche und weibliche Lebenszusammenhänge, wie z. B. „ Mutterschoß und Vaterland, von Vater Staat und mütterliche Heimat" (Bütfering 1990, 423), also von der durch von Frauen hergestellten Gemütlichkeit im primären Nahraum und ferner männlich dominierter Welt, von Privatem und Öffentlichem, von Hausarbeit und Berufsarbeit.

Zukünftiger Sachunterricht muß für eine Gesellschaft mit sich beschleunigender Veränderungsdynamik (Lichtenstein-Rother 1992) vor allem die *Kinder stärken, in dieser Welt zu bestehen und sie aktiv handelnd gestalten zu können*. Von daher kommt es nicht allein auf die begründete Inhaltsauswahl an, sondern auch darauf, welche Dimensionen dieser Inhalte für wichtig erachtet werden und wie Sachunterricht von der Form her konzipiert sein muß. D. h. bezogen auf die gesellschaftliche Veränderungsdynamik, daß der Sachunterricht selbst die Kinder befähigen muß, Veränderungsprozesse zu verstehen sowie aktiv zu gestalten und selbst zu initiieren. „Die Entwicklung von (Mit)Gestaltungsfähigkeit setzt Einsicht in die Gestaltbarkeit technisierter Lebenswirklichkeit voraus, (die) das Denken in historischen, Zusammenhängen ... zur Voraussetzung hat" (Oberliesen 1994, 87). Schreier will in diesem

Kontext „den Unterricht als Motor der Veränderung der Verhältnisse .. begreifen" (Schreier 1994a, 79).

Ein derartiger dynamischer und dynamisierender Sachunterricht darf nicht auf vorgefertigten Fachschienen oder Fachlinien entlanggeführt werden. Diese setzten voraus, es gäbe ein berechenbares Ziel und klammert Veränderungen des Fahrwassers oder der Umgebung aus. „(Mit)Gestaltungsfähigkeit verlangt Orientierung an den vielfältigen Wechselbeziehungen zwischen technischer und ökonomischer Entwicklung und des handelnden Eingreifens in das Beziehungsgeflecht von Natur, Gesellschaft, Technik und Ökonomie und Politik" (Oberliesen 1994, 88). Vielmehr ist es besonders wichtig, daß der Sachunterricht selbst dynamisch und manövrierfähig bleibt. Zur Manövrierfähigkeit reicht der Blick auf einen Zielpunkt nicht aus. Vielmehr muß das bisherige Fahrverhalten analysiert werden, d. h.:

1) Die Sachunterrichtsinhalte müssen auch auf ihre *innewohnende Entwicklungsgeschichte* untersucht werden. Dazu gehören Fragen wie: Wie hat sich diese Pflanze entwickelt? Wie hat sich unser Dorf verändert? Wie wurden die ersten Schreibwerkzeuge gemacht? Wie haben sich die heutigen Brotsorten herausgebildet? Wie haben sich meine Wünsche in den acht Jahren seit der Geburt verändert? Wichtig ist, das Gewordensein immer wieder zu betonen, um die prinzipielle Veränderbarkeit zu eröffnen. Wir finden diesen Gedanken bereits im historisch-genetischen Sachunterrichtskonzept (Oberliesen 1987, 1994) vor. Oberliesen fordert, „daß Sachunterricht auf Ursprungssituationen von Technisierung zurückzugehen hat (und auf) ... die ... Entwicklungsprozesse der ... Arbeits- und Lebensbedingungen der Menschen. " (Oberliesen 1994, 88). Wichtig ist es, die historische Blickrichtung der bisherigen Veränderungen auch auf alle denkbaren Sachunterrichtsinhalte zu beziehen. Nur als schon verändert begriffene Inhalte sind auch als veränderbar verstehbar.

2) Die Sachunterrichtsinhalte müssen in ihren *verschiedenen Bedeutungsschichten* geöffnet werden (vgl. Schreier 1994a). Wenn wir nur **ein** Problem unter Wasser sehen, verlieren wir den Blick auf die Höhenströmungen signalisierenden Wolken oder das gerade erzeugte Kielwasser. D. h. wir können einen Unterrichtsinhalt nicht nur in einer Bedeutungsschicht sehen. So ist das Sachunterrichtsthema Luft keineswegs nur auf dem analytischen Strang, wieviel Prozent Sauerstoff, Stickstoff oder Kohlenwasserstoff darin enthalten ist, zu sehen. Auch die Frage nach dem Gewicht oder der technischen Nutzung im Luftkissenboot ist zu eng. Luft hat für Menschen auch sprachlich-metaphorische Bedeutungsschichten, wenn wir an den Luftikus oder das „Herauslassen von Luft" denken, es gibt kulturell-symbolische Schichten, wie die Assoziationen zu Luft in den asiatischen Philosophien oder auch alltagsphänomenologische Sichtweisen (Luft ist durchsichtig, leicht). Nur eine derartige komplexe mehrperspektivische Sichtweise ist geeignet, Veränderungspotentiale zu entwickeln. Inhalte haben ästhetisch-kulturelle Dimensionen, sie haben Dimensionen des bisherigen analytischen Sachverstandes der Fächer und sie haben Dimensionen der Bedeutung für den Lebens-

alltag. Dazu gibt es in den Praxisbüchern (Kaiser 1996 und 1998) vielfältige praktische Anregungen für den Sachunterricht.

Veränderungsfähigkeit in diesem Sinne heißt zunächst, den eigenen Wahrnehmungshorizont zu erweitern, dazwischen, darüber und darunter zu blicken, nicht eine vorgegebene Linie zu verfolgen, sondern Alternativen zu beachten.

3) *Aus inneren Widersprüchen entwachsen Probleme und Veränderungen.* Sie sind per se dynamisierend. Deshalb ist es wichtig, sozusagen den inneren Sprengstoff anzusehen, ihn kennenzulernen und mit ihm umgehen zu können, damit er nicht eine eigene Dynamik entfaltet. Die inneren Widersprüche zu erkennen heißt dagegen, Veränderungsmöglichkeiten gezielter zu finden. Aber auch allein „die Gegenüberstellung von Unterschiedlichem, bei der eine Spannung erzeugt wird" (Schreier 1994a, 79f), führt zu dynamischer Entwicklung. Zur Orientierung auf zukünftige Entwicklungen gehört auch „die Förderung und Ausgestaltung des Antizipationsvermögens (als) .. Aufgabe des Sachunterrichts (Lauterbach 1992, 152). Hier trifft sich kognitives Analysieren von Widersprüchen mit kreativem Phantasieren von Utopien. Nur wenn Kinder ihre Zukunft selbst entwerfen, können sie Gegenwart und Zukunft in die Hand nehmen.

4) In der Sportpädagogik sind handlungsorientierte pädagogische Grundsätze nach dem populären Motto „Reiten lernt man nur durch Reiten" selbstverständlich. Wenn aktiv *veränderndes Handeln* das Ziel ist, muß es auch im Sinne des Projektkonzeptes als Methode zum Tragen kommen. „Der Verwandlungsprozeß erfaßt zunächst die Dinge selbst, die zu einer neuen Wirklichkeit formiert werden, betrifft aber ebenso das die Dinge manipulierende, sie neu arrangierende und mit ihnen hantierende Kind" (Schreier 1994a, 68). Nur wenn Kinder gemeinsam verändernd gestaltend ihre Umgebung vom Klassenraum, über die sozialen Beziehungen in der Klasse, über die Gestaltung des Schullebens (vom Ausstellungstisch über die Monatsfeier bis zum Schulgarten) bis hin zu institutionellen und sozialen Regelungen im Schulumfeld verändern, können sie auch zukünftiges veränderndes Verhalten lernen.

5) Veränderungen können nicht individuell erfolgen, von Veränderungen sind viele Menschen gleichzeitig betroffen. Dynamischer Sachunterricht muß also *gleichzeitig ein kommunikativer Sachunterricht* sein, der *soziale Beziehungen* bei jeder inhaltlichen Frage ausbaut und weiterentwickelt. D. h. die Besatzung des Bootes muß ständig gemeinsam Manövrierfähigkeit entwickeln und üben. Gerade die soziale Seite des Sachunterrichts ist ein fundamentaler Bestandteil zukünftigen Sachunterrichts. Soziale Inhalte und soziale Lern- und Arbeitsformen müssen ein ungleich größeres Gewicht bekommen, soll Sachunterricht die Kinder tatsächlich in ihre zukünftige Lebenswelt als sozial verantwortliche und selbsttätige Menschen hineinführen.

8. Methoden und praktische Wege

8.1 Was heißt hier Methode?

An Methoden wird häufig – nicht nur von Berufsanfangenden – die Heilserwartung gerichtet, durch die Anwendung der „richtigen" gleichzeitig Praxiskompetenz zu bekommen. Methoden können aber nicht isoliert betrachtet werden. Sie sind immer wechselseitig abhängig vom jeweiligen didaktischen Konzept. Somit können die nachfolgenden Überlegungen nicht isoliert von den bisherigen Ausführungen zur Sachunterrichtsdidaktik gesehen werden.

Aber auch die Fokussierung des Blickes auf Methoden eröffnet ein weites Spektrum: Das Feld der Methoden im Sachunterricht ist außerordentlich weit. Deshalb sollen hier nur einige Aspekte herausgegriffen werden.

Hilbert Meyer (1987) unterscheidet zwischen fünf Ebenen bei den Unterrichtsmethoden:

- Handlungssituationen
- Handlungsmuster
- Sozialformen
- Unterrichtsschritte
- methodische Großformen

Die erste Grundform, die Handlungssituationen, sind hier nicht beschreibbar, weil es sich dabei um eine situative, interpersonelle Ebene handelt. Gleichzeitig sind diese konkreten methodischen Ausformungen in der Unterrichtssituation wahrscheinlich die wirksamsten, denn hier gehen subjektive Beziehungen, Wertvorstellungen von Personen, subjektives Handlungswissen und fördernde oder hemmende Erwartungshaltungen ein.

Hier soll nur ein Ansatz, Handlungssituationen zu optimieren, in Kap. 8.3 vorgestellt werden, nämlich das Kommunikationskonzept von Richardson (1992).

Vorweg sollen aber zunächst verschiedene Sozialformen unterschieden werden, weil dies zunächst ein deskriptiver Akt ist:

Die bekannten Grundmuster sind:

- Frontale Vermittlung
- Gruppenarbeit
- Partnerarbeit
- Einzelarbeit

Es ist für die Sekundarstufe erwiesen worden, daß das Methodenrepertoire an Sozialformen von Lehrkräften sehr eng ist (Hage 1985). Hauptsächlich findet frontale Vermittlung statt und nur zu ca. je 10% Gruppen- und Partnerarbeit sowie Einzelarbeit (Hage 1985). Insbesondere die Gruppenarbeit scheint diejenige Lernform zu sein, in der Kooperation und die Auseinandersetzung mit verschiedenen Zugangsweisen möglich ist (vgl. Klafki 1992b).

Aber auch hierzu sind weitere Differenzierungen vorzunehmen, nämlich nach der äußeren Seite, also der Raumstruktur und nach der inneren Seite, der Kommunikationsstruktur. So kann räumlich zwar Gruppenarbeit durch die Tischanordnung und die Verteilung von Aufgaben geplant sein, faktisch kann aber die Kommunikation als Partnerarbeit stattfinden. Oder es wird eine Einzelaufgabe an jedes Kind vergeben, die Kinder stellen aber informell mit den umsitzenden Kindern einen Gruppenratschlag her.

Die methodischen Großformen sind schon anhand der Diskussion über Projektorientierung vorgestellt worden. Andere Großformen wären Unterrichtseinheiten, Unterrichtsreihen oder Unterrichtsvorhaben. Da faktisch diese Großformen sehr viele Überschneidungen und Vermischungen aufweisen, soll hier nicht weiter differenzierend auf Großformen eingegangen werden.

In diesem Kapitel sollen vor allem Handlungsmuster aufgeschlüsselt werden, während die Sozialformen nur kurz in ihrer sachunterrichtsdidaktischen Bedeutung gestreift werden sollen. Auch die Unterrichtsschritte haben mehr Relevanz für die konkrete Planung von Unterricht, die in einer einführenden Schrift zur Sachunterrichtsdidaktik zu speziell sind. Deshalb seien hier nur verschiedene Formen von Unterrichtsschritten summarisch erwähnt, nämlich Erarbeitung, Übung, Wiederholung, Erfolgskontrolle u. a. Schritte. Lediglich bezogen auf die für AnfängerInnen kritischste Frage, nämlich den Einstieg, also den Stundenanfang, und damit die zentrale Frage nach der Motivierung soll in diesem Kapitel kurz näher eingangen werden.

Zwischen methodischen Großformen und Handlungssituationen liegend lassen sich aber verschiedene qualitative methodische Konzepte unterscheiden, die zwar nicht in jeder Situation nachweisbar sind, aber insgesamt eine bestimmte inhaltliche Färbung des gesamten Unterrichts quasi als qualitative Querdimension zeigen. Derartige methodische Konzepte unterscheide ich nach den Mustern: „Clownerie" oder „Großeltern-Art" oder „Entertainer".

Hier sollen zunächst schwerpunktmäßig derartige methodische Konzepte unterschieden werden (8.2). Es folgt ein theoretischer Entwurf zur Optimierung von Handlungssituationen (8.3). Abschließend sollen die für zukünftigen Sachunterricht relevanten Handlungsmuster in einer Übersicht – punktuell kommentiert – vorgestellt werden (8.4).

8.2 Methodische Konzepte im Sachunterricht

Ehe wir zu zukünftigen Methoden übergehen, sollten wir zunächst die methodischen Konzepte des gegenwärtigen Sachunterrichts genauer anschauen, um aus Analyse und Kritik zu weiterreichenden Gedanken zu gelangen. Gegenwärtige Methoden gibt es nicht grundlos, sondern sind häufig intuitiv entwickelte Formen von Lehrkräften, um ihre Unterrichtsaufgaben bei den gegenwärtigen Grundschulkindern zu bewältigen. Es steckt also in häufig praktizierten Methoden Alltags- und Erfahrungswissen, wie Unterrichtsinhalte ankommen. Aber es steckt damit auch gleichzeitig der Zeitgeist in diesen Methoden, denn Lehrkräfte sind Menschen und als Menschen Teil der gesellschaftlich-kulturellen Entwicklung. Sie werden auch von den herrschenden gesellschaftlichen Trends beeinflußt, weil sie gerade in den Bereichen besonders viele Erfahrungen machen, die eine Gesellschaft entscheidend prägen. In der mittelalterlichen ständischen Stadt werden Menschen sicherlich besonders häufig auf äußere Abgrenzung zu anderen Schichten und Ständen gestoßen sein, in der Urgesellschaft mag zu eiszeitlichen Bedingungen mehr der Überlebenskampf einer gegen den anderen um die knappen Lebensmittel die Persönlichkeit der Menschen geprägt haben. In einer bürokratisierten Gesellschaft mit hohen individuellen Leistungsanforderungen und einem beruflichen Berechtigungswesen, das von schulischen Leistungen ausgeht, können wahrscheinlich Konkurrenzdenken, bürokratische Umgangsformen und hohe Leistungsnormen besonders leicht in die Persönlichkeit von Lehrkräften eindringen und ihr Verhalten prägen. So sind die gegenwärtigen methodischen Unterrichtskonzepte einerseits ein Spiegel der gesellschaftlichen Verhältnisse, andererseits aber auch ein Ausdruck von Erkenntnissen über die Art und Weise, wie Kinder unter den gegebenen Verhältnissen besser lernen.

Ich selbst habe ein etwas unkonventionelles, ein wenig karikierendes Muster zur Unterscheidung der „erfolgversprechenden" Methodenformen gewählt, weil gerade durch die karikierende Überzeichnung Besonderheiten deutlich herauszuarbeiten sind:

1) *Methode „Bürokratie"*
Nach dieser Methode werden Formulare mit auszufüllenden Lücken verteilt, die Ergebnisse werden anschließend von der Lehrkraft bearbeitet und in das entsprechende Notenkästchen eingeordnet. Die Formblätter entfalten eine Eigendynamik, sie werden mehr und diffiziler. Sprechstunden sind selten und überfüllt. Manchmal schaffen es die Formblattnehmer, sich gegenseitig zu helfen. Die Beschäftigung vieler mit vielen Formularen schafft Ruhe im Raum, Widerspruch ist ausgeklammert.

2) *Methode „Schulmeister"*
Diese aus der Antike stammende Methode des Belehrens und Dozierens paßt nicht mehr in die Moderne mit den vielen möglichen Informationsmedien und hochinformierten Kindern. Viele Lehrkräfte schaffen es dennoch, diese Methode, die heute zwar nicht besonders effektiv ist, aber wenig vorbereitungsintensiv für die Lehrkräfte selbst, zu praktizieren. Wir erkennen das Überwiegen dieses Methodenkonzeptes, wenn sehr viel Zeit für Frontalunterricht, der weitgehend aus Monologen der Lehrkräfte besteht, verwendet wird.

3) *Methode „Großeltern-Art"*
Bei dieser Methode ist der Sitzkreis besonders angemessen, die Kinder stellen Fragen und bekommen Erklärungen von den lebens- und welterfahreneren Menschen. Trotz der Überalterung der Kollegien nimmt diese Methode in unserer schnellebigen Zeit eher ab.

4) *Methode „RTL"*
Diese funktioniert nach Art des Vorabendprogrammes, indem jeweils zwei Mannschaften aufgefordert werden, irgendwelche Aufgaben im Wettstreit zu lösen, wie z. B. an Netzen hochklettern und möglichst viele oben angeheftete Plastikseesterne im Fernsehstudio abzupflücken. Die Bewertung und der Wettstreit sind dabei die Mechanismen, die verstärkt werden und über die eine Spannung aufrecht erhalten wird. Zeugnisse, Noten, Wissensabfragen, klare sportliche Regeln und Wettkampf zwischen den Kindern, der von Inhalten losgelöst ist, hält die Spannung aufrecht und zerstört gleichzeitig schrittweise die noch vorhandene inhaltliche Motivation in einer politik- und staatsverdrossenen Zeit.

5) *„Peter-Lustig-Methode"*
Diese Methode ist besonders vorbereitungsintensiv und kommt vorwiegend bei Lehrproben vor. Dabei werden den Kindern differenzierte Anregungsmaterialien gegeben. Ein klares Ziel wird verfolgt, oft sind die zumeist kritischen Inhalte aber spaßig eingebunden. Erklärungen erfolgen durch handelndes Vorführen.

6) *„Werkmeistermethode"*
Auch diese Methode ist in einer Zeit der vorfabrizierten Produkte im Schwinden. Ihr Kern besteht darin, Kinder handelnd vorgegebene Aufgaben lösen zu lassen.

7) *Methode „Clownerie"*
Kinder haben nicht viel zu lachen heutzutage. Einige Lehrkräfte haben für sich die Erfahrung gemacht, daß durch Possenreißen oder Spaßmacherei eine angenehmere Lernatmosphäre geschaffen werden kann. Gleichzeitig geraten die Inhalte, um deren Vermittlung es ja geht, in den Hintergrund der Aufmerksamkeit. Kinder warten nur auf den nächsten Witz und nicht auf den nächsten Unterrichtsschritt.

8) *Methode „Entertainer"*
In einer Zeit der Talk-Shows und des zunehmend ausgefeilten professionellen Entertainments werden die Ansprüche an Originalität und Pep immer höher. Manche Lehrkräfte versuchen sich im Kräftemessen mit Gottschalk und Co. Besonders erfolgreiche Hauptschullehrerinnen und -lehrer haben es in dieser Disziplin oft zu einem hohen Standard gebracht. Sie schrauben aber gleichzeitig die Normen des Entertainments höher, die vor 50 Jahren noch bei der Vorführung eines Unterrichtsfilmes lagen. Der Kräfteverschleiß ist hoch und die Anpassung der Kinder an die Medienwelt wird perfektioniert.

Selbstverständlich gibt es keine dieser Karikaturen in Reinform, aber in ihnen stekken wichtige Erkenntnisse darüber, wie Kinder gegenwärtig lernen.

In allen diesen Methodenformen liegen jeweils Wahrheitskerne, weil sie Elemente der gesellschaftlichen Entwicklung für das Schulleben bzw. das schulische Lernen umsetzen und die erfahrungsgemäß wirksamen Formen betonen. Es besteht jedoch – wenn wir vom aussterbenden 3. Methodenmodell absehen – die Gefahr bei der Betonung des Alltagswissens von Lehrkräften, gesellschaftliche Perversionen zu verstärken. Denn auf der Seite des heimlichen Lehrplanes werden gerade die ohnehin gesellschaftlich dominierenden Muster wiederholt, anstelle gegensteuernd Alternativen zur gesellschaftlichen Wirklichkeit zu entwickeln. Trotz dieser Gefahren sind derartige Formen gleichzeitig wichtige Indikatoren für produktiven Unterricht.

Aus diesen didaktisch-methodischen Prinzipien habe ich folgende Methodenformen für einen zukunftsorientierten Sachunterricht unterschieden, denn die Wahl der Methode ist auch abhängig von den jeweiligen Unterrichtsinhalten:

Methodentyp 1: Lernen durch handelnde, experimentelle, messende, vergleichende, zählende, graphisch veranschaulichende, explorierende Auseinandersetzung mit der gegenständlichen und sozialen Wirklichkeit

Methodentyp 2: Lernen durch die Umgestaltung der Grundschule zum Erfahrungs- und Erlebnisraum im Unterricht oder klassenübergreifend durch die Gestaltung eines erfahrungs- und anregungsreichen Schullebens

Methodentyp 3: Lernen in Lernorten außerhalb des Klassenzimmers durch Erkundungen und gezielte Beobachtungen im engeren oder weiteren Umfeld der Schule sowie das Aufsuchen außerschulischer Informationsquellen und -institutionen

Methodentyp 4: Integration außerschulischer Erfahrungsfelder und Erfahrungsquellen in die Schule (Schulgarten, Expertenbefragung in der Schule)

Methodentyp 5: Lernen in Projekten und Vorhaben, bei denen die intensive mehrperspektivische Auseinandersetzung mit einem Problem in eine öffentliche Präsentation mündet

Methodentyp 6: Verknüpfung von emotional-erlebnisbezogenen Lernphasen mit handelnder Auseinandersetzung und kognitiver Verarbeitung; hierzu zählen die jeweils spezifischen methodischen Formen wie Bildgestaltung oder Unterrichtsgespräch

Diese Methodenansätze können nicht isoliert betrachtet werden, sondern sind nur sinnvoll, wenn sie auf die o.g. gegenwärtigen gesellschaftlichen und lebensweltlichen Bedingungen bezogen werden. Mögliche Verbindungen von Unterrichtsmethoden und zukunftsorientierten Inhalten des Sachunterrichts sollen in den folgenden Thesen (vgl. Kaiser 1993a) aufgezeigt werden:

1) Weil die Verallgemeinerung der Wegwerfgesellschaft eine wesentliche Vorstufe der gesellschaftlichen Bedürfnisexpansion mit ihren paradoxen Folgen ist, kommt es darauf an, die Bedeutung der Dinge zu entwickeln.

   Anstatt immer wieder neue Lehr- und Lernmittel anzuschaffen und einzusetzen, um sie nach Gebrauch wieder wegzuwerfen, ist es sinnvoll, aus gewerblichen und privaten Beinahe-Müll-Objekten eine Sammlung für handelndes Lernen zu schaffen und für die späteren Jahrgänge zu erhalten. Um z.B. die Bewegung des Regenwurms zu beobachten, lassen sich viele Alltagsmüllobjekte dauerhaft aufwerten. Neben dieser Lehrmittelaufwertung von Dingen ist auch ein museumspädagogisches Schützen der Dinge von großer Bedeutung. So sind z.B. gewerbliche Spiegelabfallstücke geeignet, kreative Spiegelaufbauten zu gestalten und zu erproben und zu wichtigen Dingen des Schullebens aufzuwerten.

2) Wenigstens der Sachunterricht sollte ohne Noten erteilt werden. Kinder sollen sich den Dingen zuwenden können, ohne dabei gleich in Ansprüche hineinzugeraten. Dabei geht es nicht nur um ein Vermeiden von Mißerfolgserlebnissen und den Abbau aggressionsfördernden Wettbewerbs (Preuschoff 1992), sondern auch darum, daß die Kinder sich unmittelbarer den Dingen / Inhalten zuwenden können, ohne dabei gleich in Ansprüche hineinzugeraten.

   Die Motivation, sich den Dingen / Inhalten zuwenden zu wollen, entsteht aber nur dann, wenn die Inhalte nicht als trocken, unlebendige Stoffe vermittelt werden. Vielmehr kommt es darauf an, daß die Kinder subjektiv bedeutsame Beziehungen zu den Inhalten entwickeln können. Deshalb müssen die Inhalte vieldimensional präsentiert werden. So sind Steine nicht nur eng naturwissenschaftlich als äußerlich oder chemisch zu unterscheidende Mineralien zu behandeln, sondern auch als Erinnerungssteine, Denkmalsteine, Wurfsteine, Erzählanlaß (vgl. Hasse 1994), Meditationssteine, landschaftgestaltende Gebilde, einzigartige Museumsobjekte, Werkzeuge, Arbeitsmittel beim Bau und bauenden Gestalten von Mauerwerken der Kinder zu sehen. Sie sind auch kommunikative Anlässe, Dingen auf den Grund zu gehen, wie das Beispiel Schreiers vom leichten Bimsstein aus der Eifel (1994a, 126) zeigt, der im Rahmen der Klassenkorrespondenz an eine Partnerklasse verschickt wurde.

   Um die Inhalte vieldimensional aufzuwerten, ist es erforderlich, ein vielfältiges „learning environment" zu entwickeln und zunächst den Klassenraum als „Kinder-Werkstatt" zu gestalten (Mayer 1985, 30).

3) Angesichts des Verfalls tradierter sozialer Bindungen ist es besonders wichtig, die Möglichkeiten der Schule für ein lebendiges Schulleben zu nutzen und Schule als „ergänzende Lebenswelt" (Speck 1987) aufzubauen.

   Die „Schule muß Vereinzelung entgegensteuern" (Steffens 1993, 36). Anstelle die Vereinzelung durch das Formularausfüllen fortzusetzen, sind die Möglichkeiten, ein soziales Miteinander zu schaffen, so gut es geht auszuschöpfen. Dazu zählt nicht nur methodisch, mehr Sachunterricht in Gruppen zu initiieren, anstelle die Kinder individualisiert mit Formularen zum Abheften in der Sachunterrichtsmappe auf eine bürokratische Gesellschaft abzurichten. Wichtig ist es auch, daß vielfältige Anlässe für authentische Sozialkontakte (Gebauer 1991) untereinander genutzt werden. Gemeinsame Ausstellungen der Klasse vorzubereiten, andere Klassen gruppenweise durch die eigene Ausstellung zu führen, Verantwortung für die Gruppe zu übernehmen, vorgeführte Theaterszenen, Tausch oder Verkaufsaktionen in der Schule sind nur einige Möglichkeiten, soziale Erfahrungen in der Schule als Gegensteuerung zu passiver Medienrezeption zu machen (Gebauer 1991, Korte 1992). Gerade bei einer Vielfalt an Ausstellungstischen gibt es diverse Möglichkeiten, daß jedes Kind zusätzlich die Bedeutung der eigenen Person erfährt, indem es selbst Funktionen übernimmt. Zur Sozialfähigkeit gehört auch Selbsterfahrung, um etwa zu lernen, Verantwortung auf sich selbst zu nehmen. Gerade weil der „Täter" oft nur noch durch Gewalt als verzweifeltem Versuch der Kontaktaufnahme (Preuschoff 1992, 27) Aufmerksamkeit für sich erzwingt (Preuschoff 1992, 25), ist ein lebendiges Sozialleben in der Schule mit einer Atmosphäre des Angenommenseins und Verstandenwerdens ein zentrales gewaltpräventives Moment.

4) Eine wichtige Konsequenz für den Sachunterricht ist es, heraus aus dem geschlossenen Klassenzimmer zu gehen, den Urbanisierungstendenzen mit ihren Erfahrungsverlusten für Kinder (Thiemann 1988) entgegenzuwirken und unmittelbare Natur- und Sozialerfahrung in Arbeitsstätten, in Wald und Wiese, in Burgen und Gewölben, in Altenheimen oder auf dem Schulbauernhof zu ermöglichen. Dabei können verschiedenartige Fähigkeiten der Kinder wahrgenommen und anerkannt werden.

   Insbesondere für Behindertenintegrationsklassen oder Klassen mit hohem Anteil fremdsprachiger Kinder bieten sich gerade in Lernorten außerhalb des Klassenzimmers besondere Lernchancen.

5) Der Abbau des didaktischen Beherrschungsmodus
   Angesichts zunehmender Belastungen der Lehrkräfte durch „wachsende psychosomatische und gesundheitliche Störanfälligkeit der Schülerinnen und Schüler" (Hurrelmann 1992, 27) ist das Bedürfnis nach ruhigem, meditativem Erleben anstelle hektischer Auseinandersetzung außerordentlich groß. So haben auf dem Grundschulkongreß von 1989 in Frankfurt hunderte von Teilnehmenden die Arbeitsgruppen gewählt, die Anregungen für Stille-Übungen geboten haben.

   Mittlerweile wird eine Abkehr von gegenstandserobernden Lernweisen hin zu kontemplativen, Macht abgebenden in vielen inhaltlichen Bereichen der Schulpädagogik wie der Umwelterziehung, des Religionsunterrichts oder der ästhetischen Erziehung (vgl. u. a. Gesing / Lob 1991) begonnen. Das „Prinzip der dominanten Selbstdurchsetzung .. (wird danach) abgelöst durch ein Prinzip der gemeinsamen Sorge, der gemeinsamen Verantwortung gegenüber der Zukunft" (Speck 1987, 114). Dies widerspricht fundamental den meisten gegenwärtigen Entwürfen und Plänen für den Sachunterricht: „Der Mensch muß Kompetenz gewinnen für die Welt, so heißt das Ziel in fast allen Lehrplänen. Mit diesem Ziel wird der Mensch zum Herrscher über die Dingwelt gemacht" (Meiers 1993, 93). Meiers hofft durch eine theoretische Rückbeziehung auf Comenius den beherrschenden didaktischen Zugriff zu verändern: „Der umfassende Begriff von 'Bildung durch die Sache' ist bis heute verkürzt verstanden worden als Sachbeherrschung ... Vertreter eines reflektierten Umweltbewußtseins unserer Tage sind dagegen Ausdruck des seit Comenius vergessenen und verlorengegangenen Teils der Sachbildung im Sinne von Sachverantwortung" (Meiers 1993, 94).

   Allgemein geht es didaktisch um eine Umkehr der expansionistischen, auf mehr Stoffbeherrschung orientierten Lernbewegung. Einzelne Naturgegenstände, einzelne Kunstwerke werden dabei intensiv betrachtet, die inneren Gefühle, die ein derartiger Inhalt auslösen kann, stehen im Mittelpunkt von Unterricht und nicht äußere Kenntnisse. Subjektive Deutungen werden ernst genommen, die

Inhalte sollen auf die Lernenden einwirken können und nicht von den Lernenden angeeignet, systematisiert und eingeordnet werden. Sachunterrichtsdidaktisch erscheint mir in diesem Kontext auch wichtig zu sein, Unterrichtsprojekte im Bereich „Eine Welt in der Grundschule“ zu entwickeln, in denen nicht die Nord-Süd-Hierarchie für die Kinder zum Tragen kommt, sondern eher ein staunendes Sich-Öffnen gegenüber einer anderen Kultur möglich ist. Dazu habe ich ein Unterrichtsprojekt über die matrilinearen Minangkabau auf Sumatra erprobt (Kaiser 1993d).

Es gibt neben den hier benannten Bereichen der Umwelt- und Konsumerziehung oder „Eine – Welt“ noch ein weites Gebiet in der Sachunterrichtsdidaktik gegen einen didaktischen Beherrschungsmodus, der Herrschaft und Gewalt implizit verbreitet, zu erschließen. Ich nenne hier nur beispielhaft einige mögliche Inhalte: „Pflanzen in Pflastersteinritzen unseres Wohnviertels“, „Spiegelkabinett für die Schule“, „Spiele früher – neue Spiele erfinden“.

6) Emotionales Lernen als eigenständiger Inhaltsbereich des Sachunterrichts – wie bereits von Hugo Gaudig als wichtig gefordert -, wurde in den niederländischen Richtlinien als zentrales Sachunterrichtsthema aufgenommen. Ich nenne hier nur Stichworte möglicher Formen wie Interaktions- und Kontaktspiele, Phantasiereisen, Meditationen, Aufarbeitung von Konflikten oder Ängsten wie Leistungsangst z. B. in Rollenspielen und verweise hier nur auf weitere Ausführungen an anderer Stelle (Kaiser 1993a). Aber auch die Konflikte und Auseinandersetzungen im Rahmen der Schuldemokratie sind wichtige Momente der Ich-Erziehung. Die zentralen Momente dieses Inhaltsbereichs, Beachtung der jeweiligen Persönlichkeit des einzelnen Kindes, Ich-Stärkung, Förderung vielfältiger Fähigkeiten, sind aber gleichzeitig auch als Unterrichtsprinzip in allen Unterrichtssituationen zu entwickeln. Entdeckende, erprobende, verschiedene Deutungen der Kinder aufnehmende Unterrichtsschritte sind wesentlich, damit das Kind sich tatsächlich als Person bedeutsam in der Klasse erleben kann. Lauterbach behauptet dagegen: „Es sind die Dinge der Welt, die zuerst begriffen werden, Selbsterkenntnis gehört zu den späten Einsichten“ (Lauterbach 1992, 87). Auch wenn ein Kleinkind noch keine abstrahierende Selbstdefinition leisten kann, ist es schon früh auch mit den Problemen des Ich konfrontiert und beschäftigt und sieht schon als die Dinge begreifender Säugling durch In-den-Mund-Nehmen von Objekten eine enge Verbindung von Ich und Ding. Es wäre eine schematische Verkürzung, die emotionalen Inhalte didaktisch-methodisch an zweite Stelle hinter den Dingen der Welt zu setzen.

Wichtig ist aber auch, daß die Sachunterrichtsmethoden nicht ausschließlich als Lehrmethoden gedacht werden, sondern gleichermaßen als Lehr- und Lernmethoden. Denn es ist zwecklos, die geeigneten Inhalte auszuwählen, wenn nicht gleichzeitig auch die Vermittlung dieser Inhalte an die Kinder im Detail mitbedacht wird. Das heißt, daß Sachunterricht als kommunikativer Prozeß zwischen Lehrkraft und Kindern gesehen wird. Dies verlangt auch, genauer danach zu schauen, unter welchen Bedingungen Kommunikation produktiv verläuft, d. h. unter welchen Umständen die inhaltliche „Botschaft" auch zum Adressatenkreis „herüberkommt". In neueren populären Schriften werden die schon seit Jahrzehnten erkannten Gesetzmäßigkeiten erfolgreicher Kommunikation in erprobte Kommunikationsregeln gegossen. Eines dieser neueren populären Bücher ist von Richardson unter dem Titel „Erfolgreich kommunizieren" publiziert worden und soll im folgenden Abschnitt auf den Sachunterricht übertragen werden.

8.3 Optimierung von Handlungssituationen

Für viele Anfängerinnen und Anfänger im Lehrberuf steht an erster Stelle die Frage: „Wie schaffe ich es, daß die Kinder meine Inhalte lernen wollen?" Dahinter steht die Frage, wie es gelingen kann, eine produktive unterrichtliche Kommunikation zwischen der hierarchisch abgehobenen Lehrkraft und den Kindern herzustellen. Dieser Fragekern betrifft alle zwischenmenschliche Kommunikation. Mittlerweile hat die Kommunikationsforschung eine Vielzahl an erfolgreichen Kommunikationsstrategien herausgearbeitet. Jerry Richardson hat diese in einem populären Anleitungsbuch für Führungskräfte in der Wirtschaft und Geschäftsleute generell unter dem Titel „Erfolgreich kommunizieren" zusammengefaßt (1992). Das Buch ist offen dazu geschrieben, Kommunikationswissen dafür zu nutzen, das eigene Produkt besser zu verkaufen. Hier liegen die Grenzen der Übertragbarkeit, denn pädagogische Beziehungen mit den hier vertretenen pädagogischen Zielen sind Aushandlungssituationen zwischen Menschen, aber schließen die beherrschende Manipulation aus. Unterricht ist kein Verkaufsprozeß beliebiger Inhalte. Vielmehr verlangen umgekehrt die Inhalte und Ziele der selbständigen sozial verantwortlichen Lebensführung geradezu ein ständiges Herauswachsen aus beherrschenden Verhältnissen.

Aber auch in der Schule kommt es trotz verbesserten LehrerIn-SchülerIn-Verhältnisses und trotz Projektorientierung immer auch darauf an, in einem hierarchisch strukturierten pädagogischen Verhältnis Kinder zu bestimmten Lernschritten zu bewegen, die jedes einzelne spontan von sich aus aber nicht unbedingt will. Die allgemeinen Kommunikationsregeln des Überzeugens gelten insofern in beiden Situationen, der kaufmännischen wie der unterrichtlichen. Die Grenzen der Übertragbarkeit des Verkaufsmusters liegen darin, wenn eine bloße passive Konsumsituation hergestellt wird, in der dem Lernenden keine Entwicklungsmöglichkeit gegeben wird. Die Übertragbarkeit von Kommerzregeln auf Pädagogik beschränkt sich also auf die in beiden enthaltenen allgemeinen Prozesse der Kommunikation und deren Regelhaftigkeit.

Insofern sind Anleihen bei den Kommunikationsstrategien legitim, wenn sie als Stütze des Lehr- Lernprozesses gesehen werden und gleichzeitig eingebunden sind in Erziehungsprozesse, die Kinder letztlich unabhängig von ihrer Lehrkraft werden zu lassen.

Nun soll das Konzept Richardsons und der Versuch, seine Erkenntnisse auf den Sachunterricht in der Grundschule zu transferieren, Thema sein:

Richardsons erste Grundkategorie des Verkaufens ist das Herstellen von Rapport. Rapport heißt, daß ähnlich wie bei den Stoffmustern von Gardinen die beiden Teile so aneinandergenäht werden, daß die Muster wie bei einem einzigen Stück zueinander passen. Er fordert als Grundbedingung erfolgreicher Kommunikation, daß seine Adressaten sich zuerst auf die Ebene ihres Gegenübers begeben und zunächst die Absicht, den anderen verändern zu wollen aufgeben, sondern stattdessen sich selbst verändern. Er bezeichnet die Fähigkeit zu spiegeln, also die Stimme, Sprachmuster, Glaubenssätze, Meinungen, Körpersprache und sogar Atemmuster (ebd., 23) des anderen wiederzugeben, als das Geheimnis, um erst einmal Rapport herzustellen. Dazu gehört auf pädagogische Verhältnisse bezogen erst einmal, den / die andere / n zuerst zu akzeptieren, wie er / sie ist. Guten Kommunikationspartnern- und partnerinnen – insbesondere Frauen – gelingt dies leicht, „weil sie in ihrer Sozialisation gelernt haben, Rapport leicht herzustellen“ (ebd., 33). So spiegeln gute Lehrkräfte spontan und unbewußt ihre Kinder, reden mit markigen Worten im Berufsvorbereitungsjahr und hüpfen mit Vorschulkindern über die Wiese. Für Lehrkräfte im Sachunterricht heißt Rapport herstellen u. a. lebendig zu sein, Probleme emotional zu sehen, Sinn für Ungewöhnliches und Details zu entwickeln und eine spontane Interessiertheit mit der Sache zu leben. D. h. zunächst die Lebendigkeit und den Bewegungsdrang von Grundschulkindern in sich selbst aufzunehmen und so diese Kinder zu spiegeln, d. h. zu akzeptieren.

Erst nach einer gelungenen Spiegelung, wenn das eigene Verhalten sich dem des Gegenübers angenähert hat, ist es nach Richardson möglich, verändernd einzuwirken. An erster Stelle steht die Veränderung des eigenen Verhaltens (ebd., 37). Erst danach ist es möglich zum nächsten Schritt, dem Führen, überzugehen. Eine Vorbedingung des Führens ist nach Richardson „die Kunst, verständlich zu kommunizieren“ (ebd., 51). Dazu gibt er mehrere Schritte an.

Der erste ist, auf den Wahrnehmungstypus des Gegenübers spezifisch einzugehen. Er unterscheidet dabei die mehr akustisch, mehr visuell und mehr emotional wahrnehmenden Menschen, für die jeweils die adäquate Ansprache gefunden werden muß. Richardsons Botschaft lautet: „Wenn Sie den vorherrschenden Wahrnehmungsmodus einer anderen Person ansprechen, wird er oder sie reagieren“ (ebd., 60). Dies heißt letztlich auf schulische Verhältnisse bezogen, generell die Lernvoraussetzungen bezüglich Wahrnehmungsmustern zu kennen, um von den jeweiligen Kindern besser verstanden zu werden. Richardson betont auch die Bedeutung der zum Wahrnehmungsmuster passenden eigenen maßgeschneiderten Wortbilder. In der Geschichte der Sachunterrichtsdidaktik ist diese Regel mißachtet worden, als den Kindern aus Wissenschaftssystemen destillierte Begriffe zum Ausfüllen in Lükken von Ergebnisblättern präsentiert wurden. Dagegen erfüllt ein Sachunterricht, der die Kinder ihr eigenes Verständnis der Inhalte sprachlich ausdrücken läßt, an diese Formulierungen anknüpft und weiterarbeitet, zumindestens das Kriterium „Wortbilder nach Maß“ (ebd., 63) verständlicher Kommunikation.

Eng damit zusammen hängt die von Richardson „aktives Zuhören“ bezeichnete Methode, mit dem er empathisches Verstehen der anderen Person erreichen will. Er konkretisiert diese Methode als Paraphrasieren, also sinngemäßes Wiederholen der Aussage der anderen Person. Auch dies ist pädagogisch gesehen ein bekanntes Postulat schülerzentrierten Unterrichts, nämlich die Aussagen der SchülerInnen aufzugreifen und ernst zu nehmen.

Weniger verbreitet ist dagegen Richardsons nächste Forderung an verständliche Kommunikation, nämlich statt Warum-Fragen zu benutzen, „Was-Fragen (und ihre Variationen Wer? Welches? Wann? Wo? und Wie?)“ (ebd., 68) zu verwenden. Dies klingt zunächst ungewöhnlich, zumal die Warum-Frage tatsächlich die übliche Art unterrichtlicher Fragen gerade im Sachunterricht ist. Richardson belegt, daß die Warum-Fragen oft nur einschüchternd wirken oder eine „Abwehrhaltung in der anderen Person hervorrufen“ (ebd., 68). Wie oft antworten Kinder in der Schule auf Warum-Fragen mit „Ich weiß nicht.“ oder „..., weil das so ist“ ?. Dagegen ist z. B. die Frage.. „Was brennt an einer Kerze?“ auf den ersten Blick einfacher und sehr viel motivierender zum Nachdenken und Beobachten als die umfassende Frage „Warum brennt eine Kerze?“ Gerade im Sachunterricht, der eben auch „die Sache klären“ (von Hentig 1985) sollte, geht es um konkrete Suchbewegungen und nicht um umfassende Begründungen.

Erst wenn ein Rapport hergestellt ist, d. h. eine pädagogische Beziehung zur Klasse oder einzelnen Kindern sich entwickelt hat und diese Methoden der weiteren Verständigung zum Tragen gekommen sind, ist es nach Richardson an der Zeit, „die Kunst zu überzeugen“ (ebd., 73) einzusetzen. Voran setzt er die Selbstprüfung, ob man selbst mehr Vorteile für den Vorschlag sieht. Dies entspricht in der Pädagogik der didaktischen Begründung, ob das Ziel auf dem Hintergrund der eigenen didaktischen Konzeption überhaupt zu legitimieren ist und der Selbstklärung, welches Ziel genau verfolgt werden soll.

Danach erst ist es sinnvoll, genau nach der Entscheidungsstrategie der anderen Person zu schauen, um eine passende Präsentationsstrategie zu entwickeln (ebd., 84). Für den Unterricht heißt dies, genau die Lernstrategie jedes einzelnen Kindes bezogen auf den jeweiligen Unterrichtsinhalt kennenzulernen, um dann die adäquaten Lernschritte anbieten zu können. So brauchen einige Kinder „Eselsbrücken“, andere Wiederholungen oder rhythmische Übungen, wieder andere spannende Kontextbeispiele, um zu lernen. Hier wird deutlich, daß spätestens in dieser Phase ein sehr individualisiertes Umsetzen der Kommunikationsstrategien auf Schule erforderlich ist.

Das weitere methodische Prinzip Richardsons ist das „Ankern“. Darunter versteht er „eine Methode, die einflußreichen, unbewußten Quellen eines anderen einzusetzen, um die erwünschten Reaktionen zu erhalten“ (ebd., 89). Pädagogisch bedeutet das Ankern der erwünschten Reaktionen in der Interaktion, daß positive Reaktionen der Kinder in Hinblick auf das Ziel entwickelt werden, z. B. Hilfestellungen bzw. eingebettete Vorschläge zum Erreichen des Lernzieles situativ in die Interaktion einzubringen sind. Letztlich heißt dieses Postulat, kinderzentrierten Unterricht zu praktizieren, aber die Metapher vom Ankern erleichtert es, das Prinzip der Annäherung zu verstehen: Der Anker des Schiffes wird also ausgeworfen in anderes Terrain, um sich darin festzumachen. Fremdes und Eigenes treten in eine Verbindung.

Dies ist in der Tat ein schon recht hoher Anspruch an pädagogisches Verhalten. Die Idee mit den eingebetteten Vorschlägen, die genaue Kenntnis der Lernstrategien und das Hervorbringen angenehmer Reaktionen bei den Kindern verlangt viel methodisches Geschick in der Realisierung, aber zumindest sind wichtige Kriterien benannt, wie ein dynamischer Lernprozeß ohne direkten Druck zustande kommen kann.

Zum Schluß dieses Rezepteabschnittes will ich die Rezeptologie auf die Spitze treiben und einmal meine eigenen pädagogischen Schätze aus der methodischen Trickkiste einer über zehnjährigen Praxiserfahrung vorführen. Tricks sind in der pädagogischen Diskussion verpönt, aber von BerufsanfängerInnen heiß begehrt. Auch wenn sie verkürzt sind, kann in ihnen doch didaktisch methodische Teilwahrheit und Intuition über das Lernen von Kindern stecken, daß es sich lohnt, Tricks ernstzunehmen und wenigstens zu betrachten. Eine andere Bezeichnung dieses oft in Tricks formulierten Wissens von Lehrerinnen und Lehrern können wir auch als „subjektive didaktische Theorien“ (Koch-Priewe 1986) von Lehrkräften bezeichnen. Dick (1994) bezeichnet diese subjektiven Theorien von „Expertenlehrern“ sogar als die wesentliche Grundlage für die Qualifizierung angehender Lehrkräfte und hat sie in umfangreichen Untersuchungen zu erheben versucht (Dick 1994).

Die durch Befragung, Gespräch oder Praxisbeobachtung zu gewinnenden „Tricks“ sind aber kein voraussetzungslos zu benutzendes Praxiswissen. Sie stehen nicht ohne die bisherigen theoretischen Vorüberlegungen zur Didaktik des Sachunterrichts. Dementsprechend ist eine unkritische Imitation fragwürdig und auch kaum wirksam. Denn bei den meisten Tricks muß einschränkend gesagt werden, daß sie nur funktionieren, wenn das pädagogische Verhältnis zwischen Lehrerin oder Lehrer und Kindern stimmt. Wenn die Kinder eine Lehrkraft mögen, ihr vertrauen und überhaupt elementare inhaltliche Motive haben, sind sie eher in der Lage, auch mitzuschwingen, wenn die Lehrkraft in eine bestimmte Richtung gehen will. Viele Tricks funktionieren vor allem auf der psychodynamischen Ebene und wirken oft verstärkt durch den Placebo-Effekt des guten Kontaktes. Eine Lehrkraft muß also selbst an die Wirkung dieser Tricks und der darin eingeschlossenen pädagogischen Theorie glauben, damit sie auch gelingen (vgl. Rosenthal / Jacobson 1974 (2)). Bloße äußere Imitation hat wenig Sinn. Rezepte sind keine Unterrichtstechniken, die personenunabhängig funktionieren, vielmehr ist immer die lehrende Person als Mensch gefragt.

Viele Tricks drücken aber auch aus, was im 5. Kapitel zu den allgemeinen Merkmalen von Kindern gesagt wurde – beispielsweise, daß Kinder gern größer sind. Dann ist der Trick, Kindern Ämter mit bedeutsamen Bezeichnungen zu geben, keine Zauberei und keine Vortäuschung, sondern ein effektives Anknüpfen an die subjektiven Persönlichkeitsbedingungen und Lernvoraussetzungen.

Tricks sind methodisch gesehen Verhaltensmuster von Lehrkräften in bestimmten unterrichtlichen Handlungssituationen. Deshalb können sie letztlich nicht wissenschaftlich begründet werden, sondern entfalten nur ihre Wirksamkeit, wenn die Lehrkräfte sie gemäß der situativen Bedingungen produktiv einsetzen. Wegen der subjektiven Deutungsnotwendigkeit soll die folgende Trickliste nur unkommentiert vorgestellt werden.

- paradoxe Motivierung („Das sollt ihr jetzt noch nicht wissen, das lernt ihr erst nächstes Schuljahr")
- Kinder ernst nehmen, wichtige Aufgaben fürs Schulleben entwickeln
- viele bedeutsame Ämter verteilen („Projektorchefin")
- im Kunstcharakter der Schule echtes Leben wiederherstellen (ein wirklich erstelltes Produkt verkaufen, anderen den selbstgedrehten Film über die eigenen Arbeitsergebnisse zeigen)
- Abstimmung über alternative Inhalte („Wollt ihr als nächstes Thema über Steine, Zeitung oder Schatten etwas lernen?")
- Verknappung (jedes Kind bekommt nur wenige Sonnenblumenkörner zum Essen, das Bild wird weitergegeben und nicht fotokopiert, nur jede Gruppe bekommt einen Text)
- zaubern (Veränderungen an Dingen und Inhalten als Zauberritual hervorheben)
- Theaterszenerie herstellen (Rollentausch beim Nachspielen des Streits)
- Fernsehduelle (Pro und Contra-Spiel: War die Eroberung Amerikas richtig?)
- Verschworene Gemeinschaft („Mal sehen, was die Erwachsenen alles falsch machen!")
- positive Verstärkungsrituale für erreichte soziale Ziele (z. B. Plusliste für die Fähigkeit, anderen zuzuhören oder andere gemeinsam vereinbarte Regeln und Verhaltensweisen)
- Dinge / Erfahrungen aus dem Leben der Lehrkraft („den Stein hat meine Tochter in der Eifel gefunden")
- Lernen mit allen Sinnen, auch durch Mund und Magen
- Dingen / Zusammenhängen / Versuchen einen Namen geben lassen (Kinder haben „Seidenzahn" für das kanadische Berufskraut im Mai gefunden; ein Spiegelversuch wird „Monstergesicht", ein anderer „Die Maske" genannt; die aktive Namensgebung stärkt auch die eigene Identität)
- Strukturierung von wesentlichen Inhalten (Thema der Woche / Bild des Tages / Ausstellungstisch des Monats; der witzigste Wasserversuch, die kürzeste / längste / gemeinste / traurigste / lustigste Interviewantwort der Woche)
- Berührung geben und geben lassen
- Bewegung zulassen und fördern
- Beleben (Probleme in Geschichten einbinden, Namen erfinden lassen)
- Klassenbriefkasten (zur Vorstrukturierung von Streitgesprächen)

Diese Trickliste läßt sich beliebig verlängern. Sämtliche Aussagen aus dem 5. Kapitel über Kinder können, wenn sie in tatsächlicher Praxis erprobt werden, auch als Tricks formuliert werden.

8.4 Methodische Handlungsmuster im Sachunterricht

Im Laufe der Geschichte des Sachunterrichts hat sich die Formenvielfalt methodischer Handlungsmuster vom bloßen Lehrervortrag außerordentlich ausdifferenziert. Umso schwieriger ist es bei der großen Vielfalt, eine Übersichtsform zu finden.

Einen sehr kurzen Katalog von Handlungsmustern kombiniert mit Beschreibung von Handlungssituationen finden wir bei W.G. Mayer (1985):

„Zu den Methoden des Sachunterrichts gehören ...:

- das Spiel mit seiner Leiberfahrung, Sacherfahrung und Sozialerfahrung
- das Probieren auf „Gut-Glück“ als denkendes Versuchshantieren
- die Analogiehandlungen
- das Umstrukturieren als kombinatorische Aktivität
- die „Selektion“ auf exemplarische Phänomene und Prozesse
- das Experiment als gezielter Versuch unter Einschluß von Irrtumshandlungen“ (Mayer 1985, 30).

Dieser Methodenkatalog ist zwar von den Handlungen der Kinder her entwickelt und zeigt auch die pädagogischen Möglichkeiten der genannten Methoden auf, er engt aber das Spektrum an Handlungsmustern stark ein.

Jede Lehrkraft hat auch nur ein bestimmtes, meist auf wenige Handlungsmuster begrenztes praktisches Repertoire. Deshalb soll hier eine breitere – nicht erschöpfende – Übersicht über verschiedene Handlungsmuster vorgestellt werden. Dabei sollen die methodischen Formen isoliert und nicht so komplex dargestellt werden – dafür aber in einer breiteren Formenvielfalt.

Ich selbst unterscheide bei den methodischen Handlungsmustern im Sachunterricht zunächst einmal nach dem Lernort:

- Lernen an Schultischen
- Leben in der Klasse
- in der Klasse und nach draußen geöffnet
- im Schulleben
- in außerschulischen Lernorten

Diese fünf lokalen Differenzierungen sind zusätzlich zu den hier vorgestellten Handlungsmustern mitzubedenken.

Zusätzlich unterscheide ich aber die Handlungsmuster noch nach vier Formtypen, nämlich Präsentations- und Informationsvermittlungsformen der Lehrkraft (A), Formen des Erfahrungsgewinns für die Lernenden (B), Formen, die subjektiven Ausdruck der Lernenden ermöglichen (C) und situationsübergreifende Handlungsformen (D):

A) Präsentationsformen

Die Präsentationsformen sind methodische Handlungsmuster, durch die Informationen, Zusammenhangswissen, Hintergrundswissen und Deutungen den Kindern vermittelt werden. Katharina Fahn bezeichnet diese als „darbietend-informative Lehrverfahren“ (Fahn 1988).

Methodenübersicht (Handlungsformen im Sachunterricht)

A) Präsentation und Informationsvermittlung	
1) Lernen an/aus/mit/Texten/Geschichten durch	**2) Bilder aus Informationsquelle und Erfahrungsausdruck einsetzen**
• Beschreibungen	• illustrative Bilder/Zeichnungen
• Kinderbücher	• Modelle zur Anschauung
• klassisch literarische Kurzformen (Märchen, Fabeln, Parabeln, Gedichte)	• Collagen
• informative Texte/kombiniert mit Bild (Lehrbuchmuster)	• Fotos (Freeß 1998)
• Wandzeitung	• Bildvergleich
• Vorträge der Kinder/anderer Personen zur Informationsvermittlung	• Fotografieren
• Dokumentation	• Bildkontraste/-kombinationen
• Zeitungsmeldungen und andere Gebrauchstexte	• Austausch verschiedener zeichnerischer Vorstellungen
• Sachunterrichtserzählungen (Kaiser 1996c)	• informative audiovisuelle Medien
3) Spielerisch sich dem Inhalt annähern	**4) abstrahierende Veranschaulichungsformen**
• spielerisches Erproben	• Tabellen
• spielerische Erkundung	• Pläne
• Brettspiele (Kaiser 1996, 1998)	• Grafiken
• spielerische Förderung des Sozialverhaltens und zur Lösung von Konfliksten (vgl. Meiers 1994 (2), 131)	• Zahlen
• Regelspiele (vgl. Kaiser 1996, 1998)	
• Wettkampfspiele	

Kommentare zu ausgewählten methodischen Formen

A1) Geschichten

Gerade weil Geschichten so bedeutsame Medien sind, um emotional vielschichtig bestimmte Inhalte zu vermitteln, sind sie besonders hervorzuheben. Trotz ihres didaktisch-methodischen Wertes „steht die narrative Unterrichtskultur heute nicht hoch im Kurs" (Mattenklott 1993, / 19). Geschichten für den Sachunterricht müssen erst noch geschrieben oder von Kindern und Lehrerinnen oder Lehrern in der Situation erfunden werden.

Es ist durchaus sinnvoll, klassische Lehrererzählungen aus der Zeit der Reformpädagogik, zum Beispiel die „Plauderstunden" von Fritz Gansberg (1912b), als Modell für das eigene Geschichtenerzählen zu nehmen.

Eine zeitgemäße Sammlung derartiger Erzählungen zu über 60 gängigen Sachunterrichtsthemen liegt im Buch „Geschichten für den Sachunterricht" (Kaiser 1996c) vor.

Neben dieser Form der Sachunterrichtserzählungen sind für den Sachunterricht auch „phantastische Sachgeschichten" von Bedeutung, die durch den fiktiven Charakter besonders starkes Interesse der Kinder wecken und dabei gleichzeitig wichtige Informationen vermitteln. G. Mattenklott legt vier verschiedene Kriterien an das Verfassen derartiger Texte:

1) Stimmen die Informationen?
2) Passen die phantastischen Verwandlungen der Phänomene zu ihren Eigenschaften?
3) Sind sachangemessene phantastische Requisiten verwendet worden?
4) Ist der fiktive Charakter erkennbar? (Mattenklott 1993, 19).

B) Erfahrungsgewinnformen

Erfahrungsgewinnformen sind Handlungsmuster, die daraufhin angelegt sind, vertiefend in ein Problem einzudringen. Dies entspricht den konkret-operativen und den problemorientierten Lehr- und Lernwegen nach Fahn (1988). Dazu zählen:

B) Erfahrungsgewinn	
5) Erkundung / Unterrichtsgang planen, durchführen und auswerten	**6) Beobachtung planen, durchführen variieren, auswerten**
• mit offenem Problem (Wie können Pflanzen auf dem Asphaltweg überleben?)	• von verschiedenen Darstellungen (Körperhaltung, Werbung)
• mit verschiedenen Fragen (Wieviele Arten von Pflanzen, welche Wurzellängen, welche Trittfestigkeit?)	• von Veränderungen / Entwicklungen Sprößlinge, ein Baby, Schatten des Schulgebäudes im Laufe des Tages, Pflanzen in vier Jahreszeiten)
• mit vorgeschriebener Erkundungsaufgabe (Pflanzenwelt in der Stadt)	• von Phänomenen / Lebewesen (z. B. Klassentier, Wetter, Stau)
• mit zentraler Fragestellung (Wieviel verschiedene Pflanzenarten können in unserem Stadtviertel in Pflasterritzen überleben?)	• von Prozessen (Anwachsen des Schulmülls in einer Woche)
• mit festgelegten Dokumentationsformen (zeichnen, fotographieren)	• von Zusammenhängen (Abwasserrohr der Baustelle und Kanalsystem)
7) Experiment, Versuch, Erprobung, Sammlung planen, durchführen, beobachten und auswerten	
• Vorführexperiment	
• offener Gruppenversuch	
• offener Partnerversuch	
• offener Einzelversuch	
• Erfindungen machen (Wigger / Schomaker 1998)	
• Erprobung mit vorgegebenen Materialien	
• Gruppenversuch nach Anweisung	
• Partnerversuch nach Anweisung	
• Einzelversuch nach Anweisung	
• freies Forschen zu einem Problem/Thema (Kaiser 1996, 1998)	
• Material sammeln	
• Erprobung mit vorgegebener Fragestellung	

Kommentare:

zu B5): Erkundungen und Unterrichtsgänge werden seit der Reformpädagogik in der Theorie viel präferiert, genießen in der Praxis aber oft noch ein Schattendasein.

Für Kinder sind aber gerade die mit Unterrichtsgängen verbundenen Lernprozesse diejenigen, die nachhaltige Eindrücke hinterlassen. Hier findet Originalbegegnung tatsächlich statt. Selbstverständlich bedarf es auch hierzu einer guten Vorbereitung, damit die Kinder die Vielfalt der situativen Bedingungen produktiv bewältigen können.

zu B7): Die Erprobung bzw. der Versuch mit verschiedenen Materialien wird viel gepriesen und selten praktiziert, weil immer dann, wenn eine Frage bei den Kindern auftaucht, das entsprechende Erprobungsmaterial fehlt. G. Beck empfiehlt, in der Klasse eine breite Materialsammlung anzulegen, das den folgenden Funktionen entsprechen soll:

- Brückenfunktion von Realerfahrung
- Überblick über konkrete Erfahrungen der Kinder
- unstrukturiertes Material
- strukturiertes Material als „Hilfe beim Auffinden von Zusammenhängen, Entwicklungen und Strukturen“ (Beck 1988, 97).

Am sinnvollsten scheint es zu sein, dieses Material nach und nach arbeitsteilig in der Schule in verschiedenen Kisten zu sammeln. Duncker zählt das Sammeln sogar neben Schreiben und bildlichen Darstellungen zu den drei zentralen Kulturfunktionen (Duncker 1994b), an die es elementar in der Grundschulpädagogik anzuknüpfen gelte. Er stellt den in der Pädagogikgeschichte oft als Besitztrieb negativ bewerteten Bedürfnissen der Kinder (Duncker 1994b, 161) eine produktive kulturtheoretische Interpretation des Sammelns entgegen. Für ihn sind die Dinge gleichzeitig „Repräsentanten des Fremden und Vertrauten“ (ebd. 162) und weisen insofern über den Ist-Zustand des Kindes hinaus. Das vom Kind gefundene Stück ist für ihn nicht ein bloßes Besitzstück, sondern kann auch „der Einstieg in das Unbekannte“ (ebd., 162) sein. Dieses hat nach Duncker sowohl phantasiebezogene mythisch-spekulative, wie auch analytisch-rationale Seiten (ebd., 163). Denn „Sammlungen enthalten Anstöße für das Aufstellen von Hypothesen und Vermutungen, für das Nachspüren und Verfolgen von Zusammenhängen, die erfolgreich nur mit den Mitteln der Logik und des überprüfbaren Experiments zu bewältigen sind. Insofern kann sich im Umgang mit Sammlungen auch ein forschendes Lernen entfalten“ (ebd., 163). Aber auch Ordnungsgesichtspunkte und Strukturen vielfältiger Art werden in kindlichen Sammlungen entwickelt. „Die Sammlung ist demnach ein Konstrukt, das Theoriearbeit enthält: Sie verweist auf das Zusammenspiel objektiver Merkmale und subjektiver Sinndeutungen“ (ebd., 165).

Anders als in diesen beiden Konzeptionen können Materialsammlungen auch als didaktisch strukturierte Anregungsmaterialien der Lehrkräfte verstanden werden. Spreckelsen interpretiert derartige Sammlungen als „‘Insel des Verstehens’ .. als Kristallisationspunkt für weitere Phänomeninterpretationen“ (Spreckelsen 1992, 32), damit die Kinder „durch Bereitstellung eines entsprechenden Phänomenangebots zu ursprünglichem Weltverstehen geführt werden, zum zweiten indem im Unterricht konsequent auf eigene Handlungsmöglichkeiten der Schüler gedrängt wird“ (Spreckelsen 1992, 32).

C) subjektiver Ausdruck	
8) Darstellendes Spiel planen, durchführen, variieren und auswerten	**9) Bildlich und zeichnerisch Erfahrungen und Vorstellungen ausdrücken**
• Planspiel	• Vorstellungen von inneren Zuständen äußerer Dinge
• szenische Antizipation	• Vorstellungen von Sinn und Zusammenhängen
• Schattentheater	• visuell Eindrücke ausdrücken (Bilder, Plastiken) (Freeß 1998)
• Theaterszenen	• Vorstellungen von technischen Funktionsweisen
• Film drehen	• Vorstellungen von Entwicklung und Genese
• Rollenspiel	• Vorstellungen von Veränderungsmöglichkeiten
• Problemdarstellung in szenischen Medienritualen (Pro- und Contra-Spiel; Gerichtsspiel; Talk-Show)	• Vorstellungen von Emotionen
• imaginative Spiele (vgl. Vopel 1996)	• Bild malen
• Pantomime, Mimik	• Collage
• Standbild (körpersprachlicher Ausdruck), (vgl. Rosenbusch/Schober (Hg.) 1995 (2))	• Foto-/Bildzusammenstellung
• Puppen-/Figurentheater	• Gegenstandszusammenstellung
• szenische Nachgestaltung Bewegung im Raum)	
10) Gesprächsformen entwicklen kultivieren, praktizieren, variieren	**11) Schreiben**
• Morgenkreis, Abschlußkreis	• selbst verfaßtes Buch der Klasse
• Streitgespräch/Konfliktgespräch (Heckt/Jürgens (Hg.) 1996)	• Klassen-, Schulzeitung
• Blitzlicht	• Berichte
• Interview	• Erlebnisgeschichten von Kindern
• Brainstorming	• Freie Texte von Kindern
• Kommunikationsregeln anwenden	• Briefe an andere Klassen
• meditative Aneignungsformen (inneres Sprechen) (Petermann 1996, Müller 1994)	• Geschichten
• Expertenbefragung (in der Klasse oder außerhalb; z. B. Großeltern, Förster, Zahnärztin)	• Schreibgespräch
• Kreisgespräch	
• Träume und Visionen der Kinder	
• spielerische Meditation, Phantasiereise (Müller 1994)	
• Interaktionsspiele (Gudjons 1995, Vopel 1996)	

Beide dieser Varianten von Materialsammlungen haben ihre Begründung im Rahmen des hier vertretenen Konzepts von Sachunterricht.

C) Ausdrucksformen

Zu den Ausdrucksformen zählen alle diejenigen methodischen Handlungsmuster, die den bisherigen Lernprozeß ausdrücken und ihn dabei gleichzeitig weiterentwickeln. Dazu zählen:

zu C 10: Das Unterrichtsgespräch ist zwar bei der materiellen Vorbereitung sehr schnell zu arrangieren, dafür ist es von der konzeptionellen Durchführung her ein besonders schwieriges, aber auch produktives Unterfangen. So ist es im Gespräch möglich, Sozialerziehung und themenbezogenen Unterricht als eine Einheit zu gestalten.

Da können die Kinder lernen zuzuhören, andere Meinungen und Ansichten anzunehmen, Dinge und Probleme von mehreren Seiten zu betrachten und nicht allein von der eigenen. Die entscheidende Aufgabe der Lehrkraft ist es dabei, produktiv die Verschiedenheit einzubringen: „Im Gespräch mit den Gleichaltrigen treiben unterschiedliche Meinungen, Divergenzen, Kontroversen die Diskussion voran" (Einsiedler 1994, 200). Gerade die Verschiedenheit der Kinder ermöglicht es, das produktive Lernen durch Kontroversen zu entwickeln (ebd.). In diesen Gesprächsphasen können die Fragen der Kinder differenziert und präzisiert werden. Ein systematisches Fragetraining hat sich empirisch als erfolgreicher beim Problemlösen erwiesen als unstrukturierte Gesprächssituationen (Einsiedler 1994, 209).

D) übergreifende Handlungsformen

Unter übergreifenden Handlungsformen werden diejenigen methodischen Handlungsmuster verstanden, die – oft als Elemente von Projekten oder Vorhaben – den Kindern Gelegenheit zu ganzheitlichem Handeln geben.

Abschließend soll begründet werden, warum eine außerordentlich beliebte Form, die individualisierenden Arbeitsanregungen, hier nicht in die Liste an Handlungsmustern aufgenommen worden ist. Zum einen muß für diese Formen ohnehin nicht die pädagogische Propagandatrommel gerührt werden, weil sie sich in der Praxis wie eine Seuche ganz von allein ausbreiten. Besonders der Einsatz eines Arbeitsblatts ist wahrscheinlich das beliebteste methodische Handlungsmuster. Aber auch Arbeitskarten haben mittlerweile einen großen Marktanteil erobert.

Inhaltlich ist vor allem das Qualitätsproblem bei Arbeitsblättern und -karten noch wenig gelöst: „Mit Arbeitskarten und anderen Materialien gelingt es oft nicht, über die Faktenebene hinaus zu den eigentlich interessanten Strukturzusammenhängen vorzustoßen, manchmal leiten Freiarbeits-Materialien geradezu zu banalen Tätigkeiten an" (Einsiedler 1994, 208). Noch problematischer bei den meisten vorbereiteten Materialien (mit Ausnahme der meisten von der Pädagogik-Kooperative in Bremen publizierten) ist ihr zentral verordneter Formularcharakter, der sich den Kinderfragen in der Situation verschließt. Aber auch die Inhalte werden durch Arbeits-

D) übergreifendes Handeln	
12) Produkte selbst herstellen	**13) Pflege planen, praktizieren und auswerten**
• Arbeitsteilung ein Produkt anfertigen (Stockblumen aus Papier, Pappsandalen für die Leseecke, Armreifen) (Kaiser 1996, 1998)	• von Klassentieren (Kaiser 1998)
• etwas backen/kochen (Kaiser 1998)	• der Schulgesundheit (Erste Hilfe, Salatbar) (Kaiser 1998)
• ein Produkt auf dem innerschulischen Markt anbieten (Kaiser 1996, 1998)	• von Naturprojekten (Bachpatenschaft, Baumpatenschaft, Wiesenpatenschaft, Wegrandpatenschaft (vgl. Schreier 1994a, 105)
	• von Pflanzen
	• von Menschenbeziehungen
	• von Museumsobjekten
14) Zusammenleben problematisieren, planen, verändern, praktizieren, reflektieren, erleben, genießen	**14a) Soziale Kompetenzen üben**
• gemeinsame Aufgaben (Klassentier, Zimmerpflanzen, Pflasterausteilen auf dem Schulhof)	• spielerisches Problemlösungsverhalten
• gemeinsame Aktionen (Veränderung der Verkehrsführung in Schulnähe; Solidarität mit der Partnerschule in Südamerika; Aktionen zu veränderter Müllproduktion; Bachpatenschaft im Schulumfeld) (Beutel u. a. 1995)	• Interaktionsspiele (Vopel 1992)
• Regelmäßige Rituale (Geburtstagsfeier, Sitzkreis nach der Pause)	• Schulgericht, Schülerrat (Kiper 1997b) u. a. Formen der Selbstverwaltung/ Selbstorganisation (Bönsch 1996)
• Gemeinsames Erleben und Planen (Klassenfest, Schulfest, Feiern, Schulforum)	

blätter und -karten vielfach banalisiert. „Die Trivialisierung der Welt ist ein heimlicher Lehrplan, dem auf der methodischen Ebene die Verdrängung der Dinge aus dem Unterricht entspricht“ (Schreier 1994a, 180).

Auch die Entscheidung für das jeweilige Handlungsmuster ist also nicht wertneutral, sondern abhängig vom Verhältnis Kind-Inhalt-Gesellschaft. Allein wenn wir die Dimension „Kind“ an erster Stelle hinzuziehen, erfährt die Liste der Handlungsmuster neue Akzentuierungen und wird nicht auf der Ebene von Formunterschieden betrachtet.

Ich gruppiere hier methodische Handlungsmuster und andere Methodenformen nur an den im 5. Kapitel zusammengestellten anthropologischen Merkmalen von Kindern:

- a) intensiv emotional erleben
- b) sich bewegen
- c) handelnd tätig sein
- d) selbständig tätig sein
- e) geborgen sein
- f) gemeinsam mit anderen Kindern sein
- g) Freundschaft erleben
- h) Spaß haben
- i) Ernst (für groß) genommen werden
- j) Sinn erfahren
- k) Liebe zum Detail und zu kleinen Dingen
- l) Liebe zur Natur
- m) Liebe zum Schönen

Für einen lebendigen Sachunterricht können aus den allgemeinen Bedürfnissen der Kinder verschiedene methodische Muster weiterentwickelt werden. Dazu sei hier nur eine – notwendig unvollständige – Vorschlagssammlung vorgestellt.

A) intensives, unmittelbares emotionales Erleben
- spannende Geschichten
- Ich-Erfahrung
- ästhetische Zugangsweisen
- soziales Lernen
- Originalbegegnung
- kommunikative Zugangsweisen
- Lernorte außerhalb der Klasse

B) Bewegung
- Erkundungen draußen
- Projekte mit Lernorten außerhalb des Klassenraumes
- Inhalte sinnlich-körperlich erfassen und analysieren

C) Tätigsein
- Handlungsaufgaben für alle
- Werkstattunterricht mit differenzierten Angeboten

D) Selbständig sein
- Entdeckungslust und Erfahrung fördern
- problemorientiert lernen
- selbständige Schwerpunkt- und Themenwahl
- gründliches, verstehendes, problemorientiertes und entdeckendes Lernen

E) Geborgenheit
- ein von Ritualen durchstrukturierter Schulalltag
- zuverlässige Bezugspersonen in der Schule (Team-Kleingruppen-Modell)

F) Soziales Lernen
- soziale Konflikte aufgreifen
- integrationsfördernde Erziehung
- Entwicklung sozialer Kompetenzen
- Repädagogisierung des Sachunterrichts
- Verbindung von gegenstandsorientiertem und sozialem Lernen

G) Spiel und Spaß
- spielerisches Üben
- spielerische Informationsentnahme
- soziales Lernen im Spiel

H) Bedeutung
- verständliche Aufgaben, die nicht zu viel verbale Abstraktion und sprachliche Kompetenzen verlangen
- Inhalte von gesellschaftlicher / öffentlicher Bedeutung
- Kinder als Lernende und Handelnde in wirklichem Kontext
- d. h. Projekte von aktueller Brisanz

I) Liebe zum Detail und zu kleinen Dingen
- Werkstatt-Sachunterricht mit vielen konkreten Dingen
- Aufbau von Miniaturwelten im Modell (afrikanisches Dorf, Sultanspalast)

J) Liebe zur Natur
- mit Gefühlen an Inhalte aus der Natur herangehen
- meditative Zugangsweisen
- das Naturschöne wahrnehmen
- erlebnisbezogene Zugangsweisen
- Identifikation mit Lebendigem

K) Liebe zum Schönen
- kreative Zugangsweisen
- ästhetischer Umgang mit den Dingen
- Philosophieren

Diese recht weit gefächerten methodischen Möglichkeiten eines dynamischen zukunftsgemäßen Sachunterrichts sollen nun in Anlehnung an Hameyer mit wenigen Kriterien pointiert werden. Er fordert fünf (didaktisch-methodische) Leitlinien für den Sachunterricht:

- originale Begegnung
- Lernen mit allen Sinnen
- das Soziale der Sache erschließen
- thematische Integrationskerne bilden
- fächerübergreifenden Unterricht (Hameyer 1992, 10).

8.5 Methoden des Unterrichtseinstiegs

Der Unterrichtsbeginn – nicht nur als Beginn einer Stunde zu verstehen, sondern mehr als Beginn einer Sinneinheit – ist das Kernstück von Unterricht. Hier wird den Kindern der Weg in die neue Unterrichtseinheit geebnet, hier entwickeln sich Fragehaltungen und Motivationen, die den weiteren Lernprozeß tragen können.

Die Auswahl an Sozialformen engt sich für diese Phase deutlich ein, wenn wir ein gemeinsames, wenn auch arbeitsteiliges Arbeiten der Kinder an dieser Thematik wünschen. Der gemeinsame Sitzkreis, das gemeinsame Gespräch, das gemeinsame Beobachten des Problems sind besonders häufige sinnvolle Formen des Unterrichtseinstiegs. Um eine überdauernde Fragehaltung zu entwickeln, die nicht nur kognitive, sondern auch emotionale Beteiligung der Kinder beinhaltet, sind bestimmte Handlungsmuster für die Motivierung / den Einstieg besonders empfehlenswert:

a) Verfremdung
b) Geschichte
c) Aufgreifen von Alltagskonflikten der Kinder

zu a)

Gerade weil in den Kindern selbst der Widerspruch zwischen Geborgenheitssuche und Orientierung am Vertrauten und der Suche nach neuen Entdeckungen und Erfahrungen prinzipiell vorhanden ist, ist es didaktisch außerordentlich fruchtbar, an diesem Widerspruchsverhältnis anzuknüpfen. So wird Unerwartetes im scheinbar Vertrauten (Popp / Duncker 1994) gezeigt. Rauschenberger nennt dieses Prinzip Verfremdungseffekt, bei dem Fremdes aber in einem ausgewogenen Verhältnis zum Vertrauten stehen soll (Rauschenberger 1994), G. Mattenklott nennt das pädagogische Handeln „Zeigen", bei dem ein „Verfremden des Gewohnten" (Mattenklott 1993, 17) erfolgt. Den Ursprung des Denkens im Staunen zu sehen, ist eine sehr frühe Erkenntnis. Schon Platon sah im Staunen den Anfang aller Philosophie (Mattenklott 1993, 18).

Rauschenberger unterscheidet für den Unterricht zwei Grundtypen des Verfremdens:

1) Neues wird in seiner Ungewöhnlichkeit präsentiert, denn Lernen bedarf der Diskrepanzen (Kahlert 1997, 113).

2) Bekanntes wird auf ungewöhnliche Weise gezeigt (Rauschenberger 1994, 86f).Trotz des hohen motivationalen Effekts von Verfremdung gibt es aber auch Grenzen des Verfremdens. Nach Rauschenberger darf Fremdes nicht zuviel sein „daß das Bekannte von ihm überwuchert wird"(Rauschenberger 1994, 85). Es ist nur sinnvoll, wenn die Klasse sich sicher in eine Richtung entwickeln kann und keine Kontroversen in sich führt (Rauschenberger 1994, 88). Vor dem pädagogisch arrangierten Verfremden sollte deshalb zunächst danach gesucht werden, ob nicht bereits in der Sache selbst genügend Verwunderliches steckt und ob nicht das Kinderdenken selbst in sich Verwunderliches trägt, erst an zweiter Stelle danach ist künstliche methodische Verfremdung vonnöten (Rauschenberger 1994, 88).

zu b) Geschichten

„Im Sachunterricht, dessen Lerngegenstände nicht zum wenigsten der natürlichen und kulturellen Dingwelt entstammen, ist das Erzählen eine einzigartige Weise, sie in lebendige Situationen, in Werdensprozesse zurückzuverwandeln, sie zu beleben“ (Mattenklott 1993, 19). Gerade um die Menschen als ganze Personen und nicht nur kognitiv anzusprechen, „braucht die Pädagogik die Welt der Bilder und den Umgang mit Figuren aus erzählten oder gespielten Geschichten“ (ebd.).

zu c) Gespräche

Auch Unterrichtsgespräche sind wichtige Anfangsszenen für motiviertes Lernen im Sachunterricht. „Gesprächsbeiträge können nur dann lernwirksam werden, wenn ihr Inhalt hinreichend konturiert ist, so daß ein „kognitiver Konflikt“ entstehen kann“ (Faust-Siehl 1993, 13).

Bei aller Notwendigkeit, motivierte Lernausgangssituationen zu schaffen, darf dies nicht dazu führen, daß der Unterricht immer stärker in systematischen Stufenfolgen strukturiert wird und sich vom tatsächlichen Schulleben in eine verordnete Stundenwelt versenkt. Die erste und wichtigste Motivationsbedingung ist neben diesen Motivierungstechniken, daß das Lernen in und aus der Schullebenssituation entwickelt wird. Dazu ist es an erster Stelle wichtig, einen „gelassenen Schultag als Lebenstag mit den Kindern (zu) gestalten .... Wir müssen den Kindern Zeit und Gelegenheit geben, sich in Sache und Situation buchstäblich einzufinden“ (Meier 1993, 28).

8.6 Sachunterrichtlicher Schulanfang – ein Beispiel für integrierte Methoden

Ilse Lichtenstein-Rother führte in ihrem seit den 50er Jahren immer wieder aufgelegten Standardwerk „Schulanfang“ aus:

„Die inhaltliche und methodische Orientierung des Anfangsunterrichts am Kinde und seiner Welt führt zur Reform des Lehrplans und der Unterrichtsmethode. Im Zentrum des Anfangsunterrichts steht nicht mehr das Erlernen der ‘Kulturtechniken’, die Übermittlung formeller Fertigkeiten, sondern die harmonische Ausbildung aller Geisteskräfte auf Grund eines sachkundlichen Anschauungsunterrichts; der Lese- und Schreibunterricht beginnt frühestens im zweiten Halbjahr des ersten Schuljahres“ (Lichtenstein-Rother 1969 (7), 111f).

Lichtenstein-Rother gebraucht für den Anfangsunterricht bewußt das Wort sachunterrichtlicher Anschauungsunterricht, obgleich sie – für die damalige Zeit schon sehr fortschrittlich – sonst auch das Wort Sachunterricht verwendet. An diesem Punkt unterscheide ich mich deutlich von ihren Vorstellungen. Denn sie sieht Sachunterricht nur als einen Bereich des Gesamtunterrichts, als „sachlichen Kern der Bildungsarbeit des Anfangsunterrichts“ (ebd., 152).

Der Kerngedanke des alten Gesamtunterrichts, den Lernprozeß der Kinder immer an erster Stelle ausgehend von den Sachen zu strukturieren und aus den Sachinhalten auch sprachliche, gestaltende und mathematische Inhalte zu entwickeln, ist m.E. ein auch noch heute gültiger Gedanke, wenn wir in der Schule den Kindern gerecht werden wollen, die sich primär im Verhältnis zur Lebensumwelt sehen und nicht zu formalen Fertigkeiten. Der Sinn von Schule liegt in der unmittelbaren Lebensvorbereitung (vgl. Horn 1978) und nicht in den dazu sekundär erforderlichen Kulturtechniken. Umgekehrt hatte der alte Gesamtunterricht wegen der lernpsychologischen Vernachlässigung des Handelns, seiner oberflächlichen und künstlichen Konstruktion der Dinge, seiner nicht sachgerechten Struktur und seiner faktischen Dominanz des Sprachunterrichts, gar nicht diese Ansprüche einlösen können. Die Übung der sprachlichen Form war dabei wichtiger als die austauschbaren Inhalte (Beck / Claussen 1979, 59).

Die Tatsache, daß die alte reformpädagogische Forderung nach einer längeren, gesonderten Schuleingangsphase vor Beginn des Kulturtechnikenlernens heute verloren gegangen ist, erkläre ich als Hypothek der damaligen gesamtunterrichtlichen Konzeptionen. Weil in den ganzheitlichen Konzepten eine Harmonie zwischen Sachlernen und Sprachlernen behauptet wurde, die so nicht besteht, wurden keine weiteren Gedanken über das Verhältnis beider verwendet. Die Folge dieser unpräzisen Sicht von Sachinhalten war, daß sich die „härteren" Lehrgänge im wissenschaftlichen Interesse und in der Unterrichtspraxis eindeutig durchsetzen konnten.

Bei der Kritik am Gesamtunterricht wurde aber in den letzten 20 Jahren m.E. im doppelten Wortsinn das Kind mit dem Bade ausgeschüttet. Ich plädiere dafür, mit dem heutigen Erkenntnisstand zum Sachunterricht und zur Grundschulpädagogik den sachbezogenen Ursprungsgedanken des Gesamtunterrichts neu zu begreifen und wiederzubeleben. Es soll keine „Klebekonzentration des alten Gesamtunterrichts" (Haarmann 1982, 43) entstehen und vor allem keine bloße assoziative Stoffaneinanderreihung (vgl. zur Kritik Hopf 1993a, 92), sondern wirklich ein inhaltlich bedeutsames Primat der Sache, indem hier der Sachunterricht als didaktisches Zentrum dargestellt und begründet wird. Nur dort, wo es sich von der Sache her anbietet, sollen Lehrgangselemente in den Unterricht einbezogen werden. Sachunterricht soll als eigener didaktischer Bereich begründet werden, weder bloßes Veranschaulichungsmedium für die 'eigentlichen' Lehrgangsaufgaben, weder Gelegenheitsunterricht zur Auflockerung der Lehrgänge noch gar fachvorbereitender Sachunterricht sein (vgl. Lichtenstein-Rother 1969 (7), 152).

Zumindest für die ersten Schulwochen sollten handelnde Sachthemen die konzentrierende Mitte des schulischen Lernens sein, ohne daß daraus ein Schema „alles-hängt-mit-allem-zusammen" gemacht wird. Daneben sollten in der Freien Arbeit differenzierte Lernprozesse in den Kulturtechniken angeboten werden. Erst wenn die Sachinhalte zu den anerkannten Hauptinhalten der Schuleingangsphase werden, können die Kulturtechniken als Hilfe zum „Welt-Verstehen" ihren sachgemäßen Stellenwert bekommen und von den Kindern als wichtig erfahren werden.

Im folgenden will ich die zum Teil bisher schon implizit genannten Argumente für mein Konzept des sachunterrichtlichen Schulanfangs gesammelt darstellen, um anschließend an einem Beispiel aus der Praxis genauer zu erklären, was ich unter diesem Konzept verstehe:

a) Es ist unstrittig, daß der Schulanfang als Ablösung von der Familie angstauslösend ist (vgl. Notusch 1984, Kaiser 1985d) und Lernhemmungen erzeugen kann (Claussen 1977, 37ff). Deshalb müssen wir uns gerade in der Ablösungs- und Übergangssituation um einen Abbau von Angst bemühen.

b) Ich gehe davon aus, daß wir in einer Zeit leben, in der Kinder besonderen psychischen Belastungen ausgesetzt sind, die sich durch neue selektive Lernanforderungen bei Schulbeginn verschärfen können – selbst wenn bei uns noch nicht der enorme vorschulische Leselerndruck auf die Kinder ausgeübt wird wie in den USA. Deshalb halte ich es für dringend erforderlich, die Schuleingangsphase so zu organisieren, daß die Gefahr des Mißerfolgserlebens im Lernen weitgehend vermieden wird, während gleichzeitig vielfältige Lernmotivationen initiiert werden und der Sinn von Schule für das eigene Leben erfahrbar wird. Deshalb sollten wir nicht Quellen des Lernmißerfolgs zu Anfang einbringen, sondern den sozialen Problemen als einem Gegenstand von Sachunterricht von Anfang an genügend Raum einräumen. „Läßt sich der Lehrer in seiner Unterrichtsgestaltung primär von den „Stoffen", den „Lehrgängen", leiten ... treten bei den Schülern Versagensängste auf" (Claussen 1977, 43). Bei einem sachunterrichtlichen Schulanfang fallen leistungsschwache Kinder nicht sofort als dumm auf, was deren gesamte Lernbiographien empfindlich beeinträchtigen kann. Es wird zudem die Gefahr der Stoffüberfrachtung und daraus folgender übersteigerter Leistungsansprüche gebannt, wenn auf den ersten Wochen nicht für Lehrkraft und Kinder der Druck, Lese- und Rechenleistungen zu erbringen, steht.

c) „Lehrer und Eltern unterschätzen häufig, wieviel Kraft erforderlich ist, damit sich die Sechsjährigen in die neue Sozialsituation einleben und sich in ihr zurechtfinden und wohlfühlen, so daß sie sich dann besser auf das Sachlernen konzentrieren können. Mit den neuen Sozialerfahrungen eng verbunden ist der Ich-Aufbau, die Erweiterung und Stabilisierung der Selbsterfahrung" (Lichtenstein-Rother 1988, 198). Auch die hierzu erforderlichen Sachlernprozesse – und ich zähle die Inhalte sozialen Lernens und der Selbst-Erfahrung anders als Ilse Lichtenstein-Rother eindeutig zum Sachunterricht – sind nicht mit zwei Schulwochen abzuschließen.

d) Kinder wollen so angenommen werden, wie sie sind. Dazu gehört vor allem ihr bisheriger Erfahrungsschatz und ihre offenen Fragen. Um zu einer gemeinsamen Arbeit in der Schule zu kommen, müssen diese unterschiedlichen Vorerfahrungen erst bearbeitet werden.

e) Schule soll Freude bereiten! Dazu führt Ute Moeller-Andresen über ihren Unterricht aus: „In der ersten Zeit konzentriere ich mich darauf, Schulschwierigkeiten vorzubeugen. ... Die Schule soll attraktiv werden. Im Sachunterricht gelingt das am besten" (1979 (4), 8). In der Tat können wir in handlungsorientiertem Sachunterricht beobachten, daß Kinder mit Elan bei der Sache sind, die sich ansonsten schon selbst als Versager definiert haben.

Warum sollten wir diese pädagogischen Energien, die guter Sachunterricht freizusetzen vermag, nicht gerade in den ersten Schulwochen mobilisieren?

f) Bislang wurde stillschweigend unterstellt, Sachunterricht an sich sei schon eine Garantie für entdeckendes, handelnd-begreifendes Lernen. Dies ist nicht der Fall. Auch im Sachunterricht besteht eine große Gefahr der verbal-abstrakten Verkopfung. Wenn verstärkt Modelle für die Schuleingangsphase entwickelt werden, bei der die Kinder noch ohne Schreib- und Lesekenntnis sind, besteht eine Chance zur Entwicklung stärker handlungsorientierter Konzepte auch für die späteren Schuljahre, die gegenwärtig zwar gefordert werden, aber keineswegs die Regel von Sachunterricht darstellen. Auch fremdsprachige Kinder haben mehr Gestaltungsmöglichkeiten in einem derartigen Unterricht.

g) Ich selbst habe als wichtiges Lernprinzip die „kommunikative Verschränkung" (Kaiser 1982) entwickelt und empirisch belegt. Dieses Prinzip bedeutet, daß wesentliche Lernprozesse durch wechselseitige Anregung und Verstärkung in der Gruppe der Mitlernenden erfolgen können. Diese Möglichkeit kann erst nach einigen Schulwochen fruchtbar werden, wenn sich deutliche soziale Gruppierungen innerhalb einer Klasse herausgebildet haben. Deshalb sollte zunächst das Gewicht darauf gelegt werden, daß sich das Sozialgefüge der Klasse entwickeln kann, das dann quasi im Selbstlauf die schwierigen Lernprozesse beim Schreiben, Lesen und Rechnen unterstützen und intensivieren kann.

8.7 Ansätze innovativen Sachunterrichts zur Veränderung des Geschlechterverhältnisses

Methoden innovativen Sachunterrichts können nicht unabhängig von bestimmten Inhalten gesehen werden, ebenso wie bestimmte Inhalte auch bestimmte Methoden erforderlich machen. Hier soll diese Einheit von Inhalt und Methode an einem didaktischen Schlüsselbereich als praxisorientierendes Beispiel näher aufgeschlüsselt werden. Ich habe dabei den für unterrichtliche Bearbeitung besonders sperrigen Bereich des Geschlechterverhältnisses ausgewählt, weil hier auch unterbewußte Emotionen und jahrhundertelange Sozialisationsprozesse veränderndem Lernen deutliche Grenzen setzen. Umgekehrt kann gesellschaftliche Demokratisierung nicht fortschreiten, wenn einem Geschlecht systematisch weniger berufliche Entfaltungsmöglichkeiten als dem anderen zur Verfügung stehen. Mein didaktischer Ansatz in diesem Kontext bezieht sich dabei vor allem auf die Analyse der gesellschaftlichen Bedingtheit von Geschlechterdifferenzen durch die Arbeitsteilung der Geschlechter und den daraus erwachsenden Sozialisationsprozessen, also der subjektiven und gesellschaftlichen Seite. Ich gehe dabei davon aus, daß Jungen besondere Probleme haben, mit den sich anbahnenden gesellschaftlichen Veränderungen zur Gleichstellung der Geschlechter Schritt zu halten und daß es gerade darauf ankommt, ihnen mehr pädagogische Anregungen zu geben. Dazu sind m.E. im Sachunterricht drei verschiedene Ansätze möglich:

1) Den Umgang mit Angst lernen

Schnack / Neutzling fordern, daß in der Schule vor allem für Jungen der Umgang mit Angst gelernt werden muß (1990, S. 146). Konkrete Beispiele für den Umgang mit Angst in der Klasse gerade für Jungen hat Charlotte Röhner (1984; 1985a,b; 1987) vorgestellt. Dabei wird versucht, an verschiedenen subjektiven Problemen gerade der Jungen wie Macht, Vertrauen oder Angst in Form von Interaktionsspielen auf der emotionalen Ebene Wahrnehmungssensibilität und alternative Verhaltensstrukturen aufzubauen. Dieser Ansatz, der auf die einzelnen Individuen gerichtet ist, läßt sich auch in einer einzelnen Schulklasse oder Lerngruppe realisieren. Seine Ursprünge gehen auf die kritischen Konzepte des sozialen Lernens zurück (vgl. Dreßler u.a. 1973), die aus der Rezeption sozialpsychologischer Studien zur autoritären Persönlichkeit die Verbindung von Ich-Schwäche und Anfälligkeit für totalitäre Ideologien als auch politisch begründetes Ziel die Förderung von Ich-Stärke vertreten haben. C. Röhner hat dieses Konzept auf die Probleme des Geschlechterverhältnisses konkretisiert weiterentwickelt (1984; 1985a; 1987). Sie greift vor allem auf das methodische Mittel der Interaktionsspiele zurück, um die emotionale Seite des Geschlechterverhältnisses zu fokussieren.

Eine noch aufwendigere Variante dieses Ansatzes, den Umgang mit Emotionen direkt zu lernen, ist das Konzept der Selbsterfahrungsarbeit in Konfliktgruppen (Imhof 1987). Auch hierbei werden gerade für Jungen besondere Chancen geboten, anstelle Gefühle zu verdrängen oder zu verschieben, diese direkt in einer Gruppe zu bearbeiten (Imhof 1987).

Unabhängig von den methodischen Varianten scheint der Grundgedanke, Angst zu einem legitimen schulischen Inhalt aufzuwerten, ernst zu nehmen und zu bearbeiten zu lernen, ein zentrales Moment der Jungenstärkung in der Schule zu sein, das ihnen in ihrer außerschulischen Sozialisation strukturell durch die überhohen Stärkeerwartungen permanent verbaut wird (Schnack / Neutzling 1990).

2) Das Schulleben hausarbeitsnah gestalten

Der amerikanische Sozialpsychologe Urie Bronfenbrenner, der schon seit Jahren für ein sozialökologisches Verständnis von Kindheit plädiert (1980), entwickelte aus der Kritik an zerfallenden sozialen Sicherheiten und der Separierung von Kindheit die Forderung nach einem „Curriculum for Caring“ (vgl. Noddings 1992) vom ersten Schuljahr an (1981, 183). Er begründet diesen Ansatz einerseits generell, indem er ausführt:

„Keine Gesellschaft kann bestehen, wenn ihre Bürger nicht die Regungen, Erfahrungen und Fertigkeiten erworben haben, die solche Fürsorge (kleine Kinder, Alte, Kranke, Einsame versorgen, trösten, pflegen) verlangt“ (Bronfenbrenner 1981, 183). Ein besonderes Defizit sieht er gerade hinsichtlich der empathischen und pflegerischen Fähigkeiten beim männlichen Geschlecht: „Die herkömmliche Erziehungspraxis in den USA bewahrt vor allem die Knaben vor dem Umgang mit hilfsbedürftigen Menschen. Die Folge ist, daß Männer die Bedürfnisse solcher Menschen oft nicht verstehen. ... In unserer Gesellschaft sind es die Frauen, die diese Erfahrungen und Eigenschaften besitzen" (Bronfenbrenner 1981, 184). Seine Konsequenz ist es, gerade für Jungen ein Schulleben zu entwickeln, das konkrete zwischenmenschliche Kontakte ermöglicht. „Der Zweck dieses Pensums ist nicht, zu lernen, wie man jemand hilft, sondern die Hilfe auszuüben, d. h. Kinder, Jungen wie Mädchen, übernehmen eine Verantwortung, betreuen und pflegen andere, geben den Alten, Jungen, Kindern, Kranken und Einsamen, was diese brauchen und was sie selber geben können" (Bronfenbrenner 1981, 183).

Ein derart verändertes Schulleben, das konkrete Erfahrungsmöglichkeiten bietet, um soziale Beziehungsfähigkeit, Empathie und zwischenmenschliche Konfliktfähigkeit zu entwickeln, habe ich unter dem Stichwort „Hausarbeitsdidaktik für Jungen" gefordert. Ich verstehe dabei unter Hausarbeit nicht allein die materielle Hausarbeit wie Kochen oder Putzen, sondern die umfassenden Anforderungen, die aus der Zunahme von Erziehungs- und Beziehungsarbeit das – primär auf Hausarbeit verwiesene – weibliche Geschlecht zu informellen Lernprozessen zwingt, während das männliche Geschlecht wenig Berührung mit den dabei zu erwerbenden Qualifikationen erfährt (Kaiser 1992a).

Unter diesem Stichwort lassen sich vielfältige bereits in der Grundschule erprobte Ansätze fassen:

- Aufbau und Betreiben einer schuleigenen Müslibar / Teestube / Salatbar (Biermann u. a. 1985)
- Selbstversorgungsklassenfahrt (Kaiser u. a. 1987b)
- Ökologisches Waschen und Putzen während der Klassenfahrt (Kaiser u. a. 1987b)
- Klassentiere pflegen
- Patenschaft mit jüngeren Kindern
- Zimmerpflanzen verantwortlich pflegen
- Gesundheitspflege und -fürsorge für andere
- Kontakt mit alten Menschen

Alle diese und entsprechende Ansätze bieten gerade für Jungen besonders wichtige Lernanregungen, weil die dabei zu entwickelnden Qualifikationen in ihrem hausarbeitsfernen Sozialisationsprozeß (Kaiser 1992a) hin zu starken beruflich kompetenten Spezialisten besonders wenig Anregungen erfahren. Ein Schulleben, in dem Sorge und Pflege für andere zu institutionell anerkannten Zielen gehört, gibt nicht nur strukturelle Hilfen für Jungen in den jeweiligen Lernsituationen, Beziehungsfähigkeit zu lernen, sondern durchbricht auch die fatale Kopplung von Abwertung der Beziehungsarbeit durch ihre Kopplung an das abgewertete weibliche Geschlecht. In einer gesellschaftlichen Institution wie der Schule vertretene Ziele und Inhalte genießen mehr Bedeutung und Rang. So ist es für Jungen eher möglich als durch Appelle ihrer Mütter, die Hilflosigkeit und Inkompetenz des männlichen Geschlechts in Hausarbeitsproblemen und insbesondere in Beziehungsfragen zu überwinden und sich faktisch aus der letztlich paradoxen Abhängigkeit vom emotionalen Versorgtwerden durch das weibliche Geschlecht zu emanzipieren.

3) Den Beherrschungsmodus in der Didaktik abbauen

Inhaltlich trifft dieser didaktisch-methodische Ansatz (s.o), der ursprünglich auf Maria Montessoris Gedanken zur Stille als pädagogischem Prinzip zurückzuführen ist, auch auf die von Hedwig Ortmann entwickelten Ideen einer feministischen Allgemeindidaktik, indem sie anstelle des äußeren Eroberungszuges in der Ausbildung den Weg nach innen als Vision vorskizziert (1986). Sie geht in ihrer didaktischen Argumentation vor allem von der kulturellen Bedeutung der Emotionen als Bildungsinhalte aus, wenn sie sagt: „So müssen wir uns heute nicht wundern, wenn wir entdecken, daß wir keine Kultur der Emotionen haben. ... Daß sie als kultivierte Form menschlichen Ausdrucks uns in die Lage versetzen, höchste und intensivste Erfahrungen zu machen, klingt dann eher wie ein Aberglaube. Der rational kalkulierende Mensch ist der herrschende, der „richtige“ Mensch“ (Ortmann 1990, 28). Sie fordert demgegenüber eine Pädagogik, in der Verschiedenheiten gelten können, ohne durch hierarchische Abwertung beeinträchtigt zu werden und spitzt dies auf den veränderten Stellenwert des Wortes „und“ zu: „Vielleicht stehen wir damit vor einer Emanzipation des Wortes “und“. Demgemäß wäre es wichtig zu sehen, daß das eine existiert und das andere, daß das eine Geltung beansprucht und das andere ... Die Entscheidung wird dann nicht mehr entlang einer Entweder-Oder-Struktur getroffen“ (Ortmann 1990, 21). Ähnlich ist auch der Begriff „Pädagogik der Vielfalt“ (Prengel 1993) zu verstehen.

Für Jungen stellt ein derartiger didaktischer Ansatz eine besondere Herausforderung dar: Sie werden auf ihre Gefühlswelt verwiesen. Sie können sich nicht durch Beherrschung von Lerngegenständen Macht und Sicherheit verschaffen und somit die geschlechtstypischen Sozialisationsmuster in der Schule perpetuieren. Indem sie lernen, Naturdinge zu genießen und zu schätzen, müssen sie gleichzeitig vom Thron der Welteroberer herabsteigen und die Fiktion der eigenen Stärke fallen lassen.

Dieser Ansatz, beherrschenden Sachunterricht zu überwinden, ist keineswegs ein partikularer, der ausschließlich aus der Perspektive der Mädchen von Bedeutung ist. Meiers (1993) diskutiert diese Entwicklungsrichtung als allgemeindidaktische Notwendigkeit der Gegenwart. Insofern gilt der vielzitierte Satz von Martin Wagenschein, daß das, was für die Mädchen gut sei, auch für die Jungen gut sei, auch in dieser Hinsicht.

9. Sachunterricht zwischen theoretischem Anspruch und praktischen Möglichkeiten

Das Verhältnis von Theorie und Praxis wird vielfach falsch verstanden. Ein Mißverständnis ist, der Theorie einen höheren Stellenwert als der Praxis zuzuweisen und der Praxis Zielvorgaben aus der Theorie vorzusetzen. Dies führt dazu, daß tatsächlich gerade die theoretischen Zielvorgaben wenig Eingang in die Praxis finden und daß die Praxis, ohne daß dies theoretisch bewußt würde, ihrer eigenen Logik folgt.

So ist heutiger Sachunterricht überhaupt nicht nach den im 7. Kapitel unterschiedenen konzeptionellen Unterschieden zu beschreiben. Tatsächlich findet vor allem Frontalbelehrung mit Unterrichtsgesprächen statt, die von einer bunten Mischung aus Handlungsprojekten, Werkstattunterricht, Gesprächspädagogik und Sozialerziehung durchsetzt werden. Oft ist in der Anfangsphase einer Stunde noch deutlich die Konzentration auf das jeweilige Problem zu beobachten, aber dann wird anstelle von Problemorientierung ein mehr lehrkraftzentriert inhaltlich strukturierter fragend-erarbeitender Unterrichtsstil fortgesetzt. D.h. in der Praxis ist die reine konzeptionelle Lehre nicht aufzufinden – und dies darf keinesfall negativ gewertet werden. Denn bei der reinen Lehre werden drei für eine fruchtbare Praxis entscheidende Bedingungen außer acht gelassen:

a) *Probleme der Überforderung*

Didaktische Theorien haben in sich die Tendenz, immer wieder hohe Ansprüche an pädagogisches Handeln zu setzen. Dies kann bei dem gegenwärtigen Auseinanderfallen von Theorie und Praxis leicht dazu führen, daß Lehrkräfte sich von Ansprüchen unter Druck gesetzt fühlen und Mißerfolgsängste entwickeln. Sobald eine derartige Schieflage zwischen Anspruch und Wirklichkeit entsteht, wirken alle unterrichtlichen Mühen kontraproduktiv. Denn eine der stärksten pädagogischen Kräfte ist die Erwartungshaltung von Lehrkräften. Nur wer ein pädagogisches Ziel aus sich heraus verfolgt, kann auch verändernd wirken. Nur die Ziele und Prinzipien können in der Praxis auch fruchtbar umgesetzt werden, die von den Lehrkräften selbst auch subjektiv getragen werden.

Es gibt viele erfolgreiche Sachunterrichtslehrerinnen und -lehrer, die nur einen Bruchteil der hier vorgeschlagenen didaktischen Reflexionen nachvollziehen, die nur über ein enges methodisches Repertoire verfügen und sich weitgehend an tradierte Inhaltskataloge halten, die aber innerlich vom pädagogischen Sinn ihres Handelns überzeugt sind. Diese Lehrkräfte können vermutlich sehr viel mehr zukunftsgemäßes Lernen bewirken als jene, die sich ohne eigenen Sinn für darstellendes Spiel um derartige Handlungsmuster bemühen oder ohne eigene Überzeugung von der Notwendigkeit, eine gerechte Gesellschaft zu schaffen, sich krampfhaft bemühen, vorgeschriebene Schlüsselbereichsthemen im Unterricht zu realisieren. Von daher ist es außerordentlich wichtig, daß die Lehrkräfte für sich und mit ihrer jeweiligen Klasse für eigene Schwerpunktsetzungen entscheiden und sich nicht selbst überfordern.

b) *Mut zum intuitiven Erfahrungswissen*

Ein zweites Problem ist die Reinheit der Konzepte. Die meisten, die theoretische Konzepte zum Sachunterricht geschrieben haben, haben diese aus der Lektüre von Wagenschein (1973), Piaget (1974 (6)) oder Dewey (1931) theoretisch entwickelt. Der eigene Entwicklungsgang muß sich zwangsläufig auch auf die Darstellungsweise auswirken, es wird nach Klarheit und Reinheit des Modells gesucht. Eine wichtige Beschäftigung von Wissenschaftlerinnen und Wissenschaftlern ist es, anderen nachzuweisen, sie seien von der reinen Lehre abgewichen, während diese wiederum rechtfertigen, dies sei nicht der Fall.

Aber auch die publizierten Unterrichtsvorschläge sind zumeist aus Prüfungslektionen oder in Vorführstunden entstanden (vgl. Schreier 1981, 17) oder sie entstammen zu über 90% besonderen Reformmodellen (Hagstedt 1992). Gegen die geballte Macht der reinen Lehre und der hochartikulierten Konzepte ist es von unschätzbarer Bedeutung, auch auf das intuitive praktische Wissen zu vertrauen. So haben erfahrene Lehrerinnen und Lehrer schon lange bevor es in der Theorie erkannt wurde, ästhetische Zugangsweisen zu bestimmten Inhalten praktiziert, weil sie merkten, daß mit rein kognitiv orientierten Konzepten viele Kinder überfordert waren.

c) *Zur Frage des heimlichen Lehrplans*

Trotz aller methodischen Planungsmöglichkeiten dürfen wir den heimlichen Lehrplan nicht vergessen. Damit ist gemeint, daß neben den von Lehrkräften geplanten Lernzielen gleichzeitig durch und in der Situation gelernt wird. Wenn das Lernziel „Solidarität mit unterdrückten Minderheiten“ mit schwierigen abstrakten Testfragen in einem distanzierten kalten Unterrichtsklima gelehrt wird, dann kann heimlich gelernt werden: „Ich bin ein dummes Kind“ oder: „Wer mächtiger ist, hat immer recht“. Der heimliche Lehrplan ist immer stärker als künstliche methodische Arrangements, weil er ein tatsächliches komplexes Erleben in der Lernsituation impliziert. Mühlhausen (1994, 19) weist anhand von nachträglichen Befragungen nach, daß das, was vom Unterricht bei den Kindern „hängengeblieben“ ist, selten mit den Planungen der Lehrkräfte und den Unterrichtsprotokollen übereinstimmt. „Schüler (und Schülerinnen, AK) interpretieren Unterricht ... und versuchen, ihn auf der Grundlage ihrer Interpretation (mit)zugestalten“ (Mühlhausen 1994, 47). Deshalb fordert Mayer zur Förderung motivierten entdeckenden Lernens, daß auch „der Lehrer“ sich mit dem Kind „zusammen auf den Weg macht, der das Kind als ‘Person’ und als Partner annimmt, der mit den Kindern zusammen arbeitet, ein gemeinsames Werk schafft, und der z.B. in der Diskussionsphase ... offen gesteht, daß auch er nicht immer glatte (‘wahre’?) Antworten zur Hand hat, daß auch er ein Suchender ist, der nachschauen, nachschlagen, nachdenken muß“ (Mayer 1985, 58). Dies gilt gleichermaßen auch für Lehrerinnen. Rauschenberger kritisiert auf der Grundlage der Bedeutung des heimlichen Lehrplanes das gegenwärtige soziale Lernen: „In unseren Schulen hat das soziale Lernen wenig Chancen, weil das Lehren nicht sozial genug ist“ (Rauschenberger 1985, 317).

D. h. es ist auch inhaltlich unerläßlich, daß das schulische Konzept aller Lehrkräfte identisch mit ihren Zielen ist, damit letztlich auch der heimliche Lehrplan weitgehend in Einklang mit den angestrebten Zielen ist.

Ein wichtiger Hinweis für die Existenz des heimlichen Lehrplans ist auch die Tatsache, daß vielfach die Mütter in der häuslichen Schattenschule die eigentliche schulische Übungsarbeit absolvieren. So wichtig die kooperative Seite der Elternmitarbeit für eine demokratische Schulgemeinde auch sein mag und so sehr davon in der Praxis das Gelingen von Projekten abhängt, so bedeutet dies immer auch die Gefahr der Mütterausbeutung. Wir werden jedenfalls Sachunterricht nicht richtig verstehen, wenn wir ihn als bloße schulische Veranstaltung begreifen.

Mit allen Hinweisen in dieser Schrift auf eine Neuformulierung von Didaktik und Methodik des Sachunterrichts soll hier kein idealtypischer normativer Anspruch an Unterricht gestellt werden. Denn Unterricht ist in erster Linie eine Interaktion zwischen Menschen und damit in hohem Maße emotional belastend. Bei 28 Unterrichtsstunden in der Woche kann eine einzige Lehrperson nicht ständig erziehend, fördernd, anregend, fächerintegrierend, sozial kompensierend, zukunftsorientierend, therapeutisch und stabilisierend wirken. Sie kann auch nicht aus eigener Kraftanstrengung eine neue gesellschaftliche Gegenwelt in der Schule schaffen. Von daher ist es verständlich und überlebensnotwendig, wenn sie sich auch auf rezeptive Unterrichtsphasen zurückzieht und die Kinder mit einem anspruchslosen Arbeitsblatt ruhig arbeiten läßt, ohne dabei gleich die Gesamtintentionen zu verraten. Im Gegenteil: je mehr Kraft eine Lehrkraft für sich und die Kinder über die Zeit hinweg erhalten kann, umso mehr kann sie tatsächlich in Unterricht und Schule verändern.

Pädagogische Ziele sind per se prozessual zu verstehen und sind keine Verwaltungsdekrete. Es kommt darauf an, das Ziel im Auge zu behalten und daraufhin zu steuern, aber nicht an der konkreten Wirklichkeit unterwegs vorbeizuschauen und sofort das Zielklima verordnen zu wollen.

Es sollen also durch diese Schrift gerade keine normativen Vorschriften für späteren Unterricht im Sinne von präzisen Bauanleitungen und Steuerplänen fixiert werden. Sinn dieses Buches sollte es vielmehr sein, das Sachunterrichtsboot selbständig stabiler bauen zu können, daß spätere gefährlicher werdende Gewässer durchfahren werden können, ohne daß Kinder dabei ertrinken müssen. Dies heißt aber nicht, daß nun ständig mit diesem Boot auf große Fahrt gegangen werden muß. Dies würde die Steuerleute ermüden, was angesichts zunehmender Flutwellen durchaus risikoverstärkend ist. Der Verbleib im Hafen und das Beladen auch einmal mit den üblichen Baustoffen ist dann nicht problematisch, wenn insgesamt das didaktische Geflecht fest genug geknüpft ist und das Boot immer wieder für jede große Fahrt weiter aufgerüstet wird.

Literaturverzeichnis

ACKERMANN, PAUL: Politisches Lernen in der Grundschule. München 1973, 1975 (2)

ACKERMANN, PAUL: Einführung in den sozialwissenschaftlichen Sachunterricht. In: ders.: Politisches Lernen in der Grundschule. München 1975 (2), 41–61

AEBLI, HANS: Psychologische Didaktik. Stuttgart 1970 (4)

ALBERTS, WOLFGANG / BOSCH, DORIS / SCHIER, NORBERT: Schule formen durch Rituale. Münster 1991

ALLGEMEINE SCHULZEITSCHRIFT JG. 1871

ANNINK, HANS u. a.: Zo mogelijk in samenhang. Enschede 1984

ARIES, PHILIPPE: Geschichte der Kindheit. München 1978

ARMSTROFF, WILHELM: Der Anschauungs- und Sprachunterricht in den Unterklassen der Volks-, Mittel- und Töchterschule. Langensalza 1891 (5)

BAACKE, DIETER: Die 6- bis 12jährigen. Weinheim – Basel 1984

BÄUML-ROSSNAGL, MARIA-ANNA: Sachunterricht: Bildungsprinzipien in Geschichte und Gegenwart. Bad Heilbrunn 1988

BÄUML-ROSSNAGL, MARIA-ANNA: Wie die Kinder leben lernen. Eine sinnen-nahe Umweltpädagogik für Eltern und Schule. Bd. 2 Donauwörth 1990

BAIER, HANS / RENNER, ERICH (Hg.): Umwelterziehung in der frühen Kindheit. Hamburg 1996

BECHER, RUDOLF u. a. (Hg.): Taschenwörterbuch Grundschule. Baltmannsweiler 1998 (3. Aufl.)

BECHER, HANS RUDOLF (Hg.): Taschenbuch des Grundschulunterrichts. In: SÜß, WINFRIED: Sachunterricht: didaktische Ansätze und Konzeptionen. Baltmannsweiler 1981, 461–472

BECK, GERTRUD / SCHOLZ, GEROLD: Beobachten im Schulalltag. Frankfurt 1995

BECK, GERTRUD / SCHOLZ, GEROLD: Soziales Lernen – Kinder in der Grundschule. Reinbek 1995

BECK, GERTRUD u. a.: Arbeitsbuch zur politischen Bildung in der Grundschule. Frankfurt 1973 (1); 1974 (4)

BECK, GERTRUD u. a.: Warum denn nicht? Frankfurt 1975

BECK, GERTRUD / CLAUSSEN, CLAUS: Einführung in die Probleme des Sachunterrichts. Kronberg 1979

BECK, GERTRUD: Anregungen für ein schulnahes Curriculum. In: BECK, GERTRUD / SOLL, WILFRIED (Hg.): Heimat, Umgebung, Lebenswelt: regionale Bezüge im Sachunterricht. Frankfurt 1988, 95–113

BECK, GERTRUD / SOLL, WILFRIED (Hg.): Heimat, Umgebung, Lebenswelt: regionale Bezüge im Sachunterricht. Frankfurt 1988

BECK, GERTRUD: Kindheit heute – Leben angesichts bedrohter Zukunft. In: FAUST-SIEHL, GABRIELE u. a. (Hg.): Kinder heute – Herausforderung für die Schule. Frankfurt 1990, 192–202

BECK, GERTRUD: Raum zum Leben – Zeit zum Lernen. In: Erziehung & Wissenschaft Schleswig-Holstein 14. Jg. 1994, H. 1–2

BECK, JOHANNES / WELLERSHOFF, HEIDE: SinnesWandel. Die Sinne und die Dinge im Unterricht. Frankfurt 1989

BECK, ULRICH: Risikogesellschaft. Auf dem Weg in eine andere Moderne. Frankfurt 1986

BECK-GERNSHEIM, ELISABETH: Von der Liebe zur Beziehung? In: BERGER, JOHANNES (Hg.): Die Moderne – Kontinuitäten und Zäsuren. Göttingen 1986, S. 209–233

BECKER, GEROLD: Kinder lernen von Kindern. Baltmannsweiler 1996

BENNER, DIETRICH / RAMSEGER, JÖRG: Wenn die Schule sich öffnet. München 1981

BEUTEL, WOLFGANG / FAUSER, PETER / KASTEN, CARMEN: Grundschule und demokratisches Handeln. In: Pädagogik 47. Jg. 1995, H. 7–8, 15–19

BIERMANN, CHRISTINE u. a.: Küßchen statt Ferrero. In: Päd. extra 1985, H. 1, 34–39

BIERMANN, CHRISTINE / SCHÜTTE, MARLENE: Liebe, Freundschaft, Sexualität. Reihe Impuls Band 27. Laborschule Bielefeld. Bielefeld 1995

BIESTER, WOLFGANG: Zeichnen als Hilfe zum Verstehen im Sachunterricht der Grundschule. In: LAUTERBACH, ROLAND u. a. (Hg.): Wie Kinder erkennen. Kiel 1991, 82–97

BÖNSCH, MANFRED: Forschendes Lernen als Lernprozeß im Sachunterricht der Schule. In: GEW Niedersachsen (Hg.): Erziehung und Wissenschaft 11 / 1994, 11–12

BÖNSCH, MANFRED: Grundlegung sozialer Lernprozesse heute. Weinheim 1994 a

BÖNSCH, MANFRED: Das demokratische Klassenzimmer – Regeln und Rituale für offenen Unterricht. In: NDS (Neue deutsche Schule) Niedersachsen 1996, H. 9, 15–16

BOLSCHO, DIETMAR / HAARMANN, DIETER (Hg.): Handeln und Erkennen im Sozialbereich. Frankfurt 1978

BOLSCHO, DIETMAR: Grundschule und soziales Lernen. Braunschweig 1977

BOSCH, DORIS: Beziehungsfähigkeit als Erziehungs- und Unterrichtsziel in der Primarstufe. Münster 1986

BREIDENSTEIN, GEORG / KELLE, HELGA: Geschlechteralltag in der Schulklasse. Ethnographische Studien zur Gleichaltrigenkultur. Weinheim 1998

BREYVOGEL, WILFRIED: Die Jugendrevolte als städtische Revolte. In: Autonomie und Widerstand. Zur Theorie und Geschichte des Jugendprotestes. Essen 1983, 98–105

BRINKMANN, ALBRECHT: Heimatkunde und Erdkunde auf werktätiger Grundlage (1913). Dortmund 1955(4)

BRONFENBRENNER, URIE: Die Ökologie der menschlichen Entwicklung. Stuttgart 1980

BRONFENBRENNER, URIE: Soziale Umweltzerstörung. In: Neue Sammlung 21. Jg. 1981, 176–185

BRUNER, JEROME: Der Prozeß der Erziehung. [1970(1)] Düsseldorf 1976 (4)

BÜTFERING, ELISABETH: Frauenheimat Männerwelt. Die Heimatlosigkeit ist weiblich. In: BUNDESZENTRALE FÜR POLITISCHE BILDUNG (Hg.): Heimat. Analysen, Themen, Perspektiven. Bonn 1990, 416- 436

BÜTTNER, CHRISTIAN: Kriegsangst bei Kindern. München 1982

BUNK, HANS-DIETER: Interessengeleiteter Sachunterricht. In: BARTNITZKY, HORST (Hg.): Auf dem Weg zum differenzierten Schulalltag. Frankfurt 1983, 229–241

BUNK, HANS-DIETER: Zehn Projekte zum Sachunterricht. Frankfurt 1990

BUSSMANN, HILDEGARD / SOOSTMEYER, MICHAEL: Die ungebrochene Bedeutung des exemplarisch-genetisch-sokratischen Lehrens und Lernens. In: Pädagogische Rundschau 50. Jg. 1996, 657–692

CAM, PHILIP: Sterben Äpfel auch? Philosophische Nachdenkgeschichten für Kinder und Jugendliche. Mülheim 1996

CARLE, URSULA / KAISER, ASTRID: Rechte der Kinder. Baltmannsweiler 1998

CIEL-GRUPPE REUTLINGEN, GIEL, KLAUS u. a.: Stücke zu einem mehrperspektivischen Unterricht. Teilcurriculum Technischer Überwachungsverein. Verkehr. Sachheft. Stuttgart 1975

CLAUSSEN, CLAUS (Hg.): Praktische Vorschläge für einen besseren Übergang ins Schulleben. Freiburg 1977

CLAUSSEN, CLAUS: Unterrichten mit Wochenplänen. Weinheim 1996

CLOER, ERNST: Veränderte Kindheitsbedingungen – Wandel der Kinderkultur. In: Die Deutsche Schule. 84. Jg. 1992, H. 1, 10–27

COMENIUS, JOHANN AMOS: Orbis sensualium pictus. Nürnberg, 1658

COMENIUS, JOHANN AMOS: Große Unterrichtslehre [1632]. Pädagogische Schriften, Bd. 1, Langensalza 1904 (5)

COPEI, FRITZ: Der fruchtbare Moment im Bildungsprozeß. Berlin 1930

CORNELL, JOSEPH: Mit Freude die Natur erleben – Naturerfahrungsspiele für alle. Mülheim 1991

CZINCZOLL, BERNHARD: Psychologische Grundlagen der Heimat- und Sachkunde. In: BERKMÜLLER, HANS u. a. (Hg.): Lehrbereich Heimat- und Sachkunde. München 1979

Der HESSISCHE KULTUSMINISTER: Rahmenrichtlinien. Primarstufe Sachunterricht Aspekt Gesellschaftslehre. Wiesbaden 1979

Der HESSISCHE KULTUSMINISTER: Rahmenplan Grundschule. Entwurf. Wiesbaden 1994

Der NIEDERSÄCHSISCHE KULTUSMINISTER: Rahmenrichtlinien für die Grundschule. Sachunterricht. Hannover 1982

DEUTSCHER BILDUNGSRAT: Strukturplan für das Bildungswesen. Bonn 1970

DEWEY, JOHN: Der Ausweg aus dem pädagogischen Wirrwarr (1931). In: DEWEY, JOHN / KILPATRICK, WILLIAM: Der Projekt-Plan. Weimar 1935, 199–205

DEWEY, JOHN: Demokratie und Erziehung [1930(1)]. Braunschweig 1965 (3)

DEWEY, JOHN: Erziehung durch und für Erfahrung. Stuttgart 1986

DICK, ANDREAS: Vom unterrichtlichen Wissen zur Praxisreflexion. Bad Heilbrunn 1994

DIESTERWEG, FRIEDRICH A.W.: Didaktischer Katechismus [1855 / 1856]. In: DIESTERWEG, FRIEDRICH A.W.: Sämtliche Werke. Bd. 12, Berlin 1974, 150–164

DIESTERWEG, FRIEDRICH A. W.: Wegweiser zur Bildung für deutsche Lehrer. [Essen 1851], Paderborn 1958

DIETRICH, THEO: Schulleben oder Unterricht? In: GUDJONS, HERBERT / REINERT, GERD BODO (Hg.): Schulleben. Königstein 1980

DÖRPFELD, FRIEDRICH W.: Grundlinien einer Theorie des Lehrplans (1873). In: Ausgewählte pädagogische Schriften. REBLE, ALBERT (Bearb.). Paderborn 1963

DÖRPFELD, FRIEDRICH W.: Die Gesellschaftskunde, eine notwendige Ergänzung des Geschichtsunterrichts (1889). In: REBLE, ALBERT (Bearb.): Ausgewählte pädagogische Schriften. Paderborn 1963

DREßLER, GUDRUN u. a.: Lernziel Ich-Erfahrung. München – Berlin – Wien 1976

DUIT, REINDERS: Forschungen zur Bedeutung vorunterrichtilcher Vorstellungen für das Erlernen der Naturwissenschaften. In: RIQUARTS, KURT u. a. (Hg.): Naturwissenschaftliche Bildung in der Bundesrepublik Deutschland. Bd. IV. Kiel 1992

DUIT, REINDERS: Schülervorstellungen – von Lerndefiziten zu neuen Unterrichtsansätzen. In: Naturwissenschaften im Unterricht Physik 4. Jg. 1993, H. 16, 4–10

DUIT, REINDERS: Zur Rolle der konstruktivistischen Sichtweise in der naturwissenschaftsdidaktischen Lehr- und Lernforschung. In: Zeitschrift für Pädagogik 41. Jg. 1995, Nr. 6, 905–923

DUMKE, ARTUR / SCHAAR, BRUNO (Bearb.): Richtlinien für die Volksschulen des Landes Niedersachsen. Hannover 1964

DUNCKER, LUDWIG: Der Erziehungsanspruch des Sachunterrichts. In: LAUTERBACH, ROLAND u. a. (Hg.): Brennpunkte des Sachunterrichts. Kiel 1992, 66–82

DUNCKER, LUDWIG / POPP, WALTER (Hg.): Kind und Sache. Weinheim 1994

DUNCKER, LUDWIG / POPP, WALTER: Der schultheoretische Ort des Sachunterrichts. In: DUNCKER, LUDWIG / POPP, WALTER (Hg.): Kind und Sache. Weinheim 1994, 15–27

DUNCKER, LUDWIG: Der Erziehungsanspruch des Sachunterrichts. In: DUNCKER, LUDWIG / POPP, WALTER (Hg.): Kind und Sache. Weinheim 1994a, 29–40

DUNCKER, LUDWIG: Lernen als Kulturaneignung. Schultheoretische Grundlagen des Elementarunterrichts. Weinheim 1994b

DUNCKER, LUDWIG: Prinzipien einer Didaktik der Vielfalt. In: Pädagogische Welt 1997, H. 7, 319–325

DUNCKER, LUDWIG / POPP, WALTER (Hg.): Über Fachgrenzen hinaus. Bd. 1. Heinsberg 1998

EBERT, GUDRUN / HAMEYER, UWE / KRAFT, DIETER: Umweltbildung in der Grundschule. Kronshagen 1996

ECKHARDT, KARL: Die Grundschule. Der weiterführende Unterricht im zweiten, dritten und vierten Schuljahr [1922(3)]. Langensalza 1925 (6)

EGAN, KIERAN: Teaching as Story Telling. An alternative approach to teaching and curriculum in the elementary school. London – Ontario 1986

EINSIEDLER, WOLFGANG: Aufgreifen von Problemen – Gespräche über Probleme – Problemorientierter Sachunterricht in der Grundschule. In: DUNCKER, LUDWIG / POPP, WALTER (Hg.): Kind und Sache. Weinheim 1994, 199–212

ELKIND, DAVID: Das gehetzte Kind. Hamburg 1991

ENGEL, EDUARD: Das erste Schuljahr. Ein Beitrag aus der Schule – für die Schule. Berlin 1899

ENGELBRECHT, ALEXANDER: Können Blumen glücklich sein? Heinsberg 1997

ERIKSON, ERIC: Kinderspiel und politische Phantasie. Stufen in der Ritualisierung der Realität. Frankfurt 1978

ERNST, KARIN: Kinderfragen. Ein Beispiel zum Zusammenhang von entdeckendem Lernen und persönlichem Motiv. In: Päd. extra & demokratische erziehung 3. Jg. 1990, H. 5, 37–41

FAHN, KAROLINA: Das Methodenproblem im Sachunterricht der Grundschule. Baltmannsweiler 1988

FAUSER, PETER u. a.: Lernen mit Kopf und Hand. Weinheim 1983

FAUST-SIEHL, GABRIELE u. a. (Hg.): Kinder heute – Herausforderung für die Schule. Frankfurt 1990

FAUST-SIEHL, GABRIELE: Mit Kindern Naturphänomene verstehen. In: Die Grundschulzeitschrift 7. Jg. 1993, H. 67, 8–16

FAUST-SIEHL, GABRIELE u. a.: Die Zukunft beginnt in der Grundschule. Frankfurt 1996

FELDMANN, KLAUS: Die Entwicklung des ökonomischen Bewußtseins von Schülern. Hannover 1987

FEUSER, GEORG: Subjekt- und entwicklungslogische Didaktik. In: HENDRICKS, WILFRIED u. a. (Hg.): Bildungsfragen in kritisch-konstruktiver Perspektive. Beltz 1997, 146–155

FIEDERLE, XAVER: Xa-Lando. Öffnungsdidaktik und integrativer Sachunterricht in der Grundschule. In: Grundschulunterricht 40. Jg. 1993, H. 1, 7–9

FIEGE, HARTWIG: Die Heimatkunde. [1958 (1)] Weinheim 1964 (2)

FIEGE, HARTWIG: Der Heimatkundeunterricht. Bad Heilbrunn 1967

FIEGE, HARTWIG: Sachunterricht in der Grundschule. [1971(1)] Bad Heilbrunn 1972

FINGER, FRIEDRICH-A.: Anweisung zum Unterrichte in der Heimatskunde. Berlin 1844

FÖLLING-ALBERS, MARIA (Hg.): Veränderte Kindheit – Veränderte Grundschule. Frankfurt 1989

FÖLLING-ALBERS, MARIA: Der Sachunterricht in der Grundschule. In: RICHTER, DAGMAR (Hg.): Grundlagen des Sachunterrichts. Oldenburg 1993, 9–19

FÖLLING-ALBERS, MARIA: Kinder brauchen Kinder: Soziales Lernen in der Grundschule. In: Grundschule 26. Jg. 1994, H. 4, 8–10

FÖLLING-ALBERS, MARIA / HOPF, ARNULF: Auf dem Weg vom Kleinkind zum Schulkind. Opladen 1995

FOSTER, JOHN: Entdeckendes Lernen in der Grundschule. Ehrenwirth 1992

FOUNTAIN, SUSAN: Leben in Einer Welt. Braunschweig 1996

FREESE, HANS-LUDWIG: Kinder sind Philosophen. Weinheim – Berlin 1989 (1996 (6)

FREEß, DORIS: Vom ästhetischen Erleben der Verfärbung des Laubes zur selbständigen Auseinandersetzung mit Sachverhalten. In: Grundschulunterricht 45 Jg. 1998, H. 10, 39–41

FREINET, CELESTIN: Die moderne französische Schule. Paderborn 1965

FREUD, ANNA: Kinder im KZ. In: Autorenkollektiv (Hg.): Kinder im Kollektiv. Berlin 1969 (2)

FRIED, LILIAN: Werden Mädchen im Kindergarten anders behandelt als Jungen? Analyse von Stuhlkreisgesprächen zwischen Erzieherinnen und Kindern. In: Zeitschrift für Pädagogik, 35. Jg., 1989, H. 4, 471–492

FRIEDRICH, ERNST.: Einführung in die Wirtschaftsgeographie. [1908(1)] Leipzig 1911 (2)

FRITZ, OTTO: Einführung in das erste Schuljahr. Für Lehrer und Erzieher. Karlsruhe 1903

FROMM, ERICH: Wege aus einer kranken Gesellschaft. Stuttgart 1980

FURTH, HANS GERHARD: The World of Grown-Ups. New York 1980

FURTH, HANS GERHARD: Das Gesellschaftsverständnis des Kindes und der Äquilibrationsprozeß. In: EDELSTEIN, WOLFGANG / KELLER, MONIKA (Hg.): Perspektivität und Interpretation. Frankfurt 1982

GAERTNER, HELMUT (Hg.): Umweltpädagogik in Studium und Lehre. Hamburg 1998

GALLIN, PETER / RUF, URS: Sprache und Mathematik in der Schule. Zürich 1990

GALPERIN, PJOTR JAKOVLEVIC.: Die Psychologie des Denkens und die Lehre von der etappenweisen Ausbildung geistiger Handlungen. In: BUDILOWA, E.A.: Untersuchungen des Denkens in der sowjetischen Psychologie. Berlin (Ost) 1973

GANSBERG, FRITZ: Streifzüge durch die Welt der Großstadtkinder. Leipzig – Berlin 1905 (1) / 1907 (2)

GANSBERG, FRITZ: Schaffensfreude. Anregungen zur Belebung des Unterrichts. Leipzig 1912a

GANSBERG, FRITZ: Plauderstunden. Schilderungen für den ersten Unterricht. Leipzig – Berlin 1912b

GANSBERG, FRITZ: Heimatkunde in Erzählungen für das 3. und 4. Schuljahr. Langensalza 1923 / 1925

GARLICHS, ARIANE / GRODDECK, NORBERT (Hg.): Erfahrungsoffener Unterricht. Freiburg 1978

GARLICHS, ARIANE: Selbsterfahrung als Bildungsaufgabe der Schule. In: Zeitschrift für Pädagogik. 31. Jg. 1985, H. 3, 365–383

GARLICHS, ARIANE: Kinder im Mediennetz. In: FÖLLING-ALBERS, MARIA (Hg.): Veränderte Kindheit – Veränderte Grundschule. Frankfurt 1989, 134–145

GARLICHS, ARIANE: Alltag im offenen Unterricht. Frankfurt 1990a

GARLICHS, ARIANE: Die pädagogische Aufgabe der Grundschule heute. In: Akademie der Pädagogischen Wissenschaften (Hg.): Unterstufe / Grundschule in Ost und West. Berlin 1990b, 87–95

GAUDIG, HUGO: Die Idee der Persönlichkeit und ihre Bedeutung für die Pädagogik. Leipzig 1923. Repr. Heidelberg 1965

GAUDIG, HUGO (Hg.): Freie geistige Schularbeit in Theorie und Praxis. Breslau 1922

GEBAUER, KARL u.a.: Was ist bloß mit den Kindern los? In: Die Grundschulzeitschrift 5. Jg. 1991, H. 49, 47–50

GEORGE, SIEGFRIED / PROTE, INGRID (Hg.): Handbuch zur politischen Bildung in der Grundschule. Schwalbach 1996

GIESECKE, HERMANN: Das Ende der Erziehung. Stuttgart 1985

GESING, HARALD / LOB, REINHARD (Hg.): Umwelterziehung in der Primarstufe. Heinsberg 1991

GIEL, KLAUS / HILLER, GOTTHILF G.: Stücke zu einem mehrperspektivischen Unterricht. Bd. 1 Stuttgart 1974

GIEL, KLAUS. / HILLER, GOTTHILF G.: Stücke zu einem mehrperspektivischen Unterricht. Bd. 2 Stuttgart 1975

GLUMPLER, EDITH: Interkulturelles Lernen im Sachunterricht. Bad Heilbrunn 1994

GLUMPLER, EDITH / WITTKOWSKE, STEFFEN (Hg.): Sachunterricht heute. Bad Heilbrunn 1996

GOLDMANN, LUCIEN: Kultur in der Mediengesellschaft. Frankfurt 1973

GREENSTEIN, FRED: Children and politics. New Haven 1969

GREENSTEIN, FRED: Political orientations of children. Beverly Hills 1970

GRIFFITH, TONY: Tolle Ideen – Sachkunde-Spaß. Mülheim 1993

VON DER GROEBEN, ANNEMARIE / RIEGER, MARIA: Ein Zipfel der besseren Welt. Leben und Lernen in der Bielefelder Laborschule. Essen 1991

GRONEMEYER, MARIANNE: Beschleunigt und todsicher ins nächste Jahrtausend. Sicherheitsbedürfnisse und Zeitknappheit. In: Bundesgrundschulkonferenz 1995 in Berlin: Zukunft für Kinder – Grundschule 2000. Bonn – Frankfurt 1996, 46–56

GRÜBER, GABRIELE / KOCH, BARBARA: Zwei Unterrichtseinheiten zum Thema „Bohren". In: Grundschule 10. Jg. 1978, H. 2, 52–59

GRUPE, HEINRICH: Naturkunde in der Volksschule. [1947(1)] Hannover 1949 (2)

GUDJONS, HERBERT: Was ist Projektunterricht? In: Westermanns Pädagogische Beiträge 36. Jg. 1984, 260–266

GUDJONS, HERBERT: Die Welt im Wassertropfen – exemplarisch lernen und entlastet lehren. In: Zeitschrift Pädagogik, 45. Jg. 1993, H. 10, 10–12

GUDJONS, HERBERT: Handlungsorientiert lehren und lernen. Bad Heilbrunn 1994 (4)

GUDJONS, HERBERT: Spielbuch Interaktionserziehung. Bad Heilbrunn 1995, 1992 (5)

GÜNTHER, KARL-HEINZ u. a.: Geschichte der Erziehung. Berlin 1966

HAARMANN, DIETER: Der sogenannte Ernst des Lebens. In: HORN, HANS ARNO (Hg.): Kindergarten und Grundschule arbeiten zusammen. Weinheim – Basel 1982, 34–45

HABERMAS, JÜRGEN: Zur Theorie kommunikativen Handelns. Frankfurt 1981

HAENISCH, HANS: Gute und schlechte Schulen im Spiegel der empirischen Forschung. In: TILLMANN, KLAUS-JÜRGEN (Hg.): Was ist eine gute Schule? Hamburg 1989, 32–46

HÄNSEL, DAGMAR: Didaktik des Sachunterrichts. Frankfurt 1980

HÄNSEL, DAGMAR (Hg.): Projektbuch Grundschule. Weinheim – Basel 1986

HÄNSEL, DAGMAR: „Kindgemäßheit". Programm einer Pädagogisierung der Schule. In: Pädagogik 41. Jg. 1989, H. 5, 29–35

HAEUSSLER, PETER / HOFFMANN, LORE: Physikunterricht – an den Interessen von Mädchen und Jungen orientiert. In: Unterrichtswissenschaft, 23. Jg. 1995, H. 2, 107–126

HAGE, KLAUS u. a.: Das Methoden-Repertoire von Lehrern. Eine Untersuchung zum Schulalltag der Sekundarstufe I. Opladen 1985

HAGEMANN-WHITE, CAROL: Sozialisation weiblich – männlich? Opladen 1984

HAGEMANN-WHITE, CAROL: Die imaginierte Emanzipation. In: MÜLLER, URSULA / SCHMIDT-WALDHERR, HILTRAUD (Hg.): FrauenSozialKunde. Bielefeld 1989, 252–258

HAGSTEDT, HERBERT: Offene Unterrichtsformen. Methodische Modelle und ihre Planbarkeit. In: HAMEYER, UWE u. a. (Hg.): Innovationsprozesse in der Grundschule. Fallstudien, Analysen und Vorschläge zum Sachunterricht. Bad Heilbrunn 1992, 367–382

HAMEYER, UWE u. a. (Hg.): Innovationsprozesse in der Grundschule. Fallstudien, Analysen und Vorschläge zum Sachunterricht. Bad Heilbrunn 1992

HAMEYER, UWE: Grundbildung im Sachunterricht. In: Grundschule 1992, H. 9, 10–15

HAMMER, MICHAEL / CHAMPY, JAMES: Business Reengineering. Frankfurt – New York 1994

HANSEN, WILHELM: Kind und Heimat. Psychologische Voraussetzungen des Heimatkundeunterrichts in der Volksschule. München 1968

HARDER, FRIEDRICH: Handbuch für den Anschauungsunterricht mit besonderer Berücksichtigung des Elementarunterrichts in den Realien. Altona 1874 (6)

HARNISCH, WILHELM: Handbuch für das deutsche Volksschulwesen. [Breslau 1839]. Langensalza 1893

HARTMANN, BERTHOLD: Die Analyse des kindlichen Gedankenkreises als die naturgemäße Grundlage des ersten Schulunterrichts. Frankfurt – Leipzig 1913 (6)

HASSE, JÜRGEN: Steine. In: Die Grundschulzeitschrift 8. Jg. 1994, H. 80, 30–34

HAUG, JÖRG: Heimatkunde und Volkskunde. Tübingen 1969

HECKT, DIETLIND / JÜRGENS, EIKO (Hg.): Anders kommunizieren lernen. Braunschweig 1996

HEITMEYER, WILHELM: Rechtsextremistische Orientierungen bei Jugendlichen. Weinheim 1992 (4)

HEMMER, KLAUS-PETER (Hg.): Sachunterricht Gesellschaft 1–4. München 1982

HEMMER, KLAUS-PETER: Zur Situation des Sachunterrichts. In: HEMMER, KLAUS-PETER (Hg.): Sachunterricht Gesellschaft 1–4. München 1982, 7–15

VON HENTIG, HARTMUT: Schule als Erfahrungsraum? Stuttgart 1973

VON HENTIG, HARTMUT: Die Menschen stärken, die Sachen klären. Stuttgart 1985

VON HENTIG, HARTMUT: Die Schule neu denken. München – Wien 1993

HERZ, OTTO: Zehn Perspektiven für eine zukünftige Gegenwart der Schule. In: Beispiele – In Niedersachsen Schule machen 1998, H. 1, 13–15

HILLER, GOTTHILF GERHARD / POPP, WALTER: Unterricht als produktive Irritation – oder: Zur Aktualität des Mehrperspektivischen Unterrichts. In: DUNCKER, LUDWIG / POPP, WALTER (Hg.): Kind und Sache. Weinheim 1994, 93–115

HÖCKER, GÜNTHER: Inhalte des Sachunterrichts im 4. Schuljahr. Eine kritische Analyse. In: Die Grundschule 1968, H.3

HOPF, ARNULF: Grundschularbeit heute. München 1993a

HOPF, ARNULF: „Der Sachunterricht hat die Aufgabe, dem Schüler Ausschnitte der Lebenswirklichkeit zu erschließen ...“. In: RICHTER, DAGMAR (Hg.): Grundlagen des Sachunterrichts. Oldenburg 1993b, 21–30

HOPPE, HEIDRUN: Subjektorientierte politische Bildung. Opladen 1996

HORN, HANS ARNO: Zur Reform des Schulanfangs. In: Welt des Kindes. 5. Jg. 1958, 32–40

HUBER, ELLIS: Gesundheitsförderung als Zukunftsaufgabe. In: Bundesgrundschulkonferenz 1995 in Berlin: Zukunft für Kinder – Grundschule 2000. Berlin – Frankfurt 1996, 83–92

HUNZIKER, RUDOLF: Vom Korn zum Brot. Zürich 1945, 1963 (4)

HURRELMANN, KLAUS: Streß in der Schule. Symptome – Ursachen – Lösungsansätze. In: VBE (Hg.): Schule und Stress. Bonn 1992, S. 18–36

HUSCHKE, PETER: Grundlagen des Wochenplanunterrichts. Weinheim 1996

IMHOF, MARGRET: Durch Sprechen Mauern zerbrechen. Gießen 1987

JEZIORSKY, WALTER: Allgemeinbildender Unterricht in der Grundschule. Braunschweig 1948; 1968 (2)

JEZIORSKY, WALTER: Verfrühungen im Grundschul-Unterricht (1978). In: MOLL-STROBEL, HELGARD (Hg.): Grundschule – Kinderschule oder wissenschaftsorientierte Leistungsschule? Darmstadt 1982, 185–197

JUNGE, FRIEDRICH: Der Dorfteich als Lebensgemeinschaft. [1885(1)] Kiel – Leipzig 1891 (2)

KAISER, ASTRID: Sozialisation von Lehrerstudenten. Frankfurt 1982

KAISER, ASTRID: Mädchen und Jungen – eine Frage des Sachunterrichts? In: VALTIN, RENATE / WARM, UTE (Hg.): Frauen machen Schule. Probleme von Mädchen und Lehrerinnen in der Grundschule. Frankfurt 1985, 52–64

KAISER, ASTRID: Mütter und Lehrerinnen im Konflikt. In: Grundschule, 17. Jg. 1985d, H. 2, 26–29

KAISER, ASTRID: Verschiedene Vorstellungen von der Arbeitswelt bei Mädchen und Jungen. In: PRENGEL, ANNEDORE u. a. (Hg.): Schulbildung und Gleichberechtigung. Frankfurt 1987a, 227–238

KAISER, ASTRID / ZESCHMAR-LAHL, BARBARA u. a.: Ökologisches Waschen in der Grundschule. Reihe: Unterrichtseinheiten für Schule und Jugendbildung. H. 26. Köln 1987b

KAISER, ASTRID: Geschlechtsneutrale Bildungstheorie und Didaktik. In: HANSMANN, OTTO / MAROTZKI, WINFRIED (Hg.): Diskurs Bildungstheorie I: Systematische Markierungen. Weinheim 1988, 364–376

KAISER, ASTRID: Aussiedeln – umsiedeln – ansiedeln – einsiedeln. Pädagogisches Tagebuch einer Anfangsklasse mit Kindern aus Osteuropa, Kirgisien und Kasachstan. Heinsberg 1989

KAISER, ASTRID: Armreifenhandel im Anfangsunterricht. In: Sachunterricht und Mathematik in der Grundschule 1991a, H.9, 415–420

KAISER, ASTRID: Hausarbeit in der Schule? Pfaffenweiler 1992a

KAISER, ASTRID: Sachunterrichtsdidaktische Perspektiven eines sozialen Kindheitsbegriffs. In: Sachunterricht und Mathematik in der Primarstufe. 20. Jg. 1992b, H. 9, 382–386

KAISER, ASTRID: Das Konzept „Freie Arbeit“ im Spannungsfeld zwischen Materialdifferenzierung und Projektlernen – kritische Anmerkungen zu Problemen neuerer grundschulpädagogischer Bestrebungen. In: Die deutsche Schule 84. Jg., 1992d, H. 1, 42–49

KAISER, ASTRID: Beziehungsfähigkeit statt Gewalt in der Schule. In: Päd. Extra 21. Jg. 1993a, H. 1, 4–9

KAISER, ASTRID: Sicher an der Ampel – ein handlungsorientierter Ansatz der Verkehrserziehung. In: Sachunterricht und Mathematik in der Primarstufe 21. Jg. 1993c, H. 3, 110–114

KAISER, ASTRID: Die hohe Stellung der Frau bei den Minangkabau. In: Eine Welt in der Grundschule 1993d, H. 4, 1–12

KAISER, ASTRID: Regionaler Sachunterricht. In: Beispiele – In Niedersachsen Schule machen. 12. Jg. 1994b, H. 4, 6–11

KAISER, ASTRID: Praxisbuch handelnder Sachunterricht. Bd. 1. Baltmannsweiler 1996

KAISER, ASTRID: Lernvoraussetzungen von Mädchen und Jungen für sozialwissenschaftlichen Sachunterricht. Oldenburg 1996b

KAISER, ASTRID: Geschichten für den Sachunterricht. Essen 1996c

KAISER, ASTRID: Forschung über Lernvoraussetzungen zu didaktischen Schlüsselproblemen im Sachunterricht. In: MARQUARDT-MAU, BRUNHILDE u. a. (Hg.): Forschung zum Sachunterricht. Bad Heilbrunn 1997, 190–207

KAISER, ASTRID: Zukünftiger Sachunterricht ist kommunikativer Sachunterricht. In: Pädagogik und Schulalltag 52. Jg. 1997b, H. 1, 14–20

KAISER, ASTRID: Förderung des Sozialen Lernens bei „Gemeinsamem Unterricht behinderter und nichtbehinderter Kinder“? Ergebnisse eines empirischen Vergleichs von integrativen und Regelschulen in NRW. In Vierteljahresschrift für Heilpädagogische Forschung 66. Jg. 1997c, H. 3, 303–313

KAISER, ASTRID: Lexikon Sachunterricht. Baltmannsweiler 1997c

KAISER, ASTRID: Praxisbuch handelnder Sachunterricht. Bd. 2. Baltmannsweiler 1998

KAISER, ASTRID: Entwicklungen und Tendenzen im Sachunterricht. In: BECHER, RUDOLF u. a. (Hg.): Taschenbuch Grundschule. Baltmannsweiler 1998b, 141–157

KARNICK, RUDOLF: Redet um Sachen. Weinheim 1961 (4)

KARNICK, RUDOLF: Mein Heimatort I. Weinheim 1964 (5)

KARNICK, RUDOLF / SCHULZE, HERRMANN: Frohes Schaffen und Lernen mit Schulanfängern. Weinheim 1983

KARSEN, FRITZ: Die Schulgemeinde. In: OESTREICH, PAUL (Hg.): Entschiedene Schulreform. Berlin 1920, 134–142

KARSEN, FRITZ: Sinn und Gestalt der Arbeitsschule. In: GRIMME, ADOLF (Hg.): Wesen und Wege der Schulreform. Berlin 1930, S. 100 ff

KASPER, HILDEGARD u. a.: Laßt die Kinder lernen. Offene Lernsituationen. Braunschweig 1989

KATZENBERGER, LOTHAR: Sachunterricht. In: RABENSTEIN, RAINER (Hg.): Erstunterricht. Bad Heilbrunn 1974, 221–252

KELLER, MONIKA: Die Entwicklung der Entwicklungspsychologie. In: Psychologie heute 9. Jg. 1982, H. 6, 44–55

KERSCHENSTEINER, GEORG: Staatsbürgerliche Erziehung der deutschen Jugend. Erfurt 1925(8)

KERSCHENSTEINER, GEORG: Begriff der Arbeitsschule. [1901(2)] Leipzig – Berlin 1925 (5)

KEY, ELLEN: Das Jahrhundert des Kindes. Berlin 1907 (2) [1900(1)]

KILLERMANN, WILHELM: Biologieunterricht heute. Donauwörth 1976

KIPER, HANNA: Interkulturelles Lernen im Sachunterricht der Grundschule. In: DUNCKER, LUDWIG / POPP, WALTER (Hg.): Kind und Sache. Weinheim 1994, 131–143

KIPER, HANNA / PAUL, ANNEGRET: Kinder in der Konsum- und Arbeitswelt. Bausteine zum wirtschaftlichen Lernen. Weinheim 1995

KIPER, HANNA: Sachunterricht kindorientiert. Baltmannsweiler 1997a

KIPER, HANNA: Selbst- und Mitbestimmung in der Schule. Das Beispiel Klassenrat. Baltmannsweiler 1997b

KLAFKI, WOLFGANG: Das pädagogische Problem des Elementaren und die Theorie der kategorialen Bildung. [1957(1)] Weinheim 1964 (4)

KLAFKI, WOLFGANG u. a.: Probleme der Curriculumentwicklung. Frankfurt 1972

KLAFKI, WOLFGANG u. a.: Schulnahe Curriculumentwicklung und Handlungsforschung im Marburger Grundschulprojekt. Weinheim 1982

KLAFKI, WOLFGANG: Neue Studien zur Bildungstheorie und Didaktik. Weinheim 1985

KLAFKI, WOLFGANG: Aufgaben der Grundschule und der Grundschulreform. In : Die Grundschule. 21. Jg. 1989, H. 2, 25–29

KLAFKI, WOLFGANG: Allgemeinbildung in der Grundschule und der Bildungsauftrag des Sachunterrichts. In: LAUTERBACH, ROLAND (Hg.): Brennpunkte des Sachunterrichts. Kiel 1992a

KLAFKI, WOLFGANG: Lernen in Gruppen. In: Pädagogik 44. Jg. 1992b, H. 1, 6–11

KLEMM, GUSTAV: Kulturkunde auf heimatlicher Grundlage. Tat und Ziel der Einheitsschule. Dresden 1921 (3); 1911 (1) / 1964

KLEWITZ, ELARD u. a.: Entdeckendes Lernen und offener Unterricht. Braunschweig 1977

KLIEBISCH, UDO: Psycho-Coaching. Baltmannsweiler 1996

KLOSE, PETER: Verwendung und Rezeption staatlicher Lehrpläne in Schulen. Eine empirische Untersuchung am Beispiel des Sachunterrichts. Frankfurt – New York – Paris 1990

KNAUF, TASSILO: Waldorfpädagogik: Lebensweltpädagogik in eigener Lebenswelt. In: Päd. extra & demokratische erziehung, 3. Jg. 1990, H. 10

KOBI, EMIL: Lernen und Lehren: Ergebnisse der Lernpsychologie und deren Verwertung im Unterricht. Bern 1975 (2)

KOCH, MARIA: Fröhliche Arbeit in der Grundschule. Bochum 1950 (3)

KOCH-PRIEWE, BARBARA u. a.: Zur Geschichte des Bohrens und des Bohrers. Weinheim 1982

KOCH-PRIEWE, BARBARA: Subjektive didaktische Theorien von Lehrern. Frankfurt 1986

KOCH-PRIEWE, BARBARA / FISCHER, DIETLIND: Frauen in der Lehrerfortbildung. In: GLUMPLER, EDITH (Hg.): Erträge der Frauenforschung für die LehrerInnenbildung. Bad Heilbrunn 1993

KOCH-PRIEWE, BARBARA: Vorerfahrungen von Schülerinnen und Schülern im Unterricht. Skizze eines Dilemmas am Beispiel des Sachunterrichts. In: Die Deutsche Schule. 87. Jg. 1995, H. 1, 92–102

KÖHLER, BERND / SCHREIER, HELMUT (Hg.): Sachunterricht Natur 1–4. München 1981

KÖHNLEIN, WALTER: Annäherung und Verstehen. In: LAUTERBACH, ROLAND u. a. (Hg.): Wie Kinder erkennen. Kiel 1991, 7–20

KOHLBERG, LAWRENCE: Zur kognitiven Entwicklung des Kindes. Frankfurt 1974

KOMMER, SVEN: Kinder im Werbenetz. Opladen 1996

KOPP, FERDINAND: Methodik des Heimatkundeunterichts. München 1964

KOPP, FERDINAND: Von der Heimatkunde zum Sachunterricht. Donauwörth 1977 (2)

KORCZAK, JANUSZ: Das Recht des Kindes auf Achtung. Göttingen 1988

KORNMANN, REIMER: Was nur Lehrerinnen und Lehrer über Lernprobleme ihrer Schülerinnen und Schüler wissen können: Inventare zur Evaluierung eigenen Unterrichts. In: EBERWEIN, HANS / MAND, JOHANNES (Hg.): Forschen für die Schulpraxis. Weinheim 1995, 364–376

KORTE, JOCHEN: Faustrecht auf dem Schulhof. Weinheim 1992

KOZDON, BALDUR: Schule in der Entscheidung. München 1993

KRAPPMANN, LOTHAR / OSWALD, HANS: Alltag und Kinder. Weinheim 1995

KRIECHBAUM, GABRIELE: Mit Konflikten leben – aber wie? In: Grundschule 26. Jg. 1994, H. 1, 34–39

KRIEG, ELSBETH (Hg.): Hundert Welten entdecken. Essen 1993

KÜKELHAUS, HUGO / ZUR LIPPE, RUDOLF: Entfaltung der Sinne. Frankfurt 1982

KUHMERKER, LISA: Die moralische Entwicklung von Kindern im Grundschulalter. Die Theorie Lawrence Kohlsbergs. In: Grundschule 29. Jg., 1997, H. 5, 28–29

KULTUSMINISTER NRW (Hg.): Richtlinien und Lehrpläne für die Grundschule in Nordrhein-Westfalen. Sachunterricht. Köln 1985

KULTUSMINISTER NRW (Hg.): Richtlinien und Lehrpläne für die Grundschule in Nordrhein-Westfalen. Sachunterricht. Köln 1973

KUROWSKI, EWALD / SOOSTMEYER, MICHAEL: Kommentar zum Lehrplan Sachunterricht. Heinsberg 1986

LAGARDE, PAUL DE: Deutscher Glaube, deutsches Vaterland, deutsche Bildung. Jena 1914

LAGING, RALF: Altersgemischte Gruppen in der Grundschule. In: EBERWEIN, HANS / MAND, JOHANNES (Hg.): Forschen für die Schulpraxis. Weinheim 1995, 117–137

LASSERT, URSULA: Alles über Glas / Holz / Kunststoff / Metall / Papier. Kopiervorlagen zur Freiarbeit. Donauwörth 1992

LAUTERBACH, ROLAND u. a. (Hg.): Wie Kinder erkennen. Kiel 1991

LAUTERBACH, ROLAND u. a. (Hg.): Wege des Ordnens. Kiel 1992

LAUTERBACH, ROLAND: Von der Heimatkunde zum Sachunterricht – Erinnerungen. In: LAUTERBACH, ROLAND u. a. (Hg.): Brennpunkte des Sachunterrichts Kiel 1992, 83–106

LAUTERBACH, ROLAND u. a. (Hg.): Brennpunkte des Sachunterrichts Kiel 1992

LAUTERBACH, ROLAND: Sachunterricht zwischen Alltag und Wissenschaft. In: HAMEYER, UWE u. a. (Hg.): Innovationsprozesse in der Grundschule. Fallstudien, Analysen und Vorschläge zum Sachunterricht. Bad Heilbrunn 1992, 147–155

LAUTERBACH, ROLAND u. a. (Hg.): Dimensionen des Zusammenlebens. Kiel 1993

LEEB, THOMAS: Assoziationen zum Begriff Lebenswelt als zentraler Kategorie unterrichtlichen Handelns. In: Päd. extra & demokratische erziehung. 3. Jg. 1990, H. 1 / 2, 6–12

LENZEN, KLAUS-DIETER u. a.: Gesundheit lernen. Weinheim 1996

LEONTJEW, ALEXEJEW N.: Probleme der Entwicklung des Psychischen. Frankfurt 1973

LICHTENSTEIN-ROTHER, ILSE: Schulanfang. [1954(1)] Frankfurt 1969 (7)

LICHTENSTEIN-ROTHER, ILSE: Sachunterricht und elementare Weltkunde. In: SCHWARTZ, ERWIN (Hg.): Von der Heimatkunde zum Sachunterricht. Braunschweig 1977, 63–80

LICHTENSTEIN-ROTHER, ILSE / RÖBE, EDELTRAUD: Grundschule – der pädagogische Raum für grundlegende Bildung. München 1982

LICHTENSTEIN-ROTHER, ILSE: Die Bedeutung der ersten Schulerfahrung. In: PORTMANN, ROSEMARIE (Hg.): Kinder kommen zur Schule. Arbeitskreis Grundschule Bd. 73, Frankfurt 1988, 196–204

LICHTENSTEIN-ROTHER, ILSE: Veränderte Lebenswelt als Impuls für Innovationen in der Grundschule. In: HAMEYER, UWE u. a. (Hg.): Innovationsprozesse in der Grundschule. Fallstudien, Analysen und Vorschläge zum Sachunterricht. Bad Heilbrunn 1992, 55–69

LIETZ, HERMANN: Die ersten drei deutschen Landerziehungsheime zwanzig Jahre nach der Begründung: ein Versuch ernsthafter Durchführung deutscher Schulreform. Veckenstedt 1919 (2)

LIPPITZ, WILFRIED: „Lebenswelt" oder die Rehabilitierung vorwissenschaftlicher Erfahrung. Weinheim – Basel 1980

MANN, IRIS: Lernen können ja alle Leute. Weinheim – Basel 1990

MAREIS, HILDEFRIEDA: Das liebe Brot. (1951) In: SCHWARTZ, ERWIN (Hg.): Von der Heimatkunde zum Sachunterricht. Braunschweig 1977, 94–101

MARQUARDT-MAU, BRUNHILDE: Mythos 'Mutter Erde'. In: Grundschule 27. Jg. 1995, H. 3, 22–24

MARTSCHINKE, SABINE / EINSIEDLER, WOLFGANG: Lernen mit Bildern. In: Pädagogische Welt 48. Jg. 1994, H. 9, 408–413

MATTHEWS, GARETH B.: Mit Kindern über die Welt nachdenken. In: Grundschule 21. Jg. 1989, H. 3, 14–17

MATTENKLOTT, GUNDEL: Kleine Didaktik des Zeigens. In: Die Grundschulzeitschrift 7. Jg. 1993, H. 67, 17–20

DE MAUSE, LLOYD (Hg.): Hört ihr die Kinder weinen? Eine psychogenetische Geschichte der Kindheit. Frankfurt 1980

MAYER, CHRISTINE: ... „und daß die staatsbürgerliche Erziehung des Mädchens mit der Erziehung zum Weibe zusammenfällt". Kerschensteiners Konzept einer Mädchenerziehung. In: Zeitschrift für Pädagogik, 38. Jg. 1992, H. 5, 771–791

MAYER, WERNER G.: „Tat"-Sachen. Heinsberg 1985

MAYER, WERNER G.: Der Sachunterricht. Anthropologie und Pädagogik. Teil 1. Heinsberg 1994a

MAYER, WERNER G.: Der Sachunterricht. Unterrichten und Erziehen. Teil 2. Heinsberg 1994b

MAYER-BEHRENS, HANNE: Freie Arbeit in der Grundschule. Dorsten 1983

MEIER, RICHARD: Dimensionen des Zusammenlebens. In: LAUTERBACH, ROLAND u. a. (Hg.): Dimensionen des Zusammenlebens. Kiel 1993, 19–44

MEIER, RICHARD (Hg.): Mobile 2. Braunschweig 1992

MEIER, RICHARD u. a. (Hg.): Sachunterricht in der Grundschule. Frankfurt. Arbeitskreis Grundschule 1997

MEIERS, KURT: Sachunterricht – Überlegungen – Anregungen – Hilfen zur Praxis. Zug 1994 (2)

MEIERS, KURT: Sachunterricht – eine Positionsbestimmung. In: Sachunterricht und Mathematik in der Primarstufe. 21. Jg. 1993, H. 2, 88–95

MEYER, ERNST: Gruppenunterricht. 9. Neub. Auf. von Gerhard Meyer. Baltmannsweiler 1996 (9)

MEYER, HILBERT: Unterrichtsmethoden I. Frankfurt 1987

MEYER, HILBERT: Unterrichtsmethoden II. Frankfurt 1987

MEYER, MEINERT u. a. (Hg.): Lernmethoden, Lehrmethoden. Friedrich Jahresheft XV. Seelze 1997

MILLER, GEORGE / GALANTER, EUGENE / PRIBAM, KARL H.: Strategien des Handelns. Stuttgart 1973

MITZLAFF, HARTMUT: Heimatkunde und Sachunterricht. 3 Bd. Diss. Univ. Dortmund 1985

MÖLLER, KORNELIA: Technische Bildung im Sachunterricht der Grundschule. In: DUNCKER, LUDWIG / POPP, WALTER (Hg.): Kind und Sache. Weinheim 1994, 225–242

MOELLER-ANDRESEN, UTE: Das erste Schuljahr. Stuttgart 1979 (4)

MOLL-STROBEL, HELGARD (Hg.): Grundschule – Kinderschule oder wissenschaftsorientierte Leistungsschule? Darmstadt 1982

MONTESSORI, MARIA: Selbsttätige Erziehung im frühen Kindesalter. Stuttgart 1913

MÜCKE, RUDOLF: Sachkunde. Bad Heilbrunn 1973

MÜHLHAUSEN, ULF: Überraschungen im Unterricht. Weinheim 1994

MÜLLER, HERMANN: Affirmative Erziehung: Heimat- und Sachkunde. In: BECK, JOHANNES u. a. (Hg.): Erziehung in der Klassengesellschaft. Frankfurt 1972, 202–203

MÜLLER, DORIS: Phantasiereisen im Unterricht. Braunschweig 1994

MÜLLER-BARDORFF, HELGA: Grundschüler auf dem Weg zur Freien Arbeit. Weinheim 1986

NODDINGS, NEL: The Challenge to Care in Schools. Columbia University. New York – London 1992

NESTLE, WERNER u. a.: Teilcurriculum Technischer Überwachungsverein Verkehr. Stücke zu einem mehrperspektivischen Unterricht. Stuttgart 1975

NEUHAUS, ELISABETH: Reform des Primarbereichs. Düsseldorf 1974

NIEDERSÄCHSISCHER KULTUSMINISTER (Hg.): Die Arbeit in der Grundschule. Hannover 1985

NIETZSCHE, FRIEDRICH: Über die Zukunft unserer Bildungsanstalten. Heidelberg 1964

NÖTZEL, RENATE: Spiel und geschlechtsspezifische Arbeitsteilung. Pfaffenweiler 1987

NOTUSCH, BÄRBEL: Schulanfang. Subjektive Impressionen einer Mutter. In: Grundschule 16. Jg. 1984, H. 7 / 8, 48–50

NYSSEN, FRIEDHELM: Kinder und Politik. Überlegungen und empirische Ergebnisse zum Problem der politischen Sozialisation. In: betrifft – erziehung 1970, H. 1, 20–26

OBERLIESEN, ROLF: Schreibwerkzeuge. Technische und gesellschaftlich-historische Erfahrungen. In: Die Grundschulzeitschrift 5. Jg. 1991, H. 47, 14–16

OBERLIESEN, ROLF: Sachunterricht und Arbeit und Produktion: Historisch-Genetisches Lernen in der Grundschule. In: Die Grundschulzeitschrift 1. Jg. 1987, H. 5, 6–10

OBERLIESEN, ROLF (Hg.): Heimatkunde – Sachunterricht Wohin? Hamburg 1994

OBERLIESEN, ROLF: Technisierte Kindheit: Herausforderung für den Sachunterricht. In: OBERLIESEN, ROLF (Hg.): Heimatkunde – Sachunterricht Wohin? Hamburg 1994, 71–92

OCHS, DIETMAR: Ökonomie in der Primarstufe. In: SÜßMUTH, HANS (Hg.): Soziale Studien in der Grundschule. Düsseldorf 1980, 83–105

OELKERS, JÜRGEN: Renaissance mit Verdrängung. Zur politischen Wahrnehmung der deutschen Reformpädagogik. In: Grundschule, 25. Jg. 1993, H. 3, 50–52

ÖSTREICH, PAUL: Schulreform. In: Reintges, Bernhard (Hg.): Schulreform: Texte und Diskussion. Rheinstetten 1975

ORTMANN, HEDWIG: Ausbilden oder Einbilden? In: Frauen und Schule 5. Jg. 1986, H. 11, 4–8

ORTMANN, HEDWIG: Bildung geht von Frauen aus. Frankfurt 1990

OTTO, BERTHOLD: Geistiger Verkehr mit Schülern im Gesamtunterricht. Großlichterfelde 1907

OTTO, BERTHOLD: Der Lehrgang der Zukunftsschule. Berlin 1912 (2)

PALEY, VIVIAN G.: Boys and Girls. Superheroes in the Doll Corner. Chicago – London 1984

PECCEI, AURELIO: Das menschliche Dilemma. Wien 1979

PETERMANN, ULRIKE: Ruherituale und Entspannung mit Kindern und Jugendlichen. Baltmannsweiler 1996

PETERSEN, ELSE: Die Grundkräfte kindlicher Entwicklung und ihre Berücksichtigung im Schulunterricht. Paderborn 1965

PETERSEN, PETER: Eine freie allgemeine Volksschule nach den Grundsätzen Neuer Erziehung (Der Jena-Plan) Bd. 1. Weimar 1930

PETERSEN, PETER: Der Kleine Jena-Plan. Weinheim 1965 (46)

PETILLON, HANNS: Wie gehen Kinder in den ersten Schuljahren miteinander um? In: Pädagogik und Schule in Ost und West 40, 1992, 65–74

PETILLON, HANNS: Das Sozialleben des Schulanfängers. Die Schule aus der Sicht des Kindes. Weinheim 1993

PIAGET, JEAN: Das moralische Urteil beim Kinde. Zürich 1954

PIAGET, JEAN: Psychologie der Intelligenz. Olten 1974 (6)

PLÖGER, WILFRIED / RENNER, ERICH (Hg.): Wurzeln des Sachunterrichts. Weinheim 1995

POPP, WALTER: Wie gehen wir mit den Fragen der Kinder um? In: Grundschule 1989, H. 3, 30–33

POPP, WALTER: Zur anthropologischen Begründung eines handlungsorientierten Sachunterrichts. In: DUNCKER, LUDWIG / POPP, WALTER (Hg.): Kind und Sache. Weinheim 1994, 57–78

POSTMAN, NEILL: Das Verschwinden der Kindheit. Frankfurt 1983

PRENGEL, ANNEDORE: Pädagogik der Vielfalt. Opladen 1993

PREUSCHOFF, GISELA / PREUSCHOFF, AXEL: Gewalt an Schulen – und was dagegen zu tun ist. Köln 1992

PREUSS-LAUSITZ, ULF / RÜLCKER, TOBIAS / ZEIHER, HELGA (Hg.): Selbständigkeit für Kinder – die große Freiheit? Weinheim – Basel 1990

PREUSS-LAUSITZ, ULF: Die Kinder des Jahrhunderts. Weinheim 1993

RABENSTEIN, RAINER / HAAS, FRITZ: Die Darstellungseinheit im Sachunterricht. Ein methodisches Modell für den Unterricht der Grundschule. [1971(1)] Bad Heilbrunn 1972 (3)

RAMSEGER, JÖRG: Gesellschaft im Umbruch. Was wird aus der Grundschule? In: Die Grundschulzeitschrift 8. Jg. 1994, H. 1, 7–11

RAMSEGER, JÖRG: Was heißt „durch Unterricht erziehen"? Weinheim 1991

RAUSCHENBERGER, HANS: Soziales Lernen – Nutzen und Nachteil eines mehrdeutigen Ausdrucks. In: Zeitschrift für Pädagogik. 31. Jg. 1985, H. 3

RAUSCHENBERGER, HANS: Wenn ein Kind auf dem Schrank sitzen bleibt. In: Die Grundschulzeitschrift, 3. Jg., 1989, H. 23, 28–30

RAUSCHENBERGER, HANS: Aus der Kinderstube der Gewalt. In: Die Deutsche Schule 84. Jg. 1992, H. 2, 134–149

RAUSCHENBERGER, HANS: Über das Fremde beim Lernen und das Verfremden beim Lehren. In: DUNCKER, LUDWIG / POPP, WALTER (Hg.): Kind und Sache. Weinheim 1994, 81–92

RECUM, HASSO VON: Schule im sozialkulturellen Wandel. In: Die deutsche Schule 84. Jg. 1992, H. 4, 388–405

REEKEN, DIETMAR VON: Religion im Sachunterricht? In: Lernen in Deutschland 17. Jg. 1997, H. 2, 134–144

REEKEN, DIETMAR VON: Sachunterrichtsdidaktik und Geschichtsdidaktik; Bestandsaufnahme und Kritik eines Unverhältnisses. In: Geschichte in Wissenschaft und Unterricht. 5/6 1996, 349–365

REICHART, WILHELM: Der Unterricht in der Heimatkunde im dritten und vierten Schuljahr. Ansbach 1950 (6)

REICHEN, JÜRGEN: Sachunterricht und Sachbegegnung. Zürich 1991

REICHWEIN, ADOLF: Schaffendes Schulvolk [1937]. Braunschweig 1964 (3)

RENNER, ERICH: Heimatkunde. In: BECHER, HANS RUDOLF (Hg.): Taschenbuch des Grundschulunterrichts. Baltmannsweiler 1981, 380–392

RENNER, ERICH: Entwurf einer sozialisationsorientierten Konzeption von Sachunterricht – zugleich ein Beleg für die Notwendigkeit der Thematik „Dritte Welt". Heinsberg 1982a

RENNER, ERICH: Sachunterricht konkret. Heinsberg 1982b

RENNER, ERICH: Akzente für den Unterricht in der Primarstufe. Heinsberg 1982c

RENNER, ERICH: Kulturvergleichende und Sozialisationsorientierte Ansätze in der Grundschulpädagogik. Landau 1990

RICHARDSON, JERRY: Erfolgreich kommunizieren. München 1992

RICHTER, DAGMAR (Hg.): Grundlagen des Sachunterrichts. Oldenburg 1993

RICHTER, DAGMAR: Strukturen der Lebenswelt. In: LAUTERBACH, ROLAND u. a. (Hg.): Dimensionen des Zusammenlebens. Kiel 1993, 63–76

RICHTER, DAGMAR: Sinnliche Wahrnehmungen gedanklich durchdringen lernen – eine konzeptionelle Forderung an Didaktiken des Sachunterrichts. Ms. Oldenburg 1994

RICHTLINIEN DES PREUßISCHEN MINISTERIUMS für Wissenschaft, Kunst und Volksbildung für die Lehrpläne der Grundschule. (1921) Breslau 1929

ROBINSOHN, SAUL B.: Bildungsreform als Revision des Curriculums. Neuwied – Berlin 1969 (2)

RÖHNER, CHARLOTTE: Lutz und Lene. In: Grundschule 16. Jg. 1984, H. 12, 32–35

RÖHNER, CHARLOTTE: „Das vergißt Jochen nie!" – Wie geht man damit um: Gewalt von Jungen gegenüber Mädchen. In: Grundschule 17. Jg. 1985a, H. 2, 32–33

RÖHNER, CHARLOTTE: Kann ich dir vertrauen? In: Grundschule 17. Jg. 1985b, H. 9, 44–46

RÖHNER, CHARLOTTE: Stark wie ein „Master" und bildschön wie „Barbie". In: Die Grundschulzeitschrift 1. Jg. 1987, H. 9, 19–23

RÖHNER, CHARLOTTE: Trennungskinder. In: Die Grundschulzeitschrift 8. Jg. 1994, H. 73, 19–22

RÖHNER, CHARLOTTE: Kindertexte im reformorientierten Anfangsunterricht. Baltmannsweiler 1997

RÖHNER, CHARLOTTE u. a. (Hg.): Was versuchen Versuchsschulen? Baltmannsweiler 1998

ROLFF, HANS-GÜNTER: Kindheit heute – Leben aus zweiter Hand. Herausforderung für die Grundschule. In: FAUST-SIEL, GABRIELE u. a. (Hg.): Kinder heute – Herausforderung für die Schule. Frankfurt 1990, 61–71

ROSENBUSCH, HEINZ / SCHOBER, OTTO (Hg.): Körpersprache in der schulischen Erziehung. Baltmannsweiler 1995 (2)

ROSENTHAL, ROBERT / JACOBSON, LEONORE: Pygmalion im Unterricht: Lehrererwartungen und Intelligenzentwicklung der Schüler. Weinheim 1974 (2)

ROTH, HEINRICH: Stimmen die deutschen Lehrpläne noch? In: ACHTENHAGEN, FRANK / MEYER, HILBERT (Hg.): Curriculumrevision – Möglichkeiten und Grenzen. München 1971, 47–56

ROTH, HEINRICH (Hg.): Begabung und Lernen. Stuttgart 1969 (3)

RUMPF, HORST: Die übergangene Sinnlichkeit. München 1981

RUSCH, HEIKE: Suchen nach Identität – Kinder zwischen Acht und Zwölf. Grundlagen der Schulpädagogik. Bd. 25. Baltmannsweiler 1998

SAARLAND. MINISTERIUM FÜR BILDUNG UND SPORT. Lehrplan Sachunterricht. Saarbrücken 1992

SALZMANN, CHRISTIAN: Regionales Lernen – Ein Weg zur Erneuerung des Heimatgedankens? In: BUNDESZENTRALE FÜR POLITISCHE BILDUNG (Hg.): Heimat. Analysen, Themen, Perspektiven. Bonn 1990, 329–342

SAPA. Arbeitsgruppe für Unterrichtsforschung in Göttingen. Weg in die Naturwissenschaft. Ein verfahrensorientiertes Curriulum im 1. Schuljahr. Stuttgart 1971

SCHAEFFER-HEGEL, BARBARA: Zur Definition des sozialen Lernens. In: BRODTKE-REICH, GABRIELE (Hg.): Soziales Lernen und Medien im Primarbereich. Paderborn – Hannover 1978, 11–30

SCHAEFFER-HEGEL, BARBARA: Plädoyer und Thesen für ein feministisches Bildungskonzept. In: PRENGEL, ANNEDORE u. a. (Hg.): Schulbildung und Gleichberechtigung. Frankfurt 1987, S. 121–129

SCHARRELMANN, HEINRICH: Erlebte Pädagogik. Hamburg 1912

SCHAUB, HORST: Sachunterricht in der Grundschule: Umgang mit Zeit. NLI. Hannover 1992

SCHEIBE, WOLFGANG: Die Reformpädagogische Bewegung 1900–1932. Weinheim – Berlin – Basel 1969

SCHERER, HEINRICH: Der Lehrer der Kleinen. Leipzig – Einbeck 1910

SCHERNIKAU, HEINZ: Die Lehrplanepoche der Deutschen Bewegung. Frankfurt 1981

SCHERNIKAU, HEINZ: Heimat- und Weltkunde heute – Lernen für die Eine Welt. In: OBERLIESEN, ROLF (Hg.): Heimatkunde – Sachunterricht Wohin? Hamburg 1994, 35–45

SCHMITT, RUDOLF u. a.: Soziale Erziehung in der Grundschule. Frankfurt 1976

SCHNACK, DIETER / NEUTZLING, RAINER: Kleine Helden in Not. Jungen auf der Suche nach Männlichkeit. Reinbek 1990

SCHOLZ, GEROLD: Kinder lernen von Kindern. Baltmannsweiler 1996

SCHORCH, GÜNTHER: Grundschulpädagogik – eine Einführung. Bad Heilbrunn 1998

SCHREIER, HELMUT: Sachunterricht – Themen und Tendenzen. Paderborn 1979

SCHREIER, HELMUT: Die Situation des Sachunterrichts im Spiegel von realen und möglichen Unterrichtsentwürfen. In: KÖHLER, BERND / SCHREIER, HELMUT (Hg.): Sachunterricht Natur 1–4. München – Wien – Baltimore 1981

SCHREIER, HELMUT: Der Sachunterricht in der Gegenwart. In: SCHREIER, HELMUT / KÖHLER, BERND: Sachunterricht. Seelze 1985a

SCHREIER, HELMUT: Wege zum Naturschönen. In: Grundschule 18. Jg. 1986, H. 2, 20–22

SCHREIER, HELMUT (Hg.): Kinder auf dem Wege zur Achtung vor der Mitwelt. Heinsberg 1992a

SCHREIER, HELMUT: Sachunterricht und Erfahrung. In: LAUTERBACH, ROLAND u. a. (Hg.): Brennpunkte des Sachunterrichts Kiel 1992b, 47–65

SCHREIER, HELMUT (Hg.): Himmel, Erde und ich. Heinsberg 1993a

SCHREIER, HELMUT: Über das Philosophieren mit Geschichten für Kinder und Jugendliche. Heinsberg 1993b

SCHREIER, HELMUT: Wie weiter mit dem Sachunterricht? John Deweys Erfahrungsbegriff öffnet aktuelle Perspektiven. In: Die Grundschulzeitschrift 7. Jg. 1993c, H. 67, 34–37

SCHREIER, HELMUT: Gemeinschaft – altes Mißverständnis oder aktuelle Leitvorstellung? In: LAUTERBACH, ROLAND u. a. (Hg.): Dimensionen des Zusammenlebens. Kiel 1993d, 77–96

SCHREIER, HELMUT: Der Gegenstand des Sachunterrichts. Bad Heilbrunn 1994a

SCHREIER, HELMUT: Über das Philosophieren mit Kindern. In: DUNCKER, LUDWIG / POPP, WALTER (Hg.): Kind und Sache. Weinheim 1994b, 41–56

SCHREIER, HELMUT (Hg.): Mit Kindern über Natur philosophieren. Heinsberg 1997

SCHÜMER, GUNDEL: Arbeitsblätter im Grundschulunterricht. In: Zeitschrift für Pädagogik., 37. Jg. 1991, H. 5, 807–825

SCHULZE, HERMANN: Frohes Schaffen und Lernen mit Schulanfängern. [1931(1)] Berlin – Leipzig 1933 (3)

SCHULZE, GERHARD: Die Erlebnisgesellschaft: Kultursoziologie der Gegenwart. Frankfurt 1992

SCHWARTZ, ERWIN (Hg.): Von der Heimatkunde zum Sachunterricht. Braunschweig 1977

SCHWEDES, HANNELORE: Lernziele / Erste Erfahrungen. Bausteine für ein offenes Curriculum. Stuttgart 1976

SCHWIER, HANS-JOACHIM: Schulgärten und Schulgartenunterricht in Sachsen-Anhalt. Halle-Wittenberg 1995

SEIDEL, L.E.: Das zweite Schuljahr. Langensalza 1904 (5)

SELG, HERBERT: Gewaltdarstellungen in Medien und ihre Auswirkungen auf Kinder und Jugendliche. In: Zeitschrift für Kinder- und Jugendpsychiatrie, 18. Jg. 1990, 152–156

SEYFERT, RICHARD: Die Arbeitskunde. Leipzig 1895 (1); 1901 (2) ; 1904 (4)

SOLL, WILFRIED: Heimat – modischer Begriff oder aktuelle Aufgabe? In: BECK, GERTRUD / SOLL, WILFRIED (Hg.): Heimat, Umgebung, Lebenswelt: regionale Bezüge im Sachunterricht. Frankfurt 1988, 9–23

SOOSTMEYER, MICHAEL: Zur Sache Sachunterricht. Frankfurt – Bern – New York – Paris 1988

SOOSTMEYER, MICHAEL: Didaktik des Sachunterrichts. In: KUROWSKI, EWALD / SOOSTMEYER, MICHAEL: Kommentar zum Lehrplan Sachunterricht. Heinsberg 1986, 19–55

SOOSTMEYER, MICHAEL : Das Zusammenleben im Sachunterricht. In: LAUTERBACH, ROLAND u. a. (Hg.): Dimensionen des Zusammenlebens. Kiel 1993, 197–219

SOOSTMEYER, MICHAEL: Computer im Sachunterricht. In: Grundschule 27. Jg. 1995, H. 10, 33–35

SPECK, OTTO: Aggression und Schulunlust ... In: Friedrich Jahresheft 1987, 112–114

SPITTA, PHILIPP: Kinder im Verkehr. Arbeitsberichte zur Verkehrssicherheit. Berufsgenossenschaft für Gesundheitsdienst und Wohlfahrtspflege. Hamburg 1995

SPRANGER, EDUARD: Der Bildungswert der Heimatkunde. [1923(1)] Stuttgart 1952 (12)

SPRECKELSEN, KAY: Naturwissenschaftlicher Unterricht in der Grundschule. Lehrgang physikalisch-chemischer Lernbereich. Frankfurt 1971

SPRECKELSEN, KAY: Stoffe und ihre Eigenschaften. Frankfurt 1971; 1972 (3)

SPRECKELSEN, KAY: Erkennen im physikalischen Bereich des Sachunterrichts. In: LAUTERBACH, ROLAND u. a. (Hg.): Wie Kinder erkennen. Kiel 1991, 70–81

SPRECKELSEN, KAY: Weltverstehen im Sachunterricht und Selbständigkeitsentwicklung. In: Grundschule 1992, H. 9, 30–32

SPRECKELSEN, KAY: Kindliches Umweltverstehen und seine Bedeutung für den Sachunterricht. In: DUNCKER, LUDWIG / POPP, WALTER (Hg.): Kind und Sache. Weinheim 1994, 213–224

STADLER, IRMGARD: Interesse an Tieren. In: Grundschule 27. Jg. 1995, H. 6, 30–31

STANGLMAIER, HANS / SCHNITZER, ALOIS / KOPP, FERDINAND: Volkhafter Heimatunterricht. Ein Neubau der Heimatkunde. Ansbach 1942

STEFFEN, GABRIELE: Kindheits-Räume – Sonder-Räume – Stadt-Räume. In: Bundesgrundschulkonferenz 1995 in Berlin: Zukunft für Kinder – Grundschule 2000. Bonn – Frankfurt 1996, 93–105

STEFFENS, GUIDO: Eine Pädagogik des moralischen Zeigefingers wird keinen Erfolg haben. In: Päd. Extra 21. Jg. 1993, H. 1, 33–38

STEVENS, OLIVE: Children talking Politics. Oxford 1982

STÖCKER, KARL: Neuzeitliche Unterrichtsgestaltung. [1954(1)] München 1960 (5)

STRAUSS, ANSELM: Die Entwicklung und Transformation der Bedeutung des Geldes beim Kind (1952). In: WACKER, ALI (Hg.): Die Entwicklung des Gesellschaftsverständnisses bei Kindern. Frankfurt 1976, 169–190

SÜSSMUTH, HANS (Hg.): Soziale Studien in der Grundschule. Düsseldorf 1980

THIEL, SIEGFRIED: Grundschulkinder zwischen Umgangserfahrung und Naturwissenschaft. In: Grundschule 4. Jg. 1972, H. 5, 306–311

THIEMANN, FRIEDRICH: Kinder in den Städten. Frankfurt 1988

TROLL, MAX: Das erste Schuljahr. Theorie und Praxis. [1907(1)] Langensalza 1922 (10)

TROMMER, GERHARD (Hg.): Natur wahrnehmen mit der Rucksackschule. Braunschweig 1994

ULLMANN, MARTIN / FISCHER, EMIL: Methodische Winke zur unterrichtlichen Durchführung der allgemeinen Bestimmungen vom 15. Oktober 1872 und der 'Weisungen' vom 31. Januar 1908. Ausgabe für evangelische Lehrer. Breslau 1918

VALTIN, RENATE: Mit den Augen der Kinder. Freundschaft. Geheimnisse, Lügen, Streit und Strafe. Reinbek 1991

VOPEL, KLAUS / VOPEL, RENATE: Ich und Du. Ein Kommunikationstraining für Partner. Hamburg 1977 (2)

VOPEL, KLAUS: Kinder ohne Stress. Teil 1–5. Hamburg 1992

VOPEL, KLAUS: Interaktionsspiele für Kinder. Teil 1–4. Salzhausen 1996a (7)

VOPEL, KLAUS: Phantasiereisen. Salzhausen 1996b (4)

WACKER, ALI (Hg.): Die Entwicklung des Gesellschaftsverständnisses bei Kindern. Frankfurt 1976

WAGENSCHEIN, MARTIN: Die Pädagogische Dimension der Physik. Braunschweig 1962

WAGENSCHEIN, MARTIN: Ursprüngliches Verstehen und Exaktes Denken. Bd. 1, Stuttgart 1965

WAGENSCHEIN, MARTIN: Verstehen lehren. Weinheim 1968

WAGENSCHEIN, MARTIN u. a.: Kinder auf dem Wege zur Physik. Stuttgart 1973

WAGNER, ANGELIKA C.: Schülerzentrierter Unterricht. München 1976

WALKER, JAMIE: Gewaltfreier Umgang mit Konflikten. Frankfurt 1995

WALLRABENSTEIN, WULF: Offene Schule – Offener Unterricht. Reinbek 1991

WARWITZ, SIEGBERT: Verkehrserziehung vom Kinde aus. Baltmannsweiler 1994 (2)

WENIGER, ERICH: Heimat und Geschichte. In: Die Erziehung. 1. Jg. 1926, 208–220

WESTPHAL, ERICH A.: Unterricht und Leben. Oldenburg 1990

WIATER, WERNER: Die ästhetisch-interaktionistische Didaktik. In: Pädagogische Welt 48. Jg. 1994, H. 9, 402–407

WIATER, WERNER: Die ethnografische Sicht des Kindes. In: Lernchancen, 1. Jg. 1998, H. 2, 73–75

WIGGER, MARIA / SCHOMAKER, CLAUDIA: Alles dreht sich um Räder, mit Rädern, auf … In: Grundschulunterricht 45. Jg. 1998, H. 10, 36–38

WILK, LISELOTTE / BACHER, JOHANN (Hg.): Kindliche Lebenswelten. Leverkusen 1994

WINKEL, GERHARD: Das Schulgartenhandbuch. Seelze 1985

WINKEL, GERHARD: Umwelt und Bildung. Denk- und Praxisanregungen für eine ganzheitliche Natur- und Umwelterziehung. Seelze 1996

WINKEL, RAINER: Theorie und Praxis der Schule. Baltmannsweiler 1997

WITTENBRUCH, WILHELM: Allgemeinbildung und Grundschule. In: WITTENBRUCH, WILHELM / SORGER, PETER (Hg.): Allgemeinbildung und Grundschule. Münster 1990, 5–14

WÖLL, GERHARD: Handeln: Lernen durch Erfahrung. Baltmannsweiler 1998

WOHLRAB, ERNST HERMANN: Lebensvoller Unterricht. Langensalza 1920 (2)

WYNEKEN, GUSTAV: Der Gedanke der Freien Schulgemeinde. Jena 1919

ZIECHMANN, JÜRGEN: Schülerorientierter Sachunterricht. Braunschweig 1979

ZIMMER, RENATE: Handbuch der Sinneswahrnehmung. Freiburg 1995

Lexikon Sachunterricht

Hrsg. von Astrid Kaiser.

1. Auflage, 1997. XIV, 249 Seiten.

Kt. Ausgabe: ISBN 387116755X. FPr. DM 36,–

Geb. Ausgabe: ISBN 3871167568. FPr. DM 49,80

Seit nunmehr 25 Jahren gibt es das Schulfach Sachunterricht. Aber immer noch ist es für Studierende und Lehrende schwer, einen Einblick in das vielfältige Wissen, die verschiedenen Denkansätze und Begriffe zu bekommen. Hier liegt nun das erste Lexikon zu diesem interdisziplinären Fach vor.

Das Lexikon umfaßt sowohl die Geschichte des Sachunterrichts als auch systematische konzeptionelle Schlagwörter zur aktuellen Diskussion um den Sachunterricht. Das Schwergewicht der Schlagwörter liegt im systematischen Bereich. Es soll einerseits Studierenden einen breiten Überblick über die im Fach gebräuchlichen Begriffe und Erkenntnisse geben und gleichzeitig Hilfen zum Verstehen anbieten.

Dazu werden zu 700 Schlagwörtern kurze Erläuterungen, Querverweise zu anderen Schlagwörtern sowie oft einschlägige Literaturhinweise für vertiefendes Weiterlesen geboten. Die Vielfalt der 700 Schlagwörter zeigt in der Zusammenschau die wesentlichen Naht- und Problemstellen des Faches auf.

Über 90 Fachleute aus Theorie und Praxis des Sachunterrichts haben an diesem Lexikon mitgewirkt und Beiträge zu ihren jeweiligen Spezialgebieten geschrieben. Die Autorinnen und Autoren des Lexikons – übrigens erstmals in der Geschichte von Fach-Lexika ist gut die Hälfte weiblich – kommen aus 15 Bundesländern.

Dieses Buch ist ein nützliches Nachschlagewerk für Studierende, Schulen, Studienseminare und Fortbildungseinrichtungen, um sich begrifflich in der neueren Diskussion um das Fach Sachunterricht zu orientieren.

Sachunterricht – kindorientiert

Von Hanna Kiper.

1997. VIII, 208 Seiten. Kt. ISBN 3871168769. FPr. DM 29,80

Der Band „Sachunterricht – kindorientiert“ ist aus mehreren Gründen bedeutsam:

Ein Sachunterricht, der nicht nur klassische Themen, sondern gesellschaftliche Schlüsselprobleme zum Ausgangspunkt nehmen will, kann kindorientiert gestaltet werden. In einem solchen Sachunterricht werden die Kinder ernst genommen; man ermutigt sie, ihre Erfahrungen zu artikulieren, sucht mit ihnen das Gespräch und traut ihnen zu, gesellschaftlich wichtige Fragen, Konflikte und Probleme zum Gegenstand des Lernens zu wählen.

Hanna Kiper zeigt an einigen Beispielen, wie fächerübergreifende Lerngebiete (Friedenserziehung, Gesundheitserziehung, Sexualerziehung) unterrichtet werden können. So werden Lehrkräfte ermutigt, den Sachunterricht mit anderen Fächern stärker zu verzahnen. Möglichkeiten des „freien Schreibens“ und des Erzählens, Fabulierens und Lesens von Kinderbüchern können das biographische und soziale Lernen im Sachunterricht befördern. Annegret Paul und Rüdiger Korff, die zwei Einzelbeiträge verfaßten, setzen sich mit der „Stadt als Erfahrungsraum von Kindern“ und mit „Massenmedien“ auseinander.

Studentinnen und Studenten des Sachunterrichts, Referendarinnen und Lehrerinnen und Lehrer der Grundschulen, die sich inspirieren lassen wollen, finden hier, in Form von Unterrichtsvorschlägen, zahlreiche Anregungen und erhalten gleichzeitig einen Einblick in die sachunterrichtsdidaktische Diskussion. So macht der Band „Sachunterricht – kindorientiert“ Mut, auch komplexe Fragen und Themen mit Kindern zu besprechen.